한국어 교재 연구

안영수 편

도서출판 夏雨

한국어 교재 연구

초판 1쇄 발행 2008년 4월 22일
4쇄 발행 2017년 9월 15일

지은이   안영수 외
펴낸이   박민우
기획팀   송인성, 김선명, 박종인
편집팀   박우진, 김영주, 김정아, 최미라
관리팀   임선희, 정철호, 김성언, 권주련
펴낸곳   (주)도서출판 하우

주소   서울시 중랑구 망우로68길 48
전화   (02)922-7090
팩스   (02)922-7092
홈페이지 http://www.hawoo.co.kr
e-mail hawoo@hawoo.co.kr
등록번호 제475호

값 25,000원
ISBN 978-89-7699-565-0   13710

이 책은 저작권법에 따라 보호받는 저작물이므로 무단전재와 무단복제를 금지하며,
이 책 내용의 전부 또는 일부를 이용하려면 반드시 저작권자와 (주)도서출판 하우의 서면 동의를 받아야 합니다.

한국어 교재 연구

안영수 편

도서출판 夏雨

머리말

한국어 교재 개발의 필요성과 과제

1. 한국어 교재 개발의 필요성

한국어를 가르치는 사람들이나 배우는 사람들이나 일차적으로 의존할 수밖에 없는 교육 자료는 '교재'이다. 교육의 질이 교사의 질을 넘지 못한다는 말이 있는데, 교사의 능력은 '교재'와 긴밀히 관련성을 가질 수밖에 없을 것이다. 따라서 한 단계 성숙한 한국어 교육을 위해서는 교재의 개발이 필수적이라고 할 수 있을 것이다.

한국어 교육이 발전하면서 한국어 교재도 눈부시게 발전을 거듭하고 있다. 청각구두식의 교재에 머물렀던 한국어 교재가 의사소통 식으로 바뀌어 가고 있고, 일반 목적의 교재에서 학문 목적이나 취업 목적 등의 특수목적 교재로 제작의 범위가 넓어지고 있다. 또한 단순히 한국에서 한국어를 배우는 교재에서 각 언어권별로 특징적인 한국어 교재가 개발되고 있다.

2. 교재 개발의 방향의 현황

교재의 개발은 크게 두 가지 방향에서 속도를 더해왔다. 하나는 학습자의 필요성이고, 다른 하나는 한국 정부의 필요성에 의해서이다. 먼저 학습자의 필요성에 대해서 살펴보도록 하자. 학습자가 한국어 교재를 구입하게 되는 경우는 크게 세 가지이다.

첫 번째 원인은 한국 문화에 대한 관심이다.
한국 문화 중에서도 정확하게 말하자면 한국 대중문화에 대한 관심이다. 한류에 의한 교재 개발은 놀라울 정도이다. 일본의 경우에는 한국어 교재가 영어 교재 다음으로 판매를 기록하는 경우도 있다고 하니 실로 놀라운 일이 아닐 수 없다. 재일동포들이 볼 때도 한국어 교재의 그 같은 선전은 상상하기 어려울 정도라고 한다. 중국의 경우에도 한국어 교재가 서점의 책장에 가득히 꽂혀져 있어 놀라움을 더해주고 있다.

두 번째 원인은 한국 유학과 관련된다.

한국 유학생 확대 정책과 외국 학생들의 한국 유학 선호가 합치되면서 한국에 유학 오고자 하는 학생들의 수가 급격히 늘었다. 2008년 현재 50,000명 정도의 유학생들이 한국에서 수학하게 된다고 하니, 그 숫자도 실로 놀라운 발전이라 할 수 있을 것이다. 유학생을 위한 한국어 교재가 다양하게 개발될 수밖에 없는 원인이 학습자의 증가에 있다 할 것이다.

세 번째 원인은 취업과 관련된다.

고용허가제가 실시되면서, 외국 노동자들이 한국에 들어오려면 한국어 학습이 필요하게 된 것이다. 베트남, 인도네시아, 태국, 필리핀, 몽골, 중국 등의 국가에서 한국어 교육의 수요가 급격히 증가하게 된 것이다. 각국마다 학습자의 증가로 인해 교재들이 다양하게 출판되고 있다.

정부의 필요성에 의해서 한국어 교재가 개발되는 것은 두 가지로 나누어 볼 수 있다.

첫 번째로는 한국어 교육의 수요가 적거나 구입이 어려운 언어권에 대해서 교재 개발을 지원하는 것을 들 수 있다. 수요가 적은 곳으로는 주로 동구권이나 중동, 아프리카, 인도와 같은 지역을 들 수 있다. 한국국제교류재단이나 한국국제협력단의 교재 개발 지원을 예로 들 수 있다. 경제적인 문제로 구입이 어려운 곳에 대해서는 베트남이나 몽골, 인도네시아, 우즈베키스탄 등을 들 수 있다. 구입이 어려운 지역은 교재 개발과 함께 교재 지원이 병행되어야 하는 것이다. 재외동포를 위한 교재의 개발도 구입이 어렵다는 문제와 연계가 된다. 재외동포교육진흥재단에서 개발하여 보급하고 있는 교재들이나 한국교육과정평가원에서 개발한 재외동포용 교재들이 여기에 속한다고 할 수 있다.

두 번째로는 다문화사회와 관련이 있다.
이주 여성을 위한 교재의 개발이 주로 여기에 해당한다. 농촌 지역을 중심으로 국제결혼이 급격히 증가하고 있어서 우리 사회도 이미 다문화 사회로 접어들고 있는데 반해서 이에 대한 대책이 부족한 현실이다. 이러한 문제점을 직시하고 정부나 지방자치단체들은 이주 여성에 대한 한국어 교육에 대해서 관심을 기울이고 있다. 대표적인 기관으로는 문화체육관광부 산하의 국립국어원과 한국어세계화재단을 들 수 있으며, 여성부, 농림수산식품부, 지방자치단체로는 충청북도 등을 들 수 있다.

3. 교재 개발의 문제점

한국어 교재 개발은 학습자나 정부의 필요성에 의해서 급속히 이루어지고 있지만 여기에는 몇 가지 문제점들이 나타나고 있다.

첫째, 여전히 교재 개발이 필요한 언어권들이 많다.
한국어 교재가 언어권별로 만들어지고 있다고는 하지만, 아직 언어권별로 보면 부족한 곳이 많다. 예를 들어 인도네시아어로 된 한국어 교재는 거의 없으며, 타갈로그어로 된 한국어 교재, 힌디어로 된 한국어 교재, 스와힐리어로 된 한국어 교재는 거의 없다. 심지어는 주요 언어라고 할 수 있는 독일어, 프랑스어, 스페인어로 된 교재도 거의 없는 형편이다. 당연히 다양한 언어권에 맞는 교재들의 개발이 이루어져야 할 것이다.

둘째, 교재의 다양화가 필요하다.

교재를 개발한다고 하면 주로 두 가지 종류의 교재가 개발되게 되는데 하나는 수업 시간에 사용하는 단계별 한국어 교재이고, 다른 하나는 관광 등의 목적을 지닌 기초 한국어 교재이다. 그러나 실제로 교재를 사용해 보면 분야별로 교재가 얼마나 부족한지 알 수 있다. 외국에서 필요로 하는 교재 중에는 한국어 듣기 교재에 대한 요구가 많으나 실제로 한국어 듣기 교재는 거의 없으며, 당연히 언어권별 듣기 교재는 거의 개발되지 않았다. 의사소통 영역별로 볼 때, '읽기, 쓰기' 등의 교재도 부족하다고 할 수 있다. 한국 문화 교재, 한자 교재, 문학 교재, 특수 목적 교재, 어휘 교재, 발음 교재, 문법 교재 등도 여전히 개발의 필요성이 제기된다.

셋째, 부교재의 개발이 필요하다.

주교재와 함께 학습자의 숙제용 책이라고 할 수 있는 워크북의 개발이 이루어져서 과거 주교재만이 개발되었던 시기에 비해서는 훨씬 발전된 상황이라고 할 수 있다. 그러나 워크북 외에 단어카드와 사진자료, 연습 문제, 퀴즈 문제 같은 교육용 자료의 개발은 거의 이루어지지 않고 있다. 문화 사진 자료집이 듣기 교육과 연계되어 개발되어 있지만, 현지 보급은 거의 이루어지지 않고 있어서 대책이 필요하다고 할 것이다.

넷째, 교사용 지침서의 개발이 필요하다.

교사의 질이 교육의 질을 좌우한다고 하지만, 한국이 아닌 국가의 한국어 교사의 질을 우리가 높이기에는 한계가 많다. 따라서 교재의 개발 못지않게 교사 교육이 필요하게 된다. 한국국제교류재단, 국립국어원, 한국어세계화재단, 재외동포교육 진흥재단, 재외동포재단, 국제교육진흥원 등에서 실시하는 현지 연수나 초청 연수는 매우 의미 있는 일이라 할 것이다. 교사 연수의 중복 여부를 지적하는 견해도 있으나, 한국어 교사 교육이 절대적으로 부족하다는 점에서 교사 교육은 더욱 늘려야 할 것이다. 교사 교육을 늘인다고 해도 부족할 수밖에 없는 현실은 한국어 교사용 지침서의 개발로 보완되어야 할 것이다.

4. 교재 개발을 위한 제언

한국어 교재는 단순한 교재가 아니다. 한국어 교재는 한국을 알리는 기본적인 자료가 된다. 그래서 상업적인 목적에만 한국어 교재를 내맡겨둘 수는 없는 것이다. 정부가 지원을 해야 하는 이유도 여기에 있다. 한국어를 배우려는 학습자들은 우리나라에 굉장히 소중한 자산이 된다. 기업들 중에 한국어 교재 개발에 지원을 아끼지 않는 곳들이 있는데, 이는 사회 환원이라는 근본적인 목적 외에 한국어 학습자의 중요성을 깨달았기 때문으로 보인다.

한국어를 학습하는 이주 여성의 경우는 더 가깝게 문제가 다가온다. 이주 여성 본인의 문제뿐만 아니라 그 자녀나 가족의 문제도 나타날 수 있기 때문이다. 가족의 문제나 지역의 문제, 교육의 문제가 복잡하게 얽혀 있는 것이다.

재외동포를 위한 교재 역시 단순한 어학 교재라고 보기는 어려운 것이다. 한국인이라는 정체성과 관련되어 뿌리교육의 일환으로도 지원이 필요한 부분이라 할 것이다. 입양아의 경우는 더 말할 나위 없이 절실한 과제라고 할 것이다. 유학생을 위한 한국어 교재도 성공적인 유학생활의 필수적인 조건일 것이다. 원어 강좌의 확대를 유학생 유치의 기본으로 생각하는 경우도 있지만, 어차피 교실 밖의 한국 생활은 한국어를 모르고는 불가능한 일이다. 따라서 유학생을 위한 한국어 교재의 개발을 위한 노력과 지원이 있어야 하는 것이다. 물론 한국어 교재 개발에는 다양한 지원에 앞서 연구 성과의 축적이 필요하다. 즉, 기존의 연구 성과를 점검하고, 개발된 교재의 장단점을 검토할 필요가 있다. 교재의 구성에 관한 논의, 학습자의 동기에 관한 논의, 학습자의 국적 및 언어권에 관한 논의, 학습 효과에 관한 논의 등 교재에 관한 총체적인 노력이 있어야 할 것이다. 이렇듯 한국어 교재의 연구와 개발에는 깊은 고민과 준비와 정성이 필요할 것이다.

  이 책은 본인의 정년을 맞이하여 경희대학교 국제교육원 원장 시절, 인연을 맺은 학자들의 논문들로 이루어졌다. 한국어 교육의 학문적 성취를 위해서 노력하는 이들에게 경의를 표한다. 한국어 교육을 위한 더 많은 저술들이 이어지기 바란다.

2008년 4월

안 영 수

차례

1. 한국어 교재의 주요한 논의

재외동포를 위한 한국어 교육과정에 대하여 • 김중섭　　14
한국어 교재의 기능 교수요목 • 조현용　　40
웹기반 한국어 교재 • 방성원　　59
한국어 부교재 개발을 위한 기초 연구 • 이정희　　81
한국어 교재의 표현항목 분석 • 홍윤기　　102

2. 영역별 한국어 교재

한국어 말하기 교재 • 최문석　　128
한국어 듣기 교재 • 마쯔자키 마히루　　146
한국어 쓰기 교재 • 장미라　　166
한국어 발음 교재 • 조가　　190
한국어 문법 교재 • 손금추　　205
이야기를 활용한 한국어 교재 연구 • 이성희　　212
한국어 문화 교재 • 전미순　　230

3. 대상별 한국어 교재

학문 목적 한국어 교재 • 김낭예	**256**
여성 결혼이민자를 위한 한국어 교재 연구 방안 • 구민숙	**277**
특수 목적 한국어 교재 • 문진형	**300**
한국어 교재의 기초단계 구성 • 박혜경	**315**
한국어 단기 교육과정 교재 • 김경지	**331**

4. 세계 속의 한국어 교재

중국에서의 한국어 교육과정과 교재 • 박미선	**350**
일본에서의 한국어 교육과정과 교재 • 사카와 야스히로	**370**
일본 고교의 한국어 교육과정과 교재 • 김동은	**378**
태국에서의 한국어 교육과정과 교재 • 시무왕케와린	**392**
싱가포르에서의 한국어 교육과정과 교재 • 지서원	**406**
스리랑카에서의 한국어 교육과정과 교재 • 곽봉재	**422**
루마니아에서의 한국어 교육과정과 교재 • 박상천	**436**

한국어 교재의 주요한 논의

01

- 재외동포를 위한 한국어 교육과정에 대하여 _ 김중섭
- 한국어 교재의 기능 교수요목 _ 조현용
- 웹기반 한국어 교재 _ 방성원
- 한국어 부교재 개발을 위한 기초 연구 _ 이정희
- 한국어 교재의 표현항목 분석 _ 홍윤기

재외동포를 위한 한국어 교육과정에 대하여

김 중 섭

1. 들어가며[1]

2007년 10월 5일이 세계 한인의 날(Korean Day)이라는 이름으로 국가기념일로 제정되면서 지난 10월 4일부터 나흘간 세계 각지에서 다양한 축하 행사가 열렸다. 세계 한인의 날 제정은 1863년 경에 연해주로의 이주로 시작된 우리나라의 해외 이주 역사상 가장 값진 일이며, 178개국 700만여 재외동포의 노력의 결실이라 할 수 있다. 불과 6년 만에 약 100만 명이 늘어난 재외동포의 규모는 중국, 이탈리아, 이스라엘, 인도에 이어 세계 5위이며, 인구 대비로는 이스라엘, 이탈리아에 이어 세계 3위에 해당된다.

---

[1] 최근 재외동포 현황은 한국교육과정평가원(2002)의 '재외동포용 한국어 교재 개전을 위한 교육과정 개발 연구', 외교통상부 재외동포영사국(2006)의 '참여정부의 재외동포정책', 재외동포재단 홈페이지(www.okf.or.kr), (주)재외동포신문 홈페이지(www.dongponews.net) 자료 참조

정부는 해외 민주평화통일위원회 설치 등을 통해 재외동포들이 모국의 정책 결정 과정에 기여할 수 있도록 하였으며, 재외동포재단 설립 및 재외동포의 출입국과 법적 지위에 관한 법률 제정 등을 통해 재외동포와 모국 간의 유대를 강화하기 위한 노력을 병행해 왔다. 또한 재외동포들의 수요 증가에 발맞추어 지원 예산을 꾸준히 확대하고 재외동포들의 거주국에서의 생활 안정과 한민족으로서의 정체성 확립, 재외동포간 네트워킹 강화 등 재외동포들에게 실질적인 혜택을 주기 위한 정책을 추진해 왔다. 냉전 구조의 해체로 인해 중국, 러시아, CIS 등 구 사회주의권 거주동포들이 우리 정부의 재외동포정책 영향권 내로 들어오게 됨에 따라 그간 소외되었던 지역의 동포들에 대한 관심이 고조된 것도 1990년대 이후의 새로운 변화라 할 수 있다. 아울러 우리나라가 세계 10대 무역국가로 성장하고 연간 1,000만 명 여행객 시대를 맞이하면서 재외동포의 경제적 중요성이 부각되고, 재외동포들이 국가 성장을 위한 소중한 자산이라는 인식은 사회 전반에 걸쳐 확산되고 있는 추세이다.

재외동포의 대부분은 중국(2,762,160명), 미국(2,016,911명), 일본(893,740명), 독립국가연합(533,976명) 등에 집중되어 있으나 동포들의 이민 역사의 배경, 거주국의 정치 이념과 경제 체제, 소수민족 정책의 방향이 다르기 때문에 동포들의 모국에 대한 요구도 서로 다른 양상을 보여주고 있다[2]. 그러나 거주 지역별 특성에 따라 지원 요구가 다르지만 다음과 같은 공통점을 찾을 수 있다.

첫째, 재외동포의 법적 지위 향상, 둘째, 재외동포 단체에 대한 재정 지원 확대, 셋째, 재외동포 네트워킹 강화, 넷째, 재외동포의 정체성 함양, 다섯째, 거주국에서의 안정적 정착 및 주류 사회 진출 가속화 등이다. 이러한 요구에 부응하기 위하여 정부 각 부처 및 기관은 다양한 각도에서 접근하고 있다.[3]

---

2) 미국 재외동포들은 모국과의 자유로운 교류를 통한 법적 지위 향상 및 미국 내 지역 사회에서의 영향력 확대, 일본 동포들은 모국 및 일본에서의 법적 지위 향상, 중국 동포들은 원활한 출입국 및 모국 내 취업 기회 확대, 독립국가연합은 한국어와 전통 문화 보급 및 민족 교육을 통한 동질성 회복 등을 희망하고 있다.

3) 재외동포재단의 2007년도 중점추진사업은 다음과 같다.

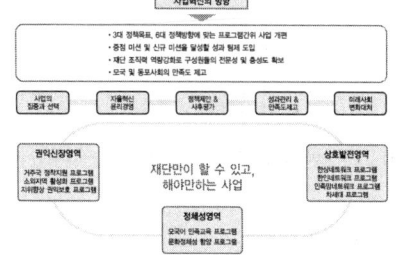

이 중 우리가 눈여겨 보아야 하는 요구는 '정체성 함양' 부분일 것이다. 재외동포의 한국인으로서의 정체성 함양을 위해서는 모국어 및 한국 역사 및 문화 교육의 기회를 제공하는 것이 가장 중요할 것이다. 지금까지의 재외동포를 위한 한국어 교육은 한국학교, 한국교육원, 한글학교 등을 중심으로 이루어져 왔다. 하지만 이 곳에서의 한국어 교육은 시설면이나 교육 시간, 교육 자료, 전문적인 자질을 갖춘 교원 부족 문제 등 여러 가지로 어려움을 겪고 있다. 재외동포를 위한 한국어 교육의 중요성이 부각되면서 재정 및 정책적 지원 등 양적 차원의 지원은 어느 정도 돌파구를 찾고 있다고 보아지나 한국어 교육 내용 및 연구 등 질적 차원에 대한 문제는 현황 파악, 문제점 및 해결 방안 제기 등 여전히 피상적인 논의에 그치고 있다.

그간 한국어세계화추진위원회에서는 〈효과적인 한국어 보급과 지원 체제의 활성화 방안〉, 〈국외 한국어 교육 자료의 실태 및 개발 방향〉 등을 주제로 한 국제학술대회에서 언어권별 한국어교육의 실태, 한국어 보급 방안, 교육 자료 개발 방향 등 현안 문제에 대해 심도 있게 다루었다. 그러나 재외동포를 대상으로 한 한국어교육 관련 연구물은 2002년 한국교육과정평가원의 〈재외동포용 한국어 교재 개선을 위한 교육과정 개발 연구〉라는 연구보고서를 제외하고는 거의 찾을 수 없다. 이 역시도 현지 한국어교육의 문제점을 파악하고, 한국어교육 현장에 직접 적용할 수 있는 교육 과정에 대한 논의라기보다는 기존 교재의 틀을 유지한 채 교재를 개선하는 방안에 초점이 맞추어져 있다. 교육과정 개발은 학습자와 교사의 요구에 기초해야 하는데 이에 대한 치밀한 조사가 없는 것이다. 따라서 이 글에서는 현지 한국어 교육의 현황 및 문제점을 찾고 이를 바탕으로 재외동포를 대상으로 한 표준적인 한국어 교육과정을 제안해 보고자 한다.

2. 현지 한국어 교육 기관 현황

현지 교육기관은 한국학교, 한국교육원, 한글학교 등 크게 세 가지로 나누어진다. 한국학교는 전일제 정규 학교로 한국의 교육과정을 그대로 따르는데, 2007년 현재 14개국에서 26개교가 운영되고 있다. 구체적인 내용은 다음 표와 같다.[4]

---

4) 코리안넷(http://www.korean.net)참조.

〈표 1〉 한국학교 교육 통계자료 (2007. 4. 1 기준)

국가명	학교명	설립 연월일	학생수(학급수)					전임교원수(파견교원수)			
			계	유	초	중	고	계	유	초등	중등
일본	동경한국학교	'54.4.26	974(24)	-	971(12)	246(6)	257(6)	50(10)	-	27(2)	23(8)
	교토국제학교	'47.5.13	141(6)	-	-	62(3)	79(3)	14(2)	-	-	14(2)
	오사카금강학교	'46.4.5	394(16)	24(3)	206(6)	87(3)	77(4)	29(3)	3	9	17(3)
	오사카건국학교	'46.3.1	452(23)	37(4)	161(7)	145(6)	109(6)	47(5)	6	12	29(5)
	소 계		1,961(69)	61(7)	838(25)	1,961(69)	522(19)	140(20)	9	48(2)	83(18)
중국	북경한국국제학교	'98.8.26	1,060(41)	86(4)	562(19)	236(9)	176(9)	77(5)	9	24(1)	44(4)
	상해한국학교	'99.9.1	1,056(47)	-	638(28)	117(9)	241(10)	92(5)	-	45(1)	47(4)
	연변한국학교	'97.12.1	207(12)	-	126(6)	46(3)	35(3)	14(3)	-	7(1)	7(2)
	천진한국국제학교	'01.3.7	836(28)	100(5)	416(13)	197(6)	123(4)	64(4)	11	23(2)	30(2)
	홍콩한국국제학교	'88.3.1	126(13)	20(2)	54(6)	9(2)	43(3)	24(2)	3	11(1)	10(1)
	연대한국학교	'01.3.1	539(24)	-	295(12)	128(6)	116(6)	54(3)	-	23(1)	31(2)
	대련한국학교	'03.12.23	200(10)	-	116(6)	71(3)	13(1)	25(2)	-	7(1)	18(1)
	소 계		4,024(175)	206(11)	2,207(90)	864(38)	747(36)	350(24)	23	140(8)	187(16)
대만	타이베이한국학교	'62.2.1	49(7)	14(2)	35(5)	-	-	8(1)	2	6(1)	-
	고웅한국학교	'61.1.25	31(4)	-	31(4)	-	-	4(1)	-	4(1)	-
	소 계		80(11)	14(2)	66(9)			12(2)	2	10(2)	
인도네시아	자카르타한국국제학교	'76.1.5	1,221(48)	-	601(24)	266(12)	354(12)	99(8)	-	47(1)	52(7)
싱가포르	싱가포르한국학교	'93.2.17	95(6)	-	95(6)	-	-	12(1)	-	12(1)	-
베트남	호치민시한국학교	'98.8.4	854(39)	28(2)	429(18)	182(9)	215(10)	55(5)	3	19(1)	33(4)
	하노이한국학교	'06.4.24	130(9)	-	107(6)	23(3)	-	17(1)	-	10(1)	7
	소 계		984(48)	28(2)	536(24)	205(12)	215(10)	72(6)	3	29(2)	40(4)
태국	방콕한국국제학교	'01.3.31	154(10)	-	118(6)	30(3)	6(1)	22(2)	-	7(1)	15(1)
파라과이	파라과이한국학교	'92.3.1	138(14)	27(2)	111(12)	-	-	13(1)	3	10(1)	-
아르헨티나	아르헨티나한국학교	'95.1.23	286(15)	143(8)	143(7)	-	-	32(1)	17	15(1)	-
브라질	브라질한국학교	'98.3.1	305(16)	42(4)	119(5)	87(4)	57(3)	18(2)	4	9(2)	5
러시아	모스크바한국학교	'92.3.1	109(8)	30(2)	79(6)	-	-	8(1)	2	6(1)	-
사우디 아라비아	젯다한국학교	'76.9.18	11(6)	1(1)	10(5)	-	-	6(1)	1	5(1)	-
	리야드한국학교	'79.4.24	10(6)	-	10(6)	-	-	4(1)	-	4(1)	-
	소 계		21(12)	1(1)	20(11)	-	-	10(2)	1	9(2)	-
이란	테헤란한국학교	'76.4.30	18(6)	-	18(6)	-	-	4(1)	-	4(1)	-
이집트	카이로한국학교	'79.12.5	52(6)	-	52(6)	-	-	6(1)	-	6(1)	-
합 계	14개국, 26개교		9,448 (444)	552 (439)	5,003(237) 1,992(87) 1,901(81) 8,896(405)			798 (72)	64	352(26) 382(46) 734(72)	

한국교육원은 사회교육기관으로 해당 지역의 재외동포 성인, 청소년들에게 한국어, 한국문화 등을 가르치는 한글학교를 운영·관리한다. 2007년 현재 14국에서 35개 원이 운영되고 있으며 이들이 관리하는 한글학교는 1,517개교이다.

　　한글학교(주말학교, 토요학교)는 현지에서 교회 등을 중심으로 자생적으로 운영되는 정시제 학교이며, 주로 한국어를 가르친다. 한글학교는 현지 동포들이 자발적으로 2세 교육을 위해 설립하고 있다. 이들 학교는 주민 수가 많은 대도시나 그 주변, 혹은 교통이 편리한 곳에 설립되어 어느 정도 학교 규모를 유지하면서 교민들이 세운 교회나 그 나라의 교회 등을 빌려 운영된다. 일부 국가(호주 등)에서는 정부의 다민족 정책에 따라 소수민족 교육의 활성화를 위해 재정적 지원을 해주기도 하지만 대부분은 교민들 스스로의 힘에 의존한다. 그러나 교민 수가 적은 국가나 지역에서는 한국 공관조차 없어 부모들이 자원봉사자로 나서서 자녀들을 가르치고 있으며, 학교와 같은 체제를 갖추지 못하고 있는 실정이다. 한국교육원의 설치 현황을[5] 살펴보면 다음과 같다.

〈표 2〉 한국교육원 교육 통계자료 (2007. 4. 1 기준)

국가명	교육원명	설립	파견자수(명)	한글학교			강습소	
				학교수	학생수	교원수	학교수	학생수
일본	동경한국종합교육원	'66.04.01	4	7	314	34	39	1,368
	가나가와한국종합교육원	'63.04.02	2	7	362	8	8	446
	치바한국교육원	'70.01.21	1	2	198	9	30	1,233
	니가타한국교육원	'66.09.24	1	3	52	5	35	350
	기후한국교육원*	'95.02.10	0	1	478	21	20	1,183
	나가노한국교육원	'95.02.10	1	1	12	2	5	191
	삿포로한국교육원	'63.05.16	1	4	107	14	0	0
	센다이한국교육원	'66.07.06	1	-	-	-	6	233
	오사카한국종합교육원	'63.04.01	3	2	94	3	30	1,320
	고베한국종합교육원	'63.04.01	2	5	853	40	13	958
	교토한국교육원	'63.04.13	1	2	160	10	17	584
	후쿠오카한국종합교육원	'63.06.28	2	6	208	15	22	574
	히로시마한국교육원	'63.05.16	1	8	399	23	12	188
	시모노세키한국교육원	'95.02.10	1	2	23	3	7	364
	14		21	50	3,854	187	244	8,982

---

5) 코리안넷(http://www.korean.net)참조.

국가	교육원명	설립일						
미국	워싱턴한국교육원	'80.07.01	1	91	4,629	775	–	–
	뉴욕한국교육원	'81.07.01	1	186	10,859	1,785	–	–
	시카고한국교육원	'88.09.01	1	127	5,363	1,027	–	–
	휴스턴한국교육원	'88.09.01	1	82	3,762	731	–	–
	로스앤젤레스한국교육원	'80.04.15	2	182	14,435	1,839	–	–
	샌프란시스코한국교육원	'87.08.01	1	79	4,698	684	–	–
	6		7	747	43,746	6,841		
러시아	블라디보스톡한국교육원	'95.03.24	1	55	4,793	146	–	–
	사할린한국교육원	'93.12.10	1	26	2,378	53	–	–
	하바롭스크한국교육원	'97.08.07	1	39	3,922	113	–	–
	로스토프나도누한국교육원	'01.09.19	1	31	2,574	52	–	–
	4		4	151	13,667	364	–	–
캐나다	캐나다한국교육원	'81.07.31	1	105	5,776	612	–	–
호주	시드니한국교육원	'89.08.01	1	54	4,185	399	–	–
영국	영국한국교육원	'81.07.01	1	21	755	160	–	–
프랑스	프랑스한국교육원	'81.06.01	1	11	361	54	–	–
독일	독일한국교육원	'81.07.01	1	36	1,516	196	–	–
파라과이	파라과이한국교육원	'80.03.01	1	5	210	26	–	–
아르헨티나	아르헨티나한국교육원	'87.08.21	1	16	918	132	–	–
브라질	쌍파울로한국교육원	'88.09.01	1	21	1,353	173	–	–
	8		8	269	15,074	1,752		
	티슈켄트한국교육원	'92.05.27	2	114	12,560	118	–	–
	알마티한국교육원	'91.08.22	2	121	3,897	173	–	–
	비쉬켁한국교육원	'01.05.28	1	65	1,521	52	–	–
	3		5	300	17,978	343		
합계	14개국 35개원		45	1,517	94,319	9,487	244	8,982

* 관련자료(한글학교 등)는 '06.4.1 기준임.

위의 통계자료를 보면 중국, 미국, 일본을 제외한 지역은 초급 단계 이상의 교육을 실시하는 곳이 매우 적음을 알 수 있다. 각 학교의 학생 수도 이삼십 명을 넘지 못하고 있다. 또한 경제, 교육적인 이유로 한국 교민 수가 급증하고 있는 베트남, 인도네시아, 캐나다, 호주 등의 국가에서도 고급 단계로 갈수록 학생 수가 줄고 있고 전임교원은 아예 없는 상태이다. 즉 대부분의 재외동포들은 어느 정도 의사소통을 할 수 있는 단계가 되면 더 이상 공부할 필요성을 못 느끼거나 공부할 여건이 되지 않는다는 것이다. 또는 공부를 하고 싶어도 가르칠 수 있는 교사가 부족하거나 교육 자료가 없다고 판단할 수 있다.

3. 재외동포 한국어 교육의 실상

현지 한국어 교육 전문가가 말하는 한국어 교육의 실상은 한국어 표준 교육과정을 설계하는 데 중요한 기준을 제공한다. 각 지역의 이민족에 대한 정책과 인식, 한국학교 및 한국교육원의 교육 환경과 이에 대한 지원, 교사의 수와 질, 학습자의 연령과 수준, 교재의 수급과 수준 등 여러 가지 변수에 따라 재외동포에 대한 한국어교육의 문제점이 다른 것은 사실이다. 현지 재외동포들을 위한 한국어 표준 교육과정을 설계하는 데에는 이들 지역에서 공통적으로 제기되는 문제점을 찾아야 할 것이다. 이에 제13회 카자흐스탄 한국어 교사 연수 결과물, 경희대학교 국제교육원 재외동포 학생 간담회 자료, 2007년 10월 12일 경희대학교 국제교육원을 방문한 뉴욕 한국문화연구재단 원장의 재외동포 및 한국어교사 주제 특강, 각 지역 한국어교육 전문가의 연구 보고 등을 토대로 한국어교육 기관의 현황 및 문제점을 살펴보겠다.

2007년 7월 재외동포재단, 이중언어학회, 카자흐스탄 알마티 한국종합교육원[6]은 카자흐스탄의 고려인 정주 70주년을 기념하고 한국어 교사 연수의 효율적인 방안을 모색하기 위해 알마티 한국종합교육원에서 제13회 카자흐스탄 한국어 교사 연수를 실시하였다. 참가한 카자흐스탄 한국어 교사 29명에 대한 설문 조사를 바탕으로 다음과 같은 특징과 문제점을 발견할 수 있었다.[7]

첫째, 한국어 교사의 질적 수준에 대한 고려가 필요하다. 한국어 교사이나 29명 중 두 명의 교사는 한국어를 잘 이해하지 못하는 초보 수준의 한국어 실력을 갖추고 있었고

---

[6] 카자흐스탄 알마티 한국종합교육원은 1991년 한국 정부가 CIS지역 최초로 1991년 8월 22일 한국 정부는 CIS지역에 최초로 설립한 한국교육원이다.

[7] 이중언어학회 편(2007), 〈제13회 카자흐스탄 한국어 교사 연수 결과보고서〉 참조.

중·고급 한국어를 구사하는 경력 3년 이상의 교사는 50%에 그쳤다. 또한 교사 자신들도 한국어 교수법보다는 한국어 지식을 쌓을 수 있는 기회가 있어야 한다고 생각하고 있었다. 이는 현지 한국어교육의 수준을 반영한다고 볼 수 있다. 둘째, 교사 수급이 시급하다. 교사는 10대 후반부터 60세까지 다양하며, 한국어를 자유롭게 구사할 수 있는 교사는 연령층이 높다. 즉, 앞으로의 지속적인 한국어교육을 위해서 젊은 교사에 대한 지원과 양성이 필요하다. 현재 정부차원에서 교사 연수나 파견이 이루어지고 있지만 현지에서 느끼는 어려움을 해결하기에는 역부족이다. 셋째, 재외동포 학습자의 연령과 수준을 함께 고려해야 한다. 유치원이나 초등학교에서 한국어를 가르치는 교사는 동화, 노래, 율동과 같이 학생들이 재미를 느껴 한국어를 놀이로 생각할 수 있는 프로그램을 원하고 있었다. 또한 고등학생 이하의 학습자가 성인보다 3배나 많고 이로 인해 취업이나 유학보다는 취미로 배우는 학습자가 대부분이므로 이들에 알맞은 교육과정 및 교재가 개발되어야 한다. 이는 나이 어린 고려인들에게 한국어를 제대로 배울 기회를 제공해 주어 예전보다 감소한 한국어에 대한 열의를 부활시킬 수 있을 것이다. 넷째, 전통 문화 교육에 대한 방향 전환이 필요하다. 전통 문화에 대한 추상적인 소개보다는 구체적으로 활동을 하면서 즐길 수 있는 전통 놀이, 한국 음식 만들기 등 체험 학습에 관심이 컸기 때문이다. 다섯째, 현대 문화에 대한 소개도 이루어져야 한다. 한국인의 생활, 인식, 심리 등에 대한 심도 있는 강의를 원하기도 하였다. 여섯째, 적은 수업 시간에 효과적으로 활용할 수 있는 교재가 필요하다. 취업이나 유학보다는 취미로 배우는 학습자들이 많은 관계로 국내 한국어교육 기관에서처럼 주당 20시간 정도의 집중 교육을 실시하기는 어려운 형편이다. 우선, 단원의 분량이나 내용이 현지 상황에 맞지 않고, 기존 한국어 교재 대부분이 통합 교재 형식이어서 읽기, 쓰기, 듣기, 말하기 등 개별 기능에 대한 교육을 실시하기가 어렵다는 지적도 있었다. 일곱째, 듣기 교재 및 워크북이 필요하다. 특히 한국어로 의사소통을 할 수 없는 교육 환경에서 수업 시간만이라도 한국어를 많이 듣게 하기 위해서는 듣기 교재가 많이 보급될 필요가 있다. 또한 수업 시간이 절대적으로 부족하므로 학습자들이 스스로 사용할 수 있는 워크북 및 보조교재 등이 보급되어야 한다.

　재외동포 학생 간담회에서는 참석한 CIS 지역 학생 대부분이 자신들뿐만 아니라 부모님들 역시도 집에서는 거의 한국어를 사용하지 않는다고 하였다. 이들은 고등학교를 졸업하고 나서 대학 또는 주말학교에서 한국어를 처음으로 접했다고 하였다. 이는 나이가 어린 아동들의 수가 많으며 연령이 높아질수록 한국어를 배우는 학생 수가 적어진다고 한 현지 교사들의 의견과는 상반된 것이다. 어렸을 때 한국어를 접하지 못한 이유는 도시일수록 고려인이 적고, 다양한 민족을 접할 수 있어서 한국어의 필요성을 못 느꼈다고 하였다. 또한 한국학교나 한국교육원은 대부분 고려인이 많이 살고 있는 도시 외곽 지역에 위치하고 있으며 교통도 불편하기 때문에 단 두세 시간을 공부하기 위해 많은 시간을 낭비할 수는 없다는 것이다.

그러나 사춘기 무렵 자신이 고려인인지, 아니면 러시아, 카자흐스탄, 우즈베키스탄, 키르기즈스탄인인지에 대한 고민을 하게 되면서 누구의 강요에 의해서가 아니라 스스로 한국어를 한번 배워보겠다는 생각을 하게 되었다고 한다. 또한 늦었지만 한국이 경제적으로 성장하게 되면서 이를 동경하게 되고, 점차 한국어 및 한국 문화에 호기심을 느끼게 된 것이 한국어 학습의 동기가 되었다고 한다. 하지만 어렵게 찾은 한국교육원이나 주말학교에서 학생들은 교사의 질적 문제와 교육 내용이라는 난관에 부딪치게 되었다고 말했다. 카자흐스탄 알마티 한국교육원, 우즈베키스탄 타슈켄트 한국교육원, 러시아 하바로프스크 한국어교육원에 다녔던 학생들은 각각 다음과 같은 문제점을 지적하였다.

"저는 아바이 국립대학 법대를 갈 수 있었지만 고등학교 때 한국어를 조금 배웠고, 나는 한국사람이니까 한국어과, 그러니까 조선어학과를 갔어요. 근데 북한말을 많이 썼어요. 북한말과 한국어에는 문법과 어휘의 차이가 있어서 지금도 가끔 어렵다고 생각해요. 그리고 부모님은 집에서 가끔 한국말을 했는데 사투리예요. 그런 거 한국에 와서 한국어랑 많이 다르니까 어렵다고 생각해요."

"우즈벡 타슈켄트에서 공부했어요. 사물놀이하고 한국 춤이 아주 재미있었어요. 그런데 선생님이 할머니이고, 춤을 잘 추면 한국어를 못하고, 한국어를 잘하면 춤을 못 춰요. 춤도 추고 한국어도 같이 배우면 좋겠어요."

"한국 경제를 배우고 싶어서 한국어를 배우기 시작했지만, 한국에 오기 전에 내가 한국 사람인지, 우즈베키스탄 사람인지 많이 고민했어요. 한국에 온 지 얼마 안 돼서 아직도 잘 모르겠지만 한국 사람하고 가깝다고 생각하게 됐어요. 피는 한국 사람이니까요"

"고려인 1세, 2세는 한국어를 하지만 제 어머니도 한국어를 전혀 못해요. 19살 때 할머니께서 말씀하시는 거 정말 알고 싶어서 한국어를 공부했어요. 가나다라부터 공부했는데 정말 재미있었어요. 그런데 선생님이 없어서 많이 공부하지 못했어요. 노래도 배웠는데, 아마 아기 노래인 것 같아요."

학생들이 느끼는 문제를 정리하면 첫째, 교사의 한국어 수준 미달, 둘째, 한국어와 한국 문화를 접목한 한국어 교육의 부재, 셋째, 학생의 한국어 수준 및 연령에 알맞은 교육과정 부재, 넷째, 민족 정체성의 혼돈이라고 말할 수 있다. 교사가 한국어를 잘 못하고, 학생의 궁금증을 명확히 해결해 주지 못한다면 교사에 대한 신뢰도는 떨어질 수밖에 없고 아울러 한국어에 대한 흥미도 잃을 수 있다. 또한 학습 의욕이 높은 학생의 경우에는 더 이상 배울 수 없다는 생각에 좌절감에 빠질 우려도 있다.

국내는 물론 국외 재외동포 대상의 한국어교육 목표가 '민족교육, 뿌리교육, 정체성 확인' 등에 목표를 두고 있음에도 불구하고 위 학생들과 같이 정체성 확립에 대한 문제는 아직 모호하며, 그 해결의 실마리를 찾기가 쉽지는 않다. 민족 정체성에 대해서는 문화 교육과 연계하여 새로운 접근이 필요하다. 한국어는 우리 민족의 대표적인 자산이며 그렇기 때문에 문화를 지탱하는 중요한 버팀목이 될 수 있다. 이는 민족의 정체성과 밀접한 관련이 있다. 언어를 알지 못하면 그 나라의 문화를 올바로 이해할 수 없으며, 이는 민족 정체성을 확립하는 데 치명적인 걸림돌이 되기 때문이다. 민족 정체성에 대한 문제는 고려인은 물론, 특히 재미동포들 사이에서 중요한 이슈로 거론되어 왔다는데 적어도 고려인 1세, 2세들은 한국어를 구사할 줄 알며 이들의 존재 자체가 자손들에게는 한국 문화와 민족 정체성을 물려주는 발판이 되어 왔다.

그러나 미국의 경우 이민의 동기가 주로 경제 및 교육 문제에 의한 것이어서 영어 교육이 한국어교육보다 우위에 있어 왔다. 1997년 미국대학입학 수학능력시험 SAT에 한국어가 채택되면서 제2외국어로서 한국어에 대한 접근이 쉬운 재미동포들이 비로소 한국어교육에 관심을 갖기 시작했지만 이는 보다 좋은 학교에 가기 위한 수단으로 선호한 것일뿐이며, 한국어나 한국 문화를 자신의 민족 문화로 여기는 데까지 나아간 것은 아니다. 한국인이 많이 생활하여 한국어가 필수 일상어처럼 사용되는 L.A. 지역을 제외한 여타 지역의 환경은 한국인이 많지 않아 한국어의 필요성이 크지 않으며, 한글학교도 자녀들 스스로가 원해서라기보다는 부모의 설득으로 가는 것이다. 또한 미국 사회에 빨리 유입되기를 원하는 부모인 경우에는 한국어 및 한국 문화 학습에 소극적인 자세가 될 수밖에 없다. 이러한 상황은 '한국어와 한민족 그리고 한국 문화를 사랑하는 마음을 가지게 하고 한민족의 정체성을 지니면서, 복합민족국가의 발전과 복합문화 형성에 이바지하는 생활을 하도록 한다' 라는 한글학교 교육과정의 이상적인 목표를 현실로 끌어내릴 수 없게 하는 한계이다. 브라질 상파울루에서 온 재외동포의 지적은 다음과 같다.

"저는 어렸을 때 파라과이에 살다가 9살 때 브라질로 왔어요. 파라과이에서 한국어를 공부해서 한국어를 조금 할 수 있지만 브라질에서는 한국어를 배우지 않았어요. 그래서 지금 많이 까먹었어요. 파라과이 한국 사람들은 한국어를 잘하지만 브라질 한국 사람은 한국어를 못해요. 파라과이에서는 부모님들이 다시 한국으로 돌아갈 생각을 하기 때문에 한국어를 알아야 하지만, 브라질에서는 한국으로 돌아갈 생각을 안 하기 때문에 한국어를 배우지 않아도 괜찮다고 생각하는 것 같아요."

이는 이민국과 한국의 정치·경제 상황 및 동포의 경제력도 재외동포들의 한국어교육에 대한 의욕과 밀접한 관계가 있다는 것을 알 수 있게 한다. 어린 자녀들에게 한민족이라는 민족 정체성을 심어주어야 할 부모들이 경제적 문제 때문에 자녀들에게 신경을 쓸 여유가 없거나, 있다 해도 한국어 및 문화 교육이 자녀의 정체성 확립에 직결된다는 사실을 깨닫지 못한다면 사춘기가 지나 성인이 되어서 겪게 되는 혼란은 더욱 커질 수밖에 없다.

그 외 한글학교의 운영 및 교육 환경에 대한 지적도 있었다. 한글학교는 동포들의 재정으로 학교가 설립되어 운영되고 있기 때문에 현지 채용밖에 있을 수 없다. 따라서 한국에서 교사자격증을 가진 교사들을 초청하는 것은 불가능한 일이다. 한국 내 대학 출신으로 한국에서 교사 경험이 있는 사람도 있지만 교사 경험이 없는 사람이 더 많기 때문에 우수한 교사를 구하는 일은 정말 어려운 일이다. 또한 한국어, 문화, 역사, 음악 수업을 합하여 일주일에 서너 시간, 연간 100시간이 채 안되기 때문에 강사료가 가정 경제에 큰 도움이 되지 못하여 다른 직종을 찾거나 한국어 수업을 아르바이트나 봉사로 하는 교사가 대부분을 차지하고 있는 점도 큰 문제이다. 교육 환경 문제도 심각하다. 종교 단체에 소속된 한글학교는 교실 부족으로 복도나 창고 같은 곳을 사용하는 경우도 있다. 이외 독립된 한글학교는 공립학교 건물을 대여하므로 환경은 좋으나 자체 건물이 없기 때문에 교육 기자재를 보관할 장소가 없어서 제대로 학습 활동이 이루어지기 어렵다(이선근, 2002:70-78).

이와 유사한 문제를 벨기에 한글학교 김미옥 교장도 제기하였다. 최근 김미옥 교장은 이메일을 통하여 다음과 같이 밝혔다.

'여기서는 3개 반을 수준별로 운영하고 있습니다. 한글반 학생은 모두 35명이며 대부분 30~40대 성인들입니다. 구성원은 입양아들이 22명이고, 외국인은 10명, 교포 2세가 3명입니다. 입양아들은 한국에 있는 가족과 대화하기 위해, 외국인들은 직업상 한국어가 필요하거나 순수한 호기심으로 또는 배우자가 한국인이기 때문에 한국어를 배웁니다. 교사는 세 명이고 두 명은 영어 전공자이며, 한 명은 언어학 전공자입니다. 교육 시간은 일주일에 한번 평일 저녁에 두 시간 반이며, 정부 보조금과 학생들의 학비로 운영되고 있습니다. 벨지움 한글반의 가장 큰 문제점은 교실을 임대하여 사용하므로 학교 사정에 따라 수업 조건이 바뀌고 임대료에 대한 부담으로 학생들에게 수업료 일부를 부담시킬 수밖에 없으며, 따라서 다양한 수준의 반을 편성할 수 없다는 점입니다. 교육은 교재를 바탕으로 활동 중심으로 이루어지며 대부분 직장 생활을 하는 사람들이라 숙제를 많이 부과할 수 없는 실정입니다. 특히 이곳 벨지움은 아직 한국에 대해 많이 알려져 있지 않으며 한국 사람도 많지 않은 편이라, 다른 대도시에 비해 규모가 작게 한글반이 운영됩니다.'

수업 환경과 시설 등 운영에 대한 것은 작은 규모의 한글학교가 감당하기에는 여전히 벅찬 문제였다. 또한 지역이나 기관에 따라 입양아의 비중이 많다는 점도 재외동포 대상 한국어교육 과정 편성에 고려하지 않을 수 없다. 이들은 한국에 대해 일단 '나를 버린 부모, 나를 버린 나라' 라는 부정적인 인식을 가지고 있으며, 때로는 적대시하기 때문에 '민족 정체성 확립'을 목표로 하는 한국어교육은 받아들이기 힘들다. 따라서 점차 한국에 대해 긍정적인 태도를 갖고 관심을 유도하는 것이 한글학교의 최우선 과제가 될 것이다.

한편, 벨기에처럼 한인들의 수가 많지 않은 지역에서 '정체성'을 강조하는 일은 자칫 감수성이 예민한 어린 학생들의 반감을 불러일으킬 수 있다. 조인정(2002:79-83)에서는 호주 이민 2세들이 한국어교육이 강요될 때 나타낼 수 있는 부작용 및 실상에 대해 다음과 같이 기술하고 있다.

'호주는 여러 민족이 모여 사는 다민족 국가지만, 주류 사회에 속하지 않는 한국인은 소수 민족에 속하게 된다. 최근 한국의 국제적인 위상이 점점 올라간다고는 하지만 한국에 관심이 있거나 한국에 대해 아는 호주인은 많지 않다. 이런 현실 속에서 한국 부모들이 그들의 자녀들에게 한국인임을 강조하게 되면 자녀들은 자신의 정체성에 대해 갈등을 겪게 된다. (중략) 문화면에서도 좀 더 보수적인 부모들의 문화를 접할 때 개방적인 문화가 자신에게 더 자유스럽게 여겨지므로, 2세들은 개방적인 문화를 주류 문화로 인지하고 한국 문화는 주변 문화 또는 일탈 문화로 인지하게 된다. 이런 사회 환경에서 자란 2세들은 한국어와 한국문화에 대해 자긍심이 없게 마련이고, 이에 한국어나 한국문화를 배우려는 동기가 약하다. 호주 교포 2세들의 한국어 학습 동기에 대한 통계를 실제 조사 발표한 연구는 없지만, 부모가 원해서 배우는 경우가 대부분이다.'

4. 재외동포 한국어 교육의 문제점과 대책

지금까지 살펴본 재외동포 한국어교육의 문제점과 대책을 간략하게 정리하면 다음과 같다. 첫째, 한국어나 한국어교육을 전공한 전문 교육자가 현저히 부족하므로 단기 한국어 교사 연수나 소수 교사의 파견은 큰 도움이 되지 못한다. 따라서 현지 교사의 장기 초청 한국어 연수나 정부 부처 및 기관의 적극적인 재정적 지원이 요구된다.

둘째, 학습자의 연령 및 수준이 매우 다양하며, 이 또한 한국어 능력과 비례하는 것은 아니므로 연령은 물론, 수준을 고려한 교육과정과 교재가 마련되어야 한다. 아울러 재외동포 1.5세, 2세, 입양아 등 학습자 구성원의 성격이 교육과정 및 교재에 영향을 미친다는 것을 인식해야 한다.

셋째, 한국어 수업 시간이 연간 100시간 이하로 국내 한국어교육 기관의 한국어 수업 시간과는 비교할 수 없을 만큼 짧다. 따라서 국내 한국어 교재를 그대로 사용하거나 개작을 하여 사용하는 데 무리가 따른다. 재외동포를 위한 한국어 교재는 한두 시간에 소화할 수 있는 분량의 단원으로 구성되는 것이 적절하며 의사소통 및 활동 위주로 이루어져야 한다.

넷째, 전통 문화 강의에 한정된 문화 교육은 학습자의 흥미를 떨어뜨릴 수 있으며 한국어학습에도 큰 도움이 되지 않는다. 따라서 학습자들이 직접 활동하면서 즐길 수 있는 체험 학습 위주의 문화 수업이 이루어져야 한다.

다섯째, 민족 정체성 확립은 한국어 및 한국 문화를 강요하여 이루어지는 것이 아니다. 학생 스스로 문제 의식을 갖고 접근해 나갈 때 진정한 정체성 확립이 이루어질 것이다. 이를 위해서는 한국어가 한국의 문화 유산임을 자연스럽게 인지시키고, 흥미를 부여할 수 있는 방법을 통하여 한국에 대해 점차 관심도를 높여 갈 수 있는 방안이 필요하다. 재외동포 정책 담당 기관, 현지 한국어 교육 기관과 교사, 국내 한국어교육 기관과 교사, 재외동포 학부모의 정기 연례회 등을 통하여 긴밀한 협조가 이루어져야 할 것이다.

5. 재외동포 한국어 표준 교육과정 개발

지금까지 재외동포 한국어 교육 기관의 현황과 교사, 학생, 한국어 교육 전문가들이 말하는 한국어 교육의 실태를 살펴보았다. 이를 바탕으로 재외동포 대상 한국어 표준 교육과정을 개발하고자 한다. 교재, 수업 방법, 평가 등에 대한 논의는 교육과정이 개발된 후에 비로소 가능한 것들이다. 교육과정이 제대로 설계되지 않은 상태에서 교재, 수업 방법, 평가 등이 이루어진다면 이것은 그간 교사나 연구자들의 직관에 의한 피상적인 추론에 지나지 않을 것이다.

한국어 표준 교육과정의 개발에 앞서 학습 목표 및 교육과정 개발의 원리, 교육 내용의 범주 등을 설정하면 다음과 같다.

〈한국어 교육의 목표〉

한민족은 한국어라는 고유하며 독특한 문화적 자산을 가지고 있다는 사실을 알고, 내적으로는 한국어를 통해 민족 정체성을 발견하며, 외적으로는 세계 속의 주역이 될 수 있음을 깨닫게 한다.

〈교육과정 개발의 의의〉[6]

한국어 표준 교육과정 개발은 한국어 교재, 교사 연수, 평가에 총체적으로 접근하여 앞으로 정부 정책 수립, 한국어 교사 연수, 교재 개발에 중요한 밑거름이 될 것이다.

〈교육과정 개발의 변인〉

재외동포를 대상으로 한 교육과정 개발에 직접적인 영향을 주는 변인들을 다음과 같다.[7]

---

6) 민현식(2004:53-54)에서는 한국어 학습자를 위한 표준 교육과정 제정의 당위성을 크게 다섯 가지로 제시한 바 있다. 요약하면 다음과 같다. 첫째, 다양한 외국 수요자들의 요구에 맞추기 위해 공공성과 효율성을 살린 국제 규격의 한국어 교육과정을 제시해 주어야 한다. 둘째, 교육과정을 표준화함으로써 성취 목표를 분명히 제시할 수 있다. 셋째, 표준 교육과정의 수립은 교사와 학생의 정보 교류에 유리하며, 국내 학생들이 다른 지역으로 전학을 하더라도 교육과정상의 전학이 용이하여, 학습자의 선택권이 강화되고 보호될 수 있다. 넷째, 표준 교육과정은 기관간의 협동과 공동 발전에 긍정적이다. 다섯째, 표준 교육과정은 표준 평가 척도 개발에 긍정적으로 작용한다.

7) 민현식(2005:252)에서는 종래 학문 중심주의 교육과정이나 90년대 이래 고착화한 기능 중심주의 등 어느 한 쪽에 치우치는 것은 국어교육에 바람직하지 않으므로 이를 균형 있게 종합하는 '지식-기능 균형주의 국어교육과정(knowledge-skill balanced curriculum)'을 구축하여야 한다고 하였다. 아울러, 미래의 교육과정은 '문화간 의사소통능력(intercultural communication competence)'를 중시하는 교육과정을 지향하여 발음력, 어휘력, 문장력, 담화력 같은 전형적 언어요소 외에 자아 정체성, 사회적 가치, 관습, 사회 체제 등과 같은 가치 요소, 비언어적 요소들도 문화적 의사소통능력의 한 부문으로 중시하므로 우리의 교육과정도 이런 다양한 문화 소통능력을 강화하여야 한다고 하였다. 그리고 '지식-기능 균형 국어교육과정의 목표'를 '정체성, 도덕성(종교성), 소통성, 지식성, 직업성, 사고성, 문화성' 등 7대 영역으로 나누어 설정하였다.

<표 3> 한국어 표준 교육과정의 변인 [8]

영역	변인	요소
1. 학습자 유형	해외 체류 유형	· 영주체류자, 일시체류자, 입양인
2. 학습 목적	학습 동기 및 목적	· 호기심, 취미, 취업, 진학, 생활언어, 부모의 권유
3. 학습자 연령	인지 및 정서 발달 단계	· 아동, 청소년, 성인
4. 선수 학습 양	학습 시간 및 기간	· 일주일 2~3시간, 일주일 8~9시간, 1년 이하, 1년 이상
5. 한국어 구사 능력	한국어 수준	· 초급, 중급, 고급, 전문 영역
6. 학습 환경	생활 국가 및 지역	· 아시아지역, 미주지역, 유럽지역, 독립국가연합, 아프리카 등 · 사회 또는 생활 지역의 한국인 밀집 여부
7. 한국 문화	문화 종류 및 학습 유무	· 전통문화, 현대문화, 대중문화 · 한국인의 생활, 가치관, 인식 등

이러한 변인들을 교육과정에 모두 적용하여 각각의 교육과정에 맞는 교재 및 부교재를 개발하는 것이 가장 이상적이라고 할 수 있겠다. 변인 하나하나가 세부 교육 목표, 교육과정, 교육 내용에 영향을 미치는 것은 주지의 사실이다. 그러나 본고에서는 변인들을 아우를 수 있는 교육과정을 개발하고 이를 바탕으로 각 변인들에 맞게 개작하여 사용할 수 있는 표준적이며 범용적인 모델을 마련하는 데 목적이 있으므로 아래와 같이 한국어 교육 목표 및 교육과정을 설계한다.

<한국어 표준 교육과정 개발의 기본 원리>

원리	내용
• 학습자 중심 교육	재외동포 학생들의 생활 및 교육 환경, 요구, 목표에 맞게 구성한다.
• 의미·기능 중심 교육	추상적인 지식의 전달이 아니라 문맥 내에서 활용할 수 있는 의미와 기능 중심의 교육이다.
• 실용 과제 중심 교육	학습 시간이 많지 않으므로 학습자가 한국어로 비교적 자주 접하는 상황을 연출하여 과제를 해결하면서 구어적이며 실용적인 표현을 익힌다.
• 기능별 교육의 강화	가정에서 한국어를 사용하던 재외동포들은 유독 듣기와 말하기는 잘하는데, 읽기와 쓰기를 못하는 경우가 많다. 따라서 초급에서는 통합 교육을 지향하되, 중급 이상에서는 읽기, 쓰기, 듣기, 말하기의 기능별 교육을 강화하여 실시한다.
• 문화 학습 병행	한국어를 수단으로 한국의 전통 및 현대 문화, 역사, 문학 등을 소개하여 한국 문화에 대한 관심과 긍지를 갖게 한다.

---

[8] 학습자 요인(learner factors)이란 학습자의 언어 이외에 제2언어 학습에 영향을 미치는 학습자 측면의 다양한 요인들을 말하며 학습자 변인(variables)라고도 한다(Brown, 1994:277). 학습자요인에는 인지적 요인, 정의적 요인, 사회·문화적 요인 등이 있다.

〈교육과정의 범주〉

이러한 필요성에 의하여 재외동포 대상 한국어 표준 교육의 범주를 언어학적 능력, 의사소통적 능력, 사회문화적 능력으로 나누고, 세부 영역에 발음, 문법, 어휘, 읽기, 쓰기, 듣기, 말하기, 화용, 문화, 체험 등을 두었다[9].

6. 한국어 표준 교육과정의 설계

교육과정은 크게 초급, 중급, 고급 단계로 나눈다. 연령이 낮다고 해서 한국어 수준이 낮다고 볼 수 없으며, 반대의 경우도 마찬가지이다. 오히려 어릴 때 한국어를 가정과 학교에서 접한 아동들의 학습 속도가 성인보다 빠를 수 있다. 따라서 연령보다는 학습자의 한국어 능력에 따른 교육과정 설계가 타당하다. 그러나 초급 수준이라고 해도 성인 학습자라면 교육 방법 및 제시 내용을 이에 맞게 조정할 필요가 있다.[10]

한국이 아닌 다른 나라에서 한국어를 제2언어로 배우기 시작하는 대부분의 초급 재외동포 학습자는 한국어 학습에 대한 뚜렷한 목표나 관심이 있다기보다는 호기심이나 주위 환경적 요인이 학습 동기가 된다. 이들은 대부분 한국 문화를 처음 접하는 학습자이므로 흥미와 말하기에 중점을 두는 것이 좋다. 중급 학습자들은 한국어뿐만 아니라 점차 한국 문화에 대한 관심이 높아지는 시기이다. 따라서 한국 문화에 대한 심층적인 이해와 화용적 능력이 필요하다.

어느 정도의 한국어 능력이 있다는 것을 학습자 스스로 느끼게 되지만 화용적 능력이 부족하고 문화에 대한 이해가 선행되지 않는다면 어느 때보다 심각한 언어 및 문화 충격을 받게 되기 때문이다.

고급 학습자들은 진학, 취업 등의 특수한 목적을 위하여 한국어를 배우는 경우가 많

---

9) 박영순(2006:9-10)에서는 외국어로서의 한국어 교육의 영역을 발음(pronunciation), 문법(grammar), 언어기능(function), 의사소통(communication), 경어법(deference system), 문화(culture) 등 여섯 가지로 나누었다.

10) 조인정(2002:79-83)에서는 학급을 구성할 때 연령, 지식수준, 학습자의 동기 등 학습자의 특성이 감안되어야 하는데, 실제로는 연령이 가장 중요한 기준이 되고 있다고 하였다. 학생 수는 별로 많지 않지만 한국어 구사력에서 많은 차이를 보이므로 교육과정과 교수요목의 개발에서 무엇보다도 중요하게 고려하여야 할 것은 한 학습 내에 존재하고 있는 한국어 구사력의 차이라고 하였다.

다. 따라서 정확성과 유창성을 조화롭게 발달시키면서, 읽기와 쓰기 등의 문어적 측면에 관심을 가질 수 있도록 유도하는 것이 좋다. 이와 같이 초급, 중급, 고급 학습자의 특성 및 학습 목적을 분명히 알고 이를 적절히 담을 수 있는 교육과정이 개발되어야 하는 것이다.

〈표 4〉 재외동포 대상 한국어 표준 교육과정

단계	학습목표	범주	영역	학습 내용
초급	·한국어가 한국의 문화임을 알고 한국어 학습의 필요성을 안다. ·일상 생활에 필요한 기초적 언어 기능을 수행할 수 있다. ·자기 자신, 가족, 친구 등 사적이고 친숙한 소재 및 학교 생활과 관련된 간단한 내용을 이해하고 표현할 수 있다. ·기초 어휘와 기본 문법에 대한 이해를 바탕으로 간단한 문장을 생성할 수 있다.	언어학적 능력	발음	·모음과 자음을 정확히 발음하고 음의 변화를 통해 한국어의 발음 체계를 익힌다. ·발음 규칙을 알기보다는 기초적 어휘나 짧은 문장의 반복 연습을 통해 음의 변화를 자연스럽게 익힌다.
			문법	·기본 문장 구조와 문장의 종류를 이해하고 바르게 사용할 수 있다. ·기본적인 조사와 연결 어미를 이해하고 바르게 사용할 수 있다. ·불규칙 활용을 사용할 수 있다. ·관형사형 어미, 높임법, 보조용언을 바르게 사용할 수 있다.
			어휘	·일상 생활에서 자주 사용되는 어휘를 이해하고 사용할 수 있다. ·사적이며 친숙한 소재와 관련된 기본 어휘를 이해하고 사용할 수 있다.
		의사소통 능력	읽기	·짧은 서술문을 읽고 이해할 수 있다. ·일기, 편지 등 간단한 생활문을 읽고 내용을 파악할 수 있다.
			쓰기	·글자 구성 원리를 이해하여 맞춤법에 맞게 글씨를 쓸 수 있다. ·일상적이고 친숙한 소재에 대해 짧은 일기, 편지 등 생활문을 쓸 수 있다.

			듣기	·한국어의 기본적인 음운(자음, 모음, 받침)을 식별할 수 있다. 간단한 대화, 담화를 듣고 상황이나 내용의 흐름을 파악할 수 있다. ·실생활에서 접하기 쉬운 실용적인 담화를 듣고 내용을 파악할 수 있다.
			말하기	·정형화된 표현을 사용하여 대화를 구성할 수 있다. ·빈도가 높은 조사와 연결어미를 사용하여 간단한 문장이나 대화를 구성할 수 있다.
		사회문화적 능력	화용	·인사말, 가족 관계 어휘, 자기소개, 상대높임법, 민요.
			문화	·한국인의 기본적인 사고 방식과 생활 방식을 이해함으로써 단순한 사회 활동에 적응력을 갖는다. 결혼, 생일, 태권도, 명절, 국경일, 의식주, 문화 차이 이해
			체험	·노래 대회, 말하기 대회
중급	·자신이 한국인임을 자랑스럽게 생각하고 자기 자신은 물론, 세계화의 주역이 되기 위해 한국어가 필요함을 인식한다. ·한국어로 일상생활을 하는 데 어려움을 느끼지 않는다. ·사회적 관계를 유지하는 데 필요한 설명하기, 묘사하기, 거절하기 등의 언어 기능을 수행할 수 있다. ·직업, 학업, 사건, 국가, 문화 등의 소재를 뉴스, 신문 등을 통하여 이해할 수 있다.	언어학적 능력	발음	·음운 현상을 체계적으로 이해하며 비교적 자연스러운 억양과 발음을 할 수 있다.
			문법	·비교적 복잡한 조사와 연결어미를 이해하고 바르게 사용할 수 있다. ·반말, 간접화법, 사동법과 피동법, 보조용언, 표현 항목을 바르게 사용할 수 있다.
			어휘	·일상 생활에서 사용되는 대부분의 어휘를 이해하고 바르게 사용할 수 있다. ·자주 쓰이는 추상어 및 개념어, 뉴스, 신문 기사 등에 자주 등장하는 어휘를 바르게 사용할 수 있다. ·직장 생활, 학교 생활, 사회 생활과 관련된 기본적인 어휘를 이해하고 바르게 사용할 수 있다.
		의사소통 능력	읽기	·친숙한 사회, 문화 등의 소재를 다룬 대부분의 생활문을 읽고 내용을 파악할 수 있다. ·수필이나 동화 등의 작품을 읽고 내용을 파악할 수 있다.

중급	· 추상적 소재를 정확하고 유창하게 이해하고 관용 표현과 대표적인 한국 문화에 대한 이해를 바탕으로 한국 문화적인 내용을 이해하고 표현할 수 있다.	의사소통 능력	쓰기	· 사적이고 친숙한 사회적, 추상적 소재에 대해 글을 쓸 수 있다. · 설명문, 감상문, 수필 등을 쓸 수 있다. · 자신의 생각을 논리적으로 표현하는 간단한 글을 쓸 수 있다.
			듣기	· 대부분의 일상 대화를 듣고 내용을 파악할 수 있다. · 기본적인 직장 생활 및 학교 생활 관련 대화를 듣고 이해할 수 있다. · 광고, 인터뷰, 일기예보 등의 실용 담화 및 간단한 뉴스, 토론 등의 방송 담화 등을 듣고 내용을 파악할 수 있다.
			말하기	· 친숙한 사회적, 추상적 소재에 대해 말할 수 있다. · 일반적인 업무 및 학교 생활과 관련된 소재에 대해 자유롭게 말할 수 있다. · 자신의 생각을 논리적으로 정확하고 유창하게 표현할 수 있다.
		사회문화적 능력	화용	· 언어 예절, 속담, 공적 서류 준비
			문화	· 대중 문화, 문학, 문학, 예절
			체험	· 연극, 백일장, 사물놀이, 탈춤
고급	· 국내외 학업, 진학 등에 필요한 정확하고 유창한 한국어 실력을 구사할 수 있다. · 간단한 오류들이 발생할 수 있지만 사회문화적으로 오해를 받을 만한 것은 아니다. 공식적, 비공식적 맥락과 구어적, 문어적 맥락에 따라 언어를 적절히 구분하여 사용할 수 있다.	언어학적 능력	발음	· 학습자가 한국인의 발음을 이해하지 못한다든지, 한국인이 학습자의 발음을 이해하지 못하는 경우가 거의 없다.
			문법	· 이중주어문, 이중목적어문, 인용표현 등을 알고 정확하게 사용할 수 있다. · 연결어미 및 조사의 결합형을 이해하고 사용할 수 있다. · 화자와 청자의 관계에 따른 대우법 체계를 이해하고 사용할 수 있다.
			어휘	· 한자어, 속담, 사자성어, 비유적 표현 등 문화적 배경이 필요한 어휘를 자연스럽게 구사할 수 있다. · 외래어, 시사적 어휘, 신조어 등 사회 현상을 반영하는 어휘를 이해하고 구사할 수 있다. · 학업, 업무에 필요한 전문 어휘를 찾아 사용할 수 있다.

고급	의사소통 능력		읽기	· 비교적 긴 글을 읽고 글쓴이의 의도를 파악하며 정보를 바탕으로 새로운 정보를 추론할 수 있다. · 경제, 사회, 문화 등 전문 분야 또는 추상적인 소재를 다룬 설명문, 논설문 등을 읽고 내용을 파악하거나 추론할 수 있다.
			쓰기	· 긴 담화를 들으면서 요약하면서 메모할 수 있다. · 공식적 문서 형식에 맞게 보고서를 작성할 수 있다. · 비교, 대조, 원인, 결과 등의 짜임으로 서론-본론-결론의 글을 쓸 수 있다. · 보고서, 연구 논문 등을 쓸 수 있다. · 번역할 수 있다.
			듣기	· 뉴스, 토론, 다큐멘터리 등을 듣고 내용을 자신의 경험 및 주변 세계와 관련지어 이해한다. · 공식적 담화에서 함축된 의미를 추론한다. · 강연, 대담, 복잡한 맥락의 담화를 듣고 내용을 파악할 수 있다
			말하기	· 공식적 담화에서 자신의 생각이나 느낌을 논리적으로 말한다. · 상황에 따라 억양과 비언어적 행위가 달라짐을 이해하고 사용할 수 있다. · 상담, 거래, 협상 등 고급 수준의 담화를 원활히 할 수 있다. · 공식적인 자리에서 통역할 수 있다.
	사회문화적 능력		화용	· 미신, 풍습, 신화, 사투리 · 공공기관에서 자신의 불편사항, 요구 등을 자연스럽게 표현한다. · 지시와 비판을 수행할 수 있다.
			문화	· 문화 차이에 대한 심층적 이해 · 한국인의 복잡한 사고 방식 및 문화 이해 · 교육 제도, 정치 제도, 경제 제도
			체험	· 한국으로의 언어 연수 및 문화 시설 견학 · 학습 목적에 따른 언어기능별 또는 전문 분야에 대한 학습자 세미나 운영 · 졸업 여행 및 논문 발표회

7. 나오며

최근 한국어 교육은 대학 부속기관 중심의 일반목적 한국어교육으로부터 국내 대학 입학을 목적으로 하는 외국인 대상의 학문목적 한국어교육, 이주 노동자 및 여성, 취업 예비자, 재외동포, 입양아, 다문화 가정 등을 대상으로 하는 특수목적 한국어교육 등으로 급속히 확장하고 있다. 이 중 전 세계에 거주하고 있는 재외동포는 2007년 현재 약 700여만 명이다. 하지만 이들을 위한 한국어 교육은 시설면이나 교육시간, 교육자료, 전문적인 교원 부족 등의 문제 등 어려움을 겪고 있다. 이에 본 연구에서는 재외동포를 위한 현지 한국어교육 기관의 현황, 실태, 문제점 등을 살펴보고 이를 토대로 재외동포를 대상으로 한 한국어 표준 교육과정을 설계하였다.

재외동포는 영어나 다른 언어 문화권 속에서 태어나 교육 받지만 한인 부모를 통해 전수받는 한국 문화와 언어에 대한 이해는 그 나라 학생들이 대학 4년 내내 한국어를 수강하더라도 도달하기 힘든 귀한 자원이다. 재외동포를 대상으로 한 한국어교육은 이런 면에서 새롭게 조명되어야 한다. 2세들을 대상으로 한 한국어교육은 어렸을 때부터 효율적으로 그리고 체계적으로 관리할 수만 있다면 양국의 귀중한 경제, 국제 안보, 문화적 자원으로 기여할 수 있다.

재외동포를 위한 한국어교육에 대한 지속적인 관심과 개선을 위한 노력은 세계 속의 한국, 더 나아가 한국어로 세계를 소통하게 할 것이다.

참고문헌

강승혜(2003), "한국어 교육과 학습자 요인", 한국어교육에서의 학습자 변인과 학습 전략: 학습자 중심 교육을 위하여, 국제한국어교육학회 2003년도 추계(제20차) 학술대회.

고혜경(2003), "한국 민속 문화의 이해",
한국학교 교사대학 일반연수과정 교재, 로스앤젤레스 한국교육원.

권오량·김영숙·한문섭(공역)(2001),
원리에 의한 교수:언어 교육에의 상호작용적 접근법, Brown, H. D.(2001),
Teaching by principles :
an interactive approach to language pedagogy(2nd ed.), Longman.

권오현(2003), "의사소통중심 외국어교육에서의 '문화'",
국어교육연구 12, 서울대학교 국어교육연구소.

김균태(2002), "한국어 세계화의 지향과 과제", 효과적인 한국어 보급과 지원 체제의 활성화 방안, 제3차 한국어세계화 국제학술대회.

김대행(1995), 국어교과학의 지평, 서울대학교 출판부.

김명광(2006), "표준 한국어 교육과정 체계 구축 방안 연구",
전환기의 한국어 교육과 교육과정의 개발,
국제한국어교육학회 2006년도 추계(제26차) 학술대회, 국제한국어교육학회.

김정숙(1996), "한국어 숙달도 배양을 위한 한국 문화 교육 모델",
제5회 국제학술대회 발표논문, 한글학회.

김정숙(2004), "한국어 읽기·쓰기 교재 개발 방안 연구", 한국어 교육자료 개발의 새로운 방향, 제14차 국제학술대회, 국제한국어교육학회.

김중섭(2001), 러시아 및 중국 지역 한국어교육 실태 조사 및 지원 방안 연구,
2001 교육정책연구과제, 교육인적자원부

김중섭(2006), "학문 목적 한국어 말하기 교육의 실제", 한국 언어·문화, 그리고 한국어 교육: 세계를 향하여, 경희대학교 GK대학특성화사업단 제1회 국제학술대회.

남빅토르(2002), "우즈베키스탄 한민족의 정체성과 한국어 교육", 효과적인 한국어 보급과 지원 체제의 활성화 방안, 제3차 한국어세계화 국제학술대회.

노마 히데키(2003), "일본 대학에서의 한국어 교육과정 – 동경외국어대학 대학원의 교육 현황을

	중심으로-", 국제한국어교육학회 제13차 국제학술대회 발표문, 국제한국어교육학회.
류춘근(2001),	"재외동포 교육 현황 및 정책방향", 해외파견 교육공무원 직무교육, 국제교육진흥원
민현식(2004),	"한국어 표준교육과정 기술 방안", 한국어교육 15(1), 국제한국어교육학회.
민현식(2005),	"국어교육과 국가경쟁력", 국어교육 117, 한국어교육학회.
박영순(2006),	"한국어 교육과정의 바람직한 방향", 전환기의 한국어 교육과 교육과정의 개발, 국제한국어교육학회 2006년도 추계(제26차) 학술대회, 국제한국어교육학회.
백태현(2006),	"키르기즈스탄 고려인 사회의 현황과 과제", 한국 언어·문화, 그리고 한국어 교육: 세계를 향하여, 경희대학교 GK대학특성화사업단 제1회 국제학술대회.
손성옥(2003),	"언어 교수법", 한국학교 교사대학 일반연수과정 교재, 로스앤젤레스 한국교육원
손성희(2007),	"한국어 교육과정론", 한국어 교수법의 실제, 연세대학교 출판부.
손혜숙(2003),	"교사론과 학습 경영", 한국학교 교사대학 일반연수과정 교재, 로스앤젤레스 한국교육원.
손호민(1999),	"미국에서의 한국어교육방법", 외국어로서의 한국어교육방법, 제1회 한국어교육 국제학술회의, 서울대학교 국어교육연구소.
심영섭(2002),	"중앙아시아 한국어 교육의 현황과 과제", 효과적인 한국어 보급과 지원 체제의 활성화 방안, 제3차 한국어세계화 국제학술대회.
심영택·위호정·김봉순(공역)(1995),	
	언어교수의 기본개념, Stern, H. H.(1983), Fundamental concepts of language teaching, Oxford University Press, 도서출판 하우.
안경화 외(2000),	"학습자 중심의 한국어 교육과정 개발 방향에 대하여", 한국어교육 11(1), 국제한국어교육학회.
안경화(2003),	"교육과정 개발을 위한 학습자 요구분석", 한국어교육에서의 학습자 변인과 학습 전략: 학습자 중심 교육을 위하여, 국제한국어교육학회 2003년도 추계(제20차) 학술대회.
오광근(2006),	"한국어 교사 교육을 위한 교육과정에 대하여", 전환기의 한국어 교육과 교육과정의 개발, 국제한국어교육학회 2006년도 추계(제26차) 학술대회, 국제한국어교육학회.

참고문헌

오선경(2006), "대학 수학 목적의 한국어 강의 듣기 교육 방안 연구 –강의 담화의 특질과 듣기 전략 적용을 중심으로–", 전환기의 한국어 교육과 교육과정의 개발, 국제한국어교육학회 2006년도 추계(제26차) 학술대회, 국제한국어교육학회.

오지혜(2006), "한국 언어문화 교육을 위한 교육과정 설계 방안 연구", 전환기의 한국어 교육과 교육과정의 개발, 국제한국어교육학회 2006년도 추계(제26차) 학술대회, 국제한국어교육학회.

윤선영(2004), "언어권별 한국어 교육자료 개발의 필요성 및 과제 –독일어권 한글학교의 예–", 한국어 교육자료 개발의 새로운 방향, 제14차 국제학술대회, 국제한국어교육학회.

윤여탁(2002), "한국어 문화 교수 학습론", 21세기 한국어교육학의 현황과 과제, 한국문화사.

이동재(2003), "Korean Language Education and Pedagogy for Secondary School Students in the U.S.: A Short Cut to Globalization of the Korean Language," Korean Language Education 14(2).

이동재(2004), "미국에서의 한국어 조기교육의 자리 매김과 교육자료 개발 방향", 한국어 교육자료 개발의 새로운 방향, 제14차 국제학술대회, 국제한국어교육학회.

이미혜(2004), "한국어와 한국 문화의 통합 교육: 언어 교육과 문화 교육의 통합 양상을 고려한 교육 방안", 한국언어문화학 1(1), 국제한국언어문화학회.

이진영(2006), "국제결혼 이주여성을 위한 한국어 문화어휘 교육 방안", 한국 언어·문화, 그리고 한국어 교육: 세계를 향하여, 경희대학교 GK대학특성화사업단 제1회 국제학술대회.

이해영(2002), "비교문화적 화용론에 기초한 한국어의 화용 교육", 이중언어학 21, 이중언어학회.

임경순(2006), "언어와 문화의 통합 교수·학습 방법", 한국어 교수–학습 방법론의 재정립, 국제한국어교육학회 제16차 국제학술대회, 국제한국어교육학회.

장태한(2003), "코리안 아메리칸 교육", 한국학교 교사대학 일반연수과정 교재, 로스앤젤레스 한국교육원.

조항록·강승혜(2001), "초급 단계에서의 한국어 학습자를 위한 문화 교수요목의 개발(1)", 한국어교육 12(2), 국제한국어교육학회.

한국교육과정평가원(2002), 재외동포용 한국어 교재 개선을 위한 교육과정 개발 연구, 한국교육과정평가원.

황인교(2006), "한국어 교육과정의 현황과 과제 —국내 한국어 교육기관을 중심으로—", 전환기의 한국어 교육과 교육과정의 개발, 국제한국어교육학회 2006년도 추계(제26차) 학술대회, 국제한국어교육학회.

Brown, D. H.(1994), Principles of language learning and teaching, NJ: Prentice Hall Regents.

Kim, Eun Joo(2003), "미국 대학 내에서의 한국어 교육과정과 교수요목", 국제한국어교육학회 제13차 국제학술대회논문집, 국제한국어교육학회.

한국어 교재의 기능 교수요목[1]

조 현 용*

1. 연구 목적

한국어 교재는 한국어 교육의 현재를 나타내며, 한국어 교육의 방법들을 보여주기도 한다. 한국어 교육의 역사가 그다지 길지 않은 것에 비해 한국어 교재는 비약적인 발전을 거듭하고 있다. 하지만 여전히 한국어 교재를 개발하는 과정에서 몇 가지 어려운 점에 직면하고 있다. 주요한 과제로는 교육용 어휘, 문법 요소, 교수요목의 배열 등을 들 수 있다. 현재 한국어 교육용 어휘는 조남호(2003)에서 제시된 어휘를 참조할 수 있을 것이다. 여기에서 제시된 어휘는 사용빈도가 반영된 어휘 말뭉치 자료를 한국어 교육 전문가들이 판정하여 등급이 구별된 것으로 현재까지의 어휘 자료 중에서는 가장 신뢰할 만하다고 할 수 있다. 문법 요소의 경우

---
[1] 본 연구는 '조현용(2007), 한국어 교재의 기능 교수요목 제시 비교 연구, 어문연구134호'를 수정 보완한 것이다.
*경희대학교 교수

는 한국어 능력 시험의 출제 기준을 참조할 수 있을 것이다. 김정숙 외(2005)의 '한국어 능력 시험의 개선 방안 연구'를 살펴보면 한국어 교육에서 제시하고 있는 등급별 문법 항목을 파악할 수 있을 것이다. 한국어 능력 시험의 경우 다양한 한국어 교육 기관의 전문가들이 출제위원, 검토위원, 채점위원으로 참여한다는 점에서 전문가들의 의견이 반영된 자료라고 볼 수 있다. 반면에 교수요목의 경우는 교재에 제시된 내용을 통해서 찾아볼 수 있을 것이다. 최근에 개발되는 교재들은 명시적으로 교수요목을 제시하고 있다. 따라서 교재에 나타난 교수요목들을 비교해 보면 단계별 교수요목을 정리할 수 있을 것이다. 그러나 현재까지 개발된 한국어 교재의 교수요목은 교재마다 차이점이 많아서 활용에 어려움을 겪게 된다. 한국어 세계화재단이나 한국 교육과정 평가원에서 개발된 '외국인' 또는 '재외동포용' 한국어 교재의 교수요목들도 서로 차이점이 많아서 일정한 기준을 세우기가 어렵다.[2]

본 연구에서는 우선 한국어 교육에서 연구된 기능 교수요목에 대해서 검토를 하고, 이를 바탕으로 한국어 교재에 나타난 기능 교수요목을 비교해 보고자 한다.[3] 교재 중에서는 기관마다 개발이 다양하게 이루어진 초급의 교수요목 제시를 비교 대상으로 삼아 검토를 하려고 한다. 고급 교재까지 모두 개발된 기관은 많지 않으나 초급 단계는 거의 모든 기관에서 개발을 마쳤기 때문이다. 그런데 각 교육 기관마다 특색 있게 한국어를 교육하는 것은 좋지만 교수요목의 용어나 내용이 다르게 되면 교육의 체계에 문제가 발생할 수 있다. 특히 한국어 교육에서 공통적으로 추구하는 숙달도 평가라는 측면에서 볼 때 통일되지 않은 교수요목으로 인해 이러한 어려움이 더 커지게 된다. 학교에 따라 배운 내용이 달라서 한국어 능력 시험의 성적이 달라진다면, 시험의 신뢰도를 이야기하기 어려울 것이다. 따라서 본 연구에서는 최근에 개발된 한국어 교재에 제시된 한국어 교수요목을 비교 검토하여, 문제점을 파악하려고 한다. 이를 바탕으로 한국어 기능 교수요목을 제시

---

2) Graham Lock(1996:10-11)에서는 '기능 문법에서의 문법적 기능은 기능적 언어 교수에서의 기능과 다른 개념이다. 기능적 언어 교수에서의 기능은 언어의 사용에 대해 언급하는 개념인데, 이러한 기능은 기능에 대한 합의된 목록이나 분류가 없으며, 한 문장 혹은 발화에 하나의 기능만을 설정할 수 없기 때문에 문법 연구에는 부적절하다.'고 하면서 '기능적 언어 교수법에서의 기능 목록은 언어 외적인 문제로 사람들이 언어를 이용해 어떠한 행동을 하는지를 관찰해서 완성될 수 있는 목록이다.'라고 하고 있다. (한송화(2006:366) 재인용) 이는 언어교수에서 기능에 대한 목록을 합의하는 것이 어려운 일임을 보여주는 논의라고 할 수 있다.

3) 본 연구에서 기능은 문법적 기능이 아니라 의사소통 기능을 의미한다. 이흥수(1998:278-279)에 따르면 의사소통 기능이란 '의사소통을 하기 위한 목적에 따른 언어행위를 지칭하며 개인의 생각과 느낌을 이해하고 표현하는 기능, 사회적 관계를 유지하는 데 도움이 되는 말을 이해하고 표현하는 기능, 모르는 사실이나 정보를 교환하는 기능, 의견을 교환하는 기능, 문제를 인식하고 해결하는 기능, 정신적 또는 창조적 활동을 수행하는 데 도움이 되는 기능 등의 항목을 포함'한다.

방안을 모색하고자 한다. 이러한 연구를 통해서 한국어 교재 개발에서 어휘, 문법과 함께 주요한 기본 체계인 기능 교수요목의 제시 방안을 마련하게 될 것이다.

2. 이론적 배경

이론적 배경에서는 의사소통 중심 교수법에서 기능을 어떻게 분류하였는지를 살펴보고, 한국어 교육에서 기능 교수요목에 대해서 어떤 연구가 있었는지에 대해서 검토해 보도록 하겠다.

2.1 의사소통 중심 교수법과 기능

한국어 교육에서도 의사소통이 중요한 개념이 되고 있다. 의사소통 중심 교수법은 70년대에 등장한 개념으로, 60년대를 지배하던 청각구두식 교수법의 한계를 극복하기 위해 등장한 것이다. 여기서 의사소통 기능이란 화자가 의사소통 상황에서 전달하고자 하는 의도로서, 의사소통 기능은 학자에 따라 다양한 분류가 나타난다. 주요 분류 기준을 살펴보면 다음과 같다.

1) Halliday(1973)의 분류

Halliday는 언어의 도구성을 강조한 학자로 의사소통 기능을 7가지 영역으로 범주화했으나, 정의와 분류에 그쳐 각 범주 속에 어떤 구체적인 기능들이 포함되는지에 대해서는 언급이 없었다. 의사소통 기능의 분류를 더 하위 분류할 필요성이 제기된다.[4]

---

4) 기능 분류를 자세히 살펴보면 다음과 같다.
　도구적 기능(instrumental function):언어 환경을 조정하여 어떤 일을 발생하게 하는 기능
　규정적 기능(regulatory function):언어를 통하여 조정을 유지하는 기능
　표상적 기능(representational function):언어로써 있는 현실을 그대로 표현하는 기능
　교제적 기능(interactional function):인간 사이의 상호적, 사회적 유대감을 유지시키는 기능
　개인적 기능(personal function):자아 확인 및 표현 등의 화자의 느낌, 감정, 인격을 나타내는 기능
　발견적 기능(heuristic function):자신의 내부와 주변 세계의 탐구로 환경에 대하여 배우거나 또는 지식을 습득하기 위하여 사용하는 기능
　상상적 기능(imaginative function): 자신의 세계, 상상적인 체계나 관념을 창조하는 기능

2) Wilkins(1976)의 분류

Wilkins는 의사소통 기능을 8개 영역으로 분류하고 그 하위 영역에 해당하는 구체적인 의사소통 기능을 제시하였다. 의미적인 측면이 강조된 논의로 보인다. 이는 Halliday(1973)의 분류보다 구체적인 것으로, van EK(1980)나 Finocchiaro & Brumfit(1983)의 분류에도 많은 영향을 준 것으로 보인다.[5]

3) van EK(1980)의 분류

van EK는 성인들을 위한 기초 외국어 입문 단계에서 학습자가 수행해야 할 의사소통 기능의 범주를 행동적 관점에서 '사실적 정보 주고받기, 지적 태도 표현, 정서 표현하기/알아내기, 도덕적 태도 표현/알아내기, 설득, 사교하기'의 6가지로 분류하고 각 기능 범주마다 구체적인 언어 형태와 함께 하위 기능 총 68개를 설정하였다.[6] 하위 기능은 비교적 체계적이고 상세하나, 범주가 기준에 맞지 않게 나뉘거나, 지나치게 세분되어 있기도 하다.[7] 그러나 이와 같은 문제점에도 불구하고, van EK의 분류는 각 기능 범주마다 구체적인 문장 구조와 언어 형태를 제시해 외국어 교수나 학습에 많은 도움을 주었다는 평을 받고 있다.

---

[5] 분류의 예를 보면 다음과 같다. 양상(modality): 확신, 필요, 신념, 의지, 책무, 관용 / 도덕적 판단(moral evaluation and discipline): 판단, 찬성, 반대, 권고(suasion): 설득, 예측 / 논의(argument): 정보와 견해의 교환, 동의나 반대, 거절, 양보 / 이성적 탐구(rational enquiry and exposition): 암시, 가정, 검증, 결론, 설명, 정의, 분류, 비교, 대조 / 개인적 감정(personal emotions): 개인의 긍정적·부정적 감정 표현 / 정서적 관계(emotional relation): 인사, 동종, 감사, 아첨, 칭찬이나 호의, 반감 / 대인 관계(interpersonal relation): 상황(형식성, 절친성, 딱딱함), 정중함(무례함, 냉정함, 정중함: 신사적인 정도)

[6] 각각의 하위 분류는 다음과 같다. 사실적 정보 주고받기(사실 확인, 보고/묘사/진술, 정정하기, 요청하기), 지적 태도 표현(동의/반대 표현하기, 동의/반대 요구하기, 부정하기, 제안/초대에 응하기, 제안/초대 거절하기, 제안이나 초대의 수락 여부 묻기, 어떤 일을 제안하기, 일/사람에 대한 기억 여부 진술하기, 일/사람에 대한 기억 묻기, 가능/불가능한 일 표현하기, 가능/불가능 여부 묻기, 능력이 있거나 없음을 표현하기, 능력이 있거나 없음을 물어보기, 추론을 나타내기, 추론을 물어보기, 확신 표현하기, 확신 여부 묻기, 의무 표현하기, 의무 묻기, 다른 사람의 의무 표현하기, 다른 사람의 의무 표현하기, 허락하기, 허락 받기, 정서 표현하기/알아내기(기쁨/좋아함 표현하기, 불쾌함/싫어함 표현하기, 기쁨/선호/슬픔/싫어함 묻기, 놀라움 표현하기, 희망 표현하기, 만족 표현하기, 불만족 표현하기, 만족 여부 묻기, 실망 표현하기, 공포/걱정 표현하기, 공포/걱정 묻기, 선호하는 것 표현하기, 선호하는 것 묻기, 감사 표현하기, 정보 표현하기, 의도 표현하기, 의도 묻기, 원하는 것/욕망 표현하기, 원하는 것/욕망 묻기), 도덕적 태도 표현/알아내기(사과하기, 용서하기, 찬성 표현하기, 반대 표현하기, 찬성이나 반대에 대한 질문, 감사 표현하기, 후회 표현하기, 무관심 표현하기), 설득(행동 제안하기, 요구하기, 다른 사람이 어떤 일을 하도록 하기, 충고하기, 경고하기, 지시나 명령하기), 사교하기(인사하기, 만났을 때 인사하기, 소개하거나 받을 때 인사하기, 헤어질 때 인사하기, 관심(주의) 끌기, 건배 제안하기, 식사 시작할 때의 표현)

[7] 예를 들어 〈도덕적 태도 표현하고 알아내기〉 범주의 '감사 표현하기, 후회 표현하기, 무관심 표현하기'는 〈정서 표현하기/알아내기〉에 더 가깝다고 볼 수 있으며, 〈정서 표현하기/알아내기〉 범주의 '정보 표현하기', '의도 표현하기', '의도 묻기'는 〈사실적 정보 주고받기〉에 더 가깝다고 볼 수 있다. 또 〈정서 표현하기/알아내기〉의 '감사 표현하기'나 〈도덕적 태도 표현하고 알아내기〉의 '감사 표현하기'는 성격상 별 차이를 보이지 않음에도 불구하고 중복되고 있는 현상을 보이고 있다.

4) Finocchiaro & Brumfit(1983)의 분류

Finocchiaro & Brumfit는 의사소통 기능의 범주를 대화를 통해 이루어지는 대화자들의 관련 기능을 기준으로 분류하였다. 또한 일상생활에서 겪을 수 있는 것들을 많이 포함하고 있어 van EK(1980)의 분류와 함께 교수요목 설계나 교재 개발 방면에 많은 도움을 주고 있다.

Finocchiaro & Brumfit(1983)	
개인적 기능 Personal	사랑/기쁨/행복/놀라움/좋아함/싫어함/만족/실망/슬픔/고통/분노/화/공포/걱정/좌절/놓친 기회에 대해 화냄, 도덕적/지적/사회적 관심사, 배고픔/갈증/졸리움/추움/따뜻함
대인적 기능 Interpersona	인사하기/헤어지기, 사람 소개하기, 다른 사람에게 밝히기, 다른 사람의 기쁨 표현하기, 다른 사람의 안녕에 대한 관심 표현하기, 초대하기/수락하기, 초대에 정중하게 거절하기/다른 약속 잡기, 만날 약속하기, 정중하게 약속하기/편리한 시간에 시간 조정하기, 사과하기, 변명과 변명 수용하기, 찬성과 불찬성/동의와 불일치 밝히기, 다른 화자에게 공손하게 끼어들기, 당황스러운 주제 바꾸기, 손님 접견과 방문하기, 음료, 다과 제공/수락/거절하기, 바람/희망/열망/문제점 등 공유하기, 약속하기, 칭찬하기, 변명하기, 호의에 감사하기/감사 표현하기
지시적 기능 Directive	제안하기, 요청하기, 제안이나 요청 거절하기/대안 요청하기, 설득하기, 허가 요청하기/승낙하기, 도움 요청하기/도움에 응대하기, 행동을 금지시키기, 지시하기/지시에 대응하기, 경고하기, 실망하기, 지침 설정이나 마감하기, 명령이나 지시 요청하기
참조적 기능 Referential	교실, 학교, 가정, 지역사회에서 물건이나 사람을 확인하기, 사람/사물에 대한 설명 요청하기, 언어 항목이나 사물 정의하기/정의 요청하기, 해석/요약/번역하기, 사물의 이치 설명하기/설명 요청하기, 비교/대조하기, 가능성/가망성/능력에 관해 토의하기, 사건에 대한 사실 요청하기/보고하기, 사건/행위에 대한 사실을 요청하거나 보고하기, 행위나 사건의 결과평가하기
상상적 기능 Imaginative	시/소설/음악, 연극, 그림, 영화, TV프로그램 토론하기, 사고 넓히기, 운율/시/소설/연극 만들기, 대화 내용 재구성하기, 대화나 이야기에 새로운 내용 첨가하기, 문제 해결하기

이상의 의사소통 기능 분류를 종합해보면, 의사소통 기능은 학자에 따라 분류 방법, 기준이 달라 제시 항목 또한 매우 다르다는 것을 알 수 있다. 따라서 한국어 교육에서 실제 교육과정 내용을 구성할 때는 어느 한 학자의 분류를 따를 것이 아니라, 해당 학생들의 학습 목적, 의사소통 활동 특성, 교육 상황 등을 고려해야 할 것이다. 이를 바탕으로

한국어 의사소통 기능을 선정하고, 이를 합리적으로 분류하여 반영해야 할 것이다.

2.2 한국어 기능 교수요목에 대한 선행 연구

한국어 교육에서 기능 교수요목에 관한 연구는 비교적 다양하게 나타난다. 교재 개발이나 교육과정, 문법 항목 교육과 관련하여 기능 교수요목에 관한 연구들이 나타나고 있다. 한국어 교육에서 교수요목에 대한 전반적인 논의는 김정숙(1992:24-40)에서 이루어진다. 교과서와의 연관성을 설명하면서 '커리큘럼은 교육 내용과 방법을 결정해주는 가장 기본적인 요소이므로, 교과서를 만들기 전에는 교과서가 전체 커리큘럼을 효과적으로 수행할 수 있도록 학습의 목표와 내용, 방법 등에 대한 상세한 조사와 기술이 필요하다. 잘 만들어진 커리큘럼이나 프로그램은 사회적인 언어 사용 패턴을 제대로 분석한 토대 위에서 가능하다.'고 하여 교과서에서 커리큘럼의 중요성을 언급하고 있다. 이외에도 다양한 교수방법과 장단점에 대해서도 잘 설명하고 있다.

김하수 외(1999:11-26)에서는 교재 개발의 기본 원리 중에 기능 및 과제 중심의 원리를 포함시키고 있는데, 그 내용은 '학습된 기능에 따라 적절한 과제를 부여하여 과제를 수행하는 것이 학습활동과 이어질 수 있고, 나아가 일상생활에 적용될 수 있도록 한다.'고 하고 있다. 이는 과제를 기능 학습에 대한 점검 및 적용의 차원에서 보고 있음을 나타낸다. 그러나 실제 읽기 교재 구성표에서는 과제와 기능의 구별이 명확하지 않게 정리되어 있으며, 쓰기 교재 구성표에는 기능만 제시되어 있어 구분이 불명확하다.

민현식(2003:18)에서는 한국어 교육과정의 표준화는 한국어 교육의 표준화이며, 한국어 교육의 표준화는 한국어의 세계화의 필수조건이라고 하며, 한국어 교육과정의 공동 표준화에 대한 노력이 필요하다고 주장하고 있다. 특히 표준 교육과정을 한국어 교육의 획일화로 오해하는 문제점을 지적하면서, 한국어 교육과정이 갖추어야 할 기본 기준을 제시하는 차원으로 보고 있다. 본 연구에서도 기능 교수요목을 정리하려는 목적이 획일화가 아니라 표준적인 기준 제시에 있다고 할 것이다. 왜냐하면 현재 기관마다 기능의 정의를 달리 이해하고, 제시하는 기능의 종류도 다양하여 통일성이 결여되어 있기 때문이다.

김정숙(2003:85)에서는 '교수요목이 일반적으로는 특정 교육과정을 전제로 하여 구성되는 것인 만큼, 다양한 교육 여건을 만족시킬 수 있는 표준(범용) 교수요목을 제시하기란 불가능하다.'고 밝히고 있다. 이처럼 표준 교수요목을 정하는 문제는 어려울 수 있으나 기능 교수요목의 항목조차 통일되어 있지 않다는 것은 문제일 것이다. 또한 김정숙(2003:97)에서는 통합 교육을 위한 한국어 교수요목의 유형으로 '형태를 고려한, 과제 중심의 한국어 교수요목'을 제시하고, 통합적 교수요목의 구성 원리를 몇 가지 제시하고 있다. 그러나 '이 교수요목이 구성되기 위하여는 한국어 의사소통적 과제에는 어떤 것들이 있고, 이들이 어느 정도의 빈도로 어떤 담화맥락에서 어떤 언어 형태나 구조와 더불어 사용되느냐 하는 것을 객관적으로 보여줄 수 있는 자료가 필요하다.'고 주장하고 있다. 한국어 교육에서는 여전히 이러한 문제를 해결하지 못하고 있다. 의사소통 과제의 종류 및 빈도 등에 대한 객관적인 자료의 마련이 시급한 과제라고 할 수 있을 것이다.

박영순(2004:124-144)에서는 말하기, 듣기, 쓰기, 읽기의 교육 원리와 가능한 활동에 대해서 언급하고 있다.[8] 이러한 활동은 주제와 기능으로 나누어 살펴볼 수 있다. 즉 기능은 같은데, 단지 주제가 다른 것도 발견되므로 보다 간략하게 정리가 가능하다. 예를 들어 '묻기, 답하기, 소개하기(자기, 가족, 관심사와 취미, 결혼 풍습), 이야기하기(고향, 시장과 백화점의 차이, 한국의 인상, 한국의 음식, 한국어 학습에서 어려운 점, 한국 소설의 느낌, 한국의 국악공연), 발표하기(한국의 전통의상, 박물관, 문화재, 제사, 명절), 토론하기(인간 복제, 해킹)로 나누어 볼 수 있다. 하지만 이야기하기와 발표하기의 경우는 구분이 애매한 경우도 나타난다. '한국의 음식, 한국의 국악공연, 한국의 전통의상' 등을 이야기하기에 포함시켜야 하는지, 발표하기에 포함시켜야 하는지 구분하기 어렵다. 오히려 이러한 분류는 서사, 묘사, 대조, 비교하기 등으로 나누어 제시하는 것이 명확할 것이다.

이민선(2004: 98-100)은 기능에 기초한 한국어 문법 교수 방안 연구를 통해 문법 내용, 과제, 기능의 세 가지 개념이 기존 교재의 기능에 혼재되어 있음을 지적하고 각각의

---

8) 말하기 교육에서의 예를 보면, '1. 학습자 자신이 필요한 사항에 대하여 남한테 묻기(예 : 길 묻기) 2. 교사나 주위사람의 질문에 답하기, 인사하기 3. 짝끼리 서로 자기 소개하기 4. 나와서 자기 가족 소개하기 5. 자기의 고향에 대하여 이야기하기 6. 짝끼리 서로의 관심사와 취미에 대하여 알아본 뒤 친구들 앞에서 소개하기 7. 재래시장과 백화점에 가서 물건을 사보고 차이점을 얘기하기 8. 한국의 인상을 이야기해보기 9. 한국의 음식에 대하여 얘기해보기 10. 한국의 전통의상에 대하여 조사한 것을 발표하기 11. 한국의 박물관을 방문하고, 인상적인 것에 대해 발표해 보기 12. 한국의 문화재에 대하여 조사한 것을 발표하기 13. 한국의 결혼 풍습과 자기나라의 결혼 풍습의 다른 점을 소개하기 14. 한국의 제사에 대하여 조사한 것을 발표해보기 15. 한국어 학습에서 가장 어려운 점들을 얘기해보기 16. 한국 소설을 읽고, 느낌을 얘기해보기 17. 한국의 국악 공연을 보고 느낌 얘기해보기 18. 한국의 명절에 대하여 조사하여 발표하기 19. 인간 복제 허용에 대하여 두 팀으로 나누어 토론해보기 20. 컴퓨터 해킹에 대한 처벌 방법에 대하여 토론해보기'가 제시되어 있다. 기능으로 분류하기에는 애매한 점이 있다.

개념을 분리시켜야 한다는 것을 제시하였다. 이는 교사나 교재 개발자가 쓰임을 변별하지 못하는 담화 상의 '기능'을 표면화시키고 한국어 종결 표현을 화자의 발화 의도를 기준으로 하여 기능의 유형 분류를 시도하였다는 점, 한국어 교육에서 논의되고 있는 교육과정이나 교수요목의 설계에서 기능 교수요목에 대한 논의를 촉진시켰다는 점에서 그 의의가 있겠다.

이병규 외(2005:9)의 '한국어 교재 분석 연구'에서는 분석 대상이 문법, 어휘, 관용 표현, 상투 표현, 연어, 문화 항목에 국한되어 있음을 지적하면서, 한국어 교육을 위한 학습 내용을 전반적으로 추출하기 위해서는 '주제, 상황, 기능(skill), 기능(function), 전략, 유형 연습, 과제, 말하기, 듣기, 읽기, 쓰기, 발음, 한글' 등에 대한 학습 내용에 대한 분석도 이루어져야 한다고 언급하고 있다. 이는 학습 내용을 구성할 때, 기능 등에 대한 고려가 중요함을 언급한 것이라 할 수 있다.

김제열(2007:23-27)은 고급 한국어 문법 교수요목의 개발 방안 중의 하나로 기능적 언어 교수의 관점에서 고급의 학습자가 수행해야 하는 기능을 고려하여 문법 교수요목을 개발할 수 있음을 제안하였다. 예를 들어 고급 학습자가 토론을 수행해야 한다면 토론하기에 상응하는 문법 교수요목을 개발해야 하는 것이다. 이와 같은 언어 기능에 초점을 맞춘 문법 교수요목을 개발하는 것은 매우 의미 있는 것으로 보이나, 언어 기능의 설정에 대한 구체적인 언급이 필요하리라 본다.

3. 교재에서의 기능 제시 현황

한국어 교재에서는 주로 교재 구성표를 통해서 기능, 상황, 주제, 과제, 문법, 어휘, 문화 등을 제시하고 있다. 교재의 구성 배경에 대해서는 일러두기를 통해 간략하게 언급하고 있으나 각 과의 구성과 어휘, 지문, 대화 내용 속에 포함된 기능까지 정확하게 파악하기는 어렵다. 따라서 본 장에서는 한국어 세계화 추진 위원회에서 연구한 범용 교재 개발에 대한 논의를 우선적으로 살펴보고, 최근에 발간된 한국어 교육 기관의 교재를 중심으로 교재의 기능 제시 현황을 살펴보도록 하겠다.

3.1 범용 한국어 교육 교재

김하수 외(1999:329-337)에서 제시하고 있는 "범용 한국어 교육 교재(초급)의 개발" 사업 보고서에 따르면 듣기 교재의 구성영역을 주제, 기능, 과제, 언어 내용으로 나누고, 기능은 다시 '인사하기, 소개받기, 위치 찾기, 물건 사기, 약속하기, 약속 조정하기, 주문하기, 초대에 응하기, 길 찾기, 교통수단 이용하기, 취미 듣기, 물건 정보 얻기, 예매하기, 사람 찾기, 병원, 약국 이용하기, 날씨 정보 얻기, 관광지 정보 얻기, 예약하기, 교통수단 정보 얻기'로 나누어 제시하고 있다.[9]

제시한 과제와 기능을 연결해보면 '1-5(인사하기, 소개받기), 6-9(위치 찾기), 10-13(물건 사기), 14-17(약속하기, 약속 조정하기, 초대에 응하기), 18(주문하기), 19-23(길 찾기, 교통수단 이용하기), 24-26(취미 듣기, 예매하기), 30-33(사람 찾기, 병원, 약국 이용하기), 34-36(날씨 정보 얻기), 37-39(관광지 정보 얻기, 예약하기, 교통수단 정보 얻기)' 와 같이 연결해 볼 수 있다. '27-29'는 기능이 연결되지 않는다. 이와 같이 기능과 과제를 연결하여 제시할 수 있다. 하지만 듣기 교수요목에는 기능이 제시되어 있지 않고, 더 많은 과제가 제시되고 있어서 앞에 제시한 기능을 어떻게 포함시키는지 기준을 알기 어렵다.

3.2 대학 부설기관 한국어 교재

한국어 교재의 발달은 대학의 한국어 교육 기관을 중심으로 이어져 왔다. 일정한 학습자를 유지하는 것이 교재 개발의 동력을 제공하였다고 할 수 있을 것이다. 각 기관의 특성에 따라 교재 개발의 양상은 다르지만, 최근 10년 정도의 교재 개발 양상을 보면 기능, 상황,

---

9) 각각의 과제를 제시하면 다음과 같다. (1)처음 만난 사람과 인사하기 (2)학급, 회사에서 자신을 소개하기 (3)제3자 소개 받기 (4)처음 만난 사람과 인사 나누기 (5)가족 소개 내용 듣기/(6)물건의 위치 듣기 (7)사무실 위치 듣고 찾아가기(공중전화 위치, 자판기) (8)호텔, 우체국, 은행, 주유소 찾기 (9)전화로 설명 듣고 방문할 집 찾아가기/(10)가게에서 물건 사기 (11)물건 값 물어 보기 (12)값 흥정하기 (13)물건의 특징 듣기/(14)약속 시간(날짜, 요일)과 장소 듣기 (15)서로의 스케줄을 확인해서 약속일 정하기(친구와 약속 정하기) (16)기존의 약속 취소하고 새로 정하기(또는 변경, 연기) (17)친구의 저녁식사 초대에 응하기/(18)음식, 음료수 주문하기/(19)지하철, 버스 노선 정보 듣기 (20)지하철 안내 방송 듣기 (21)목적지에 지하철로 가는 방법 알아내기 (22)교통편에 대한 정보 얻기 (23)목적지까지의 빠른 교통편 찾기/(24)서로의 취미에 대해서 이야기하기 (25)영화구경 약속하기 (26)영화 표 예매하기/(27)전화번호 알아내기 (28)타인을 찾는 전화 받기 (29)전화 받고 메시지 받기/(30)모임에서 옷차림이나 모습에 대한 묘사 듣고 사람 찾기 (31)공항에서 사람 찾기 (32)약 복용법 및 주의사항 듣기 (33)증세 표현하고 도움 받기/(34)한국의 사계, 날씨와 사계에 대한 정보 얻기 (35)한 주간의 날씨 듣기 (36)세계의 날씨 듣기/(37)여행지 안내 및 추천 받기(여행지, 장단점, 교통수단, 숙식 비용, 날짜, 일정) (38)기차표, 비행기표, 호텔 예약하기 (39)여행사에 교통편과 그에 따른 비용 및 소요 시간에 대한 정보 얻기

주제, 과제 등을 교재에 명시적으로 나타내고 있다는 공통점이 있다. 그러나 각 기관마다 서로 다른 용어나 분류로 기능을 제시하고 있어서 통일된 기준을 찾기 어렵다. 본 장에서는 기능을 명시적으로 제시하고 있는 교재를 중심으로 제시 항목을 검토해보기로 하겠다. 분석 대상으로 삼은 교재로는 최근 10년 이내에 개발된 교재 중 교재 구성표에 기능을 제시해 둔 7개 기관의 초급 교재를 중심으로 하였다.[10] 분석 대상 교재 목록은 다음과 같다.

> ○ 분석 대상 교재 목록
> - 건국대, 한국어 1, 2, 건국대학교 언어교육원, (2004)
> - 경희대, 한국어 초급 Ⅰ, Ⅱ, 경희대학교 출판국, (2000)
> - 서강대, 1A, 1B, 2A, 2B, 서강대학교 한국어학 센터 (2004)
> - 서울대, 한국어 1, 2, 서울대학교 언어교육원, (2002)
> - 성균관대, 배우기 쉬운 한국어 1, 2, 성균관대 출판부 (2004)
> - 신라대, 톡톡 튀는 한국어 1, 도서출판 박이정 (2005)
> - 이화여대, 말이 트이는 한국어 Ⅰ, Ⅱ, 이화여대 출판부 (1998)

위의 교재들을 중심으로 교재 속의 기능 교수요목을 비교 검토한 결과 교재마다 제시하고 있는 항목의 용어가 달라서 정확하게 일치여부를 판단하기 어려운 경우도 있었다. 따라서 같은 기능으로 묶을 수 있는 것은 최대한 같은 항목으로 제시하려 하였다. 전체적인 기능의 틀은 교육부(2001)에서 제시하고 있는 항목을 기준으로 삼았으며, 중복되는 부분은 취합하였고, 비교를 위해 추가되어야 하는 항목은 포함시켰다. 한국 교육과정 평가원에서 제시한 '안부 묻기'나 '안부 묻기에 답하기'는 모두 '만나고 헤어질 때의 인사하기'에 넣었고, '제의, 초대하기'에 관련된 항목들은 '제안하기' 관련항목에 포함시켰으며, '기원하기'는 초급 단계에서는 제시되지 않고, '되묻기'는 '부탁하기'나 '확인하기'에 가까우므로 본 항목에서 제외하였다. '대중교통 이용하기', '수 표현하기', '날짜 표현하기', '장소/위치 말하기', '요일 표현하기', '날씨 표현하기', '전화로 메모 남기기/받기/전하기', '비교하기', '대조하기'는 언급되어 있지 않았으나, 한국어 교재에서 이

---

10) 이승민(2007:303-308)에서는 통합 교과의 내용과 활동을 영어과교육과정과 관련지어 분석하여 그 결과를 제시하고 있는데, 의사소통 기능에 해당하는 내용을 보면 1학년은 '인사, 소개, 감사, 칭찬, 축하, 사실 확인, 날씨, 사과, 도움 요청, 지시'이고, 2학년은 '날씨, 도움요청'이 빠지고 '좋아하고 싫어하는 것, 제안, 가능·불가능'이 포함된다. 사실 확인은 1학년 때는 '사물', 2학년 때는 '시각, 가격'으로 달라진다. 이를 통해서 알 수 있듯이 기능의 제시가 단계마다 다 달라져야 할 필요는 없을 것이다. 기본적인 기능에 몇 가지가 추가 또는 삭제될 수 있을 것이며, 같은 기능이라도 적용 범위가 달라질 수 있을 것이다. 따라서 초급의 교재를 중심으로 하여도 기능 교수요목에 대한 전반적인 검토는 가능할 것이다.

를 다루고 있으므로 추가하였다. 기관별 중복도를 표로 제시하면 다음과 같다.

〈표2〉 한국어 초급 교재의 기능 중복도

기능	건국대	경희대	서강대	서울대	성대	신라대	이대	전체수
물건 사기	O	O	O	O	O	O	O	7
자기 소개하기	O	O	O	O	O	O	O	7
장소/위치 말하기	O	O	O	O	O	O	O	7
개인 정보 말하기	O	O	O	O		O	O	6
경험 말하기	O		O	O	O	O	O	6
계획 말하기	O	O		O	O	O	O	6
날짜 표현하기	O	O		O	O	O	O	6
만나고 헤어질 때의 인사하기	O	O	O	O	O	O		6
비교하기	O	O	O	O	O		O	6
사실 묘사하기		O	O	O	O		O	5
수 표현하기	O	O	O	O	O		O	6
약속 제안하기	O	O	O	O	O	O		6
원하는 것 말하기	O	O	O	O	O		O	6
음식 주문하기	O	O	O	O	O	O		6
이유말하기	O	O	O	O	O		O	6
제안하기	O	O	O	O	O		O	6
좋아하고 싫어하는 것 말하기	O	O	O	O	O		O	6
확인하기	O	O	O	O	O		O	6
가격 묻기/답하기	O	O		O	O		O	5
날씨 표현하기	O			O	O	O	O	5
다른 사람을 소개하기	O	O	O	O		O	O	5
대중교통이용하기			O	O	O	O	O	5
부탁하기	O	O	O		O		O	5
시간 말하기	O	O			O	O	O	5
전화하기	O		O	O			O	5
제안에 답하기	O	O		O		O	O	5
추측하기			O	O	O	O	O	5
가능성 묻기 및 표현하기	O			O	O		O	4
감정표현하기	O		O	O	O			4
개인 정보 얻기	O		O	O			O	4
거절하기			O	O		O	O	4
권유하기	O			O	O		O	4

기능							계
길 묻기		○			○	○	○	4
길 안내	○	○		○	○			4
목적 표현하기	○	○			○		○	4
사실 기술하기			○	○	○		○	4
의견 말하기	○		○	○	○			4
의견 묻기		○	○	○	○			4
의도 말하기	○	○			○	○		4
정보 구하기			○	○	○		○	4
좋아하고 싫어하는 것에 대해 묻기	○	○	○				○	4
초대하기	○			○		○	○	4
칭찬하기/격려하기			○	○	○		○	4
하루 일과에 대해 말하기	○		○	○		○		4
금지하기	○				○		○	3
물건 주문하기		○	○				○	3
승낙하기			○	○	○			3
안부 묻기			○		○		○	3
요일 표현하기	○				○	○		3
요청하기		○		○			○	3
일상생활에 대해 말하기	○		○				○	3
전화 받기	○	○			○			3
조언하기/조언구하기	○				○		○	3
허락 요청하기	○					○	○	3
당위 표현하기	○				○			2
동의를 묻거나 말하기			○	○				2
소유에 대해 말하기	○		○					2
예약하기						○	○	2
이유묻기			○		○			2
전화로 메모남기기/받기/전하기			○				○	2
전화로 문의하기			○				○	2
전화번호 묻기	○		○					2
지시하기	○	○						2
충고하기/충고구하기			○				○	2
감탄하기	○							1
경험 묻기	○							1
대조하기	○							1
불가능 표현하기	○							1

사과, 변명에 답하기					O		1
사과하기	O						1
소요시간 묻기			O				1
약속 변경하기						O	1
원하는 것 묻기			O				1
의무 말하기				O			1
추천하기			O				1
축하하기			O				1
해명하기			O				1
확신 여부 묻기		O					1
확인에 답하기				O			1

4. 기능 교수요목 제시 개선 방안

본 장에서는 한국어 교육에서 기능을 어떻게 제시할 것인가에 대해서 제시 방안을 논하고자 한다. 한국어 교재에는 기능 교수요목이 교재마다 달리 제시되어 있고, 층위가 나누어지지 않아서 복잡한 양상을 띠고 있다. 따라서 우선 기능을 대분류하고 이에 따라 다시 층위를 분류하여 제시할 필요가 있을 것이다.[11]

4.1 제시 방법 개선의 주안점

한국어 교육의 기능 교수요목 제시에 직접적으로 참고할 수 있는 논의로는 외국어 교육의 교육과정 설계라고 할 수 있다. 특히 최근의 7차 교육과정은 교수요목 등을 나누는 기준을 살펴볼 수 있는 자료가 된다. 우리나라의 영어 교육에서는 Finocchiaro et al(1983)의 의사소통 기능 범주와 van Ex & Alexander(1977,1980)의 의사소통 기능 범주를 참고하여 우리 실정에 맞추어 학생들에게 지도해야 할 의사소통 기능을 5가지 범주로 크게

---

11) 본 연구에서는 기능 교수요목만을 분류하고 있으나 전체적인 교수요목 제시에서는 '상황, 주제, 기능, 구조(문법)' 에 대한 제시는 반드시 필요하다고 본다. 필요에 따라 과제에 대한 제시도 첨가될 수 있다. 이러한 점에서 혼합형 또는 다층형 교수요목의 제시가 대안이 될 수 있다.

나눈 후 10가지 영역으로 세분하였다. 의사소통 기능 항목은 특정한 이론에 편중하지 않고, 개인 생활부터 사회활동, 구체적인 사실에서 추상적인 정보, 문제 해결에서부터 창조적 활동 등의 범주에 따라 학생들의 수준을 고려하여 제시하였다고 한다.(이흥수(1998:285-286) 참조) 이를 표로 나타내면 다음과 같다.[12]

범주	영역		분류 기준
개인적 기능	개인의 생각	개인의 느낌	지적, 정의적 태도
대인적 기능	친교 활동	대인관계	친소 관계
지시적 기능	권유와 부탁	지시, 명령	강약의 정도
정보 탐색 기능	정보 교환	의견 교환	구체와 추상
창의적 기능	문제 해결	창조적 활동	대상과 활동

이러한 분류에서 의사소통 기능의 범주를 우리 실정에 맞추어 설정한다는 것은 시사점이 있다. 한국어 교육에서 의사소통 기능 범주를 정하는 것은 영어 교육에서의 설정과는 또 다른 차이가 있게 되기 때문이다. 앞의 표를 보면 기능에 대한 명확한 이해가 어려운 측면이 있다. 따라서 기능에 대한 알맞은 예시문을 함께 제시해 주어야 할 것이다. 기능 교수요목을 제시하기 위해서는 다음과 같은 원칙이 마련되어야 한다.

1) 기능을 대분류, 소분류하여야 한다.
2) 유사한 기능의 용어를 통일하여야 한다.
3) 한국어 교육의 실정에 맞는 기능을 제시하여야 한다.
4) 예시문을 제시하여 의사소통 기능을 분명히 인식할 수 있게 하여야 한다.

4.2 제시 방안의 예

앞에서 제시한 원칙에 따라 다음과 같은 방안을 제시해 볼 수 있다. 항목은 앞에서 제시한 교재 속의 기능 교수요목 비교에서 전체 수 4이상을 유의미한 것으로 보고, 전체 수 4이상에 해당되는 것을 위주로 작성하였다.

---

12) 위의 표는 범주를 대분류로, 영역을 소분류로 나누고 있는 것으로 보이는데, 표의 구조로 볼 때 구별이 불분명해 보인다.

⟨표3⟩ 한국어 기능 교수요목의 예

범주	대분류	소분류		의사소통 기능 예시문(언어형태)
친교적 기능	친교 활동	인사	만나고 헤어질 때의 인사하기	안녕하세요?/ 안녕히 가세요./ 안녕히 계세요.
		개인 정보	개인 정보 얻기	어디에서 왔어요?/ 어디에 살아요?/ 몇 살이에요?
			개인 정보 말하기	저는 -에서 왔어요./ 저는 -에 살아요.
		소개	자기 소개하기	저는 -입니다.
			다른 사람을 소개하기	이 사람은 ○○○입니다.
		감사	감사 표현하기	도와주셔서 고맙습니다./ 감사합니다.
			감사 표현에 답하기	아니에요./ 뭘요.
		주의 끌기		실례합니다./ 잠깐만요.
		칭찬/축하/감탄	칭찬하기	한국말을 참 잘하시네요.
			축하하기	생일 축하해요!/축하합니다.
			격려하기	걱정 마세요. 다 잘 될 거예요.
		약속	약속 제안하기	이번 주말에 저랑 영화 보시겠어요?
			제안에 답하기	네, 좋아요. 그럼 어디에서 만날까요?/ 안 돼요. 저는 주말에 약속이 있어요.
정보 제공 기능	사실적 정보 교환	사실적 정보	수 표현하기	02-961-0081이에요.
			시간 말하기	○○시입니다.
			날짜 말하기	오늘은 며칠입니까?/ 제 생일은 ○월 ○일입니다.
			장소/위치 말하기	○○이 어디에 있어요?
			날씨 표현하기	오늘 날씨는 -습니다.
			대중교통 이용 묻기/답하기	○○번 버스는 어디로 가요?/ ○에서 ○호선을 타세요.
		사실 확인	확인하기	이것이 무엇입니까?/ 이건 누구 책이에요?
			확인에 답하기	그것은 책입니다./ 그건 ○○씨의 책이에요.
		사실 묘사	묘사하기	○○씨는 눈이 파랗습니다./ 키가 보통이고 날씬해요.
		습관	일과에 대해 말하기	저는 아침 7시에 일어나요.
		경험	경험 묻기	동대문 시장에 가 봤어요?
			경험 말하기	네, 동대문 시장에 가 봤어요.
		계획	계획 말하기	주말에 무엇을 하실 거예요?
		비교/대조		동생이 형보다 키가 커요.
표현 기능	지적 태도 교환	제안	제안하기	같이 영화 볼까요?/ 같이 갈까요?
			승낙하기*	네, 좋아요. 같이 ○○해요.
			거절하기	미안해요. 오늘은 시간이 없어요.
		가능/불가능	가능성 묻기 및 표현하기	한국어를 할 수 있어요?
				네, 할 수 있어요./아니요, 한국어를 할 수 없어요.
		추측	추측하기	저 사람은 한국 사람인 것 같아요.
		허락	허락 요청하기	이 펜 좀 써도 돼요?

			선생님, 여기에서 담배를 피워도 괜찮습니까?
	지시/금지	지시하기	휴게실에서 피우세요.
	의무		열심히 공부해야 해요.
	의견 표현	의견 묻기	뭐 먹고 싶어요?/ 지금 갈까요?
		자신의 의견 말하기	저는 ○○을 먹을게요.
	이유 표현	이유 말하기	오늘 왜 학교에 안 왔어요? 감기 때문에 못 갔어요.
	의도	의도 말하기	운동하려고 일찍 왔어요.
감정 표현	좋아함/싫어함	좋아하고 싫어하는 것 묻기	무슨 ○○을(를) 좋아하세요?
		좋아하고 싫어하는 것 말하기	저는 영화 보는 것을 좋아합니다.
	희노애락	느낌 묻기	오늘 기분이 어때요?/ 오늘 본 영화 어땠어요?
		느낌 말하기	아주 좋아요./ 네, 재미있었어요.
	소망/의지	소망/의지 표현하기	○○에 가고 싶어요.
	불평	불평하기	신발이 너무 불편해요.
도덕적인 표현	사과 / 변명	사과하기*	늦어서 미안합니다./ 죄송합니다.
		해명하기*	차가 밀려서 늦었습니다.
지령적 기능	설득과 권고	부탁	부탁하기	좀 도와줄 수 있어요?/ 전화번호 좀 가르쳐 주세요.
		경고	경고하기	담배를 피우지 마십시오./ 사진을 찍지 마십시오.
		충고	충고하기	아무리 바빠도 운동은 해야 해요.
				시간이 늦었으니까 집에 가세요.
		권유	권유하기	이거 어떠세요?
		조언	조언 구하기/조언하기*	어떻게 하면 좋을까요?/ 운동을 시작해 보세요.
	문제 해결	길 찾기	길 묻기	경복궁에 어떻게 가요?
			길 안내	사거리에서 왼쪽으로 가면 있어요.
				이 길로 쭉 가면 나와요.
		정보 얻기	정보 얻기/구하기	저는 유학생인데, 책을 빌리려면 어떻게 해야 합니까?
		물건 사기	가격 묻기/답하기	이 ○○얼마예요?/ (○개에) ○○원이에요.
			물건 구입하기	공책 한 권하고 지우개 한 개 주세요.
				그럼 이걸로 주세요.
		음식 주문하기 전화하기 및 받기	음식 주문하기	무엇을 드릴까요?/ 불고기하고 비빔밥 주세요.
			전화하기	여보세요?/ 거기 ○○이지요?
			예약하기*	그럼 오후 세 시 비행기 표로 주세요.

5. 맺음말

본 연구에서는 교수요목 중에서 한국어 교재에 나타난 의사소통 기능 교수요목을 비교해 보고자 하였다. 외국인을 위한 한국어 교육에서 교재 개발에 관한 논의와 교과과정에 대한 논의는 여러 가지 측면에서 이루어져 왔으나 기능 교수요목은 매우 복잡하게 제시되고 있다. 용어의 차이와 분류 기준의 차이 등이 문제라고 할 수 있을 것이다. 본 연구에서는 교재 개발이 다양하게 이루어진 초급 교재를 대상으로 삼아 검토를 하였는데, 각 교재마다 교수요목의 용어나 내용이 지나치게 다양하게 나타나는 문제점을 발견할 수 있었다. 이러한 문제점과 차이점을 비교표로 제시하고, 기능의 빈도도 살펴보았다.

다양성은 한국어 교육기관의 특성을 나타낸 것이라고도 할 수 있지만, 한국어 교육에서 공통적으로 추구하는 숙달도 평가라는 측면에서 볼 때 체계성이 없는 것이라고 할 수 있다. 또한 교재를 새로 개발하려는 연구자들에게 혼란을 줄 수밖에 없을 것이다. 따라서 본 연구에서는 최근에 개발된 한국어 교재와 외국어 교육에서의 기능교수요목 제시를 비교 검토하여 기능 제시 방안을 다음과 같이 제안하였다. 첫째, 기능을 대분류, 소분류하여야 한다. 둘째, 유사한 기능의 용어를 통일하여야 한다. 셋째, 한국어 교육의 실정에 맞는 기능을 제시하여야 한다. 넷째, 예시문을 제시하여 의사소통 기능을 분명히 인식할 수 있게 하여야 한다.

이러한 제시 방안을 통해서 한국어 교재를 개발함에 있어서 주요한 요소인 '어휘 목록, 문법 항목'과 함께 기능 교수요목이라는 기본 체계를 마련하게 될 것이다. 최근의 교재개발의 방향이 통합교재를 지향하므로 통합적인 교수요목의 제시가 필수적이 될 것이다. 따라서 주요 교수요목 중에서 상황, 주제, 기능, 구조(문법)에 대한 제시는 반드시 필요하다고 본다. 필요에 따라 과제에 대한 제시도 첨가될 수 있다. 향후 기능 교수요목에 주제, 상황, 과제, 구조 등을 추가한 교수요목을 제시하는 연구가 계속되어야 할 것이다.

참고문헌

김왕규 외(2001),	한국어능력시험의 평가기준 개발 연구, 한국교육과정평가원.
김제열(2007),	고급한국어 문법 교수요목의 개발 방안, 국제한국어교육학회 제27차 국제학술대회.
김정숙(1992),	한국어 교육과정과 교과서 연구, 고려대학교 박사논문.
김정숙(2003),	통합 교육을 위한 한국어 교수요목 설계 방안, 국제한국어교육학회 제13차 국제학술대회.
김정숙·최은규·김유정(2005),	한국어능력시험의 개선 방안 연구(1) - 등급 부여 방식을 중심으로 -, 한국어교육 제16권 1호, 국제한국어교육학회.
김하수 외(1999),	"범용 한국어 교육 교재(초급)의 개발" 사업 보고서, 한국어세계화추진위원회.
류재택, 이재기, 김수정(2002),	재외동포용 한국어교재 개선을 위한 교육과정 개발 연구, 한국교육과정 평가원.
민현식(2002),	언어교육과정의 구성요소와 교수요목의 유형, 박영순 편저, 21세기 한국어교육학의 현황과 과제, 한국문화사.
민현식(2003),	국내 교육기관에서의 한국어 교육과정, 국제한국어교육학회 제13차 국제학술대회.
박영순(2004),	외국어로서의 한국어교육론(개고판), 도서출판 월인.
양태식 외(1998),	외국인을 위한 한국어교재의 교수요목 개발에 관한 기초 연구, 문화관광부 한국어세계화 추진위원회 연구과제.
어지윤(2002),	의사소통 기능에 따른 교재 분석-초등 1, 2학년을 중심으로, 중앙대학교 교육대학원 석사학위 논문.
이미혜(2002),	한국어 말하기 교육의 이론과 실제, 박영순 편저, 21세기 한국어교육학의 현황과 과제, 한국문화사.
이민선(2004),	기능에 기초한 한국어 문법 교수 방안 연구, 연세대학교 교육대학원 석사논문.
이병규 외(2005),	한국어 교재 분석 연구, 국립국어원.
이승민(2007),	초등학교 1, 2학년 영어과 교재 개발의 방향, 세계화시대의 외국어 교육, 한국문화사.
이정민, 이병근, 이명현(1977),	언어과학이란 무엇인가, 문학과 지성사.
이흥수(1998),	영어과 교육과정과 의사소통 기능의 이해, 외국어습득 및 교육과정론, 한국문화사.

참고문헌

조남호(2003), 한국어 학습용 어휘 선정 결과보고서, 국립국어연구원.

한국방송통신대학교 평생교육원 편(2005),
외국어로서의 한국어교육학, 한국방송통신대학교출판부.

한송화(2003), 기능과 문법 요소의 연결을 통한 한국어 교육-명령 기능을 중심으로, 한국어교육 제14권 3호, 국제한국어교육학회.

한송화(2006), 외국어로서의 한국어 문법에서의 새로운 문법 체계를 위하여, 한국어교육 17-3, 국제한국어교육학회.

Bachman & Palmer(1996),
Language Testing in Practice, Oxford University Press.

Bachman(1998), *Fundamental Considerations in Language Testing*, Fourth ed, Oxford University.

Breenm M. P(1983), A Prepared comment on 'Syllabus Design': Possible Future Trend' Present by K. Johnson, in K. Johnson & D. Porter(eds) Perspectives in Communicative Language Teaching: London Academic Press.

Brown, H.D.(2000), *Principles of Language Learning and Teaching(4th)*, Longman. (이흥수 외 옮김(2001), 「외국어 학습·교수의 원리」, Pearson Education Korea.)

Graham Lock(1996), *Functional English Grammar*, Cambridge University Press.

Leech, Geoffrey(1975), Semantics and Society, *Semantics*, Penguin Book, 이정민, 이병근, 이명현 편(1977), 언어과학이란 무엇인가, 문학과 지성사.

Nunan, D.(1998), *The Learner Centered Curriculum*, Cambridge University Press.

Richardsm J.C.(2001), *Curriculum Development in Language Teaching*, Cambridge University Press.

van Ek, J.A.(1975), *The Threshold Level in a European Unit/Credit System for Modern Language Teaching by Adults, System Development in Adult Language Learning*, Starsbourg: Council of Europe.

van Ek, J. A.(1980), *Threshold Level English*, Oxford: Pergamon.

Wilkins, D. A(1976), *National Syllabuses*, Oxford University Press.

웹 기반 한국어 교재

방 성 원 (경희사이버대 한국어문화학과)

1. 들어가는 말

한국어 학습자의 증가, 국내외 한국어 교육 기관의 꾸준한 증가와 함께 교육 현장의 요구에 부합하는 한국어 교재 개발도 늘어나고 있다. 양적인 면뿐만 아니라 질적인 면에서도 의사소통 중심 교수법, 과제 기반 교수법, 통합 교수법 등 외국어 교수법의 최신 경향을 반영하고 있고, 학문 목적 학습자 또는 직업 목적 학습자와 같이 특정 학습자 집단의 목적을 고려한 특수 목적 교재, 여성 결혼이민자를 위한 한국어 교재, 기능별 교재, 언어 요소별 전문 교재 등의 개발도 늘어나고 있어 한국어 학습자가 선택할 수 있는 폭이 점차 확대되어 가고 있다고 볼 수 있다.

이와 같이 양질의 한국어 교재가 늘어나고 있는 상황에 비해 웹 기반 한국어 교재의 개발은 아직도 활발히 이루어진다고 보기 어렵다. 이러한 사정은 웹 기반 교재가 시간과 공간을 초월한 학습을 가능하게 하며, 다수의 학습자에게 균등한 학습 기회를 제공한다는 중요한 장점을 지녔음에도 불구하고, 개발을 위해 내용 전문가 외에 교수 설계 전문가, 시스템 및 네트워크 전문가, 웹 디자이너 등 다양한 분야의 전문 인력을 투입해야 하고 유지와 보수를 위해서도 종이 교재 개발과는 다른 차원의 관심과 비용을 필요로 하기 때문인 것으로 판단된다. 웹 기반 교재는 일반적으로 인쇄 교재를 개발할 때 예상되는 것과는 다른 영역의 접근 방식이 필요하기 때문에 쉽게 개발을 시도하지 못하는 것이다.

그러나 웹 환경 자체가 사용자 중심으로 끊임없이 변화하고 있고 이에 따라 웹 기반 교재의 개발 범위와 수준이 점차 다양해져 가는 현상을 주목한다면, 웹 기반 한국어 교재도 앞으로 훨씬 다양한 방식으로 증가할 것임을 쉽게 예측할 수 있다. 제작 여건을 갖춘 전문적인 기관뿐만 아니라 일반 교사도 개인적으로 웹 기반 저작 도구를 활용하여 손쉽게 자신의 교실에 적합한 교육 자료를 만들고 인터넷 공간을 통해 개별 학습자와 상호작용할 수 있는 시대가 된 것이다. 세계 곳곳에서 인터넷 자원의 이용이 점점 일상화되고 있고 웹의 속성 자체가 긍정적인 의미에서 학습자가 자기 주도적으로 공부할 수 있는 환경을 제공해 준다는 점을 고려할 때, 웹 기반 한국어 교재는 앞으로 지금보다 훨씬 다양한 수준으로 이루어질 전망이다.

이 글의 주요 목적은 웹 기반 한국어 교재를 개발하기 위한 방법을 소개하고, 개발 시 고려해야 할 점을 제안하는 것이다. 이를 위해 본론에서는 먼저 웹 기반 교육의 특성을 간략히 살펴보고 지금까지 개발된 웹 기반 한국어 교재에 대해 분석해 본다. 이러한 기본 논의를 바탕으로 웹 기반 교재를 개발하기 위해 필요한 절차, 개인이 웹 기반 저작 도구를 활용해 웹 기반 교육 자료를 개발하는 방법에 대해 소개한 후, 향후 웹 기반 한국어 교재를 개발할 때 유의해야 할 점에 대해 논의하기로 한다.

2. 웹 기반 교육의 특성

웹 기반 교재는 기본적으로 월드와이드웹(World-Wide Web)에 기반을 둔 교재를 말한다. 교재의 의미를 넓게 정의하여 교수 학습에 사용되는 모든 자료라고 한다면, 웹 기반 한국어 교재는 월드와이드웹의 속성과 자원을 활용해 구성된 한국어 교수 학습 자료라고 정의할 수 있다.[1] 따라서 진정한 의미의 웹 기반 한국어 교재를 개발하기 위해서는 웹의 속성과 자원을 이해하고 이를 교수 학습의 효율적인 자원으로 활용할 수 있는 방안을 모색할 필요가 있다.

웹이 갖는 주요 특징은 시간과 공간의 제약이 없다는 것뿐만 아니라 하이퍼링크를 통해 멀티미디어를 제한 없이 활용할 수 있으며 일반 사용자들이 자발적으로 참여하고 자료를 공유함으로써 지속적으로 수정 발전될 수 있다는 데 있다. 특히 일반 사용자들이 적극적으로 정보 전달에 참여하고 자신들의 관심 또는 관계를 기반으로 하여 다양한 방식의 상호작용을 할 수 있게 된 것은 웹 기반 교육이 컴퓨터 보조 교육(CAI: Computer Assisted Instruction)의 한계를 극복하고 새로운 교육 패러다임을 여는 것으로 평가 받는 주요 원인이라 할 수 있다. 기존의 컴퓨터 보조 교육은 시공간 제약의 극복, 대량 정보의 저장과 활용, 개별 학습 및 반복 학습을 가능하게 한다는 장점은 있었으나, 정해진 교육과정과 목표 내에서만 학습할 수 있고 학습자의 창의성이 발휘될 여지가 없다는 문제를 가지고 있었다. 더욱이 다른 학습자들과 사회적인 상호작용을 할 수 없어 학습자를 수동적인 위치로 고정시키고 학습자의 정서적인 면, 사회적 관계 등을 학습에 활용하지 못한다는 한계를 안고 있었다. 그러나 웹은 하이퍼링크의 기능을 통해 멀티미디어 형태의 많은 자료를 제시, 전달, 공유할 수 있게 함으로써 학습자가 자신의 관심과 필요에 따라 적극적으로 정보 자원을 활용할 수 있는 환경을 제공하였고, 사용자 간에 지적, 정서적 유대 관계를 맺으면서 지속적인 사회적 상호작용을 가능하게 함으로써 컴퓨터 보조 교육과는 근본적으로 다른 교육 환경으로 기능할 수 있게 된 것이다. 이러한 웹의 자원과 속성을 교육에 활용한다면 최근 구성주의 교육학에서 의미 있는 학습 방식으로 논의되는 협력 학습, 문제 해결 중심의 학습을 자연스럽게 이끌어낼 수 있게 된다. 웹에 참여하는 개인들이 하이퍼미디어를 원활하게 이용하고 자신들이 유의미하게 생각하는 현실 세계의 자료들을 보태고 공유함으로

---

1) Khan(1997)은 웹 기반 교수(Web-based Introduction)를 다음과 같이 정의하였다. "웹 기반 교수는 학습이 일어나거나 조장되는 유의미한 학습 환경을 조성하기 위하여 웹의 특성과 웹이 제공하는 자료들을 활용하여 전개하는 하이퍼미디어 기반의 교수 프로그램을 말한다."(나일주 1999:11 재인용)

써 동적인 정보 자원으로 끊임없이 성장하는 현재의 인터넷 환경은 외국어 교육학적 관점에서 볼 때 매우 진보된 형태의 실제적(authentic) 학습 환경이라고도 할 수 있을 것이다.

이러한 웹의 특성을 고려할 때 웹 기반 교재의 개발에서는 웹의 자원과 속성을 학습에 효율적으로 활용할 수 있게 하는 것이 중요한 과제가 된다.[2] 하이퍼링크를 통한 멀티미디어 기반의 학습 활동뿐만 아니라, 일대일 대화·그룹 대화·커뮤니티 활동 등의 학습자 상호작용, 웹을 통해 구체적인 문제를 해결하도록 하는 창조적인 학습 과제 등은 웹의 자원과 속성을 교육에 활용하는 중요한 방식이라고 할 수 있다. 웹의 무한한 정보 자원을 활용하고 다양한 상호작용을 경험하면서 학습자가 자신의 학습 유형에 맞게 선택적으로 학습을 수행하고 수준에 맞게 학습의 속도를 조절할 수 있다면 진정한 의미의 학습자 중심 교육을 실현할 수 있게 될 것이다.

3. 웹 기반 한국어 교재 개발 현황

한국어 교육 분야에서 개발된 웹 기반 한국어 교재의 범위에 포함할 수 있는 것은 주로 정부 기관 또는 대학 부설 한국어 교육 전문 기관에서 개발한 한국어 학습 사이트들이다. 국내에서 컴퓨터를 활용한 수업이나 한국어 학습 사이트에 대한 관심이 높아지고 있고 개인이나 기관 차원의 개발 시도도 여러 번 있었지만, 정규 교육 과정의 형식으로 개발을 완료하여 현재까지 운영해 온 사례는 아직도 그리 많다고 볼 수 없다. 국내에서 한국어 학습을 위한 교육 과정을 웹 기반 한국어 교재의 형태로 개발하여 운영하고 있는 기관으로는 문화관광부, 서강대학교 한국학센터, 국제교육진흥원, 재외동포재단, 경희사이버대학교, 서울대학교 언어교육원, 한국디지털대학, 사이버외국어대학 등을 들 수 있고 민간 온라인 교육 기업 등에서도 개발을 시도하는 경우가 늘고 있지만, 이들 중에는 종이 교재와 별다른 차이가 없거나 초급으로 한정되어 있는 경우들도 있어 오프라인의

---

2) 한편으로는 웹 기반 교수 학습이 갖는 단점도 극복할 수 있는 방안도 고려해야 한다. 인터넷 환경에 따라 정보의 전달 속도 자체가 차이를 갖는다는 점, 사용자의 인터넷 사용 능력에 따라 정보 수용 및 학습에 대한 참여 면에서 차이를 가질 수 있다는 점, 일반 사용자들이 쉽게 정보 전달에 참여하면서 유용한 정보뿐만 아니라 불필요한 정보도 범람한다는 점 등은 웹 기반 교육을 망설이게 하는 주요 원인들이다.

한국어 교재 개발 또는 웹 기반 영어 교재 개발 현황과 비교해 보았을 때 웹 기반 한국어 교재 개발은 상대적으로 미흡한 것으로 판단된다.[3]

지금까지 개발된 국내 웹 기반 교재들에 대해 각각 대상 학습자를 어떻게 설정하고 있는가, 한국어를 설명하기 위한 언어로 한국어 외에 어느 외국어를 지원하고 있는가, 학습자에게 제공하는 한국어 교육 과정 구성은 어떠한가, 학습자가 어떤 방식으로 학습 내용에 접근할 수 있는가를 기준으로 하여 간단히 정리하면 다음과 같다.[4]

〈표 1〉 국내에서 개발, 운영 중인 주요 웹 기반 한국어 교재

개발 과정(주소 및 기관)	개 요
Korean through English (문화관광부)	· 학습 대상 : 재외동포 및 외국인 초급 학습자 · 설명 언어 : 영어 · 교육 과정 : 초급 Chapter 1-10 · 접근 방식 : 문화관광부 English 홈페이지 접속
KOSNET (국제교육진흥원)	· 학습 대상 : 재외동포 및 외국인, 유아~성인 학습자 · 설명 언어 : 영어, 일본어, 중국어, 스페인어 · 교육 과정 : Pretest, Preliminary, pre-K/Kindergarten, Children's 1·2, Adolescent/Adult · 접근 방식 : http://www.kosnet.go.kr/ 회원 가입 후 로그인
Korean Studies at Sogang (서강대학교)	· 학습 대상 : 재외동포 및 외국인 초급·중급 성인 학습자 · 설명 언어 : 영어 · 교육 과정 : Understanding South Korea, Introductory Korean, Novice Korean Ⅰ~Ⅲ, Intermediate Korean Ⅰ~Ⅲ · 접근 방식 : http://korean.sogang.ac.kr/ 접속
Study Korean (재외동포재단)	· 학습 대상 : 재외동포 청소년 · 설명 언어 : 영어, 중국어, 일본어, 러시아어 · 교육 과정 : Study Korean Basic·Plus·Advanced · 접근 방식 : http://study.korean.net/ 회원 가입 후 로그인

---

3) 해외 대학에서 만들어진 주요 한국어 학습 사이트로는 초기부터 웹 기반 한국어 교육을 시작한 호주 모나쉬대학교, 다양한 외국어를 공통의 모듈로 제공하는 동경외국어대학교의 프로그램이 널리 알려져 있다. 각 사이트의 주소는 다음과 같다.
호주 모나쉬대학교(http://www.arts.monash.edu.au/korean/klec/) 동경외국어대학교(http://www.coelang.tufs.ac.jp/modules/ko)

4) 이들 프로그램 중 일부의 개발 원리와 특징은 논문으로 공개된 바 있다. 최정순(1998), 지현숙 외(1999)에서 서강대 Novice Korean의 제작 원리와 운영 방법을 밝히고 있으며, 이병윤(2002)은 국제교육진흥원의 Kosnet, 최정순(2002)에서는 재외동포재단 Teen Korean의 구성 원리와 실제를 제시하였다. 방성원(2005)에서는 경희사이버대 한국어 프로그램의 개발 원리와 주안점을 소개하고 있으며, 최은규 외(2006)에서는 Click Korean의 개발 원칙과 특성을 소개하고 있다.

사이버 한국어 과정 (경희사이버대학교)	· 학습 대상 : 재외동포 및 외국인 초급·중급 성인 학습자 · 설명 언어 : 영어, 한국어 · 교육 과정 : 기초, 초급 I, 초급II, 중급 I, 중급II · 접근 방식 : 기관 교류 협약 체결을 통한 접근
Click Korean (한국방송통신대/ 서울대 언어교육원)	· 학습 대상 : 영어권 초급 학습자 · 설명 언어 : 영어 · 교육 과정 : 초급 · 접근 방식 : 서울대 언어교육원 홈페이지에 접속
다문화가정 e-배움 캠페인 (한국디지털대학)	· 학습 대상 : 국내 여성 결혼이민자 · 설명 언어 : 한국어, 영어, 중국어, 일본어, 베트남어 · 교육 과정 : 한국어 입문, 한국어 1, 한국어 2, 한국어 3, 한국 문화 · 접근 방식 : 한국디지털대학교 홈페이지에 접속
Korean Talking 사이버외국어대학교	· 학습 대상 : 영어권, 중국어권, 일본어권 초급 학습자 · 설명 언어 : 한국어, 영어, 중국어, 일본어 · 교육 과정 : 초급 · 접근 방식 : 사이버외국어대학교 홈페이지에 접속

4. 웹 기반 한국어 교재의 분석

　　교육 전반에서 웹 기반 학습에 대한 기대가 높아지고 있으므로 한국어 교육 분야에서도 웹 기반 한국어 학습 사이트는 꾸준히 개발이 확대될 전망이다. 컴퓨터를 활용한 학습 프로그램, 학습 사이트가 증가하면 할수록 사용자 입장에서는 좋은 프로그램을 선택하기 위한 분석과 평가가 중요하게 된다. 국내에서 개발되어 운영 중인 한국어 학습 사이트의 구조와 단원 구성 등에 대한 분석은 최성욱(2000), 지현숙(2002), 박건숙(2003), 방성원(2005) 등에서 논의된 바 있으나 분석의 영역과 기준을 어떻게 설계하는가에 따라 분석의 초점, 결과는 달라진다는 점에 유의할 필요가 있다. 한국어 교육의 내용, 교수 학습 활동에 대한 설계, 웹 기반 특성, 사용자 환경 등의 면에 초점을 맞추어 검토 영역과 분석 기준을 간략히 제시하면 우측 표와 같다.[5]

---

5) 멀티미디어 코스웨어의 종합적인 평가를 위해서는 코스웨어의 목적을 비롯해 관리·행정적 요소, 교육적 요소, 기술적 요소, 실행 보조적 요소, 윤리성 등을 평가 요소로 정하고 하위 평가 요소를 설정하여 정량적 평가, 정성적 평가를 함께 실시할 수 있다(유범 외 2005:69).

<표 2> 검토 영역 및 분석 기준

검토 영역	분석 기준
교육 내용	· 말하기, 듣기, 읽기, 쓰기의 언어 기능이 학습되는가 · 발음, 어휘, 문법 학습이 이루어지는가 · 한국 문화 학습이 이루어지는가
교수 학습 활동	· 학습 목표가 제시되었는가 · 자기 주도적 학습이 원활하게 이루어질 수 있는가 · 학습을 지원하는 장치 또는 안내자가 있는가 · 학습자의 상호작용을 유도하고 있는가 · 학습 내용에 대한 평가 및 결과를 제공하고 있는가
웹 기반 특성	· 종이 교재와 차별성이 있는가 · 멀티미디어 요소를 활용하고 있는가 · 하이퍼텍스트, 하이퍼미디어 속성을 활용하고 있는가
사용자 환경	· 어떤 언어권 학습자를 대상으로 하는가 · 사용자의 다양한 인터넷 환경, 컴퓨터 수준을 고려하였는가

4.1 교육 내용

교육 내용 면에서는 우선 말하기, 듣기, 읽기, 쓰기의 네 가지 언어 기능 중 무엇이 중점적으로 학습되는가, 통합 학습을 강조한다면 네 가지 기능이 고르게 학습되고 있는가를 살펴볼 필요가 있다. 웹 기반 한국어 교재들을 분석해 보면 이해 기능인 듣기, 읽기에 비해 표현 기능인 말하기, 쓰기의 학습 자료가 상대적으로 부족한 것으로 나타난다. 특히 말하기의 경우 아직까지 한국어 교육에서 양방향의 온라인 대화로 실제적인 말하기 활동을 구현하는 것은 찾아보기 힘들다. 다만 소극적인 수준에서 듣기를 활용해 자신의 목소리를 녹음하여 재생하는 기능을 포함하거나, 듣기 활동 후 학습자가 프로그램의 고정된 대화 상대자를 정하여 대화를 구성하는 연습을 포함함으로써 말하기 기능을 구현하는 것을 볼 수 있다. 쓰기의 경우에는 최근 한국어 쓰기 교육에서 강조되고 있는 과정 중심의 쓰기를 좀 더 명시적으로 구현할 필요가 있다. 표현 기능의 경우에는 학습자에게 피드백을 제공할 때 단순한 정답 제시 수준을 넘어 좀 더 다양한 방식으로 피드백을 제공하여 학습자의 표현 능력 향상에 도움을 줄 필요가 있을 것이다.

언어적 요소인 발음, 어휘, 문법의 학습은 대부분의 학습 사이트에서 비중 있게 다루어진다. 발음 학습의 경우는 어휘뿐만 아니라 문장, 대화 등의 단위까지 들을 수 있게 하는 경우가 많아 오프라인 교재보다 훨씬 적극적으로 이루어지고 있다고 할 수 있다. 어휘 학습은 번역어 제시만 되어 있는 경우, 단순한 어휘 연습에서 게임을 활용한 연습까지 다양한 차이를 보이는데 다양한 학습자가 선택적으로 심화 학습할 수 있도록 하기 위해서는 충분한 연습을 제공할 필요가 있다. 문법 학습은 대부분의 사이트에서 문법 설명과 예문, 연습 문제를 제시하여 학습자가 스스로 학습하고 연습할 수 있도록 구성하고 있다.

문화 학습의 중요성을 강조하는 것은 최근 한국어 교육 현장에서 뚜렷이 나타나는 경향이다. 웹 기반 교재의 경우에는 한국 문화를 접하게 하는 것이 학습 동기를 유발하고 흥미를 지속시키는 데 도움이 되며 학습자의 자율적 학습 욕구를 강화할 수 있으므로 문화 학습이 더욱 중요하게 반영된다. 이미 일부 웹 기반 한국어 교재에서 텍스트, 사진, 삽화뿐만 아니라 음성, 동영상 등의 멀티미디어, 하이퍼링크를 활용하여 다양한 방식의 한국 문화 학습을 유도하고 있다.

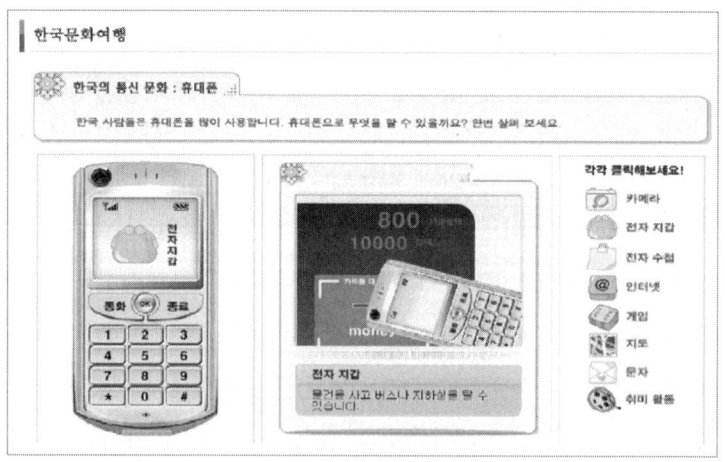

〈그림 1〉 한국 문화 학습 (KHCU 사이버 한국어 과정)

4.2 교수 학습 활동

　교수 학습 활동의 설계 면에서는 학습 목표, 학습 코스의 유형, 학습 지원 장치, 평가 제공 여부 등을 살펴보아야 한다. 학습 목표는 학습자가 목표에 맞게 학습 계획을 세우고 자신의 학습 방향을 점검하는 기준이 되므로 학습 단위별로 명시적으로 제시하는 것이 좋다.

　학습 코스의 설계 면에서 대부분의 언어 학습 사이트는 자율학습형 코스로 설계되어 있다. 어떤 수준의 학습자든지 자율적으로 학습 단원을 선택하고 진도를 조절할 수 있는 것이다. 그러나 이러한 자율학습 코스가 성공적인 학습으로 수행되기 위해서는 자기 주도적 학습을 돕는 다양한 학습 지원 장치가 필요하다.

　학습 지원 장치는 학습에 대한 관리의 측면과 학습을 보조하는 장치로 나누어 살펴볼 수 있다. 학습 관리는 학습 사이트의 관리자를 지정하여 학습자의 과제 수행을 확인하고 게시판 질의, 이메일 질의에 응답하도록 하는 방식, 학습 관리 시스템을 통해 학습자의 진도, 학습 성취도 등을 시스템으로 관리하는 방식 등이 가능한데 지금까지의 웹 기반 한국어 교재에서는 이러한 학습 관리 측면이 매우 부족한 것으로 평가된다. 학습 보조 장치는 프로그램 이용 방법, 한글 폰트 지원·사전·문법 색인 제공 등 학습자가 자기 주도적으로 학습을 진행하기 위해 도움이 되는 다양한 장치를 들 수 있다. 실제로 학습자가 기초 단계에서 중급 단계 이상까지 정규 교육 과정을 이수하는 것을 목표로 하는 경우에는 지속적인 학습을 돕는 학습 지원 장치의 활용이 매우 중요한 것으로 판단된다.[6] 학습자들이 실패를 겪지 않으면서 학습 활동 시에 적절한 조언을 받도록 학습 환경을 조성하기 위해서는 학습 초기에 조언자, 안내자로서 교사의 역할을 포함하고 이후 교사의 도움 없이 학습자의 자기 주도성을 발휘할 수 있게 교수-학습 유형을 설계하는 것도 하나의 방안이 될 수 있다.

　웹 기반 교육 자료가 학습자의 상호작용을 얼마나 적극적으로 유도하고 있는가에 대해서는 특별히 주목할 필요가 있다. 웹 기반의 상호작용은 교사 대 학습자, 학습자 대 학

---

6) 임정훈(1999)에서는 자율학습 코스에서 학습 지원을 위한 안내와 조언의 중요성을 강조한 바 있다.

습자, 학습 내용 대 학습자 등의 차원으로 가능한데 지금까지 웹 기반 교재에서는 교사 대 학습자, 학습자 대 학습자의 상호작용을 유도하는 것이 부족했다고 할 수 있다. 학습자의 활발한 상호작용이야말로 웹 기반 교육 과정의 성패를 가름하는 열쇠가 될 수 있다.

학습 과정에서 정기적인 평가를 제공하는 것도 학습을 효율적으로 관리하는 중요한 방법이 될 수 있다. 한국어 정규 과정으로 프로그램을 운영하는 경우에는 별도의 평가 문항과 평가 결과를 제공하는 것이 학습을 장려하고 학습 과정을 관리하는 데 도움이 된다.

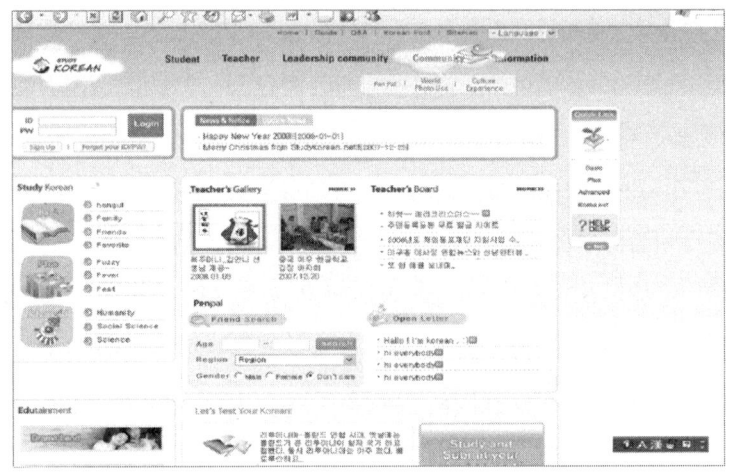

〈그림 2〉 커뮤니티를 통한 상호작용 유도 사례 (http://study.korean.net/)

4.3 웹 기반 특성

웹 기반 교육 자료를 분석할 때 중요하게 고려해야 할 사항은 종이 교재와의 차별성, 즉 과연 웹 기반 특성에 맞게 개발되었는가 하는 점이다. 웹 기반 특성을 갖추기 위해서는 멀티미디어 요소를 활용하고 하이퍼텍스트, 하이퍼미디어의 속성을 활용할 수 있도록 설계해야 한다. 예컨대 듣기 활동을 하면서 필요에 따라 듣기 대본을 창으로 띄워 보면서 듣는다거나, 쓰기 활동을 하기 전에 연상을 강화하는 시청각적 요소, 즉 멀티미디어 요소를 활성화하도록 하는 것 등은 하이퍼미디어 속성을 활용한 좋은 사례이다. 단순히 텍스트를 화면에 옮겨 놓은 것에 불과한 평면적인 교육 자료는 웹 기반 교육 자료로서 매력을 갖기 어렵다. 무엇보다도 웹 기반 교재에서는 하이퍼링크를 통해 학습자가 웹의 풍부한 자원을 활용하고 자신의 관심 분야에 집중하여 심화 학습할 수 있도록 유도할 필요가 있다.

4.4 사용자 환경

웹 기반 교육 프로그램의 효율적인 이용을 위해 고려해야 할 사항은 사용자 환경에 대한 것이다. 이는 어떤 학습자를 대상으로 하였는가의 문제와 사용자의 물리적 환경에 대한 문제로 나누어 살펴볼 수 있다. 학습 대상이 정해지면 학습자 집단의 변인과 요구에 맞게 교육 내용과 방법을 설계해야 할 뿐만 아니라 화면 구성, 메타언어 사용까지 학습자의 특성을 고려한 개발과 운영이 이루어져야 한다. 학습자의 요구를 파악하는 것과 함께 진지하게 고려해야 할 사항은 사용자의 물리적 환경에 대한 것이다. 웹 기반 교육은 인터넷 환경이 갖추어져야 가능한 것인데, 아직 인터넷이 상용화되지 않았거나 한국에 비해 인터넷 속도가 느린 지역이 많다는 것을 고려해야 한다. 인터넷 속도가 느린 경우에는 동영상 중심의 학습 사이트가 과부하를 일으킬 가능성이 높으므로 사용자 환경에 맞는 설계가 매우 중요하다고 할 수 있다. 즉 웹 기반 교재의 개발에 앞서 우선적으로 사용자의 인터넷 환경에 대한 조사가 이루어져야 현실적으로 사용 가능한 범위의 개발이 이루어질 수 있다.

5. 웹 기반 교재의 개발

웹 기반 교재를 개발하기 위해서는 개발의 목적과 원칙을 확립하고 일정한 절차에 맞게 개발을 추진해야 한다. 개인 차원에서 웹을 활용해 한국어 교육 자료를 개발하고자 할 때에는 웹 기반 저작도구를 활용하는 것이 도움이 된다. 이 장에서는 웹 기반 교재의 개발 절차, 웹 기반 저작 도구를 활용한 개발에 대해 간단히 살펴보고자 한다.

5.1 개발의 절차

웹 기반 교육 과정을 설계하는 절차는 일반적으로 교수 설계를 위해 사용되는 기본적인 모형인 '분석-설계-개발-운영-평가'의 ISD 모형(Instructional System Design)에서 단계별로 웹의 특성이 반영되는 것이 특징이다. 특히 설계 단계에는 정보, 상호작용, 동기적 측면에 대한 활동이 명시적으로 포함되며, 전체 과정은 순차적인 단계가 아니라 역동적, 순환적, 동시적 설계 활동으로 구성된다.[7] 이러한 웹 기반 한국어 교육 자료의 개발에는 한국어 교육 자료의 원고 개발자뿐만 아니라 교수설계자, 영상 촬영 및 편집자, 웹 디자이너 등까지 여러 전문가의 협력 작업이 요구된다.

웹 기반 한국어 교육 자료의 개발 절차와 각 단계별로 수행해야 할 과제 활동의 내용을 예시하면 다음과 같다.[8]

〈표 3〉 개발의 절차 예시

단 계	수행 과제		
분 석	요구 분석 / 학습 내용 분석 / 학습자 분석 / 학습 환경 분석 / 학습 목표 진술 및 과제 분석	형성평가	단계별 형성 평가 단위 테스트 및 통합 테스트 실시 후 수정, 반영
설 계	설계 개요 작성 / 학습 흐름도 작성 / 교수 설계서 작성 / 과정 프로토타입 개발 / 원고 개발 / 스토리보드 작성		
개 발	매체 제작(학습 자료, 보충 및 심화 자료 등) 웹 디자인, 인터렉티브 프로그래밍, 콘텐츠 통합 개발		
운 영	운영자와 사용자를 위한 사전 교육 실시 프로그램 실행		
평 가	학습 성취도 평가 프로그램의 효과 평가		

'형성 평가'는 '개발' 절차에 포함할 수도 있지만, 분석, 설계, 개발을 통해 만들어진 결과물을 단계별로 평가하여 산출물의 질을 향상시키고, 과정 개발 중에 지속적으로 발생하는 개발자, 시험 사용자들의 요구를 반영하는 중요한 절차로서 개발의 모든 단계별

---

7) 웹 기반 교수-학습 체제 설계의 특징, ISD 모형과의 비교에 대해서는 정인성(1999:77-88)을 참조하기 바란다.

8) 이는 경희사이버대학교의 '사이버한국어과정' 개발 경험을 바탕으로 정리한 것이다. 이 프로그램의 개발에는 경희사이버대학교와 경희대 국제교육원의 한국어 교육 전문가, 교육공학 전문가 등이 다수 참여하였다.

로 이루어지는 것으로 봐야 한다.[9]

또한 개발의 절차로서 과정 운영 후에 이루어지는 '평가'의 중요성도 강조할 필요가 있다. 웹 기반 교육 프로그램의 장점 중 하나는 지속적인 수정과 보완이 용이하다는 것이므로 개발자, 운영자, 사용자를 대상으로 하여 프로그램의 효과를 다각적으로 평가하고, 평가 결과를 분석하여 향후 더 발전된 프로그램으로 발전시킬 수 있는 계기를 갖는 것이 중요하다.

5.2 웹 기반 저작도구의 활용

웹 기반 교재라고 하면 여러 분야의 전문 인력이 투입되고 막대한 비용이 필요한 것으로 생각하여 일반 교사가 거리감을 느낄 수 있지만, 웹 기반 저작 도구 또는 카페, 커뮤니티 등을 활용하면 간단히 교육 과제를 개발하고 학습자들과 상호작용할 수 있다.

실제로 영어 교육을 비롯한 다른 외국어 교육 분야에서는 어휘, 문법, 문화 등의 학습 내용, 듣기, 읽기 등의 학습 활동에 대한 자료를 메뉴에 따라 입력하기만 하면 과제가 자동적으로 만들어지는 웹 기반 저작 도구가 널리 활용되고 있다. 교사가 과제 저작 프로그램을 사용하여 다지선택형, 빈칸 채우기, 가로세로 퍼즐, 순서에 맞게 배열하기 등의 연습 문제를 만들고 학습자가 웹을 통해 자유롭게 접근하여 학습하도록 할 수 있는 것이다.

한국어 교육에서도 쉽게 활용할 수 있는 대표적인 저작 도구로는 빅토리아 대학교에서 개발한 웹 기반 과제 저작도구인 Hot Potatoes, 교사용 프로그램 및 학습자용 프로그램을 함께 제공하는 Quia를 들 수 있다.

Hot Potatoes는 교수 학습 내용을 다지 선택형, 빈칸 채우기, 가로세로 퍼즐, 순서 맞추기, 연결하기 등의 과제로 저작할 수 있는 프로그램으로서 Hot Potatoes 홈페이지 (http://hotpot.uvic.ca)에서 무료로 다운로드 받아 사용할 수 있다. Quia는 과제를 저작할 수 있는 교사용 프로그램뿐만 아니라 과제를 수행하는 학습자용 프로그램까지 구성되어 있어 웹 기반 교실을 구성하고 학습자의 학습 상황을 관리할 수 있다는 장점을 가지고

---

9) 교수 체제 설계 시 이루어지는 평가의 결과는 모든 단계에 피드백을 제공하며 수정과 보완을 요하는 준거가 된다(변영계 외 2000:36).

있다. 회원 가입 절차를 거치는 프로그램으로서 Hot Potatoes보다 훨씬 다양한 과제 유형을 저작할 수 있고 연습 문제마다 피드백도 설정할 수 있어 학습자가 개별화된 피드백을 받을 수 있다는 것도 Quia의 장점이라 할 수 있다(http://www.quia.com).[10]

〈그림 3〉 Hot Potatoes 첫 화면

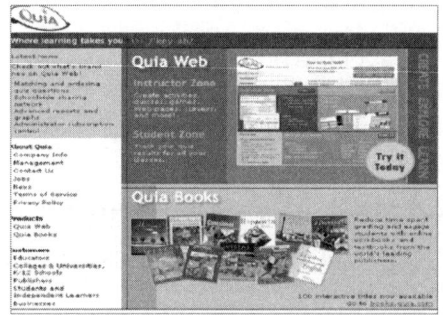

〈그림 4〉 Quia 첫 화면

---

10) 다양한 웹 기반 과제 저작 도구의 활용에 대해서는 유범 외(2005:222-259)를 참조하기 바란다. 한종임(2006)에서는 Hot Potatoes와 Quia를 활용해 한국어 과제를 저작하는 방법과 실제 저작 사례를 제시한 바 있다.

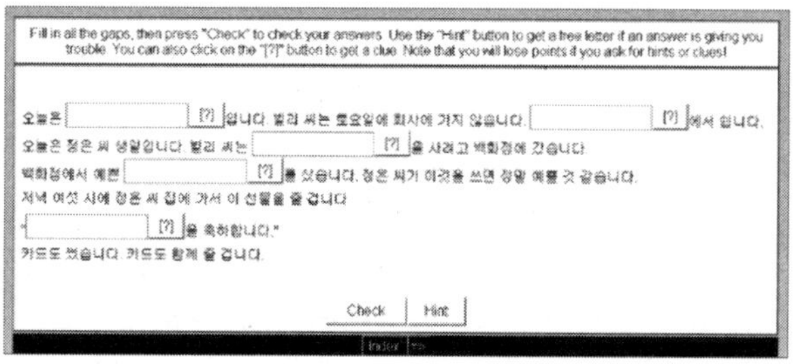

〈그림 5〉 Hot Potatoes의 J Cloze를 활용한 한국어 과제 저작 사례

6. 웹 기반 한국어 교재 개발의 유의점

국내외 한국어 학습자의 꾸준한 증가, 한국어 교육 자료 및 교사에 대한 수요의 증가를 고려할 때 웹 기반 한국어 교육 프로그램의 개발과 실행은 향후 더욱 늘어날 것으로 전망된다. 이 장에서는 향후 웹 기반 한국어 교재의 발전을 위해 고려해야 할 사항에 대해 학습자, 교육내용 설계, 기능 및 문화 학습, 상호작용의 문제를 중심으로 하여 논의하고자 한다.

6.1 학습자에 대한 고려

웹 기반 한국어 교육 프로그램을 개발하기 전에 고려해야 할 가장 중요한 사항은 사용자의 환경에 맞는 프로그램으로 개발해야 한다는 것이다. 특히 해외 학습자를 주 사용 대상으로 정하여 개발하는 경우에는 사용 지역의 네트워크 환경 및 컴퓨터 사양에 대한 조사가 반드시 선행되어야 한다. 다양한 멀티미디어 자료를 활용하여 좋은 프로그램을 만들었다고 해도 과부하로 인해 끊김, 속도 지연 등의 문제가 발생하게 되면 학습을 유지하기 곤란하기 때문이다. 이와 함께 사용자가 컴퓨터에 익숙하지 않은 경우에는 학습 초기에 여러 문제가 발생하여 언어 외적 어려움에 부딪히게 될 수 있으므로, 사전에 사용자의 컴퓨터 사용 능력을 점검하고 본격적인 학습에 들어가기 전에 어느 정도 컴퓨터의 사용에 익숙해지도록 돕는 과정도 필요하다.

또한 주요 대상 학습자의 특성과 요구를 조사하여 개발 계획을 수립하는 것이 매우 중요하다. 지금까지 국내에서 개발된 한국어 교육 사이트는 대체로 학습자의 유형, 학습 목적, 변인을 고려하여 설계되었다기보다는 일반 목적 한국어 연수자를 대상으로 한 프로그램의 성격을 띠고 있다. 그러나 현재 한국어 학습자의 꾸준한 증가는 학문 목적, 취업 목적 등 특수 목적 학습자의 증가로 인한 것이고, 실제로 한국어 교육 과정, 교재 개발에서 학습자 변인을 고려한 설계가 점점 중요해지는 추세임을 고려할 때 학습의 개별화, 학습의 자기 주도성을 장점으로 하는 웹 기반 교육 프로그램이야말로 학습자의 유형과 변인을 고려한 설계가 이루어지도록 유의해야 할 것이다.

6.2 단선적 구조와 복선적 구조

웹 기반 한국어 교육 프로그램의 설계에서 단선적 구조로 할 것인가, 복선적 구조로 할 것인가의 문제는 이미 중요한 쟁점 사항으로 여러 번 논의된 바 있다(지현숙 2001, 최정순 2002). 구성주의의 교수 학습 원칙에 입각한 논의의 결과로서 학습할 내용의 순서를 미리 정해 놓고 설계자가 정해 놓은 학습 순서대로 한 페이지씩 제시하는 단선적 구조보다는 주요 메뉴 아래 여러 개의 하위 메뉴를 두고 학습자가 자신의 의지에 따라 선택적으로 학습할 내용을 찾아가며 학습하는 구조, 즉 학습자 각각이 개별적으로 학습을 구조화하도록 하는 복선적 구조가 바람직한 것으로 평가되어 왔다. 그러나 외국어 학습에서 난이도와 복잡성의 위계화를 무시하고 학습자의 선택권만을 존중하기는 곤란하므로 지금까지 개발된 웹 기반 한국어 프로그램들은 대체로 단원의 순서 면에서는 여전히 단선적 구조를 기본으로 하고 있다고 할 수 있다. 화면 디자인 면에서도 개별 메뉴 버튼 및 아이콘으로 학습자의 선택권을 중시한다는 점에서 복선적 구조의 성격을 띠기는 하되, 버튼의 순서를 '문법, 듣기, 말하기, 읽기, 쓰기' 순으로 배열하고 하위 학습 메뉴 역시 '대화 듣기, 문제 풀기, 연습하기'와 같은 순서로 구성하여 이상적인 학습 흐름을 고려한 단선적 구조의 학습을 의도해 왔다고 볼 수 있다.

그러나 이러한 단선적 구조와 복선적 구조의 설계는 학습자의 유형에 따라 달라질 수도 있음을 고려할 필요가 있다. 예를 들어 한국어를 매우 낯선 외국어로 인식하는 외국인의 경우에는 단선적 구조가 기본이 되어 점진적인 난이도에 따라 학습을 진행하는 것이 안정감을 줄 수 있지만, 한국어의 입력에 지속적으로 노출된 경험이 있는 재외동포의 경우에는 학습자의 선택권이 보장된 복선적 구조를 기본 설계로 하는 것이 더 효과적일 수 있다. 단선적 구조와 복선적 구조의 설계를 이분법적으로 분명히 구분하는 것 자체가 무리일 수도 있지만, 학습자의 유형에 따라 무엇을 기본 설계로 하는가는 달라져야 할 것으로 본다.

6.3 표현 기능의 적극적 구현

지금까지 개발된 한국어 교육 프로그램은 어휘, 문법, 발음 등 언어적 요소에 대해서는 안정적으로 제시, 연습을 유도하고 있으나 표현 기능 연습, 즉 말하기·쓰기 기능의 구현에 대해서는 상당히 소극적으로 구현해 온 경향이 있다. 표현 기능과 이해 기능으로 비교해 보았을 때 표현 기능보다는 듣기, 읽기 등 이해 기능의 연습의 비중이 훨씬 높게 나타나는 것이다. 쓰기 기능의 경우에는 Study korean, 경희사이버대학교의 '사이버 한국어 과정'에서 어느 정도 과정 중심의 쓰기가 구현되어 있고 쓰기 과제를 수행한 후 제출하여 피드백을 제공 받도록 설계되어 있지만, 말하기 기능에 대해서는 대체로 소극적인 방식으로밖에 구현되고 있지 못하다.

일례로 녹음 기능을 이용하여 컴퓨터 대 학습자의 상호작용 대화 녹음 및 재생 기능을 포함하고 있기는 하지만, 이는 이미 주어진 대화를 가지고 반복 수행하는 제한된 연습이므로 진정한 의미의 말하기 기능 연습으로 보기에 한계가 있다. 그런데 이러한 상황은 기술 수준이 따르지 못해서가 아니라 사용자의 인터넷 환경에 대한 고려로 인해 포함하기 어려웠던 것이므로, 인터넷 환경이 보장된 지역의 학습자를 대상으로 하는 경우라면 좀 더 적극적으로 표현 기능의 학습을 구현할 수 있을 것이라 본다.

향후 개발되는 웹 기반 한국어 교육 프로그램에서는 비동시적으로 상호작용할 수 있는 음성 게시판을 활용하여 시공간의 제약을 초월한 웹 기반의 장점을 살리고, 음성 채팅 등을 활용하여 말하기의 본질인 동시적 상호작용, 실시간성을 구현하는 것을 시도할 필요가 있을 것이다.

6.4 문화 학습의 내용과 형식 다양화

한국어 교육에서 문화 학습의 중요성을 강조하는 것은 이제 매우 자연스러운 경향이 되었다. 대부분의 한국어 교육과정에서 문화 체험 학습이 중요한 부분으로 자리 잡고 있으며 교육 내용 및 교육 자료 개발을 위한 논의에서도 문화 숙달도를 높이기 위한 교수요목 구성의 중요성이 강조되고 있다. 그러나 지금까지 교재에 반영된 한국 문화의 내용, 문화를 교육하는 방식이 과연 학습자의 다양하고 실제적인 요구를 고려한 것인가 하는 점에 대해서는 신중하게 검토해 볼 필요가 있다. 만일 교육 대상 학습자가 특정한 유형의 집단으로 설정된 경우라면 그 유형의 특징에 해당하는 주요 변인, 즉 학습자의 거주지, 국적, 학습 목적, 연령 등의 변인을 고려하여 문화 학습의 내용과 형식을 설계할 때 그 효과가 높을 것이 분명하기 때문이다.

일례로 직업을 목적으로 한국어를 배우는 외국인, 민족 정체성 교육을 중시하는 재외 동포 청소년 학습자, 가정생활 · 한국 사회에서의 빠른 적응을 갈구하는 여성 결혼 이민자의 문화 학습에 대한 요구는 구체적인 내용 면에서 구별될 것이며 선호하는 학습 방법 면에서도 차이를 갖게 될 것이다. 그러므로 문화 학습의 내용이야말로 학습자의 변인을 고려한 콘텐츠를 포함하는 것을 기본 전제로 해야 한다. 학습 방식 면에서도 단순한 텍스트나 이미지를 제시하는 형식뿐만 아니라 하이퍼텍스트 · 하이퍼미디어의 특성을 적극적으로 활용하도록 설계하여 학습자의 선택권, 학습자의 자기 주도성이 최대한 발휘될 수 있도록 해야 한다.

6.5 활발한 상호작용 유도

웹을 통해 전달되는 정보는 다양한 사용자의 상호작용을 통해 더욱 역동적인 힘을 얻게 된다. 웹 기반 교육 프로그램이 그러한 웹의 특성을 제대로 활용하려면 우선 사용자의 자발적 참여를 유도하고 상호작용을 극대화할 수 있도록 설계할 필요가 있다. 그러나 현재까지 개발된 한국어 교육 프로그램들은 대체로 학습 내용을 학습자가 이해하고 미리 주어진 문제에 대해 반응하는 방식으로 설계되어 있을 뿐, 참여자들 간에 적극적인 상호작용이 이루어지도록 하는 방식으로는 설계되지 않았다.

Study korean의 경우 Pen pal, Study Club 등의 메뉴 개설을 통해 회원 간의 자발적인 상호작용을 유도하고 있으나 그 안에서 교실에서 이루어지는 면대면 수업과 같은 교육적 상호작용이 이루어지고 있다고 보기는 어렵다. 하지만 언어 학습에서야말로 동료 학습자 간의 활발한 상호작용을 통해 유의미한 의사소통을 수행하고, 동료 간 또는 교사의 적절한 피드백을 통해 언어 능력의 향상을 도모하는 것이 필수적이다. 앞으로 개발되는 웹 기반 한국어 교육 프로그램은 학습 내용(컴퓨터)과 학습자 사이의 상호작용뿐 아니라 교수자 대 학습자, 학습자 대 학습자의 상호작용을 좀 더 다양한 방식으로 유도해야 할 것이다.

7. 나오는 말

여러 전문 분야에서 웹 기반 교재의 개발과 활용은 이미 매우 자연스러운 추세라 할 수 있다. 이 글에서는 웹의 자원과 속성을 학습에 효율적으로 활용하는 것이 웹 기반 교육의 기본이라는 전제 하에 웹 기반 한국어 교재의 개발 현황을 살펴보고 일정한 분석 기준을 마련하여 지금까지 개발된 웹 기반 한국어 교재의 특성을 분석하였다. 또한 앞으로 웹 기반 교재의 개발이 전문가 집단뿐만 아니라 일반 교사의 개인적 차원에서도 다양하게 이루어질 것으로 전망하고 개발의 기본 절차, 개인이 웹 기반 과제를 개발할 수 있는 저작 도구 프로그램에 대해 간략히 소개하였다. 나아가 전문적인 역량을 투입하여 웹 기반 한국어 교재를 개발할 때 유의해야 할 사항을 대상 학습자, 프로그램 설계 구조, 기능 학습, 문화 학습, 상호작용의 면에 초점을 맞추어 몇 가지로 제안하였다.

웹 환경 자체가 사용자 중심으로 끊임없이 변화해 가고 있다는 것은 이미 우리 자신이 희망하고 체험하며 실감하고 있는 것이다. 이렇게 웹 환경 자체가 사용자 중심으로 변화해 감에 따라 웹의 자원과 속성을 교육에 활용하는 범위와 수준은 앞으로 더욱 다양해질 것이다. 교육 현장에서 일반 교사가 전문적인 교재 개발에 참여하지 않더라도 수업 보조 자료 개발, 연습 문제 개발 등 광의의 교재 개발 능력을 발휘해야 하듯이, 웹 기반 교재를 개발하고 활용하는 능력은 한국어 교사의 역량을 보여 주는 중요한 기준이 될 것이다. 웹 기반 한국어 교재 개발에 대한 관심, 웹 기반 교재의 분석과 평가에 대한 연구가 앞으로 더욱 활발해지기를 기대해 본다.

강인애(1997),	왜 구성주의인가, 문음사.
김정숙(2002),	"한국어 교수요목 설계와 교재 구성", 21세기 한국어교육학의 현황과 과제, 한국문화사.
김정렬(2001),	웹 기반 영어 교육, 한국문화사.
나일주 편저(1999),	웹기반 교육, 교육과학사.
박건숙(2003),	"국내 웹 기반의 한국어 교육 사이트에 대한 비교·분석 연구", 한국어교육 14-3. 국제한국어교육학회.
박경자(2004),	원거리 교육과 언어 학습, 경진문화사.
방성원(2005),	웹 기반 한국어 과정 개발 연구, 한국어교육 16-3, 국제한국어교육학회.
변영계·김영환·손미(2000),	교육방법 및 교육공학, 학지사.
유범 외(2005),	멀티미디어 활용 영어교육, 북코리아.
유석훈·최재웅·이원규(2001),	"외국인을 위한 한국어·영어교육 웹 사이트 현황", 제2차 한국어세계화 국제학술대회 발표집, 한국어세계화추진위원회.
이병윤(2002),	"재외동포 및 외국인을 위한 학습 프로그램 KOSNET", 제17차 춘계학술대회 발표 논문집, 국제한국어교육학회.
이인숙(2002),	e러닝-사이버 공간의 새로운 패러다임, 문음사.
이재경(1999),	"자기주도학습과 웹기반교육". 웹기반 교육, 교육과학사.
임정훈(1999),	"웹 기반 자율학습형 코스와 문제해결형 코스의 설계와 개발", 교육공학연구 15-1, 한국교육공학회.
정인성(1999),	"웹기반 교수-학습 체제설계 모형", 웹기반 교육, 교육과학사.
지현숙·이효정(1999),	"인터넷을 이용한 한국어 수업의 실제-서강대학교 Novice-Net Korean I 의 경우", 한국어교육 10-2. 국제한국어교육학회.
지현숙(2001),	"웹 기반 한국어 교재 개발의 쟁점", 한국어교육 12-1, 국제한국어교육학회.
____(2002),	웹 기반 한국어교육의 교수전략 연구, 이화여대 석사 논문.

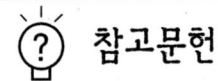 참고문헌

최은규·장은아·남수경·채숙희(2006), 초급 학습자를 위한 웹 기반 한국어 교육 프로그램 연구, 한국어 교육 17-1, 국제한국어교육학회.
최성욱(2000), 웹기반 한국어교육 프로그램의 구성 원리 연구, 서울대 석사 논문.
최정순(1998), "웹기반의 한국어교육 프로그램 개발의 실제", 한국어교육 9-2, 국제한국어교육학회.
_____**(2002),** "영어권 청소년 교포를 위한 웹 교재 개발", 21세기 한국어교육학의 현황과 과제, 한국문화사.
한종임(2006), 한국어 교수·학습을 위한 교육공학적 접근—CMC와 웹기반 학습저작도구 활용 방안, 국제한국어교육학회 제16차 국제학술대회 발표집.

한국어 부교재 개발을 위한 기초 연구*

이 정 희

1. 들어가며

한국어 교육의 발전과 함께 국내외에서 출판되고 있는 교재의 숫자도 급격히 늘어나고 있다. 특히 해외에서의 요구에 의해 현지에서 출판되고 있는 교재의 종류는 국내에서 미처 파악을 하지 못할 정도로 종류가 다양하다. 이렇게 교재 개발이 활발히 이루어지고 있는 것은 교육 기관 및 교육 목적에 따라 사용할 수 있는 교재 선택의 폭이 아직까지는 넓지 못하기 때문이다. 특히 국내 한국어 교육 기관에서 개발하여 사용하고 있는 교재가 해외 고등학교 과정에서 선택 과목으로 한국어 교육이 이루어지거나, 대학 교양 과정에서 교육이 이루어지는 경우에는 그 교육 목적이나 교육 여건에 맞지 않는 것이 사실이다.[1] 이러한 문제점

---

* 이 논문은 「이중언어학」 25호에 게재 되었던 원고를 수정한 것임.
1) 교육 여건에는 주당 교수 시수, 학생의 숫자, 교사의 한국어 구사 능력 정도 등이 포함된다. 국내 교육 기관의 경우 주당 20시간, 학기에 200시간에서 350시간 정도의 교육을 담보할 수 있도록 교재를 개발하고 있기 때문에 주당 적게는 두 시간에서 많게는 6시간 정도 밖에 되지 않는 교양 과정에서 한국어 정규 과정 교재를 사용하는 것에는 문제가 있다.

을 극복하기 위한 최상의 대안은 교육 여건 및 교육 목적 등에 맞는 새로운 교재를 개발하는 것이지만 이에 따른 노력과 재정적 뒷받침 등의 문제는 여전히 남아 있다.

이 글에서는 주교재 외의 모든 교육 자료를 '부교재'로 정의하고 부교재에 관한 교사 및 학습자의 요구 조사와 함께 부교재의 필요성[2], 구성 원리, 개발 모델로 나누어 살펴보고자 한다.[3]

2. 부교재의 정의

교재는 교육 과정의 실현이며, 교육 목표 내지는 교육 목적을 이루기 위해 사용되는 모든 교육 자료(educational materials)이다. 교재는 교재를 개발하는 개발자, 교재를 사용하는 교사와 학습자의 요구에 의해 개발되고 사용, 평가되어 진다. 박영순(2003:170-171)에서는 교재의 유형을 영역별, 지역별, 출신별, 언어권별, 수준별, 성격별, 위상별, 목적별 등으로 나누고 각각 세분하였다. 이 연구에서 살펴보고자 하는 부교재의 경우 위상별 교재 분류에 포함되며 주교재용, 부교재용, 과제용, 평가용, 워크북 등과 함께 분류하고 있다.

민현식(2000)에서는 교재를 제시 자료 유형[4], 감각 기관별, 언어 범주별, 언어 기능별, 교수-학습 활동에 따른 교재, 한국어 교육 관련 영역별 교재로 나누고 있다. 이는 교재를

---

2) 민현식(2000)에서는 한국어 교재 개선 방향을 13가지로 정리하여 제시하였는데 부교재의 필요성에 대해 언급하고 있다. (1) 표준 교육 과정을 만들고 그 교수요목에 따라 교재 개발이 이루어져야 한다. (2) 한국어 교육용 표준 문법을 바탕으로 한 교재 개발이 이루어져야 한다. (3) 문법 번역식 교육과 의사 소통식 교육의 융합 방식이 요구된다. (4) 교재 평가 기준을 고려하여야 한다. (5) 매 과의 학습 목표 기술이 필요하다. (6) 내용 교열에 철저하여야 한다. (7) 문화 교육은 초급부터 지속적으로 이루어져야 한다. (8) 교사 지침서가 동시에 제작되어야 하고 부교재가 다양하게 개발되어야 한다. (9) 기능 통합형 교재이어야 한다. (10) 기본 어휘의 공동 고시가 필요하다. (11) 문어체와 구어체는 학습자 상황과 기능 영역에 따라 조절하여야 한다. (12) 발음 교육은 고급에서도 포함되어야 한다. (13) 제재를 다양화하여야 한다.

3) 한국어 교육과정을 필수과정과 선택과정으로 나눌 수 있다면 한국어는 필수과정이 될 것이고 이 외에 영화로 배우는 한국어, 시사 한국어, 한자, 한국 문화, 노래로 배우는 한국어, 태권도 등의 과목은 선택과목이라고 할 수 있다. 이러한 선택과목의 필요성에 의해서 만들어진 교재도 부교재라고 할 수 있는데 이 부분은 다음 연구과제로 남겨 두고자 한다.

4) ㄱ. 자연 자료 : 야외 현장 견학 학습(기념물, 유적지 방문 문화 학습)
　ㄴ. 인공 자료 : 화상 자료 - 필름, 텔레비전, 영화, 그림, 환등기, 사진, 지도, 지구본, 언어 자료 - 직접 자료: 대화, 인터뷰, 강의, 토의, 판서, 간접 자료: 교과서, 참고서, 신문, 잡지, 인쇄물, 녹음기

텍스트로 한정시키지 않고 좀더 넓게 접근하고 있다는 점에서 의의가 있다.[5]

교재의 정의 특히 부교재의 정의에 있어 함께 고려해야 할 범주가 교구(teaching tools)이다. 교구는 가르치는 과정에서 사용되는 모든 도구이며, 넓게 보면 교재도 교구의 종류라고 할 수 있다. 교재를 구분할 때는 다음과 같이 언어적인 것과 비언어적인 것으로 나눌 수 있는데 여기에서는 부교재로 한정하고 그 종류를 제시하였다.

〈표 1. 부교재의 종류〉

부교재	종류
언어적	워크북, 보조 자료, 테이프, CD, DVD, VIDEO, 인터넷 …
비언어적	사진, 그림, 실물, 모형, 장치, 도표 …

이 연구에서는 위의 표에서 제시하고 있듯이 '교육 목표를 달성하기 위해 사용하는 주교재 외의 모든 교육 자료'를 '부교재'로 지칭한다. 즉 워크북, 유인물, 활동을 위한 게임 자료, 영상 자료[6] 등의 모든 교육 자료를 포함한다.

3. 부교재 개발에 관한 요구 분석

3.1. 교사 인식 조사

먼저 교사들이 주로 사용하고 있는 부교재 현황을 단계별로 살펴보고[7] 부교재의 필요성을 느끼는 경우가 언제인지, 영역별 반영 비중은 어느 정도인지, 수업 중에 부교재에

---

5) 민현식(2000), 박영순(2003)에서 한국어 교재 현황에 대해 체계적으로 정리하고 있지만 실제 교실에서 사용하고 있는 교실 자료 등 부교재에 대한 내용 정리는 이루어지지 못하고 있다.

6) 여기에서 제시하고 있는 CD, VIDEO, DVD, 인터넷이 영상이나 시각적 내용만을 전달하기 위한 목적으로 이용된다면 비언어적 자료라고 할 수 있지만 그 속에 담긴 가사, 대사, 기사 등의 내용이 담긴 매체로써 사용되는 것을 전제로 하고 언어적 자료로 분류한 것이다.

7) 부교재의 종류는 연구자가 정리하여 제시하였는데 1번은 워크북(연습자료 포함), 2번은 신문·잡지, 3번은 전단지, 소설책 등의 인쇄물, 4번은 테이프, CD, 5번은 VIDEO, DVD, 6번은 사전, 7번은 인터넷, 8번은 실물자료, 9번은 사진, 그림 등의 시각자료이다. 이 외에 기타로 주관식을 두었는데 기타에 응답한 경우는 없었다.

관한 피드백을 주고 있는지, 각종 교육 자료 중에서 어떤 것이 학습자의 언어 능력 향상에 기여하는 지에 대한 교사들의 인식을 조사해 보았다.

설문에 응답한 교사는 모두 23명으로 교육 경력은 평균 3.2년이며, 성별로는 남자가 5명, 여자가 18명이었다. 복수 응답이 가능하도록 하였으며, 정도성 측정이 필요한 몇 가지 항목에 대해서는 정도성에 따라 순차적으로 나열하게 하였으며 분석 가중치를 적용하였다.

먼저 단계별 부교재 사용 현황을 살펴보면, 초급 단계에서는 '사진·그림 등의 시각 자료-워크북(연습 자료)-신문·잡지'의 순으로 많이 사용하고 있다고 응답하였고, 중급에서는 '워크북(연습 자료)-인터넷-테이프·CD'의 순으로 응답하였다. 고급의 경우 실제적인 자료의 이용이 가장 높게 나타났는데 '신문·잡지-인터넷-VIDEO·DVD'의 순으로 나타났다.

교육 기관에서 가장 활용도가 높은 '연습 자료를 포함한 워크북'의 경우 '중급-초급-고급'의 순으로 사용 빈도가 나타났는데 이는 초급에서는 시각 자료를 활용하여 정의적인 영역을 고려한 언어 학습이 중심이고, 중급 단계에서 형태를 중심으로 한 문법 연습을 중심으로 이루어지고 있음을 나타낸다고 할 수 있다.

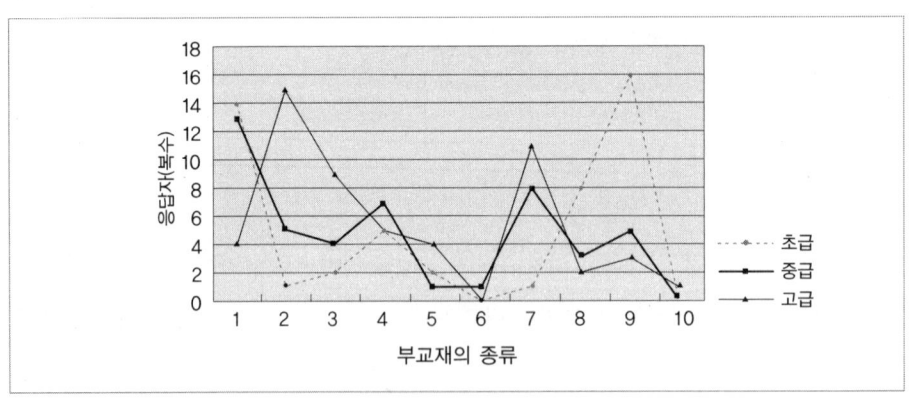

〈그림 1. 교사 설문-부교재 사용 현황〉

다음 문항에서는 학습자의 언어 능력을 향상시키는 데에 도움이 된다고 생각하는 부교재를 중요도 순서대로 나열하는 문항으로 순서대로 가중치를 적용하여 분석하였다. 초급에서는 '워크북-시각 자료-테이프·CD'의 순으로 학습자 언어 능력 향상에 도움을 준다고 응답하였고, 중급에서는 '워크북-테이프·CD-VIDEO·DVD' 순으로 응답하였다. 이는 실생활 담화의 적극적인 교육적 활용을 위해 중급 단계에서는 다양한 시청각 자료를 활용하고 있음을 나타낸다고 볼 수 있다. 고급 단계에서는 '신문-VIDEO·DVD-인터넷'의 순으로 응답하였다. 이는 앞에서 분석한 사용 빈도와 거의 일치하고 있지만 초급 단계의 경우 시각 자료와 워크북의 순서에서 차이가 나타난다. 이는 언어 능력 향상과 학습자의 정의적 측면을 고려한 흥미 유발, 주의 집중의 효과 면에서는 그림, 사진 등의 시각적인 자료들이 효과적이라고 교사들이 판단하기 때문이라고 볼 수 있다.

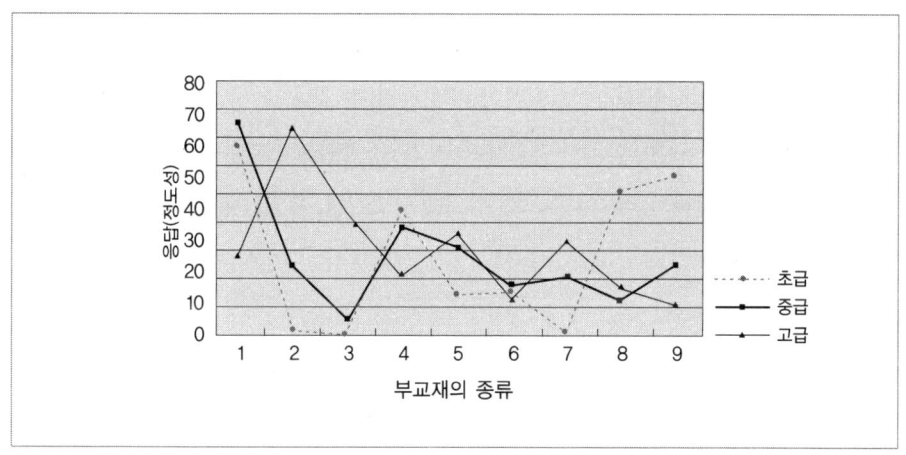

〈그림 2. 교사 설문-언어 능력 향상에 기여 정도〉

세 번째 문항에서 교과서(주교재) 외에 교육 자료가 필요하다고 느끼는 경우는 언제인지에 대해 주관식으로 설문하였다. 이 설문의 경우 다양한 부교재의 기능에 대해 교사들이 구체적으로 제시하고 있는데 가장 높은 응답을 나타내는 것이 표현이나 문법, 대화 등 다양한 예를 제시할 때(10명)이었고 다음으로는 말하기, 쓰기의 기능별 보충 교육을 실시할 때(6명), 수업 내용을 학생들이 수업 시간 내에 다 숙지하지 못하거나 내용 확장을 할 시간이 부족할 때(4명), 문화교육을 할 때(2)의 순으로 응답하였다. 이 외에 교과서 내용이 학습자 수준에 맞지 않을 때, 학습자의 흥미 유발을 위해, 수업의 도입 부분에서 주의 집중을 위해 등의 응답이 있었다.

이 문항에서 살펴보면 교재에서 학습한 문법, 어휘의 연습을 목적으로 구성된 것으로 학습자의 언어 능력 중에서 정확성을 향상시켜주는 역할을 하는 부교재가 가장 우선적으로 나온다. 또한 교재의 교육 내용을 더욱 자세히 혹은 실제적으로 전달할 수 있도록 하는 보조 자료로서의 역할을 하는 부교재가 필요하다고 응답하였다.

다음은 부교재에 반영해야 하는 학습 영역을[8] 중요도 순으로 나열하는 문항이며, 가중치를 적용하여 분석하였다. 초급의 경우 '어휘-문법-발음'의 순으로 중급은 '문법-말하기-쓰기', 고급은 '쓰기-문법-말하기'의 순으로 반영해야 한다고 응답하였다.

여기에서 주목할 점은 중급과 고급에서는 쓰기와 문법 그리고 말하기 영역에 필요한 보충적인 자료의 개발과 연습이 필요하다고 인식하고 있음을 알 수 있다. 그러나 대부분의 교육 기관에서 사용하고 있는 부교재의 경우 통합적이기 때문에 영역별 기능 향상을 위한 부교재의 개발은 시급히 이루어져야 한다고 볼 수 있다. 특히 최근 대학 및 대학원 진학을 목적으로 공부하는 한국어 학습자가 늘어나는 추세이기 때문에 더욱이 대학 수학에 필요한 쓰기와 말하기를 포함한 표현 영역을 강화시킬 수 있는 부교재의 개발은 절실하다고 할 수 있다.

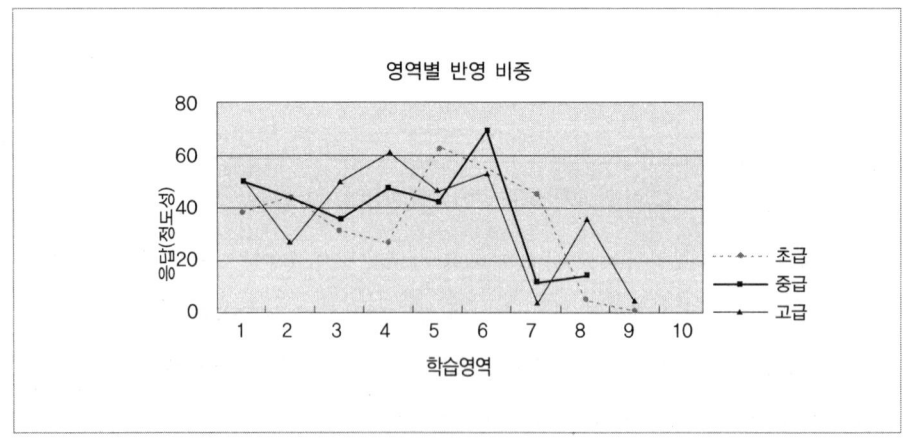

〈그림 3. 교사-영역별 반영 비중〉

---

8) 1-말하기, 2-듣기, 3-읽기, 4-쓰기, 5-어휘, 6-문법, 7-발음, 8-문화, 9-기타

다음은 주로 수업 외에 이루어지는 워크북 등의 연습 자료에 대한 수업에서의 활용도를 묻는 문항이다. 실제적으로 학습자에 대한 피드백이 이 단계에서 활발히 이루어질 수 있는데 대부분의 교사들은(15명) 수업에서 점검이 필요하다고 응답하였다.

부교재의 난이도에 대한 문항에서는 '교재와 비슷해야 한다〉교재보다 어려워야 한다〉교재보다 쉬워야 한다'의 순으로 응답하였다. 이는 부교재가 교재에서 학습한 내용을 기초로 하고, 여기에 새로운 정보를 입력해야 한다는 Krashen의 입력 가설을 뒷받침한다고 볼 수 있다. 습득을 위한 가장 이상적인(optimal) 입력은 이해 가능한 입력이며 여기에서 이해 가능한 입력은 선행 지식인 (i)에 새로운 지식인 (i+1) 지식을 더함으로써 이루어지며, 새로운 지식은 학습자의 선행 지식과 관련이 있어야 한다는 것이다(Krashen, 1992:5-20).

또한 부교재에서 반드시 담보해야 할 내용에 대해 질문하였는데, 이는 부교재의 기능과 직접적인 관련성을 가진다. 이 문항의 경우 초, 중, 고급이 비슷하게 나왔는데 부교재의 가장 중요한 기능은 교과서에서 학습한 내용의 복습이며, 다음으로 학습 내용의 확장, 예습의 순으로 응답하였다. 복습에는 이미 배운 표현이나 문법, 대화를 다양한 예를 통해 반복적으로 연습하는 활동이 포함된다.

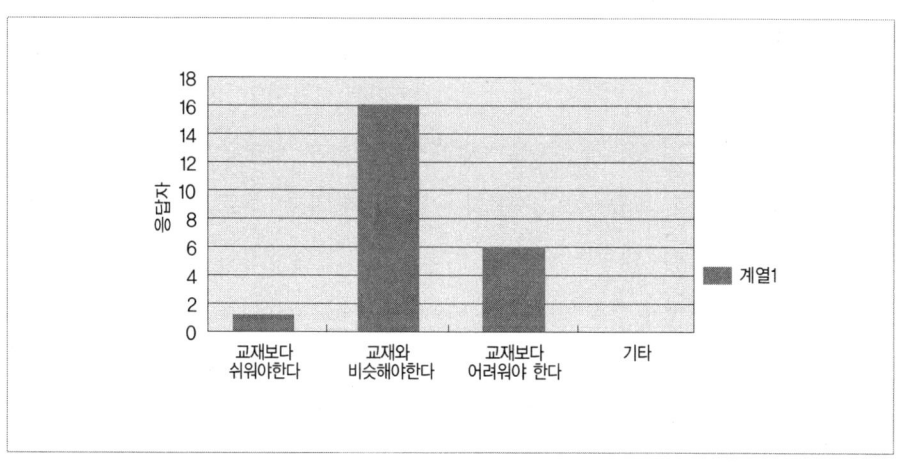

〈그림 4. 교사-부교재의 난이도〉

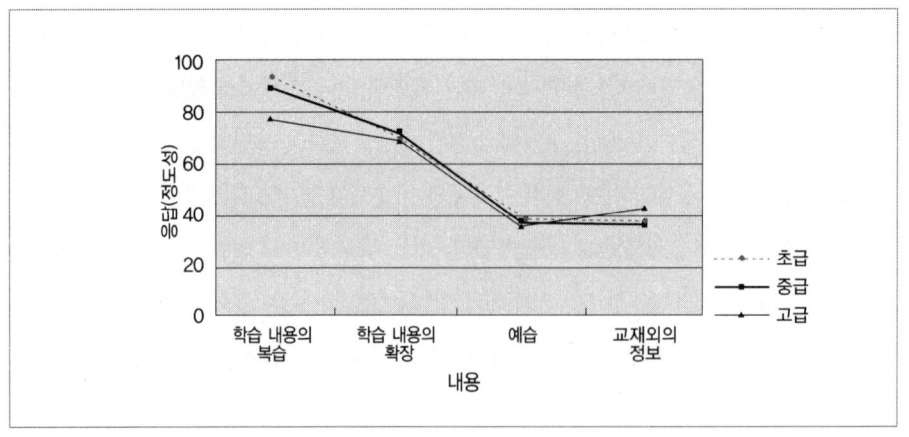

〈그림 5. 교사-부교재의 기능〉

3.2. 학습자 인식 조사

다음은 학습자들이 학습 과정에서 부교재를 어떻게 활용하고 있는지를 살펴보고 부교재가 필요하다고 생각하는 경우가 언제인지, 부교재에 반영해야 할 요소는 무엇인지에 대한 인식을 조사한 결과이다.

설문에 응답한 학습자는 초급 21명, 중급 26명, 고급 23명으로 총 70명이며 복수 응답이 가능하도록 하였다.

먼저 초급과 중급 단계 학습자들의 경우 교재 외에 가장 많이 활용하는 부교재로는 '테이프·CD-사전-워크북'의 순으로 응답하였고, 고급은 '테이프·CD-워크북-사전'의 순으로 응답하였다. 학습자들이 사용하는 테이프와 CD는 주로 교재의 듣기 내용이 담겨진 것으로 교과서의 내용을 복습하는 기능을 하고 있는 것으로 교과서 내용의 복습에는 주로 듣기 및 발음 훈련을 목적으로 하고 있는 것으로 나타났다.

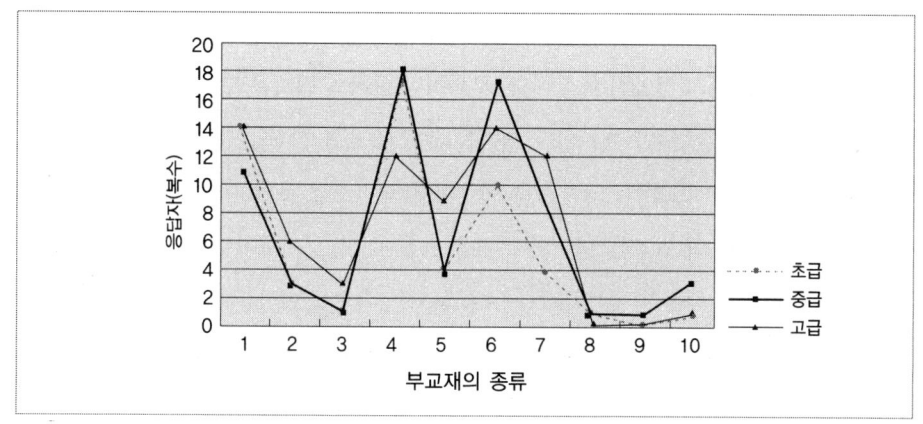

〈그림 6. 학습자-부교재 사용 현황〉

다음으로 수업 중에 교사가 준비해 오는 부교재의 종류에는 어떤 것이 있는지에 대한 설문인데 이 문항에서도 초, 중, 고급에 걸쳐 가장 높은 활용도를 보이는 것이 테이프·CD이다. 이는 교실에서 쉽게 활용할 수 있는 교육 매체가 테이프·CD라는 것을 시사하며, 더욱 실제적이고 다양한 교육 매체의 개발이 필요하다는 것을 알 수 있다. 이 외에는 중급에서는 워크북이 가장 높게 나타났으며, 고급에서는 인터넷과 신문·잡지도 높은 빈도를 보이고 있다.

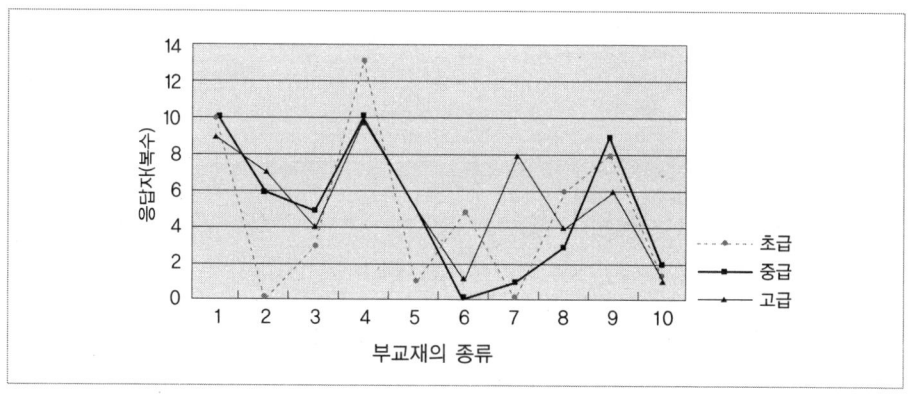

〈그림 7. 학습자-교사의 부교재 활용도〉

다음 문항에서는 학습자 자신이 교재 외에 교육 자료가 필요하다고 느끼는 때를 주관식으로 설문하였는데 초급의 경우 자습이나 숙제를 할 때(7명)가 가장 많았는데 이는 부교재의 기능이 수업 외에 개인 학습을 할 때 사용하고 있다는 것을 알 수 있다. 다음으로 말하기·듣기·쓰기의 영역별 보충(6명), 문법이나 단어의 의미를 모를 때(5명)의 순으로 나타났다. 중급에서는 문법이나 어휘 연습을 위한 숙제를 할 때(9명)으로 가장 많았고, 문법·단어를 익힐 때(5명), 영역별 보충 학습(3명)의 순으로 응답하였다. 고급 단계 학습자들은 영역별 보충 학습(3명), 단어와 문법을 모를 때(3명), 자세한 내용을 알고 싶을 때 등으로 응답하였다. 이는 학습자들 스스로 부교재를 수업 중보다는 수업 외에 개인 학습을 위한 자료로서 활용하고 있다는 것을 알 수 있으며, 이는 각 기관에서 사용하고 있는 워크북(숙제장)이 가장 활용도가 높은 부교재라는 것을 알 수 있다.

다음으로 학습자들이 생각할 때 부교재에 꼭 반영되어야 할 학습 영역에 대해 가중치를 적용하여 중요도에 따라 5가지를 선택하게 하였다. 이 문항에서는 초급에서는 '말하기-듣기-읽기'의 순으로 중급에서는 '말하기-문법-발음'의 순으로 나타났다. 고급의 경우 '듣기-말하기-문법' 순으로 높게 나타났다. 고급을 제외하고 초, 중급에서 말하기 영역의 반영 비율이 높아야 한다고 응답하였는데, 이는 학습자들이 말하기 영역을 복습할 수 있는 교육 자료를 필요로 한다는 것을 알 수 있다. 초급과 중급의 경우 응답 비율이 비슷한 양상을 보이고 있지만 중급에서 문법 영역의 반영 비중이 높게 나타났고, 고급에서는 어휘와 문법 영역의 비중이 높게 나타났다. 이러한 현상은 중급, 고급에 이르면서 '정확성' 향상을 위한 학습 욕구가 높기 때문이라고 볼 수 있다.

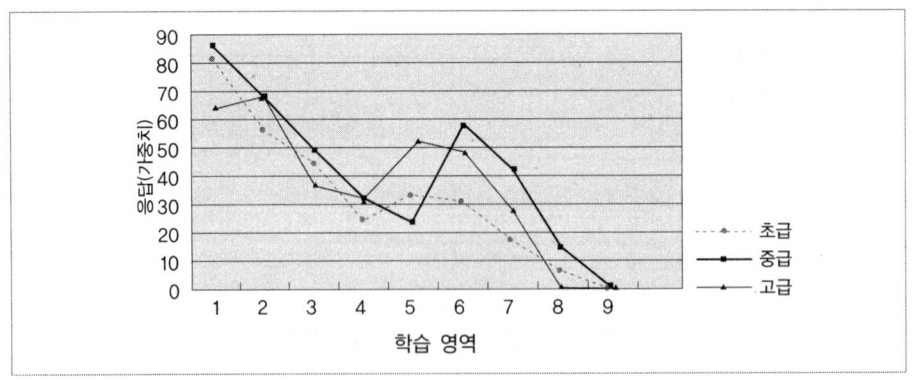

〈그림 8. 학습자-영역별 반영 비중〉

개인 학습 즉 자습이나 숙제를 할 때 가장 필요한 부교재 영역에 대해서는 초급, 중급,

고급 모두 다르게 나타났는데, 초급에서는 '말하기-어휘·문법'의 순으로, 중급에서는 '말하기-듣기-발음' 순으로, 고급에서는 '쓰기-문법-말하기' 순으로 응답하였다. 앞의 설문과 마찬가지로 학습자들이 말하기 영역을 혼자 학습할 수 있는 자료를 필요로 한다는 것을 알 수 있다.

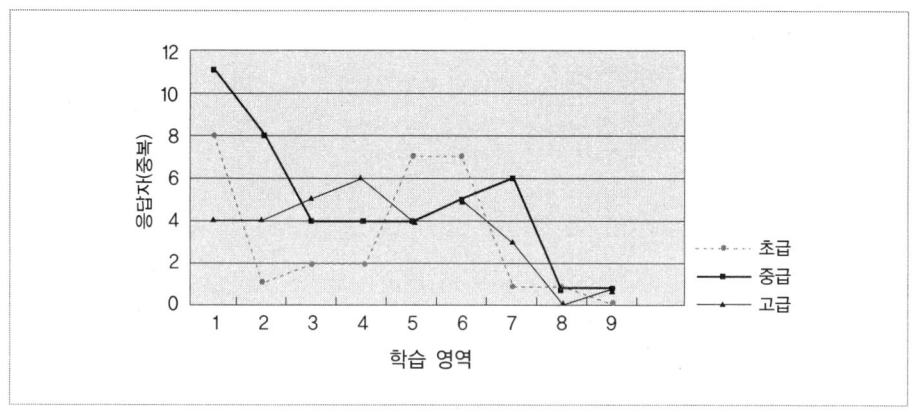

〈그림 9. 학습자-개인 학습 시 필요 영역〉

다음은 주로 수업 외에 이루어지는 워크북 등의 연습 자료에 대해 수업 시간에 확인하는 것에 대해 학습자들은 대부분(40명) 필요하다고 응답하였다.

부교재의 난이도에 대해서는 초급에서는 교과서보다 비슷하거나 어려운 것이 좋다고 반응하였고, 중급에서는 교과서의 내용보다 어려운 것이 좋다고 반응하였으며, 고급에서는 교과서와 비슷한 것이 좋다는 응답이 많았다. 이는 형태 연습이 중심이 되는 중급 단계에서는 어려운 문법 확장 연습 등이 필요하다고 생각하는 것을 알 수 있다.

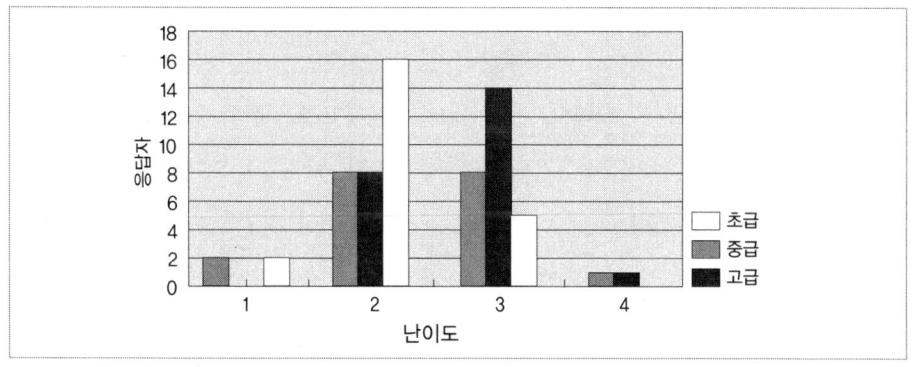

〈그림 10. 학습자-부교재의 난이도〉

마지막으로 부교재의 기능에 대한 설문으로 부교재에 담보해야 할 내용을 중요한 순서대로 쓰게 하였다. 교사 인식 조사에서는 '복습-확장-예습-교과서 외적 정보'의 순으로 나타났는데 학습자 인식 조사에서도 '복습-확장-예습-교과서 외적 정보'의 순서대로 응답했다.

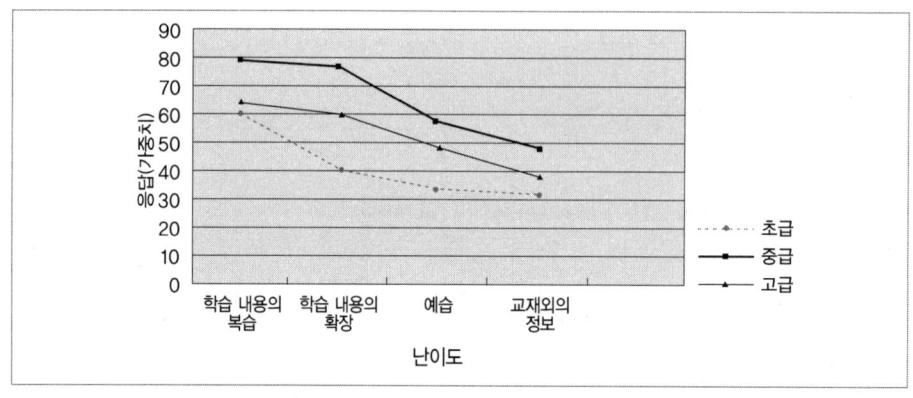

〈그림 11. 학습자-부교재의 기능〉

4. 부교재의 기능 및 구성 원리

4.1. 부교재의 기능

1) 보조 자료로서의 부교재

부교재는 교재의 교육 내용을 더욱 자세히 혹은 실제적으로 전달할 수 있도록 하는 보조 자료로서의 역할을 한다. 그러므로 교재에서 교육 목표를 실현하기 위해 제시하고 있는 교육 내용과 연관되는 내용을 담보하고 있어야 한다. 교재에서 의사소통 기능으로서 '물건 사기'를 제시하고 있다면 부교재에서는 교재보다 좀더 실제적인 차원에서 '물건사기' 과제를 수행할 수 있는 어휘 연습, 대화문 연습, 과제 수행의 내용을 제시해야 할 것이다.

부교재는 목적에 맞게 재구성하는 것이 가장 중요하다. 교재를 사용하는 학습자 및 학습 목적에 따라 재구성될 수 있다. 만약 취업을 목적으로 한 학습이라면 담화 장소 및 사용 어휘장은 학교에서 벗어나 직장으로 나아가야 할 것이다.

2) 대체 자료로서의 부교재

부교재는 특히 주교재로 사용하는 교재가 없을 때 책이 아닌 유인물 형식으로 제작되어 교육 목표를 실현시켜주는 역할을 한다. 대다수 교육 기관에서는 다음과 같은 세 가지 방법으로 교재를 사용하고 있다. 첫 번째, 자체 기관의 교육 경험과 교육 목표를 반영하여 출판된 자체 교재를 사용하는 경우, 두 번째로 출판된 다른 기관의 교재를 주교재로 쓰는 경우, 세 번째는 교육 목표에 맞는 실러버스를 작성하고 대체 자료인 부교재를 교재로 사용하는 경우이다. 이중 세 번째가 대체 자료 역할을 하는 부교재라고 할 수 있다. 그러므로 이러한 유형의 부교재는 교재와 유사한 형태의 어휘, 문법, 대화, 문화 등의 모든 교육 내용을 포함하고 있는 것이 일반적이다. 따라서 대체 자료로서 부교재를 제작하고 사용하는 경우에는 반드시 전체적인 실러버스를 작성한 후에 교육 자료를 만드는 것이 바람직하다.

3) 연습 자료로서의 부교재

연습 자료로서의 부교재란 교재에서 학습한 문법, 어휘의 연습을 목적으로 구성된 것으로 학습자의 언어 능력 중에서 정확성을 향상시켜주는 역할을 한다. 문법 연습의 경우 대치, 응답, 완성형 문제를 중심으로 한 연습 자료가 될 것이고, 어휘는 새로 학습한 어휘를 이용한 문장 만들기가 주가 되는 자료이다. '워크북' 이라고 지칭하는 부교재 부류가 여기에 해당된다. 일부 교육 기관에서는 이러한 유형의 부교재를 자체적으로 인쇄하여 사용하기도 하고 부교재로서 '워크북' 을 출판한 기관도 있다. 이러한 교재를 연습 자료로서의 부교재라고 할 수 있다. 이는 단순 연습을 목적으로 한 것이 대부분이며 주로 숙제의 역할을 한다고 볼 수 있다.

4) 심화 연습 자료로서의 부교재

반복적인 연습이나 교재에서 학습한 어휘를 연습하는 것이 아닌 확장 연습으로서의 활동이 필요한 경우가 있다. 이때 제작하는 자료는 심화연습을 위한 부교재라고 할 수 있다. 확장에는 문법 확장, 어휘 확장, 기능 확장, 문화 능력의 증진이 포함된다. 언어 학습에서 가장 기본이라고 할 수 있는 문법 확장 연습은 여러 가지 문법 형태의 결합을 통한 확장 연습과 의사소통 능력의 확장으로 나눌 수 있다.

다음과 같이 세 가지 문법 형태를 사용해서 대화를 만드는 것(1)이나 새롭게 배운 문법 형태와 기 학습 내용을 결합하여 사용하게 하는 것(2)이 이에 해당한다.

(1) 다음 보기와 같이 '동사+지', '동사+고 해서', '동사+(으)ㄹ수록'을 사용하여 대화를 만드십시오.

　　가 : 날씨도 좋은데 산책이라도 가다. 왜 집에만 있어요?
　　나 : 몸도 피곤하다. 집에서 쉬려고요.
　　가 : 피곤하다. 움직이는 게 좋아요.

(2) [보기]에서 알맞은 말을 골라 문장을 완성하십시오.

　　[보기] -까지라도, -부터라도, -(으)로라도, -에라도, -에서라도, -에게(한테)라도,

　　가: 자꾸 일이 생겨서 내일 모임에는 못 나가겠습니다. 죄송합니다.
　　나: 어쩔 수 없죠, 뭐. 다음 모임 _____ 꼭 나오세요.

먼저 문법 형태의 결합을 통한 확장 연습의 예로는 다음과 같은 형태가 있다.

> (1) 어떤 장소에서 또 상황에서 대부분의 사람들이 비슷하게 하는 일들이 있습니다.
>   어떤 일이 있을까요? 친구와 이야기해 보세요.
>   - 사람들은 공공장소에 가면 핸드폰을 끕니다.
>   - 공연장에 갈 때면 정장을 입습니다.
>
> (2) 위에서 말한 내용을 "-(으)면 으레"를 사용해서 문장을 만들어 보세요.
>   - 사람들은 공공장소에 가면 으레 핸드폰을 끕니다.
>   - 공연장에 갈 때면 으레 정장을 입습니다.

어휘 확장의 경우에는 의미장을 이용한 확장, 접사를 이용한 확장, 연어 관계를 보여 주는 확장 연습 등을 실시할 수 있다. 기능 확장 및 문화 능력의 증진은 각각의 목적에 맞게 다양한 자료를 구성할 수 있다. 의사소통 기능의 확장을 위해서는 단순 이해를 넘어 구체적이고 실제적인 과제 수행을 위한 자료가 필요하다. 또한 문화 능력의 증진은 한국 문화에 대한 이해를 돕기 위한 다양한 영상, 시청각 자료의 제시를 이용하는 것이 좋다.

4.2. 부교재 구성 원리

김정숙(2003:45)에서는 교재 구성의 원리를 여섯 가지로 정리하여 제시하고 있다.

여기부터는 부교재 중에서 워크북(숙제장)을 중심으로 논의하겠다. 앞에서 실시한 학습자 요구 조사에서도 알 수 있듯이 학습자들은 부교재를 수업 후에 개인 학습이나 숙제를 위한 목적으로 많이 사용하고 있다. 그러므로 부교재 개발에서 가장 우선적으로 이루어져야 하는 것이 주교재에서 학습한 내용을 심화 혹은 확장 시키는 역할을 하는 워크북이라고 볼 수 있기 때문이다.

(1) 학습자의 요구를 최대한 반영하여 교육 내용, 교육 방법을 결정한다. (2) 교사 주도적인 일방적인 교육이 되지 않도록 학습자 중심·상호활동 중심의 원칙을 따르며, 학습자의 능동적이고 적극적인 참여를 이끌어낼 수 있도록 교재를 구성한다. (3) 학습자의 의

사소통 능력을 향상시킬 수 있도록 실세계에서의 수행 가능성이 높은 다양한 과제 중심으로 교재를 구성한다. (4) 학습 결과만을 중시하지 않고 결과에 도달하는 과정을 중시한다. (5) 담화 맥락 속에서 언어를 접하고 사용할 수 있도록 한다. (6) 올바른 한국어, 한국 문화와 한국인의 가치관, 사고 방식을 제대로 전달할 수 있도록 교재를 구성한다. 이는 넓은 범위에서의 모든 교재 개발에 해당하는 원리로 볼 수 있으며, 여기에서 살펴보고자 하는 부교재와의 관련성도 크다고 할 수 있다. 특히 학습자의 요구에 맞는 교육 내용의 개발, 결과보다는 과정 중심의 교재 개발은 부교재에서 특히 강조되어야 할 부분이라고 본다. 왜냐하면 주로 자발적인 학습이 중심이 되는 부교재의 경우 학습자의 이해와 요구에 맞지 않을 경우 자칫 학습자들이 학습에 대한 의욕을 잃을 수 있기 때문이다. 또한 결과로서의 연습이 아니라 스스로 점검하는 과정을 중시하는 중심의 교재가 될 수 있도록 구성해야 한다.

이처럼 두 가지의 개발 원리와 함께 특히 부교재만에 해당하는 개발 원리를 제시하면 다음과 같다.

1) 교재와의 연계성

부교재는 교재 내용과 관련성을 가진 것으로 이루어져야 한다. 이는 모든 영역에 걸쳐 교재에서 제시하고 있는 주제, 어휘, 문법 요소들과 연관되어야 한다는 것으로 기본적인 것을 확인해 주는 수준에서부터 확장을 통한 심화 학습의 단계까지 제시할 수 있다. 주제를 예로 들면 '이사'라는 주제로 부교재를 구성하는 경우 이사와 연관되는 '집들이-선물-전통가옥' 등의 관련성 있는 주제를 통해 부교재를 구성할 수 있다.

2) 텍스트의 실제성

읽기 혹은 문화 자료로서 부교재를 구성할 때 중요한 것은 학습자들이 텍스트를 통해 실제 생활에 접근할 수 있어야 한다는 것이다. 실제 생활의 물건을 사고, 친구와 약속을 하는 등의 일상 생활만으로 한정되는 것은 아니다. 대학에서 한국어로 수업을 들어야 하는 학습자에게는 한국어로 된 전공 서적도 실제적인 텍스트가 될 수 있다. 그러므로 학습자의 수준과 학습 동기에 맞는 텍스트 구성을 통해 부교재가 학습자의 실제적인 요구와 필요에 부합되도록 해야 한다. 텍스트의 실제성은 텍스트의 형식뿐만 아니라 내용의 실제성도 확보되어야 한다. 내용에서 실제성을 확보하기 위해서는 학습자의 모국어 지원을 통해 내용의 실제성을 획득할 수 있을 것이다.(Freeman 1998)

3) 기능의 통합성

최근에는 '말하기-듣기-읽기-쓰기'의 네 가지 의사소통 기술이 분리될 수 없다는 사실이 일반적으로 받아들여지고 있다. 언어는 네 가지 언어 기능의 조화를 이루어 발달되는 것으로 개별 기능을 분리하여 교육하는 것이 바람직하지 않다는 인식이다. 이는 부교재 제작에서도 간과할 수 없는 사실이다. 하나의 기능을 중심으로 하는 경우에도 언어 기능이 통합적으로 활용되도록 구성해야 한다. 이러한 기능 통합적인 부교재 구성을 통해 학습자의 언어 능력을 더욱 고르게 발달시킬 수 있을 것이다.

4) 담화의 현실성

한국어 대화문의 제시 등 여러 가지 면에서 교재는 규범적인 언어만을 반영해야 한다는 제약이 있다. 이에 반해 부교재의 경우에는 보다 현실에 가까운 실생활 담화들을 제시할 수 있어 활용 가능성이 높은 연습 활동이 가능하다. 그러므로 교실에서 학습한 내용이 현실 세계에서의 의사소통과 무관한 것이 아니라는 것을 부교재를 통해 보여줄 수 있어야 한다. 이와 같은 현실성을 담보한 부교재는 학습자의 학습 동기를 더욱 높여 줄 수 있다. 이러한 부교재에서는 한국어 구어의 특징을 더욱 잘 학습할 수 있는 자료가 된다. 또한 실생활에서 사용 빈도가 높은 관용어 및 유행어 등도 학습할 수 있다.

5) 제작 및 사용의 편리성

아무리 좋은 목적을 가지고 있는 교재일지라고 그것에 필요한 자료를 구하거나 제작하는 데 어려움이 따른다면 실제적인 활용도가 떨어질 수밖에 없다. 그러므로 특히 부교재는 제작하기도 용이하고 학습자들과 함께 사용하며 수업하기에도 용이한 편리성을 가진 것이어야 한다. 세부적인 주제에 따라 다르겠지만 인터넷 사용 환경이 허락한다면 다국어지원이 가능하고 접근이 용이한 인터넷 사이트를 이용하는 것이 좋다. 온라인이 아닌 오프라인에서는 한국 관련 전문 서적들을 이용할 수도 있다. 부교재를 통해 제시할 수 있는 활동 유형들을 영역별로 제시하면 다음과 같다.

언어 내용별	활동 유형
어휘	- 의미장을 통한 어휘 확장 - 접두사 및 접미사 결합을 통한 어휘 확장 - 관련 어휘 제시를 통한 어휘 확장
문법	- 교체 연습 - 응답 연습(어휘 제시 후 바르게 완성하여 응답하기) - 완성 연습 - 상황에 따른 대화 완성하기언어 기능별부교재 활동 유형
듣기	- 단어의 반복적 듣기 - 교재 대화 내용에 대한 확인 - 교재 대화의 확장 - 내용 듣고 과제 해결하기
말하기	- 교재에서 학습한 주요 어휘를 포함한 대화 구성 - 교재에서 학습한 문법을 사용한 대화 구성 - 관련 주제에 관한 자신의 견해 발표하기 - 인터뷰 실시 후 발표하기
읽기	- 교재 내 읽기 자료 분석하여 읽기 - 어휘 및 문법 이해하기 - 단락 요지 파악하기 - 지시어 내용 파악하기 - 접속어 이해하기 - 전체적인 대의 파악하기
쓰기	- 시제, 높임법, 지시어 등 잘못된 부분 고쳐 쓰기 - 문장 연결하기 - 문장 완성하기 - 문단 완성하기 - 사진이나 그림을 보고 설명하기 - 사진이나 그림을 보고 묘사하기 - 다시 쓰기 - 읽고 요약하기 - 읽고 자신의 주장 쓰기 - 자유 작문

5. 나오며

이 글에서는 교육 목표를 달성하기 위해 사용하는 주교재 외의 모든 교육 자료-즉 워크북, 유인물, 활동을 위한 게임 자료, 영상 자료 등-를 부교재라 지칭하고 부교재에 대한 교사 및 학습자의 인식 조사와 함께 부교재의 필요성, 구성 원리로 나누어 살펴보았다.

교육 기관에서 가장 활용도가 높은 '연습 자료를 포함한 워크북'의 경우 '중급-초급-고급'의 순으로 중요도가 나타났는데 이는 초급에서는 시각 자료를 활용하여 정의적인 영역을 고려한 언어 학습이 중심이고, 중급 단계에서 형태를 중심으로 한 문법 연습을 중심으로 이루어지고 있음을 나타낸다고 할 수 있다.

또한 학습자 요구 조사에서는 중급과 고급에서는 쓰기와 문법 그리고 말하기 영역에 필요한 보충적인 자료의 개발과 연습이 필요하다고 인식하고 있다. 그러나 대부분의 교육 기관에서 사용하고 있는 부교재의 경우 통합적이기 때문에 영역별 기능 향상을 위한 부교재의 개발은 시급히 이루어져야 한다고 볼 수 있다.

부교재의 종류를 살펴보면 교재의 교육 내용을 더욱 자세히 혹은 실제적으로 전달할 수 있도록 하는 보조 자료로서의 역할을 하는 보조자료로서의 부교재가 있고, 주교재로 사용하는 교재가 없을 때 책이 아닌 유인물 형식으로 제작되어 교육 목표를 실현시켜주는 역할을 하는 대체 자료로서의 부교재가 있다. 또한 교재에서 학습한 문법, 어휘의 연습을 목적으로 구성된 연습 자료로서의 부교재, 반복적인 연습이나 교재에서 학습한 어휘를 연습하는 것이 아닌 확장 연습으로서의 심화 자료로서의 부교재가 있다. 부교재 구성의 원리로서는 교재와의 연계성, 텍스트의 실제성, 기능의 통합성, 담화의 현실성, 제작 및 사용의 편리성을 살펴보았다.

참고문헌

김정숙(2002), 한국어 교수요목 설계와 교재 구성. 21세기 한국어교육학의 현황과 과제. 한국문화사. pp.31–59.

김중섭·이관식(1999), 외국인을 위한 한국어 교재 개발에 관한 연구. 한국어교육 10권 1호. 국제한국어교육학회. pp.61–81.

라혜민·우인혜(1999), 한국어 교재의 효율적 개발 방향. 한국어교육 제10권 2호. 국제한국어교육학회. pp.95–115.

민현식(2000), 한국어 교재의 실태 및 대안. 국어교육연구 5. 서울대 국어교육연구소.

민현식(2002), 언어교육과정의 구성요소와 교수요목(syllabus)의 유형. 21세기 한국어교육학의 현황과 과제. 한국문화사. pp.279–305.

민현식(2002), 한국어 교재론. 동남아시아 한국어 교육의 오늘과 내일. 국제한국어교육학회. pp149–188.

백봉자(1991), 한국어 교재개발을 위한 기초 작업. 교육한글 4. 한글학회. 191–207.

이정희·김지영(2003), 내용중심 한국어 교육과정 수립을 위한 기초 연구. 한국어교육 14–1. 국제한국어교육학회. pp.212–232.

이해영(1999), 통합성에 기초한 교재 개작의 원리와 실제. 한국어교육 10–2. 국제한국어교육학회. pp.273–294.

이해영(2001), 학습자 중심 수업을 위한 교재 분석. 한국어교육 12–1. 국제한국어교육학회. pp.199–232.

진대연(1999), 한국어 교재 분석의 기준: 연구와 적용. 국어교육학연구 9. 한국어교육학회. pp.407–434.

황인교(1998), 외국인을 위한 한국어 교재 개발. 한국어교육 9–2. 국제한국어교육학회. pp. 269–284.

Krashen, Stephen, D. (1992), *Fundamentals of Langauge Education*. Torrance, CA: Laredo Publishing Company.

Larsen-Freeman, Diane. 2000, *Techniques and Principles in Language Teaching* (2nd ed.). Oxford. 137–

158

Marianne Celce-Murcia (Ed.). 2001,
　　　Teaching English as a Second or Foreign language(3rd ed.). Thomson Learning. 303-318

Yvonne S. Freeman and David E. Freeman. 1998,
　　　ESL/EFL Teaching : Principles for Success. Heinemann. 13-19(i-xix)

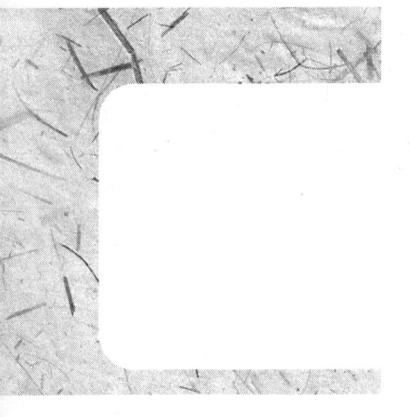

한국어 교재의 표현항목 분석

홍 윤 기 (경희대학교 국제교육원 전임강사)

1. 들어가기

이 글의 목적은 한국어 교재들에 나타난 표현항목의 목록을 뽑아서 유형별로 분류하고 그 특성을 비교 분석하는 것이다. 표현 항목의 목록을 추출하기 위해서 살펴 본 한국어 교재는 경희대학교 『한국어』(초급Ⅰ~고급Ⅱ), 고려대학교 『한국어』(1 ~ 6), 연세대학교 『한국어』(1 ~ 6), 이화여자대학교 『말이 트이는 한국어』(Ⅰ~Ⅴ) 등 4종 총 23권이다. 4종류의 교재를 선택한 것은 교재를 출판한 해당 교육 기관이 비교적 오랜 기간 한국어 교육을 해왔고, 초급 단계부터 고급 단계까지 교재를 모두 갖추고 있어서 보편적인 한국어 교육의 단계적 흐름을 보여준다고 생각했기 때문이다.

한국어라는 공통의 언어를 교육 대상으로 삼고 있음에도 불구하고 각 기관의 교재에 나타난 표현항목의 목록 및 유형은 통일되어 있지 않다. 게다가 학습자 수준별, 즉 급별에 따라 제시된 표현항목 또한 서로 다르다. 교육 기관에 따라 교육 목표와 교육 방법이 다르기도 하겠지만 교재 편찬을 이론적으로 뒷받침하는 교육 원리가 다르기 때문에 교재에 실린 표현항목이 교재에 따라 서로 다르게 나타난 것이라 하겠다.

이 글은 표현항목의 형태적 특성을 잘 반영한 통일된 항목을 마련하기 위한 기초 작업에 해당한다. 궁극적으로는 한국어 교육의 대상이 되는 표현항목을 일관된 기준에 따라 제시하고 유형화하여 공통의 형태를 제시하는 것이 필요하다. 이 글에서는 이러한 연구 과정의 일환으로 각 교재에 나타난 표현항목의 목록 및 유형을 정리하여 각 교재별로 표현항목의 특징과 장단점을 제시하고자 한다.

2. 표현항목과 문형

표현항목(expression entries)[1]은 체언, 용언 등 어휘요소와 조사, 어미 등 문법요소가 결합하여 의미·통사적으로 하나의 기능을 갖는 것이다. 결합하는 선행 성분에 따라 명사형어미 결합형, 관형형어미 결합형, 조사 결합형, 연결어미 결합형, 종결어미 결합형, 접사 결합형 표현항목으로 구분될 수 있다. '-기 때문에, -기 십상이다, -ㄴ 듯하다, -는 김에, -에 의해서, -아야 하다, -ㄴ가 보다, -ㄹ까 하다, -쯤 해서' 등과 같이 구 단위의 굳어진 문법 항목도 표현항목의 범주에 넣을 수 있다.

문형(sentence pattern)은 문법요소와 문법요소, 문법요소와 표현항목이 호응을 이루어 형성된 거의 완전한 문장 틀이다. '-께서 -십니다, -로는 -가 그만이다, 안 -고 말다, -는다 -는다 하는 것이' 등과 같이 문장 단위로 이루어진다.[2]

---

1) 표현항목이 무엇인가에 대해서는 새삼스럽게 논의할 필요가 없을 듯하다. 백봉자(1999)의 '통어적 구문', 김정은(2002)의 '관용구문', 방성원(2002)의 '표현', 최윤곤(2004)의 '구문표현', 노지니(2004)의 '통어적 문법소', 이윤진(2004)의 '문형표현', 석주연(2004)의 '표현 문형', 이종은(2005)의 '의존용언', 박문자(2006)의 '의존용언 표현', 이희자·이종희(2006)의 '관용구', 홍윤기(2006)의 '표현 항목', 강현화(2007)의 '표현 문형'으로 다양하게 불리는 것을 보아도 표현항목이 충분히 한국어교육계에서 주요한 연구의 대상이 되고 있음을 알 수 있다. 자세한 내용은 언급한 연구를 참고하기 바란다.

2) 교재별로 제시된 문법 항목과 표현항목 및 문형 목록의 전체는 그 양이 매우 많아 이 글의 말미에 〈부록〉으로 제시한다.

3. 표현항목 분석

<표 1> 교재별 표현항목 및 문형의 개수

교재	단계	명사형어미 결합형	관형형어미 결합형	조사 결합형	연결어미 결합형	종결어미 결합형	접사 결합형	표현항목 소계	문형	합계
경희대	초급	3	5	1	2	0	0	11	1	134
	중급	4	28	9	12	6	0	59	8	
	고급	4	22	8	5	3	0	42	13	
	소계	11	55	18	19	9	0	112	22	
고려대	초급	5	9	7	4	2	0	27	3	116
	중급	4	24	2	12	7	1	50	8	
	고급	2	10	6	4	2	0	24	4	
	소계	11	43	15	20	11	1	101	15	
연세대	초급	4	16	3	12	2	0	37	1	378
	중급	6	26	11	18	9	0	70	51	
	고급	9	37	17	22	18	0	103	116	
	소계	19	79	36	52	29	0	210	168	
이화여대	초급	1	3	2	4	0	0	10	1	106
	중급	1	23	10	10	6	0	50	12	
	고급	4	12	4	6	4	0	30	3	
	소계	6	38	16	20	10	0	90	16	

초급부터 고급 교재에 수록된 표현항목은 〈표 1〉과 같이 이화여대 90개, 고려대 101개, 경희대 112개, 연세대 211개로 연세대 교재에 실린 표현항목의 수가 다른 교재의 두 배 정도에 이르렀다. 또한, 경희대, 고려대, 이화여대 교재는 중급에 가장 많은 수의 표현항목이 실린 반면, 연세대 고급 교재에는 다른 고급 교재의 두 세배가 넘는 표현항목이 제시되어 있다.

각 교재에서 공통적으로 제시된 표현항목의 수는 명사형어미 결합형 6개, 관형형어미 결합형 38개, 조사 결합형 15개, 연결어미 결합형 19개, 종결어미 결합형 9개로 총 87개로 드러났다. 경희대 교재에서는 25개, 고려대는 14개, 연세대는 123개, 이화여대는 3개 표현항목의 차이가 있었다.

3.1 유형별 표현항목

〈표 2〉 유형별 표현항목

유형	명사형어미 결합형	관형형어미 결합형	조사 결합형	연결어미 결합형	종결어미 결합형	접사 결합형
항목	-기 전에, -기 때문에, -기로 하다, -기만 하면 되다, -기는 하지만, -기 위해서, -기/게 마련이다, -기 십상이다, -기에 망정이지, -기가 일쑤이다, -기가 힘들다, -기만 하고, -기에 앞서, -기도 하다, -긴 다 틀렸다, -기란 여간, -기만 해도, -기나 하다, -기까지 하다, -기나 한 것처럼, -기가 좋다/편하다/쉽다, -기에는 시간이 빠듯합니다, -기가 이를 데 없다, -음 좋겠다	-ㄹ 때, -ㄴ 후에, -ㄴ 것 같다, -ㄹ 수 있다, -ㄹ 거예요, -ㄹ 텐데, -는 김에, -는 대로, -는 한, -ㄴ 지, -ㄹ 줄 알다, -는 중이다, -는 데, -ㄴ 만큼, -는 바람에, -ㄴ 걸 보니까, -ㄹ 정도이다, -ㄹ 만하다, -ㄴ 데다가, -ㄹ 수밖에 없다, -는 통에, -ㄹ 겸해서, -ㄴ 모양이다, -ㄹ 뻔하다, -ㄹ 지경이다, -ㄴ 셈이다, -는 길, -ㄹ 뿐만 아니라, -았으면 하다/좋겠다, -ㄹ 테니까, -ㄴ 채, -ㄴ 탓에, -ㄹ 뿐이다, -ㄴ 셈 치고, -ㄴ 듯싶다/듯하다, -ㄴ 반면에, -는 가운데, -ㄴ 감이 있다, -는 수가 있다, -ㄴ 바, -ㄹ 뿐, -는 중, -ㄴ 마당에, -ㄴ 경우에는, -ㄴ 듯이, -ㄴ 나머지, -는 통에, -ㄹ 것이지야 없다, -ㄹ 뿐더러, -는 말할 것도 없고, -는 법이다, -ㄹ 만큼, -ㄹ 정도이다, -ㄹ 것이 아니라, -는 것, -ㄴ 적이 있다, -는 동안, -ㄴ 척하다, -ㄹ 리가 없다, -ㄹ 테니, -ㄹ 바 아니다, -ㄹ 겸해서, -ㄴ 둥, -ㄴ 날에는, -ㄴ 걸로, -ㄴ 것이라고는, -ㄹ 테면, -ㄴ 지, -는 법이다, -ㄹ 수가 있나요?, -ㄴ 게 다 뭐예요?, -던 참이다, -는 바가 아니다, -던 중, -ㄹ 바에요, -ㄹ 걸 그랬어요, -ㄹ 테니 그리 알우, -는 대신에, -는 게 좋다/좋겠다, -는 게 어때요?, -는 것과 달리, -ㄹ 뿐이지	-를 데리고, -에 의해서, -에 대해서, -를 통해서, -에 따르면, -에 비해서, -로 인해서/인한, -에 따라서, -에 의하면, -가 다 뭐예요?, -의 경우에는, -로 보아서는, -로 볼 때, -만이 아니다, -는 고사하고, -를 위해서, -에 있다, -과 같이, -에 가다, -처럼 이다, -가 되다, -밖에 안, -만 하면, -로 해서, -로 미루어, -에 불과하다, -로 삼다, -는 말할 것도 없고, -만 못하다, -로는 그만이다, -만 가지고는, -만 해도, -를 바탕으로 하여, -를 비롯해서, -로 보니, -로 따진다면, -란 건, -가 아닌가 했다, -에서 왔다, -만 못하다, -를 막론하고, -를 바탕으로, -처럼/같이 생겼다, -로 말미암아	-려고 하다, -아야 하다, -ㄴ지 알다, -아 가지고, -ㄹ지도 모르다, -고 말고요, -아서 그런지, -다가 보니까, -면 으레, -ㄴ데도 불구하고, -곤 하다, -다 보면, -고 해서, -나 마나, -려나 보다, -니까 말인데, -고 보니, -니 망정이지, -니 할 수 없지요, -러 가다, -면 되다, -다 보면, -았으면 하다, -고는 하다, -려던 참이다, -려니 하다, -다시피 하다, -다 못해, -격고 들다, -건 말건, -아 보다, -아 주다, -아 달라고 하다, -아 지는 것 같다, -지 않으면 안 되다, -아도 되다, -지 그래요?, -고 말았다, -게 마련이다, -아 가면서, -고자 하다, -아서야 어디, -니 어쩌겠나?, -거나 하면, -아 김에 따라, -아 보기 위해서, -고 하니, -면서 말이다, -면 몰라도, -게 생겼다, -게 먹다, -면 어떡하죠?	-ㄴ가 보다, -ㄹ까 하다, -다고 해도, -지 그래요?, -다는 말이다, -다고 치자, -ㄴ가 하면, -ㄹ까 걱정이다, -ㄴ지 모르다, -나 보다, -ㄹ까 봐, -다 싶다, -ㄹ지도 모르다, -다 치고, -나 싶다, -리라고 생각하다, -ㄴ지 알다, -다고 보다, -다는 것이, -는단 말이에요?, -다 해서, -다고 야단들이다, -라고 다, -다 뿐이다, -다지 뭔가?, -다 치지만, -다니 내 원 참, -다고 전해 주세요, -네 하다	-쯤 해서
합계	24개	82개	44개	52개	29개	1개

전체 232개의 표현항목를 유형별로 살펴보면, 관형형어미 결합형 표현항목이 82개로 가장 높은 빈도를 차지하였다. 다음으로 연결어미 결합형 52개, 조사 결합형 44개, 종결어미 결합형 29개, 명사형어미 결합형 24개, 접사 결합형 1개로 나타났다. 관형형어미와 연결어미 결합형이 표현항목 중 가장 많은 비율을 차지하는 것은 의존명사와 보조동사의 비중이 크다는 것을 의미한다. 접사 결합형 표현항목은 고려대 중급 교재에 '-쯤 해서'가 제시되어 있을 뿐 다른 교재에는 수록되어 있지 않았다.

한편, 명사형어미 결합형 표현항목 중, '-ㅁ' 명사형어미 결합형 표현항목은 연세대 고급 교재에 '-음 좋겠다' 만 제시되어 있고 대부분은 명사형 어미 '-기'가 선행하는 형태였다. 특히 명사형어미 '-기'는 단독으로 쓰이는 경우도 있지만 대부분 '-기' 뒤에는 조사가 결합하는 양상을 보인다.

관형형어미 결합형의 경우 관형사형 어미 '-ㄹ'이 선행하는 형태가 29개, '-ㄴ'이 선행하는 형태가 28개, '-는'이 선행하는 형태가 23개이다. 이외에 '-던'이 선행하는 형태가 2개가 있다.

조사 결합형은 주격격조사와 목적격조사가 선행하는 형태가 10개인데, 그 중에 7개가 목적격조사 '를'이 결합하는 형태이다. 이외에도 조사 '가'가 결합하는 형태는 3개인데, 학교문법의 관점에서 보면, '-가 되다', '-가 아닌가 했다'의 예는 보격조사로 볼 수 있다. 이외에 부사격조사가 선행하는 경우가 많았는데, '에'가 선행하는 형태는 9개, '로'가 선행하는 형태는 10개, '에서'가 선행하는 형태는 1개, '과'가 선행하는 형태는 1개가 있다. 특이한 것은 '-란건'이라는 형태가 1개 보이는데, '-라고 하는 것은'의 융합형으로 판단되며, 선행 요소의 형태를 고려할 때, 인용격조사로 판단할 수 있다. 조사 결합형에는 격조사 외에도 보조사의 쓰임이 활발한데, '만'이 선행하는 형태가 6개, '는'이 선행하는 형태가 2개, '처럼'이 선행하는 형태가 2개, '같이'가 선행하는 형태가 1개, '밖에'가 1개가 있다.

연결어미 결합형은 그야말로 다양한 연결어미가 선행 요소로 참여한다. '-아', '-고', '-면', '-게', '-니', '-다', '-려고' -지' 형태 등이 그나마 2개 이상의 결합형에서 발견되는 어미들이고, 31개 정도의 연결어미가 결합형에서 쓰이는 것을 확인할 수 있다.

종결어미 결합형은 연결어미 결합형과 유사한 양상을 띠고 있어서 분류의 기준을 잡기가 다소 애매하다. 이 글에서는 해당 어미가 종결어미로 쓰일 수 있는 가능성을 고려하여 따로 분류한 것이다. 하지만 연결어미와의 중복 여부를 면밀히 판단하는 기준이 필요한 것이 사실이다.

3.2 단계별 표현항목

〈표 3〉 단계별 표현항목

단계	명사형어미 결합형	관형형어미 결합형	조사 결합형	연결어미 결합형	종결어미 결합형	접사 결합형
초급	-기 전에, -기 때문에, -기로 하다, -기가 힘들다, -기도 하다	-ㄹ 때, -ㄴ 후에, -ㄴ 것 같다, -ㄹ 수 있다, -ㄹ 거예요, -는 것, -ㄴ 적이 있다, -는 동안, -ㄴ 척하다, -ㄴ 지	-를 데리고, -를 위해서, -에 있다, -과 같이, -에 가다, -처럼 보이다, -가 되다, -밖에 안-, -에서 왔다	-려고 하다, -아야 하다, -러 가다, -면 되다, -아 보다, -아 주다, -아 달라고 하다, -아지는 것 같다, -지 않으면 안 되다, -아도 되다		
합계	5개	10개	9개	10개	0개	0개
중급	-기만 하면 된다, -기는 하지만, -기 위해서, -기/게 마련이다, -기만 하고, -기에 앞서, 긴 다 틀렸다, -기란 여간, -기가 좋다/편하다/쉽다	-ㄹ 텐데, -는 김에, -는 대로, -는 한, -ㄴ 지, -ㄴ 줄 알다, -는 중이다, -는 데, -ㄴ 만큼, -는 바람에, -ㄴ 걸 보니까, -ㄹ 정도이다, -ㄹ 만하다, -ㄴ 데다가, -ㄹ 수밖에 없다, -는 통에, -ㄹ 겸해서, -ㄴ 모양이다, -ㄹ 뻔하다, -ㄹ 지경이다, -ㄴ 셈이다, -는 길, -ㄹ 뿐만 아니라, -았으면 하다/좋겠다, -ㄹ 테니까, -ㄴ 채, -ㄴ 탓에, -ㄹ 뿐이다, -ㄴ 셈 치고, -ㄹ 리가 없다, -ㄹ 테니, -ㄹ 바 아니다, -ㄹ 겸해서, -는 법이다, -ㄹ 수가 있나요?, -ㄴ 게 다 뭐예요?, -는 대신에, -는 게 좋다/좋겠다, -는 게 어때요?	-에 의해서, -에 대해서, -를 통해서, -에 따르면, -에 비해서, -로 인해서/인한, -에 따라서, -에 의하면, -가 다 뭐예요?, -만 하면, -로 해서, -만 못하다, -로는 그만이다, -만 가지고는, -만 해도, -를 바탕으로 하여, -만 못하다, -를 막론하고, -를 바탕으로, -처럼/같이 생겼다	-ㄴ지 알다, -아 가지고, -ㄹ지도 모르다, -고 말고요, -아서 그런지, -다가 보니까, -면 으레, -ㄴ데도 불구하고, -곤 하다, -다 보면, -고 해서, -나 마나, -다 보면, 앉으면 하다, -고는 하다, -려던 참이다, -려니 하다, -다시피 하다, -지 그래요?, -고 말았다, -게 마련이다, -아 가면서, -고자 하다, -아서야 어디, -니 어쩌겠나?, -게 생겼다, -게 먹다	-ㄴ가 보다, -ㄹ까 하다, -다고 해도, -지 그래요?, -다는 말이다, -ㄴ지 모르다, -ㄴ지 알다, -다고 보다, -다는 것이, -는단 말이에요?, -다 해서, -다고 야단들이다, -다고 전해 주세요	-쯤 해서
합계	9개	39개	20개	27개	13개	1개

고급	-기 십상이다, -기에 망정이지, -기가 일쑤이다, -기만 해도, -기나 하다, -기까지 하다, -기나 한 것처럼, -기에는 시간이 빠듯합니다, -기가 이를 데 없다, -음 좋겠다	-ㄴ 듯싶다/듯하다, -ㄴ 반면에, -는 가운데, -ㄴ 감이 있다, -는 수가 있다, -ㄴ 바, -ㄹ 뿐, -는 중, -ㄴ 마당에, -ㄴ 경우에는, -ㄴ 듯이, -ㄴ 나머지, -는 통에, -ㄹ 것까지야 없다, -ㄹ 뿐더러, -는 말할 것도 없고, -는 법이다, -ㄹ 만큼, -ㄹ 정도이다, -ㄹ 것이 아니라, -ㄴ 둥, -ㄴ 날에는, -ㄴ 걸로, -ㄴ 것이라고는, -ㄹ 테면, -던 참이다, -는 바가 아니다, -던 중, -ㄹ 바에요, -ㄹ 걸 그랬어요, -ㄹ 테니 그리 알우, -는 것과 달리, -ㄹ 뿐이지	-의 경우에는, -로 보아서는, -로 볼 때, -만이 아니다, -는 고사하고, -로 미루어, -에 불과하다, -로 삼다, -는 말할 것도 없고, -를 비롯해서, -로 보니, -로 따진다면, -란 건, -가 아닌가 했다, -로 말미암아	-려나 보다, -니까 말인데, -고 보니, -니 망정이지, -니 할 수 없지요, -다 못해, -려고 들다, -건 말 건, -거나 하면, -아 감에 따라, -아 보기 위해서, -고 하니, -면서 말이다, -면 몰라도, -면 어떡하죠?	-다고 치자, -ㄴ가 하면, -ㄹ까 걱정이다, -나 보다, -ㄹ까 봐, -다 싶다, -ㄹ지도 모르다, -다 치고, -나 싶다, -리라고 생각하다, -라고다, -다 뿐이다, -다지 원가?, -다 치지만, -다니 내원 참, -네 하다	
합계	10개	33개	15개	15개	16개	0개

교재에 따라 표현항목이 실린 단계가 상이한 경우에는 동일한 단계에 실린 것이 4개 교재 중, 2개 이상인 경우 그 단계에 따랐다. 예를 들어, '-에 비해서'는 연세대 초급 교재, 경희대와 이화여대 중급 교재, 고려대 고급 교재에 실려 있어, 중급 단계용 표현항목으로 분류하였다.

초급 단계에서는 34개 정도의 비교적 적은 수의 표현 항목이 제시되어 있다. 표현항목이 가장 많이 수록된 단계는 대체로 중급 단계로 109개의 표현 항목이 제시되어 있으며, 고급이 뒤를 이어 89개가 제시되어 있다. 한편, 종결어미 결합형 표현항목은 초급에서는 제시되어 있지 않았으며, 중급 13개, 고급 16개로 고급 단계에서 가장 많은 수를 차지하였다. 종결어미 결합형의 경우 서법, 상, 양태 등 고급 수준의 문법 범주와 연관성이 크므로 초·중급 단계의 학습자들이 이해하기에는 어려운 부분이 있어 고급 단계 학습자들에게 집중적으로 제시하고 있다고 볼 수 있다.

3.3 교재별 표현항목

〈표 4〉 교재별 표현항목

교재	명사형어미 결합형	관형형어미 결합형	조사 결합형	연결어미 결합형	종결어미 결합형	접사 결합형
경희대	-기 전에, -기 때문에, -기로 하다, -기만 하면 되다, -기는 하지만, -기 위해서, -기/게 마련이다, -기 십상이다, -기/게 마련이다, -기에 망정이지, -기가 일쑤이다	-ㄹ 때, -ㄴ 후에, -ㄴ 것 같다, -ㄹ 수 있다, -ㄹ 거예요, -ㄹ 텐데 -는 김에, -는 대로, -는 한 -ㄴ지 -ㄹ 줄 알다, -는 중이다, -는 데 -ㄴ 만큼, -는 바람에, -ㄴ 걸 보니까, -ㄹ 정도이다, -ㄹ 만하다, -ㄴ 데다가, -ㄹ 수밖에 없다, -는 통에 -ㄹ 겸해서, -ㄴ 모양이다, -ㄹ 뻔하다, -ㄹ 지경이다, -ㄴ 셈이다, -는 길 -ㄹ 뿐만 아니라, -았으면 하다/좋겠다, -ㄹ 테니까, -ㄴ 채 -ㄴ 탓에 -ㄹ 뿐이다, -ㄴ 셈 치고, -ㄴ 듯싶다/듯하다, -ㄴ 반면에, -는 가운데 -ㄴ 김이 있다, -ㄴ 데 -는 수가 있다, -ㄴ 바, -ㄹ 뿐, -는 중, -ㄴ 마당에 -ㄴ 경우에는, -ㄴ 듯이, -ㄴ 나머지, -ㄴ 탓에, -는 통에 -ㄹ 것까지야 없다, -ㄹ 뿐더러, -는 말할 것도 없고, -는 법이다, -ㄹ 만큼, -ㄹ 정도이다, -ㄹ 지경이다, -ㄹ 것이 아니라	-를 데리고, -에 의해서, -에 대하여, -를 통해서, -에 따르면, -에 비해서, -로 인해서, -에 의하면, -가 뭐예요?, -가 다 뭐예요?, -의 경우에는, -로 보아서는, -로 볼 때, -로 인하여/인한, -만이 아니다, -에 비해서, -는 고사하고	-려고 하다, -아야 하다, -ㄴ지 알다, -아 가지고, -ㄹ지도 모르다, -고 말고요, -아서 그런지, -다가 보니까, -면 으레, -ㄴ데도 불구하고, -곤 하다, -다 보면, -고 해서, -나 마나, -려나 보다, -니까 말인데, -고 보니, -니 망정이지, -니 할 수 없지요	-ㄴ가 보다, -ㄹ까 하다, -ㄹ까 봐서, -다고 해도, -지 그래요?, -다는 말이다, -다고 치자, -ㄴ가 하면, -ㄹ까 봐 걱정이다	
합계	11개	55개	18개	19개	9개	0개
고려대	-기 때문에, -기로 하다, -기 전에, -기 위해서, -기가 힘들다, -기는 하다, -기만 하고, -기에 앞서, -기 마련이다, -기에 망정이지, -기 일쑤다	-는 것 -ㄴ 적이 있다, -ㄴ 것 같다, -ㄴ지, -ㄴ 데에 -는 동안, -ㄴ 척하다, -ㄹ 때, -ㄹ 수 있다, -ㄴ 후에, -는 바람에, -ㄹ 텐데요, -ㄹ 뿐이다, -ㄴ 모양이다, -ㄹ 테니까, -ㄴ 데다가, -는 길이다, -ㄹ 줄 알다, -ㄹ 정도이다, -는 대로, -ㄹ 뻔하다, -ㄴ 채로, -ㄹ 수밖에 없다, -ㄹ 대로, -ㄹ 뿐만 아니라, -ㄹ 리가 없다, -ㄹ 테니, -ㄹ 지경이다, -ㄹ 만하다, -는 통에 -는 김에, -ㄹ 바 아니다, -ㄹ 겸 해서, -ㄴ 셈이다, -ㄴ 셈 치고, -ㄹ 셈이다, -ㄹ 테다, -ㄴ 나머지, -ㄴ 날에는, -ㄴ 마당에 -ㄴ 가운데 -는 둥, -ㄴ 만큼, -ㄴ 걸요, -ㄴ 것이라고는, -ㄹ 테면	-를 위해서, -에 있다, -과 같이, -에 가다, -처럼 보이다, -가 되다, -밖에 안 -, -만 하면, -로 해서, -에 따라서, -로 미루어, -에 불과하다, -에 비해서, -로 삼다, -는 말할 것도 없고	-러 가다, -려고 하다, -면 되다, -아야 하다, -다 보면, -다 보니, -아서 그런지, -았으면 하다, -나 마나, -고 보니, -고는 하다, -고 해서, -려던 참이다, -려니 하다, -아 가지고, -다시피 하다, -고 보니, -다 못해, -니 망정이지, -려고들다, -건 말건	-ㄹ까 하다, -ㄴ지 모르다, -나 보다, -ㄹ까 봐, -다 싶다, -ㄹ지도 모르다, -다 치고, -다고 해도, -ㄹ 리라고 생각하다, -ㄴ가 하면	-쯤 해서
합계	11개	43개	15개	20개	11개	1개

| 연세대 | -기 때문에, -기 전에, -기로 하다, -기도 하다, -기만 하다, -기만 하면 되다, -기로 하다, -기는 하지만요, -긴 다 틀렸다, -기란 여간, -음 좋겠다, -기만 해도, -기나 하다, -기 십상이다, -기도 하고, -기까지 하다, -기 마련이다, -기만 해, -기에 망정이지, -기나 한 것처럼 | -ㄹ 것이다, -ㄹ 것 같다, -ㄹ 수 있다, -ㄹ 때, -ㄴ 후에, -는 동안, -ㄴ 것, -ㄹ 테니까, -ㄴ 모양이다, -ㄴ 지, -ㄹ 뿐만 아니라, -는 대로, -ㄴ 것 같아서, -ㄴ 데다가, -ㄹ 줄 알다, -는 길이다, -ㄴ 일이 있다, -ㄹ 텐데, -ㄴ 줄 알다, -ㄹ 뿐이다, -았던 것 같다, -ㄹ 만하다, -ㄹ 수도 있다, -ㄴ 적이 있다, -ㄹ 건가요?, -는 법이다, -ㄹ 수가 있나요?, -는 게 다 뭐예요?, -ㄹ 테니까요, -ㄴ 데다가, -는 것 같던데요, -ㄹ 줄 정말 몰랐다, -ㄹ 것까지야 없다, -는 바람에, -ㄴ 셈이다, -ㄹ 만큼, -ㄹ 겸, -는 수가 있다, -는 날엔, -는 줄 알면서도, -는 김에, -ㄹ 것이 아니라, -ㄹ 것 같은데 그렇지도 않은가 봐요, -ㄹ 것까지야 없겠지만, -ㄴ 줄 알겠네요, -는 김에, -는 바람에, -는 척하느라고, -는 데다가, -ㄹ 테고, -ㄴ 듯싶다, -는 게 다 뭐예요?, -ㄹ 것 같으면, -는 걸 보니, -ㄹ 테니, -다고 할까요?, -ㄹ 뿐더러, -ㄹ 뿐만 아니라, -ㄹ 겸, -던 참이다, -는 반면에, -ㄹ 리가 있다, -는 통에, -는 바가 아니다, -는 척하다, -는 한, -는 수밖에 없다, -ㄴ 듯하다, -ㄹ 수가 있어야지요, -ㄹ 테니까, -ㄹ 만하다, -는 날엔, -는 바, -는 데에, -는 게 아니라, -던 중, -ㄴ 채 -ㄴ 셈이다, -ㄹ 바에야, -ㄹ 정도로, -ㄹ 걸 그랬어요, -ㄹ 테니 그리 알우 | -에 비해서, -로 해서, -를 위해서, -만 못하다, -에 비하면, -로는 그만이다, -만 가지고는, -만 해도, -를 바탕으로 하여, -에 의해서, -에 의하면, -만이 아니에요, -가 다 뭐예요?, -로 보아서는, -로 인해, -를 비롯해서, -로 보니, -에 따라서는, -에 의하여, -는 고사하고, -를 통해서, -로 인해서, -만 못하다, -로 볼 때, -에 비해서, -로 따진다면, -란 건 -로 인한, -가 아닌가 했다, -만 해도, -에 의하면, -로 봐서, -로 해서 | -려고 하다, -러 가다, -아 보다, -았으면 하다, -아 주다, -아야 하다, -아 달라고 하다, -아지는 것 같다, -지 않으면 안 되다, -아도 되다, -면 안 되다, -아 가지고, -고 해서, -지 그래요?, -아 하다, -곤 하다, -고 보니, -고 말았다, -아서 그런지, -나 마나, -았으면 얼마나 좋겠어요, -게 마련이다, -곤 했다, -아 가면서, -려나 봐요, -다 보면, -나 다름없다, -고자 하다, -아서야 어디, -니 어쩌겠나?, -니 할 수 없지요, -면 좋으련만, -아야 하므로, -다가 보면, -다 보니, -까, -아서 그런지, -니까 말인데, -거나 하면, -아야 할 텐데, -ㄴ 감에 따라, -아 보기 위해서, -다 못해, -아 가지고는, -고자 하다, -고 하니, -아 주십사 하다, -면서 말이다, -면 몰라도, -려 들다, -거니 하다, -고 보면, -다시피 하다, -는 줄 미처 몰랐습니다 | -은가 보다, -ㄴ지 알다, -ㄹ까 보다, -다고 보다, -다는 것이, -ㄹ까 하다, -는단 말이에요?, -다 해도, -다고 해서, -는가 하면, -는다 하면, -다고 야단들이다, -라고 하다, -ㄴ가 하면, -ㄹ까 봐요, -다 뿐이고, -ㄴ가 하면, -다지 뭔가?, -는단 말이지?, -ㄴ가 보다, -ㄴ가 본데, -자 하니, -ㄹ까 하다가도, -다고나 할까?, -다 치지만, -ㄹ까 봐, -다 치자, -ㄹ까 하다가, -다고 치다, -다니 내 원 참 | |
| 합계 | 19개 | 79개 | 36개 | 52개 | 29개 | 0개 |

| 이화여대 | -기 전에, -기가 좋다/편하다/쉽다, -기가 일쑤다, -기 짝이 없다, -기에는 시간이 빠듯합니다, -기가 이를 데 없다 | -는 것, -ㄴ 후에, -ㄹ 수 있다, -았을 때, -ㄴ 적이 있다, -ㄹ 것 같다, -ㄹ 줄 알다, -는 동안, -ㄹ 때, -ㄹ 것 같다, -는 모양이에요, -ㄹ 수도 있어요, -ㄹ 수밖에 없다, -는 바람에, -ㄹ 뻔하다, -ㄹ 겁니다, -ㄴ 척하다, -ㄴ 채로, -는 반면에, -는 길에, -ㄹ 때마다, -ㄹ 만하다, -는 대신에, -ㄴ 게 아니라, -는 게 좋다, -는 게 좋겠다, -는 게 어때요?, -ㄹ 듯이, -는 바, -ㄴ 양, -ㄴ 데다가, -ㄴ 탓, -ㄴ 끝에, -ㄹ 정도, -ㄴ 셈이다, -는 법이다, -는 통에, -는 반면에, -ㄹ 뿐이지, -는 것과 달리 | -를 위해서, -에서 왔다, -로 해서, -를 통해서, -에 대해서, -를 비롯하여, -에 비해서, -만 하다, -만 못하다, -를 막론하고, -를 바탕으로, -처럼/같이 생겼다, -는 어때요?, -았음에도 불구하고, -로 말미암아, -를 막론하고, -만 해도 | -야야 하다, -지 않아도 되다, -려고 하다, -면 안 되다, -아도 괜찮다, -면 어떻겠어요?, -러 가다/오다, -고 나서, -려고 하다, -았으면 좋겠다, -려던 참이다, -아 봤자, -게 생겼다, -게 먹다, -려고 보니까, -곤 하다, -았으면 싶다, -다가 보니까, -다시피 하다, -면 어떡하죠? | -ㄴ지 알다, -ㄹ지도 모르다, -은가 봐요, -ㄹ까 봐서, -ㄹ까 하다, -다고 전해 주세요, -네 하다, -은가 하면, -다고 하더라도, -나 하다 | |
| 합계 | 6개 | 38개 | 16개 | 20개 | 10개 | 0개 |

표현항목은 연세대 교재에 가장 많이 수록되어 있으며, 다음으로 경희대, 고려대, 이화여대의 순으로 나타났다. 특히 연세대 교재에는 경희대 등 다른 교재와 비교하여 모든 유형의 결합형이 두 배 가까이 수록되어 있다. 예를 들면, '-로 보아서는, -로 볼 때, -로 봐서, -로 보니', '-은가 보다, -ㄴ가 보다, -ㄴ가 본데' 등은 대표형과 확장형을 모두 표현항목으로 수록하여서 표현항목의 양이 다른 교재에 비해서 많다고 할 수 있다.

4. 마무리하기

표현항목을 교재에 제시하고 그것의 의미와 기능을 중시하여 교수하는 것은 한국어 교육의 고유한 영역이라고 할 수 있다. 한국어교육, 특히 한국어 문법 교육이 국어 문법 교육과 가장 차별화되는 부분이 바로 이 영역이라고 할 수 있다. 모국어로서의 국어 문법과 국어 문법 교육이 문법 항목의 형태적 특징에 주목하여 개별 형태별로 그 특징을 교수하는 것과 달리 외국어로서의 한국어 문법과 문법 교육에서는 특정 문법 항목을 낱낱의 요소로 분리해서 교육하는 것이 아니라 그것들이 유기적으로 결합하여 한 덩어리로서 드러내는 의미와 기능을 중심으로 교육한다.

한국어 문법 교육의 특성을 고려할 때, 표현항목을 효과적으로 설정하고 유형화하는 것은 매우 필요하고 중요한 작업이 될 수 있다. 아울러 표현항목을 의사소통상의 기능을 기반으로 재분류하고, 학습자의 언어 능력에 따라 재배열하여 교재에 반영하는 것은 한국어 문법 교육의 효율성을 제고할 수 있는 방법이 될 것이다. 아울러 교재마다 다른 기준으로 제시된 표현항목들을 한국어능력시험(TOPIK) 등과 같은 공신력 있는 시험의 평가 기준에 맞추어서 각 등급에 어울리는 것들로 분류하는 것도 필요하다.

이에 이 글에서는 경희대, 고려대, 연세대, 이화여대의 한국어 교재 4종 23권을 살펴, 문법 항목을 뽑았고, 이를 바탕으로 표현항목과 문형을 선행 요소의 형태적 특징을 기준으로 하여 분류하여 보았다.

이 글은 한국어 문법 교육을 위한 효과적이고 체계적인 표현항목 설정과 유형을 마련하여 통일된 표현 항목 목록을 제시하지는 못하였다. 개별 표현 항목들과 유형에 대한 면밀한 연구는 진행하지 못하였다. 이 글은 필자의 연구를 위한 기초 작업임을 밝혀 둔다.

〈분석 교재〉

한국어 1, 연세대학교 한국어학당 편, 1992, 연세대학교 출판부.
한국어 2, 연세대학교 한국어학당 편, 1992, 연세대학교 출판부.
한국어 3, 연세대학교 한국어학당 편, 1993, 연세대학교 출판부.
한국어 4, 연세대학교 한국어학당 편, 1994, 연세대학교 출판부.
한국어 4, 연세대학교 한국어학당 편, 1994, 연세대학교 출판부.
한국어 5, 연세대학교 한국어학당 편, 1994, 연세대학교 출판부.
한국어 1(개정판), 한국어문화연수부 편, 1997, 고려대학교 민족문화연구소.
한국어 2(개정판), 한국어문화연수부 편, 1997, 고려대학교 민족문화연구소.
한국어 3(개정판), 한국어문화연수부 편, 1997, 고려대학교 민족문화연구소.
한국어 4(개정판), 한국어문화연수부 편, 1996, 고려대학교 민족문화연구소.
한국어 5, 한국어문화연수부 편, 1992, 고려대학교 민족문화연구소.
한국어 6, 한국어문화연수부 편, 1992, 고려대학교 민족문화연구소.

말이 트이는 한국어 1, 이화여대 언어교육원, 1998, 이화여대 출판부.
말이 트이는 한국어 2, 이화여대 언어교육원, 1999, 이화여대 출판부.
말이 트이는 한국어 3, 이화여대 언어교육원, 2000, 이화여대 출판부.
말이 트이는 한국어 4, 이화여대 언어교육원, 2004. 이화여대 출판부.
말이 트이는 한국어 5, 이화여대 언어교육원, 2006. 이화여대 출판부.
한국어 초급 1, 김중섭, 조현용, 방성원, 홍윤기, 호정은, 2000. 경희대학교 출판국
한국어 초급 2, 김중섭, 조현용, 방성원, 홍윤기, 호정은, 2000. 경희대학교 출판국
한국어 중급 1, 김중섭, 강현화, 이정희, 이명귀, 김동은, 2002. 경희대학교 출판국
한국어 중급 2, 김중섭, 강현화, 이정희, 이명귀, 김동은, 2002. 경희대학교 출판국
한국어 고급 1, 김중섭, 방성원, 김지형, 이성희, 2003, 경희대학교 출판국
한국어 고급 2, 김중섭, 방성원, 김지형, 이성희, 2003, 경희대학교 출판국

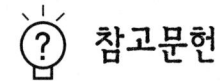 **참고문헌**

강현화(2007),	「한국어 표현문형 담화기능과의 상관성 분석 연구-지시적 화행을 중심으로-」, 『이중언어학』34 이중언어학회 : 1-26.
국립국어원(2005),	『외국인을 위한 한국어문법2-용법편』, 커뮤니케이션북스
김제열(2001),	「한국어 교육에서 기초 문법 항목의 선정과 배열 연구」, 『한국어교육』12-1 국제한국어교육학회 : 93-121.
남기심·고영근(1987),	『표준국어문법론』, 서울 탑출판사 : 42-89.
민현식(2002),	「국어문법과 한국어문법의 상관성」, 『국제한국어교육학회 제12차 국제학술대회 발표자료집』 국제한국어교육학회
백봉자(2001),	「외국어로서의 한국어 교육 문법 : 피동/사동을 중심으로」, 『한국어교육』12-2 국제한국어교육학회 : 415-445.
백봉자(2006),	『외국어로서의 한국어 문법 사전 개정판』, 도서출판 하우
성기철(2002),	「외국어로서의 한국어 문법교육」, 『국어교육』107 서울대 국어교육연구소
이미혜(2002),	「국어 문법 교육에서 '표현항목' 설정에 대한 연구」, 『한국어교육』13-2 국제한국어교육학회 : 205-225.
한송화(2003),	「기능과 문법 요소의 연결을 통한 한국어 교육-명령 기능을 중심으로-」, 『한국어교육』14-3 국제한국어교육학회 : 289-313.
한송화(2006),	「외국어로서 한국어 문법에서의 새로운 문법 체계를 위하여-형식 문법에서 기능문법으로-」, 『한국어교육』17-3 국제한국어교육학회 : 357-379.
홍윤기(2006),	「메타언어(Meta-language)를 활용한 한국어 문법 교육 방법론 연구」, 『이중언어학』32 이중언어학회 : 381-408.
홍윤기(2007),	「한국어 첨사의 양태 기능 교육 방안 연구」, 『이중언어학』34 이중언어학회 : 399-425.

부록

〈부록1〉 경희대, 고려대, 연세대, 이화여대 한국어 교재의 각 단계별 문법 항목 목록
— 단일형, 결합형, 복합형, 문형별 목록

		단일형						결합형		복합형						문형
		어말어미	선어말어미	연결어미	관형형어미	명사형어미	조사	접사	부정	인용	사동	피동	보조동사	기타		
경희대	초급	-ㄹ까요, -ㅂ시다, -십시오, -ㅂ니까?, -ㅂ니다, -세요, -아요, -세요?, -지요, -ㄴ데요, -ㄹ게요	-겠-, -았-	-려고, -ㄴ데, -면, -다가, -고, -아서, -니까, -지만, -러, -거나	-ㄴ/는	-기/ㄹ	랑, 가, 에, 를, 에서, 하고, 는, 로, 도, 만, 에게, 한테, 께, 에게서, 한테서, 의, 과, 보다, 나, 부터, 까지, 마다	쯤, 행	안 V, -지 않다, -가 아니다, -지 말다, 못 V, -지 못하다.	-라고 합니다.			-고 싶다, -고 있다, -아 보다, -아 주세요.	-ㄹ 때, -ㄴ 후에, -를 데리고, -기 전에, -기 때문에, -기로 하다, -ㄴ 것 같다, -려고 하다, -아야 하다, -ㄹ 수 있다, -ㄹ 거예요.		-께서 -십니다
	중급	-잖아요, -거든요, -ㄴ가요?, -다니요?.	-았었-, -던	-니까, -느라고, -며, -게, -면서, -면서도, -아도, -자마자, -으로, -듯이, -ㄴ들, -거든, -도록, -아야, -길래, -더니, -지, -려다가, -ㄹ지라도,			더러, 보고, 처럼, 나, 만큼, 나마, 는커녕, 치고, 마저, 이말로, 조차, 든지	적, 겸, 발, 행, 것답, 다.	-더라도, -에 다가, -ㄴ다면, -네요, -더군요, -더라, -더라고, -라고요, -다가는, -았더라면, -기에는, -던데, -다면서요?, -기는요	-라고 하다, -자고 하다, -ㄴ다고들 하다, -냐고 하다.			-게 되다, -아 가다, -아 보이다, -아 놓다/두다, -고 말다, -는 중이다, -는 데 -ㄹ 아 있다, -아 버리다.	-ㄹ 텐데, -기만 하면 된다, -는 김에, -는 대로, -에 의해서, -는 한, -ㄴ 지, -에 대하여, -ㄹ 줄 알다, -기는 하지만, -는 중이다, -는 데를 통해서, -기 위해서, -ㄴ 보다, -ㄴ 만큼, -ㄴ지 알다, -는 바람에, -ㄹ까 하다, -에 따르면, -에 비해서, -ㄴ 걸 보니까, -ㄹ 정도이다, -로 인해서, -ㄹ 만하다, -ㄴ 데다가, -아 가지고, -에 따라서, -ㄹ지도 모르다, -ㄹ까 봐서, -ㄹ 수밖에 없다, -는 통에, -ㄹ 겸 해서, -ㄴ 모양이다, -기게 마련이다, -다고 해도, -ㄹ 뻔하다, -고 말고요, -ㄹ 지경이다, -아서 그런지, -지 그래요?, -다가 보니까, -ㄴ 셈이다, -는 길, -ㄹ 뿐만 아니라, -았으면 하다/좋겠다, -ㄹ 테니까, -ㅁ 해서, -ㄴ 채, -ㄴ 탓에, -면 으레, -ㄴ데도 불구하고, -곤 하다, -다 보면, -ㄹ 뿐이다, -고 해서, -ㄴ 셈치고, -에 의하면, -나 마나, -다는 말이다		-로는 -가 그만이다, 얼마나 -ㄴ지 모르다, 아무 -나, 아무 -도, -가 다 뭐예요?, -나 나 할 것 없이, 그렇지 않아도 -려던 참이다, 하도 -아서 -면 -는 법이다.

부록

고급	-ㄹ까?, -ㄹ걸요?, -군, -ㄴ가?, -세, -시오, -게, -나요?, 네, -요, 다, -다나요?, -던가요?, -더라고요, -던데요, -데요, -ㄹ래요, -다지요?,	-되, 고자, 다시피, -아야, -면, -다면, -자면, -니만큼, -고서, -다는, -더라니, -느니, -게, -게끔, -도록, 자, -든지, -아야지, -자니, -자, -ㄴ들.	-ㄴ	-ㅁ, -기	란, 마저, 조차, 나, 야.	통, 투성이	-는걸요, -다기보다, -기로서니, 있던들	-대/내/래/재, -다고 할까?,	-아 죽다, -고 계시다, -고 나다, -고 싶다, -고 있다, -아 가다, -아 계시다, -아 내다, -아 버리다, -아 보리다, -아 오다, -아 있다, -아 치우다, -고 말다, -고야 말겠다, -고 나니, -고 나면, -고 나서, -기 짝이 없다,	-려나 보다, -고 듯싶다/듯하다, -ㄴ 반면에, -는 가운데, -ㄴ 감이 있다, -ㄴ 데, -는 수가 있다, -ㄴ 바, -ㄹ 뿐, -는 중, -ㄴ 마당에, -다고 치자, -가 다 뭐예요?, -니까 말인데, -ㄴ 하면, -ㄴ 경우에는, -로 보아서는, -로 볼 때, -고 보니, -기 십상이다, -ㄴ 듯이, -ㄴ 나머지, -로 인하여/인한, -ㄴ 탓에, -는 통에, -만이 아니다, -랄 것까지야 없다, -ㄹ 뿐더러, -는 말할 것도 없고, -에 비해서, -는 법이다, -기/게 마련이다, -ㄹ 만큼, -ㄹ 정도이다, -ㄹ 지경이다, -니 망정이지, -기에 망정이지, -기가 일쑤이다, -는 고사하고,	-니 -니 해도, -로는 -가 제일이다, -니 할 수 없지요, -면 얼마나 더 겠어요?, -ㄴ 것이 좋을 것 같다, -건 -건, -든 -든, -아서야 어디?, -ㄹ 때에는 -는 것이 제일이다, -ㄹ까 봐 걱정이다, -도 -려니와, -ㄹ 것이 아니라, -야말로 -라고 생각하다, 어디 -뿐인가요?, -는 - 대로, -ㄹ 줄 알았더라면 -ㄹ걸, 아무리 -다손 치더라도,
고려대	초급	-십시오, -습니다, -습니까?, -네요, -거든요, -ㄹ까, -아, -십니다, 야?,	-겠-, -던-, -사-,	-러, -게, -고, -아서, -ㄴ데, -면, -려면, -다가, -려고, -자마자, -니까,		까지, 부터, 에게로, 에게서, 한테서, 도, 에, 과, 에서, 는, 의, 이다, 지, 까지, 나, 보다, 도, 처럼, 서	쯤, 이, 들, 이, 히, 리, 기, 우, 구, 추, 째	-냐고, -었더니, -로부터, -께서는, -아야 V, -가 아니다, -지 않다, -지 마다,	-지 마십시오, -못 V, -라고 하다,	-자고 하다, -지 말다.	-게 하다.	-게 되다. -아지다.	-고 싶다, -고 나서, -고 있다, -아 드리다, -아 보이다, -는 편이다, -고 말다, -아 버리다, -아 보다,	-러 가다, -기 문에, -기로 하다, -기 전에, -는 것, -ㄴ 적이 있다, -려고 하다, -ㄴ 것 같다, -ㄴ 지, -ㄴ 데에, -ㄹ까 하다, -는 동안, -ㄴ 하다, -ㄹ 때, -ㄹ 수 있다, -면 되다, -를 위해, 서, -기 위해서, -지 모르다, -야 하다, -ㄴ 후에,	-부터 -까지, -에 있다, -과 같이, -에 가다, -기가 힘들다, -처럼 보이다, 얼마나 -지, -가 되기, -지 말고 -십시오, -밖에 안 -,

116 한국어 교재 연구

		단일형					결합형		복합형						문형
		어말어미	선어말어미	연결어미	관형형어미	명사형어미	조사	접사	부정	인용	사동	피동	보조동사	기타	
고려대	중급	-잖아요, -더라고요, -단다, -더라, -야, -지.	-았었-.	-라도, -려다가, -면서도, -느니, -아야지, -더니, -ㄴ지, -느라고, -길래, -지, -듯이, -자, -ㄹ지언정, -도록, -더러, -ㄴ들, -ㄹ망정, -게.			에, 까지, 나, 로, 만큼, 부터, 따라, 마저, 야말로, 나마, 더러, 조차, 야, 깨나, 는커녕.	답다, 껏, 까짓	-기는 요, -에다가, -았더라면, -더랍니다, -기에는.	-가 아니라, -	-게 하다/만들다.	-아 놓다/두다, -아 보니, -아 오다, -앉으면 하다, -ㄹ 테니까 하다, -나 마나, -기는 하다, -고 보니, -ㄴ데다가, -는 길이다, -나 보다, -다 보니, -ㄴ 줄 알다, -ㄹ 정도이다, -ㄹ까 봐, -는 대로, -ㄹ 뻔하다, -ㄴ 채로, -ㄹ 수밖에 없다, -다 싶다, -ㄹ 대로, -ㄹ 뿐만 아니라, -ㄹ 리가 없다, -ㄹ 테니, -고는 하다, -ㄹ 지경이다, -고 해서, -ㄹ 만하다, -쯤 해서, -ㄹ지도 모르다, -려던 참이다, -다 치고, -기만 하고, -기에 앞서, -다고 해도, -기 마련이다, -만 하면, -는 통에, -려니 하다, -아 가지고, -다시피 하다, -는 김에, -나 싶다, -로 해서, -ㄹ 바 아니다, -겸 해서, -ㄴ 셈이다, -고 보니, -ㄴ 셈치고.	-다 보면, -아서 그런지, -는 바람에, -ㄹ 텐데요, -ㄹ 뿐이다, -ㄴ 모양이다, -았으면 하다, -ㄹ 테니까 하다, -나 마나, -기는 하다,	-면 -ㄹ수록, 얼마나 -다고요, 아무 -도, 아무 -나, -았다 -았다 하다, -든지 -든지, -길래 -ㄹ 줄 알다, 어차피 -니까, -락 -락 하다.
	고급	-다나요.		-도록, -거들랑, -려나, -게, -자, -아도, -건마는, -련마는, -자면, -게끔, -다니, -거니와, -거늘, -고.			되, 쯤, 투성이.	-대도, -고도, -쯤은, -쯤이야, -대서, -댔자.					-다 못해, -ㄹ 셈이다, -ㄹ 테다, -리라고 생각하다, -에 따라서, -ㄴ 나머지, -로 미루어, -에 불과하다, -에 비해서, -기에 망정이지, -니 망정이지, -ㄴ 날에는, -ㄴ 마당에, -ㄴ 가운데, -는 둥, -격고들다, -ㄴ가 하면, -ㄴ 만큼, -ㄴ 걸요, -ㄴ 것이라고는, -기 일쑤다, -ㄹ 테면.	안 -고 말다, 비록 -지만, -라도 -ㄴ 것처럼, -로 삼다, 얼마나 -던지, -는 말할 것도 없고, -건 밀건

부록

		단일형							결합형	복합형						문형
		어말어미	선어말어미	연결어미	관형형어미	명사형어미	조사	접사		부정	인용	사동	피동	보조동사	기타	
연세대	초급	군요, -아요, -세요, -습니까?, -습니다, -고요, -ㅂ시다, -지요, -ㄹ까요?, -나요?, -아야지요, -더군요, -라고요?, -는요?, -네요?, -ㄴ데요, -아, -구나, -는다.	-시-, -겠-, -았-, -던-, -았었-	-니까, -아서, -ㄴ데, -면, -지만, -려고, -게, -면서, -든지, -아도, -려면, -다가, -지	-ㄴ/는/ㄹ		로, 까지, 에서, 에게, 한테, 가, 이다, 한테서, 에게서, 마다, 나, 도, 에, 를, 는, 하고, 과, 밖에, 만큼, 보다, 요, 아, 야, 부터	쯤, 들,	-습니다만, -았던-, -에다가,	-지 못하다, -가 아니다, -지 말다, 안 V, -지 않다.	-라고 그러다.	-아지다, -게 되다.	-고 있다, -고 싶다, -아 볼까요?, -아 있다.	-기 때문에, -ㄹ 것이다, -ㄹ 것 같다, -ㄹ 수 있다, -려고 하다, -ㄹ 때, -ㄴ 후에, -러 가다, -기 전에, -아 보다, -았으면 하다, -기로 하다, -는 동안, -아 주다, -ㄴ 것, -ㄹ 테니까, -ㄴ 모양이다, -ㄴ 지, -아야 하다, -은가 보다, -에 비해서, -기도 하다, -ㄹ 뿐만 아니라, -는 대로, -아 달라고 하다, -ㄴ 것 같아서, -ㄴ 데다가, -ㄹ 줄 알다, -아지는 것 같다, -지 않으면 안 되다, -는 길이다, -로 해서, -아도 되다, -면 안 되다, -아 가지고, -ㄴ지 알다, -ㄴ 일이 있다, -를 위해서	얼마나 -ㄴ지 모르다.
	중급	-ㄹ끼?, -거든요, -ㄹ걸요, -라니요?, -랍니다, -다지요?, -다니, -ㄹ게요, -잖아요?, -락, -던가요?, -는걸요, -ㄹ게요, -네, -렴, -리더라, -아야지요, -나요?,		-도록, -거든, -야, -아도, -면서, -라든가, -ㄹ지라도, -듯이, -거나, -자마자, -느라고, -지, 니, -니만큼, -다면, -자면, -아야지, -므로, -아서, -ㄴ들, -ㄴ지, -든지, -더니	-ㅁ,		야, 커녕, 보고, 야, 더러, 조차, 로, 처럼, 대로, 에다, 같이, 나, 라고	관, 짝, 권, 째, 되	-는데요, -던데, -고는, -는데도, -기는요?, -면서도, -다면, -로는, -고도, -다니, 까요, -다가도, -았더니, -는다고, -다가는, -다던데, -기에는, -다면야, -는다기에, -면야, -았으니,	-다고 하던데, -다고들 하다.		-아지다,	-고 있다, -고 말고요, -아 보이다, -아 버리다, -고 나다, -아 있다, -아 가다, -아 오다, -아 보 았으면,	-아 놓다, -고 알다, -만 못하다, -ㄹ 뿐이다, -ㄹ까 보다, -고 해서, -았던 것 같다, -다고 보다, -지 그래요?, -ㄹ 만하다, -다 는 것이, -ㄹ 수도 있다, -아 하다, -곤 하다, -ㄴ 적이 있다, -기만 하다, -면 되다, -ㄹ까 하다, -ㄹ 건가요?, -는 법이다, -에 비하면, -는단 말이에요?, -고 보니, -고 말았다, -로는 그만이다, -만 가지고는, -아서 그런지, -를 수가 있나요?, -나 마나, -는 게 뭐예요?, -았으면 얼마나 좋겠어요, -ㄹ 테니까요, -ㄴ 데다가, -만 해	-ㄹ 텐데, -ㄴ 줄 알다, -만 못하다, -ㄹ 뿐이다, -ㄹ까 보다, -고 해서, -았던 것 같다, -아야 할 것 같다, -아야 할 것 같아요, -는 걸 보면요, -ㄹ 것이 아니라, -면 뭘 해요?, -ㄹ 것 같은데 그렇지도 않은가 봐요, -면 -고, -면 아무리 -라도, -네-네 해도, -건 -건, -는다 -는다 하는 것이, -ㄹ런지 -ㄹ런지, -았던 것보다 -ㄹ 것 같다, -든 -든, -아야지 그냥 -ㄹ 순 없지 요, -는 -를 -는 -를, -가 마치 -처럼, -며 -며, -	-기는 -지만, 나 -나, -면 -ㄹ수록, 그렇지 않아도 -려던 참이다, -면 뭐하고 -면 뭐해요?, -았다 하면 으례 -기란 여간, -ㄹ수

중급						-기로는, -고서는, -았던데요, -다니까, -다니, -만으로는, -았으면야, -대잖아,				도, -를 바탕으로 하여, -에 의해서, -기로 하다, -게 마련이다, -만 못하다, -는 것 같던데요, -ㄹ 줄 정말 몰랐다, -곤 했다, -만이 아니에요, -랄 것까지야 없다, -가 다 뭐예요?, -기는 하지만요, -로 보아서는, -아 가면서, -려나 봐요, -는 바람에, -ㄴ 셈이다, -ㄹ 만큼, -로 인해, -긴 다 틀렸다, -다 해도, -ㄹ 겸 -에 의하면, -다고 해서, -다 보면, -는 수가 있다, -는 날엔, -나 다름없다, -는가 하면, -는 줄 알면서도, -고자 하다, -는다 하면, -는 김에,	ㄹ 줄 알았더라면 -ㄹ 걸, -는 -대로, -도 하고 -도 하며, -도 지만, -야 -고, -다지 않아요, -로는 -가 제일이다, -도 -고 해서, 어찌 -뿐인가요?, -면 -는 법이다, -ㄹ 것까지야 없겠지만, -임에는 틀림없다, -다면 -ㄹ 텐데요, 얼마나 -있는지 모릅니다, 그렇다고 -ㄹ 수는 없잖아요, -아서야 어디, -던 마저, -ㄴ 걸 보니까 -려나 봐요, 이렇게 -아서야 어디 -?, 하도 -아서, -면 얼마나 더 -겠어요?, -았더라면 -았을 걸, -게 하기도 하고 -게 하기도 하다, -는 게 훨씬 -다고들 해요, -나 -나 할 것 없이, -다고 야단들이다, -도 -고 -도 -고, -ㄹ 겸 -ㄹ 겸, -면야 문제 없겠지만, -에 의하면 -대요, -니 어쩌겠나?, -는 것보다 -는 게 좋지, -니 할 수 없지요, -아야 대요, -니 -고 -니, -는다 해도 -면 무슨 ~?
고급	-디, -셔라, -구려, -게나, -네만, -세라, -리라, -ㄹ세, -더라, -려우, -렴, -답니다, -대요, -데요, -습디까?, -우, -담, -렷다, -ㄹ세, -다네, -게나, -세나, -래, -ㄹ람, -ㄹ래?, -는담, -리다, -자꾸나, -랴, -려무나, -더라고요, -거든요,	-련만, -자니까, -므로, -던데, -더라니, -더라도, -느라니까, -되, -아서 -다시피, -도록, -러니와, -려면, -면서, -더니, -다시피, -다	-랑, -라고까, -므로, -던데, -더라니, -더라도, -느라도, -느라니까, -되, -아서 -다시피	투성이, 답게, 직스럽다, 관적이다, 감, 잔, 군	-면서도, -기에, -자니, -더라니, -라고, -다가는, -다네, -에나, -에서나, -기보다는, -았더라면, -았다든지, -더라고요, -아서 인지, -로까지,	-질 않네요, -과히 -지 않다.	-노라고 하다.	-도록 하다.	-게 되다.	-아 보니까, -고 나니까, -아 버리다, -아 가면서, -ㄹ 봄이 어떨까?, -아 두다, -아 오다/가다, -아 가면서, -아 대다.	-음 좋겠다, -기 좋으련만, -ㄴ가 하다, -ㄴ 줄 알겠네요, -를 비롯해서, -로 보니, -에 따라서는, -는 김에, -기만 해도, -아야 하므로, -기나 하다, -는 바람에, -에 의하여, -다가 보면, -기 십상이다, -기도 하고, -는 척하느라고, -ㄴ 듯싶다, -다 보니, -아서 그런지, -는 고사	아무 -나 -ㄴ 줄 아세요, -다는 걸 -기 위해서, -라고 할 만큼, 어찌나 -았던지, -든가 -든가, 당연히 -아야지요, -ㄹ 때면 -라고 하더라, -ㄹ 테니가 -기나 하렴, 어찌나 -던지, -ㄹ까 봐 -ㄴ데, 아무리 -더라도, -다가는 -는 모양이군, -다니까 -게나, 뭘 그만한 걸로 -나, -아서도 -니, -느라고 -았는데, -기도 하고 -기도 하다, -기도 하고, -기도 하다, -니 -니, -았더라면 -았을걸, -니 -니,

부록

			가, -던지, -던들, -데, -게끔, -자니, 자, -느라고, -아야지 -노라고, -자, -면서			-면야, -에다가, -치고는, -다면, -고도, -다만, -기조차, -다가도, -는가를, -을세그려, -는 다던가?, -답시고, 았던들, -로라도, -더라도, -다기에, -건만, -았다지요?, -았지만, -더라만, -기로서니, -아선지			하고, -ㄹ까 봐요, -니까 말인데, -는 게 다 뭐예요?, -거나 하면, -아야 할 텐데, -다 뿐이다, -아 감에 따라, -아 보기 위해서, -를 통해서, -ㄹ 것 같으면, -는 걸 보니, -ㄹ 테니, -다고 할까요?, -ㄹ 뿐더러, -ㄹ 걸, -기까지 하다, -던 참이다, -는 반면에, -로 인해서, -ㄹ리가 있다. -는 통에, -는 바가 아니다, -는 척하다, -는 한, -만 못하다, -는 수밖에 없다, -로 볼 때, -ㄴ 듯하다, -ㄹ 수가 있어야지요, -ㄹ 테니까, -ㄹ 만하다, -ㄹ까 하고, -는 날엔, -다 못해, -는 바, -ㄴ가 하면, -는 데에, -아 가지고는, -에 비해서, -기 마련이다, -고자 하다, -는 게 아니라, -다지 원가?, -던 중, -ㄴ CO, -ㄴ 셈이다, -로 따진다면, -는단 말이지?, -다 보니까, -ㄴ가 보다, -기 십상이다, -고 하니, -아 주십사 하다, -ㄴ가 본데, -란건, -자 하니, -다가 보면, -ㄹ까 하다가도, -면서 말이다, -다고나 할까?, -기만 해도, -ㄴ 듯싶다, -로 인한, -아야 할 텐데요, -ㄹ 바에야, -다 치지만, -가 아닌가 했다, -ㄹ까 봐, -다 치자, -면 몰라도, -만 해도, -에 의하면, -로 봐서, -ㄹ 뿐만 아니라, -로 해서, -ㄹ 정도로, -기만 해, -ㄴ가 본데, -려 들다, -ㄹ까 하다가, -거니 하다, -기에 망정이지, -다고	아무리 -는다고 해도, -냐 -냐에 따라서, -니까 오히려, 얼마나 -다고요, -에다가 -거든요, -도 -려니와, -게 그냥 두다, -니 -ㄹ 테고, -에다가 -까지, 아무래도 -아야 할까 보다, -니 -거든요, 역시 -군요, -냐 -냐 할 것 없이, 행여나 -ㄹ까 봐, 문제는 -느냐 -느냐 하는 것이다, -다고 -아서야, 하여간 -아야 -ㄹ텐데, 아무리 -다손 치더라도, -든지, -든지, 나나, -다 -다 하는 구실로, -다 -다를 말하기에 앞서, -래야 -ㄹ 수가 없다, -다고 할 수 있겠네요, -는다 -는다 말을 해야 할 거 아니에요?, -ㄹ수록 -아야, -디 -다, 어찌나 -던지 그 바람에, -ㄹ까봐 그러는 거지요, 그냥 -는 정도지요, -니 -니를 따지다, -았거나 -았거나 해서, -는데 목적이 있다, -냐 -았더니, 역시 -기는 -는구나, -는 거 하며 -는 거 하며, 얼마나 -ㄴ지, -ㄹ 땐 -는 게 제일이다, -다더니 웬 이우?, -더니 -는지 -는지도 모를 지경이다, -니 어쩐지 -는 느낌이다, 무슨 -라도 -는 모양이다, -다 -다 하고, -았어도 그래도, -덕분에 -더니, -만 -고 -ㄹ 순 없잖으?, 어쩌면 이렇게도 -지요?, -았더니 여간 -지 않다, -ㄹ 걸 그랬어요, -ㄴ데 어디 -, -ㄹ 때마다 -곤 하다, -ㄹ 수록 -는 게 필요하다, 까딱하면 -ㄹ까, -니 마치 -

120 한국어 교재 연구

연세대	고급									치다, -고 보면, -기 마련이다, -다시피 하다,	는 것 같다, -는데도 -, -는 걸 보면, -는 것 같기도 하고요, -면 -아야 할까 봐요, -다고 -ㄹ 리가 있나?, -아서 그런지 잘 모르겠지만, -만 해도 -네 그려, -기나 한 것처럼, 어디 -뿐이겠습니까?, -든가 -든가, -는 줄 미처 몰랐습니다, 혹시 -가 아닌가요?, -느니 차라리, -다가 보면 -기가 쉽다, -는 -가 아니라 -이다, -는 -에 의해서만, 그렇지 않아도 -ㄹ까 했다, -다 -다 하면서도, -로 인하여 -게 되었다, -면서 한편으로는, -ㄹ 때만이 -ㄹ 수 있다, -ㄴ 것인지 -ㄴ 것인지, -가 -니만큼, -기 때문에 -는 것이 아닐까요?, -았건만 그래도, -았을 뿐 -고 말다, -야말로 -이다, -ㄹ 때는 그렇게 -더니, -아야 -는 법이다, -면 -나 다름이 없다, 어디 -아야 말이지, -거니 하고, 하필이면 -ㄹ 게 뭐냐?, -니 -니, 았기에 망정이지 -았더라면 -ㄹ 뻔했다, 이거 원 -ㄹ 수가 있나?, -고 -고를 따져서, -랴 -랴, -느니 -느니, 아무리 -니 뭐니 해도, -자 -자 하니, 아무리 -기로서니, -도 -지만, 벌써 -, -가 다 되다, -자니 -고 -자니 -고 그래서, -다 보니까 -아지더라고요, -다니 내 원 참, -ㄹ 테니 그리 알우.

부록

		단일형					결합형				복합형					문형
		어말어미	선어말어미	연결어미	관형형어미	명사형어미	조사	접사	부정	인용	사동	피동	보조동사	기타	
이화여대	초급	-지요?, -습니다, -ㄹ까요?, -ㅂ시다, -아요, -십시오	-겠-,	-면, -거나, -아서,	-ㄴ/는/ㄹ	-기	요, 나, 에서, 에게서, 에, 의, 에서, 로, 까지, 과, 하고, 에게, 한테, 는, 도,		-에서, -에요, -겠습니다, -았습니다.	안 V, 아직 -지 않다, -지 마십시오				-아 주시겠습니까?, -아 주세요, -고 있다, -고 싶다,	-를 위해서, -아야 하다, -지 않아도 되다, -는 것, -라고 하다, -기 전에, -ㄴ 후에, -ㄹ 수 있다, -면 안 되다	거기 -지요?, -에서 왔다.
	중급	-지요?, -거든요, -ㄹ래요, -구나, -군요, -ㄹ게요,	-았었-, -더-, -아야-, -겠-,	-니까, -려면, -자마자, -면서, -아서, -려고, -지만, -ㄴ데, -아야지, -거든, -다가,	-ㄴ/는/ㄹ	-ㅁ	에게, 에게서, 보다, 에, 밖에, 나, 마다,	스럽답, 헛, 날, 보, 질, 쟁이, 꾸러기, 맏, 씩, 풋, 개, 이, 덧	-시겠습니까?, -겠습니다, -에도, 에서만, -았다가, -대요,	-가 아니라,	-라고 하다, -냐고 하다, -자고 하다.	-도록 하세요, -게 하다,	-아지, -다, -되다,	-아 보다, -아 드릴까요?, -고 있다, -아 고야 말겠다, -아 놓다, -아 보이다, -아 주시겠어요?,	-았을 때, -ㄴ 적이 있다, -로 해서, -면 안 되다, -아도 괜찮다, -ㄹ 것 -를 통해서 -ㄴ지 알다. -면 어떻겠어요?, -에 대해서 -ㄹ 줄 알다, -는 동안, -러 가다/오다, -고 나서, -ㄹ 때, -ㄴ 것 같다, -를 비롯하여, -려고 하다, -았으면 좋겠다, -ㄹ지도 모르다, -은가 봐요, -는 모양이에요, -ㄹ 수도 있어요, -ㄹ 수밖에 없다, -ㄹ까 봐서, -려던 참이다, -는 바람에, -ㄹ 뻔하다, -아 봤자, -ㄹ까 하다, -려고 합니다, -ㄴ 척하다, -ㄴ 채로, -에 비해서, -는 반면, -만 하다, -만 못하다, -를 막론하고, -를 바탕으로, -는 길에, -ㄹ 때 마다, -기가 좋다/편하다/쉽다, -ㄹ 만하다, -는 대신에,	-게 생겼다, -처럼 같이 생겼다, -ㄴ 게 아니라, 왜냐하면 -기 때문이다, -는 게 좋다, -ㄴ 걸 보니까 -ㄴ 모양이다, -는 어때요?, 아마 -ㄹ 겁니다, -다고 전해 주세요, -ㄴ 지 -가 되다/지나다, -는 게 어때요?, 만일 -는다면 어찌나 -ㄴ지, -는 바람에 -ㄹ 수밖에 없었다, -았더라면 -았을 겁니다, 아무리 -아도, -면 -ㄹ수록, -게 먹다, 꼭 -아야지 반드시 -하고야 말겠어요, -는 게 어때요, -는 것보다 -는 게 낫다
	고급	-길래, -네, -지요.	-다-,	-듯이, -여, -ㄹ지라도, -도록, -자, -다시피, -고자, -되			대로, 조차, 야말로, 는커녕, 나마,		-았더니, -았던.					-아 두다, -아 오다, -아 대다, -아 가다, -아 내다.	-ㄹ 듯이, -았음에도 불구하고, -려고 보니까, -곧 하다, -는 바, -기가 일쑤다, -ㄴ 양, -로 말미암아, -았으면 싶다, -ㄴ 데다가, -ㄴ 탓, -기 짝이 없다, -ㄴ 끝에, -를 막론하고, -네 하다, -ㄹ 정도, -ㄴ 셈이다, -는 법이다, -은가 하면, -다고 하더라도, -나 하다, -는 통에, -는 반면에, -다가 보니까, -다시피 하다, -ㄹ 뿐이지, -만 해도,	-발, -행, -편입니다, -기에는 시간이 빠듯합니다, -면 어떡하죠?, -는 -로 인한 -에서 기인한 것입니다, -기가 이를 데 없다, -는 것과 달리, -든지 -든지

122 한국어 교재 연구

<부록2> 경희대, 고려대, 연세대, 이화여대 한국어 교재의 각 단계별 표현 항목 목록
- 명사형어미, 관형형어미, 조사, 연결어미, 종결어미, 접사 결합형 및 문형별 목록

교재	단계	명사형	관형형	조사	연결어미	종결어미	접사	문형
경희대	초급	-기 전에, -기 때문에, -기로 하다,	-ㄹ 때, -ㄴ 후에, -ㄴ 것 같다, -ㄹ 수 있다, -ㄹ 거예요,	-를 데리고,	-려고 하다, -아야 하다,			-께서 -십니다
	중급	-기만 하면 되다, -기는 하지만, -기 위해서, -기/게 마련이다,	-ㄹ 텐데, -는 김에, -는 대로, -는 한, -ㄴ 지, -ㄹ 줄 알다, -는 중에, -는 데, -ㄴ 만큼, -는 바람에, -ㄴ 걸 보니까, -ㄹ 정도이다, -ㄹ 만하다, -ㄴ 데다가, -ㄹ 수밖에 없다, -는 통에, -ㄹ 겸 해서, -ㄴ 모양이다, -ㄹ 뻔하다, -ㄹ 지경이다, -ㄴ 셈이다, -는 길, -ㄹ 뿐만 아니라, -았으면 하다/좋겠다, -ㄹ 테니까, -ㄴ 채, -ㄴ 탓에, -ㄹ 뿐이다, -ㄴ 셈 치고,	-에 의해서, -에 대하여, -를 통해서, -에 따르면, -에 비해서, -로 인해서, -에 따라서, -에 의하면, -가 다 뭐예요?,	-지 알다, -아 가지고, -ㄹ지도 모르다, -아서 그런지, -다가 보니까, -면 으레, -ㄴ데도 불구하고, -곤 하다, -다 보면, -고 해서, -나 마나,	-ㄴ가 보다, -ㄹ까 하다, -ㄹ까 봐서, -다고 해도, -지 그래요?, -다는 말이다		-로는 -가 그만이다, 얼마나 -ㄴ지 모르다, 아무 -나, 아무 -도, -나 나 할 것 없이, 그렇지 않아도 -려던 참이다, 하도 -아서, -면 -는 법이다,
	고급	-기 십상이다, -기/게 마련이다, -기에 망정이지 -기가 일쑤이다,	-ㄴ 듯싶다/듯하다, -ㄴ 반면에, -는 кто데, -ㄴ 감이 있다, -ㄴ 데, -는 수가 있다, -ㄴ 바, -ㄹ 뿐, -는 중, -ㄴ 마당에, -ㄴ 경우에는, -ㄴ 듯이, -ㄴ 나머지, -ㄴ 탓에, -는 통에, -ㄹ 것까지야 없다, -ㄹ 뿐더러, -는 말할 것도 없고, -는 법이다, -ㄹ 만큼, -ㄹ 정도이다, -ㄹ 지경이다, -ㄹ 것이 아니라,	-가 다 뭐예요?, -의 경우에는, -로 보아서는, -로 볼 때, -로 인하여/인한, -만이 아니다, -에 비해서, -는 고사하고	-려나 보다, -니까 말인데, -고 보니, -ㄴ니 망정이지, -니 할 수 없지요,	-다고 치자, -ㄹ까 하면, -ㄹ까 봐 걱정이다,		-니 -니 해도, -로는 -가 제일이다, -면 얼마나 더 -겠어요?, -건 -건, -든 -든, -아야야 어디?, -ㄹ 때에는 -는 것이 제일이다, -도 -려니와, -야말로 -라고 생각하다, 어디 -뿐인가요?, -는 -대로, -ㄹ 줄 알았더라면 -ㄹ걸, 아무리 -다손 치더라도,
고려대	초급	-기 때문에, -기로 하다, -기 전에, -기 위해서, -기가 힘들다,	-는 것, -ㄴ 적이 있다, -ㄴ 것 같다, -ㄴ 지, -ㄴ 데에, -는 동안, -ㄴ 적하다, -ㄹ 때, -ㄹ 수 있다, -ㄴ 후에,	-를 위해서, -에 있다, -과 같이, -에 가다, 처럼 보이다, -가 되다, -밖에 안 -	-러 가다, -려고 하다, -면 되다, -아야 하다,	-ㄹ까 하다, -ㄴ지 모르다,		-부터 -까지, 얼마나 -ㄴ지, -지 말고 -십시오,
	중급	-기는 하다, -기만 하고, -기에 앞서, -기 마련이다,	-는 바람에, -ㄹ 텐데요, -ㄹ 뿐이다, -ㄴ 모양이다, -ㄹ 테니까, -ㄴ 데다가, -는 길이다, -ㄴ 줄 알다, -는 정도이다, -는 대로, -ㄹ 뻔하다, -ㄴ 채로, -ㄹ 수밖에 없다, -ㄹ 대로, -ㄹ 뿐만 아니라, -ㄹ 리가 없다, -ㄹ 테니, -ㄹ 지경이다, -ㄹ 만하다, -는 통에, -는 김에, -ㄹ 바 아니다, -ㄹ 겸 해서, -ㄴ 셈이다, -ㄴ 셈 치고,	-만 하면, -로 해서,	-다 보면, -다 보니, -아서 그런지, -았으면 하다, -고 해서, -려던 참이다, -아 가지고, -다시피 하다, -고 보니,	-나 보다, -ㄹ까 봐, -다 싶다, -ㄹ지도 모르다, -다고 해서, -려니 하다, -고 싶다,	-품 해서,	-면 -ㄹ수록, 얼마나 -다고요, 아무 -도, 아무 -나, -았다 -았다 하다, -든지 -든지, -길래 -ㄹ 줄 알다, 어차피 -니까, -락 -락 하다,
	고급	-기에 망정이지 -기 일쑤이다,	-ㄹ 셈이다, -ㄹ 테다, -ㄴ 날에는, -ㄴ 마당에, -ㄴ 가운데, -는 둥, -ㄴ 만큼, -ㄴ 걸요, -ㄴ 것이라고는, -ㄹ 테면,	-에 따라서, -로 미루어, -에 불과하다, -에 비해서, -로 삼다, -는 말할 것도 없고,	-다 못해, -ㄴ니 망정이지, -ㄴ다고들, -건 말건	-리라고 생각한다, -ㄴ가 하면		안 -고 말다, 비록 -지만, -라도 -ㄴ 것처럼, 얼마나 -던지,

부록

연세대							
초급	-기 때문에, -기 전에, -기로 하다, -기도 하다.	-ㄹ 것이다, -ㄹ 것 같다, -ㄹ 수 있다, -ㄹ 때, -ㄴ 후에, -는 동안, -ㄴ 것, -ㄹ 테니까, -ㄴ 모양이다, -는 지, -ㄹ 뿐만 아니라, -는 대로, -ㄴ 것 같아서, -ㄴ 데다로, -ㄹ 줄 알다, -는 길이다, -ㄴ 일이 있다.	-에 비해서, -로 해서, -를 위해서	-려고 하다, -러 가다, -아 보다, -았으면 하다, -아 주다, -아야 하다, -아 달라고 하다, -아지는 것 같다, -지 않으면 안 되다, -아도 되다, -면 안 되다, -아 가지고.	-은가 보다, -ㄴ지 알다.	얼마나 -ㄴ지 모르다.	
중급	-기만 하다, -기만 하면 되다, -기로 하다, -기는 하지만요, -긴 다 틀렸다, -기란 여간.	-ㄹ 텐데, -ㄴ 줄 알다, -ㄹ 뿐이다, -았던 것 같다, -ㄹ 만하다, -ㄹ 수도 있다, -ㄴ 적이 있다, -ㄹ 건가요?, -ㄴ 법이다, -는 수가 있나요?, -는 게 다 뭐예요?, -ㄹ 테니까요, -ㄴ 데다가, -는 것 같던데요, -ㄹ 줄 정말 몰랐다, -ㄹ 것까지야 없다, -는 바람에, -ㄴ 셈이다, -ㄹ 만큼, -ㄹ 겸, -는 수가 있다, -는 날엔, -는 줄 알면서도, -는 김에, -ㄹ 것이 아니라, -ㄹ 것 같은데 그렇지도 않은가 봐요, -ㄹ 것까지야 없겠지만.	-만 못하다, -에 비하다, -로는 그만이다, -만 가지고는, -만 해도, -를 바탕으로 하여, -에 인해서, -에 의하면, -만이 아니라, -ㄴ 뭐예요?, -로 보아서는, -로 인해.	-고 해서, -지 그래요?, -아 하다, -곤 하다, -고 보니, -고 말았다, -아서 그런지, -나 마나, -았으면 얼마나 좋겠어요, -게 마련이다, -곤 했다, -아 가면서, -려나 봐요, -다 보면, -나 다름없다, -아시야 어디, -니 어쩌겠나?, -니 할 수 없지요.	-ㄹ까 보다, -다고 보다, -다는 것이, -ㄹ까 하다, -는단 말이에요?, -다 해도, -다고 해서, -는다 하면, -다고 하면, -다고 야단들이다.	-기는 -지만, -나 -나, -면 -ㄹ수록, 그렇지 않아도 -려던 참이다, -면 뭐하고 -면 뭐해요?, -았다 하면 으레, -ㄹ수록 -아야 할 것 같다, -아야 할 것 같아요, -는 걸 보면요, -ㄴ 후에 -면 뭘 해요?, -면 -고 -면, 아무리 -라도, -네 -네 해도 -ㄴ-데, 아무리 -라더라, -다가는 -는 다 -는 하는 것이, -ㄹ건지 -ㄹ건지, -았던 것보다 -ㄹ 것 같다, -든 -든, -아야지 그냥 -ㄹ 순 없지요, -는 -를 -는 -를, -가 마치 -처럼, -며 -며, -ㄹ 줄 알았더라면 -ㄹ 걸, -대로, -도 하고 -도 하며, -도 -지만, -야 -고, -다지 않아요, -로는 -가 제일이다, -도 -고 해서, 어찌 -뿐인가요?, -면 -는 법이다, -임에는 틀림없다, -다면 -ㄹ 텐데요, 얼마나 -았는지 모릅니다, 그렇다고 -ㄹ 수는 없잖아요, -던 -마저, -ㄴ 걸 보니까 -려나 봐요, 이렇게 -아서야 어디 -?, 하도 -아서, -면 얼마나 더 -겠어요, -았더라면 -았을 걸, -게 하기도 하고 -게 하기도 하다, -는 게 훨씬 -다고들 해요, -나 -나 할 것 없이, -도 -고 -도 -고, -ㄹ 겸 -ㄹ 겸, -면야 물제 없겠지만, -에 의하면 -대요, -는 것보다 -는 게 좋지, -아야 -대요, -니 -고 -니, -는다 해도 -면 무슨 ~?	
고급	-음 좋겠다, -기만 해도, -기나 하다, -기 십상이다, -기도 하고 -기까지 하다, -기 마련이다, -기만 해, -기에 망정이지, -기나 한 것처럼.	-ㄴ 줄 알겠네요, -는 바람에, -는 데다가, -ㄹ 테고, -ㄴ 듯싶다, -는 게 다 뭐예요?, -ㄹ 것 같으면 -는 걸 보니, -ㄹ 테니, -다고 할까요?, -ㄹ 뿐더러, -ㄹ 뿐만 아니라, -ㄹ 겸, -던 참이다, -는 반면에, -ㄹ 리가 있다, -는 통에, -는 바가 아니다, -는 척하다, -는 한, -는 수밖에 없다, -는 듯하다, -ㄹ 수가 있어야지요, -ㄹ 테니까, -ㄹ 만하다, -는 날엔, -는 바, -는 데에, -는 게 아니라, -던 중, -ㄴ 채, -ㄴ 셈이다, -ㄹ 바에야, -ㄹ 정도로, -ㄹ 걸 그랬어요, -ㄹ 테니 그리 알우.	-를 비롯해서, -로 보니, -에 따라서는, -에 의하여, -는 게 다 뭐예요?, -로 고사하고, -를 통해서, -로 인해서, -만 못하다, -로 볼 때, -에 비해서, -로 따진다면, -란 건, -가 아닌가 하던, -만 해도, -에 의해서, -로, -로 봐서, -로 해서	-면 좋으련만, -아야 하므로, -다 가 보면, -다 보니, -아서 그런지, -니까 말인데, -거나 하면, -아야 할 텐데, -아 감에 따라, -아 보기 위해서, -다 못해, -아 주십사 하다, -면서 마이다, -게 들다, -거니 하다, -고 보면, -다시피 하다, -는 줄 미처 몰랐습니다.	-라고 다, -ㄴ가 하다, -ㄹ까 봐요, -다 뿐이다, -ㄹ까 하고, -ㄴ가 하면, -는단 말이지?, -ㄴ가 보다, -자 하니, -ㄹ까 하다가도, -다고 할까?, -다 치지만, -ㄹ까 봐, -다 치자, -ㄴ가 본데, -ㄹ까 하다가, -다고 치다, -다니 내 원 참.	아무 -나 -ㄴ 줄 아세요, -다는 걸 -기 위해서, -라고 할 만큼, 어찌 -았던지, -든가 -든가, 당연히 -아야지요, -ㄹ 때만 -라고 하더라, -ㄹ 테니까 -기나 하렴, 어찌나 -던지, -ㄹ까 봐 -ㄴ데, 아무리 -더라도, -다가는 -는 모양이군, -다니까 -게나, 뭘 그만한 -로 -나, -아서도 -니, -느라고 -았는데, -기도 하고 -기도 하다, -니 -니, -았더라면 -았을걸, -니 -니, 아무리 -는다고 해도, -나 -나에 따라서, -니까 오히려, 얼마나 -다고요, -에다가 -거든요, -도 -려니와, -게 그냥 두다, -니 -ㄹ 테고, -에다가 -까지, 아무래도 -아야 할까 보다, -는 -거든요, 역시 -군요, -나 -나 할 것 없이, 행여나 -ㄹ까 봐, 문제는 -느냐 -느냐 하는 것이다, -다고 -아서야 하여간 -아야 -ㄹ텐데, 아무리 -다손 치더라도, -든지 -든지, -나 -나, -다 -다 하는 구실로, -다 -다를 말하기에 앞서, -ㄹ래야 -ㄹ 수가 없다, -다고 할 수 있겠네요, -는다 -는다 말을 해야 할 거 아니에요?, -ㄹ수록 -아야, -디 -디, 어찌나 -던지 그 바람에, -까뻐 그러는 거지요, 그냥 -는 정도지요, -니 -니를 따지다, -았거나 -았거나 해서, -나 -았더니, 역시 -기는 -는구나, -는 거 하며 -는 거 하며, 얼마나 -나, -ㄹ 딴는 게 제일이다, -더니 원 -이우?, -더니 -는지 -는지도 모를 지경이다, -니 어쩐지 -는 느낌이다, 무슨 -라도 -는 모양이다, -다 -다 하고, -았어도 그래도, -덕분에 -더니, -만 -고 -ㄹ 순 없잖아?, 어쩌면 이렇게도 -지요?, -았더니 여간 -지 않다, -ㄴ데 어디 -, -ㄹ 때마다 -곤 하다, -ㄹ수록 -는 게 필요하다, 까딱하면 -ㄹ까, -니 마치 -는 것 같다, -는데도 -는 걸 보면, -는 것 같기도 하고요, -

연세대	고급						면 -아야 할까 봐요, -다고 -ㄹ 리가 있나?, -아서 그런지 잘 모르겠지만, -만 해도 -네그려, 어디 - 뿐이겠습니까?, -든가 -든가, 혹시 -가 아닌가요?, -느니, 차라리, -다가 보면 -기가 쉽다, -는 -가 아니라 -이다, -는 -에 의해서만, 그렇지 않아도 -ㄹ까 했다, -다 -다 하면서도, -로 인하여 -게 되었다, -면서 한편으로는, -ㄹ 때만이 -ㄹ 수 있다, -ㄴ 것인지 -ㄴ 것인지, -가 -니만큼, -기 때문에 -는 것이 아닐까?, -았건만 그래도, -았을 뿐 -고 말다, -야말로 -이다, -ㄹ 때는 그렇게 -더니, -아야 -는 법이다, -면 -나 다름이 없다, 어디 -아야 말이지, -거니 하고, 하필이면 -ㄹ 게 뭐냐?, -니 -니, -았기에 망정이지 -았더라면 -ㄹ 뻔했다, 이거 원 -ㄹ 수가 있나?, -고 -고를 따져서, -랴 -랴, -느니 -느니, 아무리 -니 뭐니 해도, -자 -자 하니, 아무리 -기로서니, -도 -지만, 벌써 -가 다 되다, -자니 -자니 -고 그래서, -다 보니까 -아지더라고요.
이화여대	초급	-기 전에, -는 것, -ㄴ 후에, -ㄹ 수 있다,		-를 위해서, -에서 왔다.	-아야 하다, -지 않아도 되다, -려고 하다, -면 안 되다		거기 -지요?
	중급	-기가 좋다/편하다/쉽다.	-있을 때, -ㄴ 적이 있다, -ㄹ 것 -ㄹ 줄 알다, -는 동안, -ㄹ 때, -ㄴ 것 같다, -는 모양이에요, -ㄹ 수도 있어요, -ㄹ 수밖에 없다, -는 바람에, -ㄹ 뻔하다, -ㄴ 겁니다, -ㄴ 척하다, -ㄴ 채로, -는 반면에, -는 길에, -ㄹ 때마다, -ㄹ 만하다, -는 대신에, -ㄴ 게 아니라, -는 게 좋다, -는 게 좋겠다, -는 게 어때요?	-로 해서 -를 통해서, -에 대해서 -를 비롯하여, -에 비해서, -만 하다, -만 못하다, -를 막론하고, -를 바탕으로, -처럼/같이 생겼다, -는 어때요?	-면 안 되다, -아도 괜찮다, -면 어떻겠어요?, -러 가다/오다, -고 나서, -려고 하다, -았으면 좋겠다, -려던 참이다, -아 봤자, -게 생겼다, -게 먹다.	-ㄴ지 알다, -ㄹ지도 모르다, -은가 봐요, -ㄹ까 봐서, -ㄹ까 하다, -다고 전해 주세요.	왜냐하면 -기 때문이다, -ㄴ 걸 보니까 -ㄴ 모양이다, 아마 -ㄹ 겁니다. -ㄴ 지 -가 되다/지나다. 만일 -는다면, 어쩌나 -느니, -는 바람에 -ㄹ 수밖에 없었다, -았더라면 -았을 겁니다, 아무리 -아도, -면 -ㄹ수록 꼭 -아야지, 반드시 -하고야 말겠어요, -는 것보다 -는 게 낫다.
	고급	-기가 일쑤다, -기 짝이 없다, -기에는 시간이 빠듯합니다, -기가 이를 데 없다.	-ㄹ 듯이, -는 바, -ㄴ 양, -ㄴ 데다가, -ㄴ 탓, -ㄴ 끝에, -ㄹ 정도, -ㄴ 셈이다, -는 법이다, -는 통에, -는 반면에, -ㄹ 뿐이지, -는 것과 달리	-았음에도 불구하고, -로 말미암아, -를 막론하고, -만 해도,	-려고 보니까, -곤 하다, -았으면 싶다, -다가 보니까, -다시피 하다, -면 어떡하죠?	-네 하다, -은가 하면, -다고 하더라도, -나 하다,		-발 -행 -편입니다, -는 -로 인한 -에서 기인한 것입니다, -든지 -든지.

영역별 한국어 교재

- 한국어 말하기 교재 _ 최문석
- 한국어 듣기 교재 _ 마쯔자키마히루
- 한국어 쓰기 교재 _ 장미라
- 한국어 발음 교재 _ 조가
- 한국어 문법 교재 _ 손금추
- 이야기를 활용한 한국어 교재 연구 _ 이성희
- 한국어 문화 교재 _ 전미순

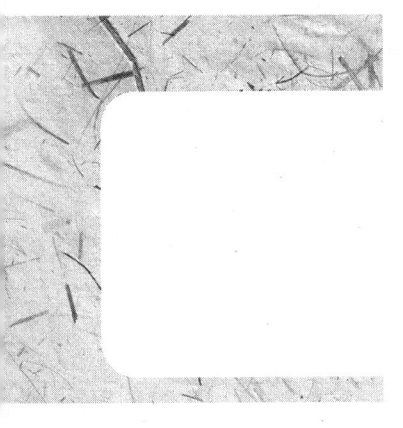

한국어 말하기 교재

최 문 석

1. 머리말

최근 한국어교육계에서는 그간 주류를 이루어온 언어기관별 통합 교재 개발에 이어 그 어느 때보다 다채로운 형식과 내용, 목적을 가진 교재가 출판되어 교사와 학습자의 실제적인 요구를 충족시키고 있다. 어휘, 발음 교재를 비롯하여 듣기, 말하기, 읽기, 쓰기의 언어 기능별 교재, 이주 외국인, 결혼 이민자 등을 대상으로 한 교재, 학문·직업 목적과 같은 특수 목적의 교재, 속담, 관용어 등의 문화 교재, 단기 교육용 교재 등이 개발되어 교재 선택의 폭을 넓히고 있는 것이다.

이는 학습자들의 수가 양적으로 증가하면서 한국어 교육의 영역과 저변이 확대되고 학습자들의 요구와 목표도 다양해져서 그에 적합한 교재의 개발이 필요하게 된 현실적 요구에 따른 것으로서 한국어교육의 양적 확대를 기반으로 교육의 질적 성장을 모색할 수 있는 좋은 여건임에 틀림없다.

그러나 한국어교육에서 문법 교육이 갖는 중요성과 교육 현장에서의 요구에도 불구하고 문법 교육에 쉽게 활용할 만한 문법 학습 활동 교재의 개발은 아직 미흡하다. 이는 역설적으로 문법 교육에 있어서는 한국어교육이 아직까지도 단순한 형태의 연습 및 언어 지식적 차원에서의 교육에 머무르고 있음을 말해 주는 단적인 예로 해석할 수 있을 것이다. 또한 이러한 현상의 원인으로 의사소통 교수법이 교육 현장에 전면적으로 적용되면서 언어 기능 교육에 교육자 및 연구자들의 관심이 편중되어 온 현상 역시 간과할 수 없다.

활동을 중심으로 한 문법 교육이 한국어교육에서 얼마나 실효가 있을지를 함부로 예단할 수는 없으나 듣기, 말하기, 읽기, 쓰기를 중심으로 한 언어 영역별 교육에 있어 학습자 활동 중심의 교육이 갖는 장점 및 효과들이 연구를 통해 모색되고 교재를 통해 구현되고 있는 상황에서 문법 교육 역시 같은 방향에서의 연구와 교재 개발이 활발히 이루어질 필요가 있을 것으로 생각된다.

이에 이 연구에서는 학습자 활동의 개념과 유형에 대한 검토와 학습자 활동 중심 문법 교재 개발의 필요성 및 개발 현황을 토대로 이러한 교재가 담고 있어야 할 요건을 찾아보고자 한다.

2. 학습자 활동의 개념화 및 유형

1) 학습자 활동의 개념화

현대 교수·학습 이론은 1960년대 중반을 기점으로 큰 변화를 겪었다. 학습보다는 교수에 관심이 더 컸던 1960년대 중반 이전에는 행동주의 심리학의 영향으로 수업의 절차와 자료의 설계에 연구의 관심이 집중되었다. 그러나 1960년대 중반 이후 행동주의 심리학(behavioral psychology)이 쇠퇴하고 인지주의 심리학(Cognitive Psychology)과 인본

주의 심리학(humanistic psychology)이 대두·발전하면서 외적 행동에 관심을 두었던 행동주의심리학과는 달리 언어 학습에 있어서도 인간의 자유 의지와 자아실현 및 인간 심리에 내재하는 지식의 구조, 지식의 형성과 유지, 새로운 지식의 학습에 미치는 기존 지식의 영향 등 지식의 발생과 구조, 기능에 연구의 관심이 집중되었다(노명완, 1998 참조). 학습이 외적 요소로부터 단순히 기능과 지식을 수용함으로써 이루어지는 기계적인 과정이 아니라 학습자 스스로 기능과 지식을 재구성하여 자기화하는 과정이 필연적이라는 인식이 확산된 것이다. 이러한 영향으로 교수를 통해 학습자에게 어떻게 교육적인 영향을 줄 것인가에 대한 관심이 교수에 의해 나타나는 학습자의 내재적인 변화 과정으로 이동되었다. 이는 '교수'에 쏠렸던 관심을 '학습'으로 이동시켰고 언어 교육에 있어서의 초점이 학습의 주체인 학습자의 능동적인 정신 작용으로 옮겨 가는 결과를 가져온 것이다. 이는 다시 구성주의 교육의 영향으로 교육의 수동적인 대상에 머무르던 학습자를 교육의 능동적인 주체로 부각시키는 계기를 만들어 내었다. 또한 수업 중 이루어지는 학습자의 능동적인 상호작용 활동이 언어 습득에 긍정적인 영향을 준다는 연구 결과들이 양산되면서 학습자 중심 언어 교육의 중요성이 강조되었다.

이러한 일련의 변화 과정은 교육의 중심이 교사에서 학습자로 이동되고 있으며 그것이 언어 교육의 또 하나의 패러다임으로 정착되고 있음을 알려주는 것으로서 교사 중심 교육의 대표적인 항목인 문법에 있어서도 학습자의 능동적인 활동에 중심을 둔 교재의 개발이 시급함을 시사한다. '학습자 활동'과 달리 '학습자 활동 중심'이라는 용어에는 이러한 '학습자 중심'의 교육 원리가 투영되어 있는 것으로서 학습자 활동 중심의 교재는 기본적으로 이러한 인식을 담고 있어야 할 것이다.

2) 학습자 활동의 유형

문법 교육을 위한 교실 활동은 크게 연습(practice) 활동과 과제(task) 활동으로 나눌 수 있다. 연습은 형태에 초점을 둔 것으로 학습한 내용에 대한 학습자 개인의 학습 활동을 말하며, 과제는 의미에 초점을 둔 것으로 학습자 간에 상호작용이 필수적으로 요구되는 활동이라 할 수 있다.

언어 교수의 역사를 통해 볼 때 연습 형태의 문법 학습 활동은 청각구두식 교수법에서 강조한 교수 방법으로 목표어의 언어적 특징을 잘 나타내고 있는 문형을 반복적인 훈련을 통해 학습시키는 것으로 반복 연습(repetition drill), 대치 연습(substitute drill), 변환 연습(conversion), 확장과 완성(sentence modifications), 응답 연습(response drill) 등의 형식으로 나타난다.[1] 이러한 연습 활동은 그간 개발된 교재들에서 가장 일반적으로 활용한 문법 교육 방법으로서 최근에 개발된 교재들에서도 여전히 유효한 문법 연습 방법으로 제시되고 있다.

한편 과제 활동은 연습과 대비되는 개념으로 청각구두교수법에서 목표어 학습 방법으로 제시한 연습 형태의 활동이 학습자가 실생활에서 접하게 되는 다양한 언어 사용 환경에 능동적으로 대처하여 성공적으로 의사소통을 하게 하는 데 제한적이라는 문제점을 해결할 수 있는 대안의 성격을 띤다.

과제(task)에 대해서는 언어·교육학자들에 의해 다양한 정의가 이루어졌는데 본 연구에서는 Ellis(2003)의 정의에 따라 의미에 초점을 둔 의사소통 활동으로 보아 학습자 간에 상호작용이 필수적으로 요구되는 활동으로 한정하여 연습(practice)과 대비되는 개념으로 이해하고자 한다.

이를 토대로 학습자가 목표어로 의사소통을 할 수 있게 하기 위해서는 크게 두 단계의 활동이 요구됨을 알 수 있는데 Paulston & Bruder(1976)의 구조적 문형 연습(structural pattern drills)과 의사소통적 상호 활동(communicative interaction activities), Rivers(1983)의 언어 기능 습득(skill-getting) 단계와 언어 기능 사용(skill-using)의 단계, Littlewood(1981)의 의사소통 전 활동(precommunicative activities)과 의사소통 활동(communicative activities)의 구분이 그것이다. 위의 구분에서 첫 번째 단계는 두번째 단계, 즉 의사소통 단계에서 학습자의 활동이 성공적으로 이루어질 수 있도록 언어적인 지식을 제공하고 연습시키는 활동으로 이루어지는 것이다. 이를 통해 학습자 활동 중심의 문법 교재 역시 어느 한쪽에 치우침없이 연습과 과제의 두 활동을 유기적으로 연계하여 제시해야 함을 알 수 있다.

---

1) 신현숙(2006)에서는 'drill'과 '연습'을 구분하여 'drill'을 '반복 훈련'에 한정시키고 있으나 본 연구에서는 일반적인 시각에 따라 practice, exercise 등으로 명명되는 활동을 '연습'으로 아우를 수 있는 동의 개념으로 간주하여 'drill'을 포함하는 상위의 학습 활동으로 보고자 한다.

연습(practice)과 과제(task)로 대별되는 이러한 양분법적 분류 이외에 보다 세부적인 기준에 의해 분류된 과제의 몇몇 유형을 살펴보면 다음과 같다.

Prabhu(1987)에서는 과제의 유형을 정보 차이 활동(information gap activity), 추론 차이 활동(reasoning gap activity), 의견 차이 활동(opinion gap activity)의 세 가지로, 나누었으며 Pattison(1987)에서는 교육적인 목표와 효과에 초점을 두어 질의응답 (question and answer), 의사소통 전략(communicative strategies), 그림과 그림 이야기(pictures and picture stories), 퍼즐과 문제 해결(puzzles and problems), 토론과 결정(discussions and decisions)으로, Pica · Kanagy · Falodun(1993)에서는 상호작용 관계와 상호작용의 필수성, 목표의 방향성, 결과의 범위에 따라 조각 맞추기 과제(jigsaw), 정보 차이 과제(information gap), 문제 해결 과제(problem solving), 의사 결정 과제(decision making), 의견 교환 과제(opinion exchange)의 다섯 가지 유형으로, Willis(1996)에서는 과제 수행 방식을 기준으로 나열하기(listing), 순서 정하기와 분류하기(ordering and sorting), 비교하기(comparing), 문제 해결하기(problem solving), 경험 공유하기(sharing experience), 창의적 과제(creative task)의 여섯 가지로 과제를 분류하였다.

이와 같이 과제의 유형 및 종류에 대한 분류가 다양하긴 하나 해당 과제들의 내용을 살펴보면 이는 과제의 범위와 분류 기준의 차이에 근거한 것이 대부분이어서 차이점보다는 유사점이 많음을 알 수 있다.

3. 학습자 활동 중심 문법 교재 개발의 필요성

학습자 활동 중심 문법 교재 개발의 필요성은 다양한 측면에서 논의가 가능하다. 그러나 교육의 핵심은 그것을 둘러싼 개별 주체들에 있는 것이므로 교재 개발 역시 교사와 학습자의 요구에 초점을 두어야 할 것이며 그 외 교육의 내용적 대상이 되는 한국어의 특성과 언어 교육에 담보되어야 할 시대적 가치를 살펴봄으로써 교재 개발의 필요성을 찾을 수 있을 것이다.

1) 한국어의 언어적 특성

언어 학습에서 학습자는 다양한 요인에 의해 어려움을 겪게 되는데, 한국어의 경우 조사와 어미로 대표되는 문법적인 복잡성이 가장 큰 요인 중 하나이다. 하나의 형태가 여러 의미로 사용되는 일형태다의형의 문법 항목 및 서로 다른 형태가 유사한 의미관계를 보이는 이형태유의관계의 조사와 어미들이 다른 언어에 비해 대단히 많기 때문이다. 따라서 교육 내용 중 문법이 차지하는 비중이 상대적으로 클 수밖에 없으며, 하나의 문법 형태가 학습 단계에 따라 다른 의미로 교육되거나 다양한 이형태들이 유사한 의미관계로 제시되기 때문에 학습자들은 이를 학습하는 데 부담을 느끼며 큰 혼란을 겪을 수밖에 없다. 따라서 문법 항목의 경우 한국어가 갖는 이러한 내재적인 복잡성과 이에 따른 과중한 학습 부담량은 교육 방법을 통해 해소하는 것이 바람직하다. 즉 한국어가 갖는 본원적인 특성인 문법적 복잡성을 완충시킬 수 있는 교육 내용과 방법이 필요한 것이며 활동 중심의 문법 교재는 바로 학습자가 한국어 문법 학습에서 겪게 될 언어적 충격을 완화시켜줄 수 있는 완충 지대의 역할을 할 수 있다는 점에서 가치가 있다.

2) 교육 현장의 요구

교육 방법에 대한 연구는 궁극적으로 교육 현장에 몸담고 있는 교사들에 의해 손쉽게 교육 현장에 적용되어 해당 교수 방법의 교육 효과에 대한 검증 및 수정을 통해 양질의 교육을 제공하는 데 기여할 수 있어야 한다. 그러나 현실적으로 현장의 교사가 기존의 연구 성과를 검토하여 개별적으로 자신의 현장 교육에 적용하는 것은 쉽지 않은 일일 뿐만 아니라 비효율적인 일이다. 새로운 문법 교육 방법을 적용한 다양한 문법 활동 교재를 개발하여 교육 현장에서 연구의 성과를 손쉽게 활용할 수 있도록 하는 것이 바람직하다. 모르는 단어가 있을 때 언제라도 찾아볼 수 있는 사전처럼 학습자의 언어 능력을 비롯하여 활용 목적, 시기 등 사용 조건에 따라 손쉽게 활용할 수 있는 다양하고 체계적인 활동 교재는 문법 교육에 필수적이라 하겠다.

3) 언어 교육의 방향성

　언어 교육은 언어학과 심리학, 교육학 등의 영향 아래 시대적 흐름과 함께 그것이 지향하는 목표와 이를 이루기 위한 방법을 달리하며 변천해왔다. 현재적 시점에서 그 변모의 끝을 차지하는 언어 교육의 큰 틀은 실생활에서 자신이 원하는 바의 의사소통을 성공적으로 수행해 내는 것으로 수렴되었다. 그리고 그러한 목표를 이루기 위한 방법으로 언어 사용 중심, 과정 중심, 과제 중심, 의사소통중심, 학습자 중심과 같이 궁극적으로는 같은 지점을 바라보고 있는 다양한 원리들을 배출해 내었다. 문법 교육 역시 예외일 수 없다. 교육이 바뀌기 위해 무엇보다 교육의 주체인 교사와 학습자가 바뀌어야 하겠지만 이는 구체화 또는 수량화하여 살필 수 없는 부분이므로 이러한 변화는 교육의 구체적인 내용이 되는 교재를 통해 우선적으로 구현되어야 한다. 그러나 문법 교육에 있어 교육 자료를 통해 나타난 것은 아직 이러한 학문적·이론적 변화의 작은 부분을 반영하고 있을 뿐이다. 자칫 지식 교육 또는 단순한 형태의 연습으로 이루어지는 구태의연한 교육의 대상이 되기 쉬운 문법 교육 분야에서도 위에서와 같은 목표를 이루는 데 유용한 다양한 유형의 활동 교재 개발이 이어져야 하는 이유이다.

4) 학습자 중심의 교육

　교육의 궁극적인 주체는 학습자다. 교재 개발에서 항상 염두에 두어야 할 사실은 바로 학습자는 교사가 가르치는 것을 배우는 것이 아니라 자신이 원하는 것을 배운다는 것이다. 또한 교사의 지식 전달에 중심을 둔 형태의 수업보다는 성공적인 의사소통 수행에 목표를 둔 학습자 간의 상호작용이 활성화된 형태의 수업에서 더 많은 것을 얻게 되리라는 사실이다. 최근의 언어 교육 이론에서 과정 중심, 과제 중심, 의사소통 중심의 원칙을 언어 교육의 원리이자 화두로 삼고 있는 것도 근본적으로는 이러한 이유에서일 것이기 때문이다. 언어 학습의 목적이 생활 회화 능력의 함양에 있든 진학, 취업, 문화적 관심 등 어느 것에 있든 궁극적으로는 그러한 목적 하에 자신이 원하는 의사소통을 이루어내는 것이라면 언어 학습은 단순한 연습 이상의 실제적인 활동으로 이루어지는 것이 바람직하다. 곧 문법 역시 그러한 요구들을 충족시킬 수 있는 실제적인 활동 속에서 이루어져야 하는 것이다.

4. 학습자 활동 중심의 문법 교재 개발 현황

이 장에서는 학습자 활동에 기반하여 개발된 문법교재의 체제 및 내용을 살펴 보다 체계적인 문법 교재의 개발 방향을 찾아 보고자 한다. 한국어교육 분야에서 이러한 목적으로 개발된 교재로는 허용·오문경(2005)이 유일한바 이를 대상으로 논의를 진행하고자 한다.

이 교재는 한국어 수업을 위한 교실 활동 100가지를 수록하고 있는데, 첫 수업을 위한 활동 8가지, 발음과 어휘에 관한 활동 14가지, 초급 단계 학습자용의 문법 연습을 위한 활동 52가지, 중·고급 단계 학습자에게 활용 가능한 응용 활동 26가지, 학습자의 모국어를 활용한 교실 활동 5가지로 구성되어 있다. 이 중 문법 활동에 해당되는 것으로는 초급 단계 학습자를 대상으로 한 활동 52가지가 있는바 문법 활동에 대한 분석은 이를 대상으로 하였다. 먼저 교재 구성과 활동 구성, 문법 항목 등 교재에 제시되어 있는 내용을 보면, 교재 구성에 있어 서두에 교재의 구성 및 활동에 대한 안내를 두었고 뒷부분에는 교재에 제시된 활동을 확인할 수 있도록 색인을 두었다. 활동 색인[2]에서는 교재에 제시된 활동을 제목, 학습 항목, 활동 목표, 형식(그룹의 유형), 페이지의 항목으로 정리하고 있다.

활동 구성[3]의 경우, 각각의 활동이 유사한 항목으로 제시되어 있는데 단원 개요, 방법, 참고, 응용, 단어·표현의 순서를 취하고 있는바 활동에 따라 '응용', '단어·표현'은 제시되지 않은 경우도 있다. '방법'에서는 활동의 구체적인 절차를 제시하였으며 '참고'는 교사용 활용 지침에 가까운 내용으로 해당 활동 운용 시 고려·유의할 내용들로 이루어져 있다. '응용'에서는 해당 활동에 적용할 수 있는 다른 문법 항목이나 활용 방법 등을 제시하였고, 정답이 있는 폐쇄형 과제의 경우 '정답'을 제시했으며, 활동을 위해 활동지를 제시한 경우 주요한 단어와 표현들을 '단어·표현'으로 제시하고 있다.

---

2) 이 교재에서 활동 색인은 일반적인 언어 교재의 '교재 구성표'에 해당하는 것이다.

3) 이 교재는 활동 중심의 교재이므로 일반적인 통합 교재의 단원에 해당되는 것을 활동으로 제시하고 있다.

문법 항목의 경우 총 53개의 문법 항목이 활동으로 구성되어 있는데, 문법 항목에 따라 반복되어 나타나는 경우(-부터 -까지, 분류사, -(으)ㄹ 수 있다/없다, 못 등)와 문법으로 보기 어려운 항목-길 찾기, 신체 묘사, 주다/받다(선물 주고받기)-도 일부 포함되어 있다.

다음으로 활동의 유형, 과제의 종류, 활동 단위, 타 언어 기능과의 연계 등 활동의 내적인 구성을 살펴보면 활동 유형으로는 연습 활동이 9회, 과제 활동이 43회 제시되어 있는데, 연습 활동으로는 변환·대치·반응 연습, 받아쓰기, 문장 만들기와 같은 형태가 있었으며 과제의 종류로는 게임, 질의응답, 정보 차이 활동, 토론과 결정, 의사결정, 역할극, 문제 해결 활동이 제시한 순서대로의 빈도로 나타났다. 특히 게임이 19회[4]로 가장 많이 활용되어 교재에 제시된 활동에 경쟁적 요소가 강조되었음을 살필 수 있었다. 다음은 질의응답과 정보 차이 활동이 각각 10회와 7회의 빈도를 보여 1, 2회의 빈도를 보인 다른 활동에 비해 활용도가 높았는데, 질의응답은 일반적으로 문법 학습 활동으로 활용하기가 가장 용이하다는 장점이 있으며 정보 차이 활동은 상호작용을 촉진시키는 장점이 있어 다수 활용된 것으로 보인다. 그 외 토론과 결정, 의사결정, 역할극, 문제해결활동이 2회에서 1회씩 나타났는데 이는 해당 활동들이 초급 단계에 적용하기에는 다소 높은 수준의 언어 능력을 요구하는 데 기인한 것으로 판단된다.

활동 단위에 있어서는 짝활동과 조별 활동, 전체 활동이 각각 16회, 10회, 26회씩 나타나 전체 활동의 빈도가 높은데, 이는 교재에 활용된 과제 활동 중 게임이 대부분 전체 활동을 요구하는 데 따른 것으로 보인다. 마지막으로 타 언어 기능과의 연계를 보면 말하기 기능 45회, 쓰기 기능 17회, 읽기 기능 1회[5]로 나타났는데 학습자 활동이 대부분 구두 언어로 이루어지기 때문에 말하기 활동이 필수적인 경우가 가장 많았으며 쓰기 기능이 병행되는 경우도 다수 나타났다. 이상의 내용을 표로 보이면 다음과 같다.

---

4) 여기에서 게임으로 분류한 활동들은 제시된 활동 절차에서 명시적으로 승부 가르기를 제시하고 있는 활동과 명시적이지는 않으나 경쟁적 요소를 포함하고 있는 것이다.

5) 여기에 제시한 언어 기능은 해당 활동 수행에 필수적인 언어 기능을 보인 것으로서 두 가지 이상의 언어 기능이 필수적인 경우도 각각의 언어 기능별로 중복하였다.

분석 기준	내용
교재 구성	사용법(전체 구성, 각 활동의 설명, 활동 시 주의점)→본 단원→색인(활동 색인, 카드 색인)→카드(동사/형용사 그림 카드, 동사/형용사 카드)
활동 구성	단원 개요(활동 목표/타입/준비물), 방법, 참고, (정답), (응용), (단어·표현)
문법 항목	-이/가 아닙니다, -이/가 있습니다, 시간 표현, 시간+에/동사 활용, -에서 -까지/로, 위치 표현, -부터 -까지, 요일, 날짜 표현, -부터 -까지/-시간, 동사의 현재·미래·과거 활용, 의문사, 부정문(안/-지 않다), 장소+에/날짜, 분류사/고유어 수사, 고유어 수사/한자어 수사, 접속부사, -(으)ㄹ까요? -(으)ㅂ시다, 명사+드릴까요?/명사+주세요, 길 찾기, -어서/-(으)니까/-기 때문에/ 때문에, -어서/아서(순서), -고 있다, -(으)면서, 신체 묘사, -고 있다, -인 것 같다, -(는)군요/-네요, 형용사 관형형, 동사 관형형 현재·과거, 동사 관형형 미래, 동사/형용사 관형형, -보다, -(으)ㄹ까요? 권유/거절의 표현, -어/아 보이다, -어도/아도 되다, -(으)면 안 되다, -어/아 보다, -(으)ㄴ 적(이) 있다/없다, -고 싶다/-고 싶어하다, -(으)ㄴ 지 얼마나 됐어요?, -(으)ㄹ 수 있다/없다/못, -어야/아야 하다, -(으)세요(높임말), -(으)ㄹ 수 있다/없다/못, 주다/받다, -어/아 주다/-어/아 드리다/께/에게(한테), -어/아 드릴까요?/-어/아 주세요, 형용사, -지만/형용사, -(으)세요/-지 마세요(명령형)
활동의 유형	연습 활동 – 9회, 과제 활동 – 43회
과제의 종류	게임 – 19회, 질의응답 – 10회, 정보차이활동 – 7회, 토론과 결정 – 2회, 의사결정 – 2회, 역할극 – 2회, 문제해결활동 – 1회
활동 단위	짝활동 – 16개, 조별 활동 – 10개, 전체 활동 – 26개
요구되는 언어 기능	말하기 – 45회, 쓰기 – 17회, 읽기 – 1회

5. 학습자 활동 중심 문법 교재의 요건

교재 개발 시 고려해야 할 사항은 크게 교재의 크기, 가격, 디자인, 관련 구성물(테이프, 비디오, 교사용 지침서 등)의 제공 종류, 전제되는 사용 환경 등 외적·형식적인 부분과 교육 내용, 교수·학습 활동의 구성 및 편제와 같은 내적·내용적인 부분으로 나눌 수 있다. 이러한 일반적인 고려 사항을 기본으로 학습자 활동 중심의 교재에는 '활동'이라는 면과 '학습자 중심'이라는 면이 강조되어야 한다.

사용의 편의성을 중심으로 한 형식적인 면의 경우, 학습자 활동 중심 교재는 정보 차이 활동처럼 학습자 간 역할이 나뉘어 활동에 사용하는 내용이 다르다면 서로 다른 내용으로 이루어진 활동지를 앞뒷면에 배치한다거나, 자르거나 분리하여 사용할 필요가 있는 경우 교재의 외형을 분리 가능하게 하는 등을 고려할 필요가 있다. 한편 내용적인 면은 교육에 보다 직접적인 영향을 주는 것으로서 보다 체계적인 고찰이 필요한바 Sohn, Ho-min(1993)과 이해영(2001)을 대상으로 교재 개발 시 고려해야 할 일반적인 요건과 학습자 중심 교재의 요건에 대해 살펴보고자 한다.

먼저 Sohn, Ho-min(1993)에서는 교재 개발 시 고려할 원리로 '학습자 중심, 개별화, 문맥화, 실제적 자료의 사용, 기능·과제 중심, 연계성 고려, 정확성 중심, 문화 교육, 동기 부여, 언어 기술의 통합적 교육, 언어 지식과 수행의 균형 유지, 나선형 교육, 목표 중심의 교육, 스키마 활용, 대조적인 설명 요구, 경험 중시'의 16항목을 제시하였다. 이는 교재 개발의 일반적인 원리로서 문법 교육과 직접적으로 관련되지 않는 내용도 있기는 하나 대부분의 내용이 문법 교재를 포함한 교재 일반에 적용할 수 있는것으로 생각된다. 다음으로 이해영(2001)에서는 학습자 중심의 수업이 학습자의 요구를 반영하여 학습자와의 관련성 및 학습 내용의 현장 적용성을 높여야 하고 학습자의 적극적 참여와 주도적인 학습의 가능성을 열어 놓아야 한다는 원리 아래 학습자의 요구 반영, 자기 주도적 학습 유도를 교재의 주요 요건으로 하여 다음과 같이 제시해 놓고 있다.

〈표 1〉 학습자 중심 교재의 요건 [6]

교재의 요건			원리
학습자의 요구 반영	학습자와의 관련성		관련성
	현장에의 전이성, 적용성		적용성
	교사에 의한 개작 가능		유연성, 선택 가능성
자기 주도적 학습 유도	학습 목표 제시		자율성, 자기 주도성
	학습 자료 / 활동의 선택 가능성	다양한 자료/활동 제시	자율성, 자기 주도성
		개인화의 가능성	유연성, 선택 가능성
	학습 기술 및 학습 전략 학습 유도		자율성, 자기 주도성
	반추 기회 제공		자율성, 자기 주도성

6) 이 표의 형식은 이해영(2001)을 참고하여 다소 수정한 것이다.

이해영(2001)의 학습자 중심 교재의 요건과 Sohn, Ho-min(1993)에서 제시한 교재 개발의 원리를 참고하여 학습자 중심 한국어 문법 교재 개발의 요건을 제시하면 다음과 같다.

1) 학습자의 요구·흥미 중심

Nunan(1988)에서 제시한 호주의 성인 이민 교육 프로그램에서의 교사와 학습자 간 학습 선호사항에 대한 비교 연구 결과에 따르면 학습 활동에 대한 교사와 학습자의 선호도가 극명한 대조를 이루어 조사 대상이 된 10개 활동 중 발음 연습과 오류 수정의 경우 학습자의 선호도는 매우 높은 반면 교사의 선호도는 '중간'과 '낮음'으로 나타났으며, 짝 활동과 오류 찾기 활동의 경우 학습자 선호도는 각각 '낮음'과 '매우 낮음'이었음에 반해 이에 대한 교사의 선호도는 '매우 높음'으로 나타나 대조를 이루고 있다.

권미정(2001)에서도 비슷한 유형의 조사 연구를 수행한바, 대상 학습 활동의 종류가 일치하지는 않으나 공통 항목을 통해 주목한 만한 대조점을 찾을 수 있다. 즉 앞의 연구에서 교사와 학생에게 모두 낮은 선호도를 얻은 짝 활동과 언어 게임이 이 연구에서는 가장 높은 수준의 선호도를 얻었다는 것이다.

이는 언어 교육에서 교육 방법을 선택하는 데 있어 학습자의 요구와 흥미를 반영해야 함을 보여주는 단적인 예라 하겠는데, 특정 활동에 대한 선호 여부 및 정도가 획일적이지 않아 학습 단계, 내용, 교실 상황 및 학급 구성원 등의 요소들에 의해 가변적이라는 사실은 특정 활동의 선택, 운용 시 반드시 유념해야 할 내용이다. 한편 이 연구에서 '언어 게임'의 경우 학습자와 교사의 선호도가 각각 매우 낮음과 낮음으로 나타나 활동 중심의 교재가 지양해야 할 방향을 단적으로 보여주고 있다. 즉 문법 항목의 문법적 특징에 따라 그에 적합한 유형의 활동을 찾아 적용하는 것도 중요하나 이에 앞서 우선적으로 고려할 사항은 그러한 활동이 과연 학습자에게 내용적·방법론적으로 적절한지에 대한 고찰이 필요하다는 것이다.

2) 활동의 실제성

의사소통 중심의 교육을 지향하는 최근의 언어 교육관에서 학습자들이 언어 습득을 통해 얻게 될 성과, 즉 교육의 목표를 실제적인 의사소통능력의 함양에 두고 있음은 주지의 사실이다. 이에 따라 교육 내용 및 방법 역시도 현실에서 접하게 될 실제적인 의사소통상황에 기반한 것들이어야 함이 강조되어 왔다. 물론 언어 교육에서 제공하는 실제성이라는 것이 실제 현실에서의 의사소통 행위와 일치하는 것은 아니지만 소위 '유사현실'로 명명되는 가상의 의사소통 상황을 토대로 실제적인 의사소통능력을 증진시키기 위함이다. 과제 수행과 같은 활동 중심의 언어 교육은 기본적으로 지식의 수수 관계를 전제로 한 전통적 교수방법에 비해 이러한 교육 목표를 달성하는 데 효과가 크다. 그러나 앞에서 살핀 바와 같이 활동의 유형과 종류는 실로 다양하여 각각의 활동은 그것의 고유한 특성에 의해 실제성이라고 하는 요건을 충족시키는 정도가 다를 수밖에 없다. 특히 문법 교육을 위한 활동의 경우 지루하고 딱딱해지기 쉬운 문법 교육을 다소 유연하게 하고 흥미를 더하려는 목적으로 운용되기 쉽다. 이 역시 가치가 없다고 할 수는 없으나 학습자 활동 중심의 교육에서 얻고자 하는 본연의 가치는 아닐 것이다. 따라서 문법 활동 교재를 개발하고자 할 때 문법 학습에 소용되는 활동이 기본적으로 담고 있어야 할 가치로 '활동의 실제성'에 유의하여야 할 것이다. 즉 학습자들이 현실적으로 경험할 만한 의사소통 상황 하에 현실적으로 활용할 만한 내용을 활동이라는 틀 속에 담을 수 있어야 하는 것이다.

3) 체제의 균형성

교재 내 세부 내용과 형식 간의 균형성은 교재를 개발하는 데 있어 고려해야 할 중요한 요건 중의 하나이다. 어휘, 문법, 문화적 요소와 언어 기능별 요소 간의 적절한 비율이 배려되어야 한다. 활동 중심의 문법 교재라면 대상 문법 항목의 종류와 수, 활동의 종류, 언어 기능과의 연계, 대상 학습자의 수준, 그룹의 크기 등이 이에 해당될 것이다. 해당 문법 교재에서 다룰 문법 항목을 얼마나 어떤 기준으로 설정할 것인지를 먼저 명확히 하여야 할 것이며, 활동의 종류는 해당 활동이 갖는 고유한 특징, 활용 시기(학습, 복습 또는 도입에서 마무리에 이르는 수업 단계)와 목적(언어 지식 영역, 활용 영역), 학습자의 수준, 교실 환경 등에 준거하되 특정한 유형의 활동에 편중되어서는 안 될 것이다. 또한 다양한 언어 기능과 연계되어야 할 것[7]이며, 활동의 운용 단위가 되는 그룹의 크기 역시 짝 활동이나 그룹 활동, 전체 활동이 적절한 비율로 활용되어야 할 것이다.

4) 언어 지식 영역과 활용 영역 고려

2장에서 제시한 바와 같이 학습자들이 문법 학습을 위해 수행하는 활동은 크게 연습(parctice)과 과제(task) 수행 활동으로 구분할 수 있다. 특히 문법 형태가 발달한 한국어에서 이 두 가지 활동은 실제적인 의사소통을 위해 모두 큰 가치를 갖는다. 어느 일방에 치우친 교육을 통해서는 온전히 한국어를 습득시키기가 어려운 것이다. 따라서 문법 활동에 중심을 둔 교재 역시 문법 항목의 특성에 따라 이 두 가지 형태의 활동을 적절한 비중으로 선별하여 적용시키는 것이 바람직하다.[8]

특정한 문법 항목을 대상으로 활동을 구안하기 위해서는 일차적으로 문법 항목의 복잡성(형태·의미·화용적 사용 환경 또는 제약), 학습 가능성, 형태·의미·통사·화용적 특징 등을 고려하여 그에 알맞은 활동을 찾아야 한다. 그러나 이 때 고려해야 할 가장 중요한 부분은 해당 항목에 대한 활동에서 초점을 두어야 할 것이 언어 지식 영역에 해당되는 것인지 언어 활용 영역에 해당하는 것인지, 아니면 둘 다에 해당하는 것인지를 결정하는 것이다. 이는 목표를 분명히 하는 것으로서 학습자가 해당 활동을 통해 얻게 될 학습 결과가 언어 지식 영역인지 활용 영역인지를 분명히 하여 그에 적합한 활동 형태를 제시하여야 한다는 것이다.

---

[7] 허용·오문경(2005)의 경우 말하기, 쓰기 이외의 언어 기능과 거의 연계가 이루어지지 않아 학습자의 언어 기능 간 발달이 균형을 이루기 어려울 가능성이 크다. 그리고 이러한 경향은 말하기와 쓰기 기능과의 연계가 다른 언어 기능에 비해 용이하기 때문일 것인데, 이후에 개발될 활동 중심 문법 교재에서는 특히 듣기 및 읽기 기능과의 연계성을 강화할 필요가 있다.

[8] 김영만(2001)에서 한국어교재를 분석한 결과에 따르면 아직까지도 한국어 교재에 나타나는 문법 학습 활동은 문장 단위의 연습이 주를 이루어 문형 연습이나 단순한 연습 형태에 많은 지면을 할애하고 있는 것으로 나타났다.

5) 구체적인 목표 및 자기 평가 항목 제시

언어 교재의 문제점으로 제기되는 것 중의 하나는 교재에서 제시하고 있는 각각의 언어 요소 및 기능별로 명시적인 목표가 나타나 있지 않다는 점이다. 목표가 명시적이지 않으면 학습자는 학습 후 무엇을 얻게 되는지 어떤 의사소통 기능을 수행할 수 있는지 알지 못하며 학습 목표를 얼마나 달성했는지 판단할 근거를 찾을 수 없다. 목표한 바의 교육이 이루어지기 어려운 것이다. 특히 활동 중심의 언어 학습 활동의 경우 자칫 활동은 존재하나 학습이 부재하게 되거나 학습자 스스로 그런 생각을 하게 될 가능성이 크다. 따라서 활동 중심의 교재일수록 활동의 목표를 구체적으로 명시하고 자기 평가 항목을 제시하여 학습 활동이 내재하고 있는 이러한 잠재적 문제점을 방지할 필요가 있다.

6) 활동의 활용 가능성 고려

앞 장에서 살핀 바와 같이 한국어 문법 교육을 위한 활동 중심의 교재는 허용·오문경(2005)이 유일하다. 이는 활동 중심의 한국어교육의 역사가 일천하며 활동 중심으로 한국어교육을 실시할 제반 여건이 미비하다는 사실에 다름아닙니다. 한편 단기간에 유사한 목적과 내용의 교재가 동시에 연구·출판되는 것이 현실적으로 쉽지 않다고 가정할 때, 또 경제적 논리에 근거할 때 기본적으로 활동 중심의 교재에 제시된 개별 활동들은 적용 가능성이 큰 것들이어야 할 것이다. 즉 문법 학습 활동을 개발할 때 그것의 다양한 적용 가능성 및 응용 방법을 함께 모색·제시하여 다른 문법 항목에의 활용도를 높이는 것이 바람직하다. 이는 교재의 사용자인 현장의 교사들이 교재에 제시된 활동을 활용하는 데 안내 역할을 하게 될 것이며, 교실 상황에 맞게 활동을 조정·응용하는 데도 큰 도움이 될 것이다.

7) 개발자와 사용자 간의 소통 가능성 담보

전통적인 수업 방식과 달리 활동 중심의 교육은 동일한 활동일지라도 적용 대상 및 방식, 교사 자질, 교실 환경, 학습자 변이 등의 변수에 따라 상이한 결과를 보일 가능성이 크다. 또한 이미 개발되었거나 앞으로 개발될 교재에 제시될 문법 활동들은 그것을 활용하는 것이 해당 문법 항목을 교육하는 데 얼마나 유용한지에 대해 검증받지 않은 시험적인 활동일 것이다. 따라서 활동의 활용 결과에 대한 정보 축적 및 공유와 같은 작업이 필요하다. 다소 이상적인 바람이긴 하나 교재 개발자와 사용자 간의 원활한 소통 장치를 마련하여 교재에 제시된 활동의 활용 결과를 수렴하여 개선점을 찾고 더 나은 적용 방안을 마련해 갈 수 있는 소통의 장이 어떤 형식으로든 교재에 담보되어 있어야 할 것이다.

6. 맺음말

한국어교육은 80년대 후반 이후 본격적인 발전을 시작하여 그간 놀라울 정도의 양적인 성장을 이루어 왔으며 최근에는 그러한 양적인 성장을 유지·지속하는 한편 양질의 교육 여건을 담보하기 위한 질적 성장에 주력하고 있다. 이러한 노력으로 많은 분야에서 한국어의 특징에 맞는 교수 내용과 방법이 지속적으로 연구·개발되고 있다.

문법 교육 분야 역시도 다양한 층위의 논의가 진행되면서 한국어 문법 교육이 나아갈 방향과 과제들이 심층적으로 연구되고 있다. 그러나 문법 분야에서는 아직도 한국어의 문법을 교육 현장에 적용하기 위한 논의 중 활동 중심의 교육 원리에 기반한 교재 개발이 미흡하다. 이에 이 연구는 학습자 활동 중심의 원리에 기반한 문법 교재 개발의 필요성을 중심으로 한국어교사들이 현장에서 겪는 문법 교육의 어려움을 덜고 문법에 기반한 학습자의 실제적인 의사소통능력 향상에 도움이 되는 문법 교재가 다수 개발되기를 바라는 마음에서 그러한 교재가 갖춰야 할 요건을 거칠게 제시해 보았다. 앞으로 보다 체계적이고 정교한 원리에 기반한 연구가 이루어지길 바란다.

참고문헌

권미정(2001), 교사와 학습자의 학습 방법 선호도 비교, 한국어교육 12-2, 국제한국어교육학회.

권오량·김영숙·한문섭 (공역)(2003), 원리에 의한 교수-언어 교육에의 상호작용적 접근법(H.Douglas Brown, Teaching by Principle-An Interactive Approach to Language Pedagogy, 2001), Pearson Education Korea.

김영만(2001), 고급 수준 학습자를 위한 한국어 교재 단원 구성 방안, 한국어교육 12-2, 국제한국어교육학회.

김정숙(1998), 과제 수행을 중심으로 한 한국어 교육 방법론, 한국어교육 9-1, 국제한국어교육학회.

김중섭(2004), 한국어 교육의 이해, 한국문화사.

김중섭·이관식(1999), 외국인을 위한 한국어 교재 개발에 관한 연구, 한국어 교육 10-1, 국제한국어교육학회.

노명완(1998), 한국어 교육 자료의 체제 분석-단원 구성을 중심으로, 이중언어학 15호, 이중언어학회.

방성원(2003), 고급 교재의 문법 내용 구성 방안, 한국어교육 14-2, 국제한국어교육학회.

백봉자(1999), 서양어권 학습자를 위한 한국어 교재 개발 연구, 한국어교육 10-2, 국제한국어교육학회.

신현숙(2006), 한국어 교재에 나타난 학습 활동의 현황과 변천 과정 연구, 한국어교육 17-3, 국제한국어교육학회.

이정희(2003), 한국어 학습자의 오류 연구, 박이정.

이해영(1998), 문법 교수의 원리와 실제, 이중언어학 15, 이중언어학회.

이해영(2001), 학습자 중심 수업을 위한 교재 분석, 한국어교육 12-1, 국제한국어교육학회.

이흥수·박매란·박주경 외(2002), 외국어 학습·교수의 원리 제4판(H.Douglas Brown, Principles of Language Learning and Teaching, 2001), Pearson Education Korea.

임병빈 외(1999), 제2언어 교수·학습(David Nunan, Second Language Teaching & Learning, 1999), 한국문화사.

조현용(2000), 한국어 어휘 교육 연구, 박이정.

최문석(2000), 학습자 활동 중심의 한국어교육방안 연구, 경희대학교 석사학위논문.

최문석(2004), 의미 중심의 연결어미 교육 방안 연구-'기에(는)'을 중심으로', 한국어교육 15-1, 국제

한국어교육학회.

한송화(2003), 기능과 문법 요소의 연결을 통한 한국어 교육. 한국어교육 14-3, 국제한국어교육학회.

허용·오문경(2005), 즐거운 한국어 수업을 위한 교실 활동 100, 박이정.

Celce-Murcia, M.(1991), Teaching English as a Second of Foreign Language(2nd ed), Heinle & Heinle Publishers.

Crookes, G & Gass, S(1993), Tasks and Language Learning, Multilingual Matters LTD.

Harmer, J.(1983), The Practice of English Language Teaching, New York, Longman: Inc.

Johnson & Morrow(1981), Commuication in the Classroom: Applications and Methods for a Communicative Approach, Longman Group Ltd.

Littlewood, W. T.(1981), Communicative Language Teaching, Cambridge Univ. Press.

Nunan, D(1988), Syllabus Design, Oxford Univ. Press.

Nunan, D(1999), Socond Language Teaching & Learning, Heinle & Heinle Publishers.

Paulston & Bruder(1976), Teaching English as a Second Language: Techniques and Procedures, Winthrop Publishers, Inc.

Rivers, W. M.(1968), Teaching Foreign-Language Skills, The Univ. of Chicago Press.

Rivers, W. M.(1987), Interactive Language Teaching, Cambridge Univ. Press.

Sohn, Ho-min(1993), Korean Proficiency Guidelines, 한국말교육 4.

한국어 듣기 교재

마쯔자키 마히루

1. 들어가며

한국과 일본 간에는 많은 인적 교류가 있다. 2006년 12월의 통계를 보면 한국을 방문한 외국인은 425,568명이었고, 그 중 185,425명이 일본인이다. 전입국자 수의 43.6%에 이른다(법무부 출입국 관리부 출입국심사과 자료). 2006년도에 일본을 방문한 외국인은 8,107,684명이었는데 그 중 2,369,877명이 한국인이다. 일본 입국자 중 29.2%가 한국인인 것이다(법무성 입국관리국 "平成18年における外国人入国者及び日本人出国者の概況について(速報)"). 이처럼 한국과 일본은 많은 인적 교류가 있으며, 일본인이 한국어를 듣는 기회 역시 많다.

한국어 듣기는 이 시대에 더욱 중요해지고 있다. 본고는 이러한 시기에 일본에서 제작된 듣기 교재의 연습문제를 분석하고자 한다.[1] 듣기 교재에서는 연습문제를 통해 학습자에게 듣기활동을 요구한다. 숫자나 어휘에 대한 질문이 제시되면 학습자는 그 부분을 집중해서 듣게 된다. 들은 내용과 맞는 것을 고르는 문제와 들은 내용에 대해 반응을 해야 하는 문제를 비교하면 반응하는 문제가 더 현실에 가까울 것이다. 이처럼 연습문제를 분석함으로써 듣기 교재가 학습자에게 요구하는 듣기활동이 어떠한 것인지 알 수 있다. 연습문제 분석을 통해 일본에서의 한국어 듣기 교재의 현황과 과제를 살펴보고 제안을 하고자 한다.

듣기활동은 크게 상향식 활동과 하향식 활동으로 나눌 수 있다(Morley(2001:77), 이해영(2005:44) 등). 또 교실에서의 수업을 생각할 때 혼자서 듣기 자료를 듣고 혼자서 연습문제에 답하는 유형(비상호적 활동)이 있을 수 있고 다른 학습자와 상호작용하는 활동이 있을 수 있다.[2] 예를 들어 들은 내용에 대해서 다른 학습자에게 전달하거나, 들은 내용에 대해서 자신의 견해를 밝히는 듣기활동 등을 생각할 수 있다. 듣기활동에 대해서 ①상향식 듣기활동인가, 하향식 듣기활동인가, ②상호작용적 활동인가, 비상호작용적 활동인가의 두 가지 관점에서 분석하도록 한다.

2. 대상 교재 선정

연구자가 조사한 2007년 10월 26일 현재, 일본의 대표적인 인터넷 서점인 Amazon Japan에서 검색을 해보면 한국어 교재는 678권이 검색된다.[3] 교재의 종류가 매우 많아 두 번의 선정과정을 거쳤다. 먼저 678권 중 책 제목, 책 소개 등으로 듣기 교재로 판단되

---

1) 교재평가(textbook evaluation)가 아니라 교재분석(textbook analysis)을 통해 논의한다.

2) 이 점에 대해서 Nunan(1999:299~309)에서는 상호적 듣기와 비상호적 듣기로 설명하고 있다. 상호적 듣기에서는 학습자는 듣기만 하는 존재가 아니라 청자와 화자를 번갈아 하게 된다. 듣고 그 반응으로서 말을 하는 듣기이다. 그런데 이러한 상호적 듣기는 듣기 수업에서 일반적이지 않다고 한다. 이를 보완하기 위하여 듣기활동을 통해 학습자와 내용을 관련시킬 수 있도록 하는 것을 제안하고 있다. 가령 듣고 글로 응답을 한다 하더라도 개인적 반응을 물으면 내용과 학습자를 관련시킬 수 있다. 또 학습자 간에는 변이가 있으므로 그것을 다른 학습자와 비교하거나 공유할 수도 있다.

3) 다음과 같이 검색하였다. Amazon Japan → 일본서적(和書) → 辞事典·年鑑 → 韓国·朝鮮語

는 것을 1차적으로 선정하였다.[4] 판단이 어려운 경우에는 각 출판사 홈페이지 등에서 제공되는 내용 소개를 참고하였다. 2차 선정에서는 1차적으로 선정된 교재의 내용을 중심으로 듣기 교재로 판단 가능한지의 여부를 보았다. 교재의 저자 머리말과 전체 구성, 그리고 각 과를 분석하여 듣기 능력을 향상시키거나 평가하는 목적으로 구성되어 있는지를 확인하여, 이 연구에서 교재 분석 대상으로 삼을 것인지 판단하였다.

1차 선정에서는 다음 7권이 선정되었다.[5]

① 듣고 외우는 초급 조선어
　(河村光雅·田星姬(2002), 聴いて覚える初級朝鮮語, 白水社)

② 한국어 리스닝 마스터
　(梅田博之 監修, イ·ユニ 著(2003), 韓国語リスニングマスター, アルク)

③ 귀에서 들어가는 한국어
　(川口義一 監修, 谷澤恵介·白尚憙(2003), 耳から入る韓国語, Gakken)

④ 한국어 리스닝
　(金正勲·納谷昌宏(2006), 韓国語リスニング, 三修社)

⑤ CD를 듣는 것만으로 한국어를 외울 수 있는 책
　(金文喜(2006), CDを聞くだけで韓国語が覚えられる本, 中経出版)

⑥ 한국어언어문화듣기집
　(白峰子·崔正洵·池賢淑(2006), 韓国語言語文化リスニング集, 白帝社)

⑦ 낭독과 대역, 어른을 위한 한국 현대 동화집
　(パク·インシク企画, 架け橋人の会 訳(2007), 朗読付き対訳 大人のための韓国現代童話集)

이상 7권이 1차적으로 선정되었으며 2차 선정에서 교재의 기본적 성격과 내용을 살펴보고 듣기 교재로 판단할 수 있을지 확인하였다. 다음은 각 교재에 대한 소개이다.

---

4) 절판된 교재 등 현재 구입하지 못하는 교재는 선정 대상에서 제외하였다.

5) [귀에서 들어가는 한국어] (耳から入る韓国語) 와 [낭독과 대역, 어른을 위한 한국 현대 동화집] (朗読付き対訳大人のための韓国現代童話集) 은 각각 속편이 출판되어 있지만 저자와 구성이 같다. 일련의 시리즈이기 때문에 본고에서는 그 중 한 권만을 선정하였다.

1) 듣고 외우는 초급 조선어(聴いて覚える初級朝鮮語)

서명이 "듣고 외우는"이라고 되어 있지만, 머리말에서 이 책의 목표가 언어의 4가지 기능을 균형 있게 정착되도록 하는 것에 있음을 밝히고 있다.

내용은 크게 "문자와 발음편", "회화편"으로 구성되어 있는데, 전자는 기본모음, 평음, 받침 등의 제목으로 각 과가 구성되어 있다. "회화편"은 합니다체, 조사, 부정문 등으로 되어 있어 문법 중심으로 구성된 것을 알 수 있다.

또 각 과의 구성을 보면 목표 문법을 이용한 회화문이 먼저 소개된 후, 형태를 바꿔 쓰는 연습 등이 있고, 마지막은 종합적으로 정리하는 단계로서 듣기 연습이 이용되고 있다. 각 과에는 "포인트"라는 항목이 있고, 거기에서 자세한 설명이 일본어로 제공되는데, 다루어지는 내용은 문법의 해설이다. 이 교재는 머리말에서도 알 수 있듯이 듣기를 위한 교재는 아니며 문법을 중심으로 언어의 4가지 기능을 종합적으로 다룬 교재라고 할 수 있다. 따라서 2차 선정과정에서 본고에서의 분석 대상에서 제외하기로 하였다.

2) 한국어 리스닝 마스터(韓国語リスニングマスター)

서명에서도 듣기에 초점을 맞춘 교재임을 추측할 수 있지만, 머리말에서도 듣기 교재임을 명시하고 있다. 내용을 보아도 모든 연습문제가 CD를 활용하고 있어 듣기 교재라고 판단할 수 있다.

3) 귀에서 들어가는 한국어(耳から入る韓国語)

감수자는 일본어 교육(외국어 교육)의 전문가이다. 책머리에 감수자의 "한국어를 잘 배우는 방법과 이 책을 잘 사용하는 방법"이라는 글이 있다. 이 글에서 자신의 연구 결과와 학습 경험으로 "그 언어의 독특한 발음과 리듬을 알고, 일찍부터 듣고 이해하는 것"이 외국어를 잘 하는데 중요하다고 말한다. 또 어린이가 성인보다 외국어를 빨리 습득할 수 있는 것도 여기에 원인이 있으며 성인도 어린이와 같은 상태가 되어서 학습한다면 외국

어를 잘 할 수 있다고 한다. 그러기 위해서는 잘 아는 내용을 깊이 듣는 것이 중요하며, 이 교재는 성인이 어린이와 비슷한 상황에서 학습할 수 있도록 디자인된 "한국어 [귀에서 들어가는] 교재"라고 한다. 이 감수자는 듣기 교재라는 용어 대신 "귀에서 들어가는 (耳から入る)"라고 하였다.

구체적으로는 이 교재는 '사랑방 손님과 어머니'의 낭독을 들으면서 학습할 수 있는 교재로 작성되어 있다.

감수자의 글로부터 알 수 있듯이 이 교재는 듣는 것에 초점을 맞추어 작성된 교재이며 한국어를 습득하는 것에 목표를 두고 있다고 할 수 있다.

4) 한국어 리스닝(韓国語リスニング)

서명에서 듣기 교재인 것은 추측되지만, 머리말에서도 "본서는 특히 일상회화에 중점을 두어 듣기 훈련이 가능하도록 작성하였다"라고 소개하며 듣기 교재임을 강조하고 있다. 각 과의 구성을 보아도 모두 CD를 이용한 듣기활동으로 이루어지고 있어 듣기 전용 교재임을 확인할 수 있다.

5) CD를 듣는 것만으로 한국어를 외울 수 있는 책
(CDを聞くだけで韓国語が覚えられる本)

이 교재의 서명은 "CD를 듣는 것만으로 한국어를 외울 수 있는 책"이다. 서명으로도 외우는 것을 목적으로 작성한 교재임이 추측된다. 머리말에서는 듣기 교재임을 언급한 부분이 없으나, CD에 특수한 방법으로 음성자료를 담은 것을 기술하고 있다. 즉, 이어폰을 이용했을 때 왼쪽에서는 한국어가 오른쪽에서는 일본어가 나오도록 녹음되어 있다. 이것을 이용해서 왼쪽 이어폰만 끼고 일본어로 번역을 하거나 오른쪽 이어폰만 끼고 한국어로 번역하는 연습이 가능한 것이다. 또 이 교재의 사용방법에 대한 안내를 보면 입문 단계의 학습자는 발음을 익힌 후 짧은 표현을 덩어리로 외우는 방법을 추천하고 있다. 그리고 CD를 들을 때 뜻은 모르더라도 CD의 발음을 흉내 내서 소리를 내보라고 한다. 이

것을 하다보면 한국어를 외울 수 있다고 한다.

　교재의 구성은 제1~10과까지로 구성되어 있는데 3과: 공항/기내, 4과: 호텔, 5과: 레스토랑, 6과: 쇼핑, 7과: 관광지 등 여행자가 자주 이용하는 곳을 기본으로 작성하였다. 각 과의 구성은 해당 장면에서 필요한 단어를 제시하고 그 단어를 이용한 문장을 계속 녹음한 것이다. 이 교재는 듣기 교재라고 보기는 어렵고, 여행용 한국어를 CD와 같이 제공한 교재라고 보면 될 것이다. 따라서 2차 선정과정에서 본고에서의 분석 대상에서 제외하기로 하였다.

6) 한국어언어문화듣기집(韓国言語文化リスニング集)

　이 교재는 한국에서 출판된 교재의 일본어판이다.[6] 일러두기에는 많은 사진자료를 이용한 듣기 교재이며 회화연습, 필기연습과 연관시켜서 작성되었다고 언급되고 있다. 또 한국어 학습자 뿐만이 아니라 한국어 교사도 사용할 수 있도록 작성하였음을 말하고 있다. 즉 본격적인 한국어 듣기 교재라고 할 수 있다.

　그러나 이 교재는 한국에서 제작된 교재를 일본어로 번역한 것이다. 이 연구는 일본에서 제작된 교재를 분석함으로써 일본에서 제작된 교재의 현황과 과제를 알아보는데 목적이 있다. 따라서 이번 연구에서는 분석 대상에서 제외하기로 한다.[7]

7) 낭독과 대역, 어른을 위한 한국 현대 동화집(朗読と対訳、大人のための韓国現代童話集)

　역자 머리말에 다음과 같이 이 교재의 작성 경위가 기술되고 있다.

　오사카에 한국계 민족학교인 백두학원 건국학교가 있다. 그 학교에서는 성인대상 한국어 통번역코스를 운영하고 있다. 그 코스에서 건국중학교 학생들에게 추천할만한 재미있고 읽기 쉬운 한국책을 번역하기로 한 것이 이 교재의 출발점이었다. 한국의 출판사인

---

6) 백봉자, 최정순, 지현숙(2005), 한국언어문화듣기집, 하우

7) 이 교재를 포함하여 최근에 한국에서는 듣기 교재가 새로 개발 출판되고 있어 주목된다. 다른 기회에 한국에서 제작된 듣기 교재에 대해서도 논하도록 하겠다.

샘터에서 출판된 "TV동화 행복한 세상"을 일본어로 번역하는 과정에서 이것이 다독용 교재로 적당하다는 것을 알게 되어 제작하게 되었다. 책을 폈을 때 왼쪽에 한국어가 오고 대응되는 일본어 번역이 오른쪽에 오도록 편집하였다. 또 사전 없이 읽을 수 있도록 각주도 달았다. 이렇게 다독용 교재를 출판하게 되었는데 CD의 낭독도 넣어서 판매한 것이 이 교재이다.

이 교재는 역자가 밝히고 있듯이 다독용 교재라고 할 수 있다. 따라서 2차 선정과정에서 본고에서의 분석 대상에서 제외하기로 하였다.

이상 1차 선정과정을 거쳐 선정된 7가지 교재를 살펴보았다. 그 중 일본에서 제작된 듣기 교재로 판단되지 않았던 4가지를 제외한 다음 3권을 듣기 교재로서 분석하기로 한다.[8]

가. 한국어 리스닝 마스터
　(梅田博之 監修, イ·ユニ 著(2003), 韓国語リスニングマスター, アルク)

나. 귀에서 들어가는 한국어
　(川口義一 監修, 谷澤恵介·白尚憙(2003), 耳から入る韓国語, Gakken)

다. 한국어 리스닝
　(金正勲·納谷昌宏(2006), 韓国語リスニング, 三修社)

3. 연습문제 분석

앞에서 선정한 세 가지 듣기 교재의 연습문제가 학습자에게 ①하향식 듣기활동을 요구하는지, 또는 상향식 듣기활동을 요구하는지, ②상호작용적 듣기활동을 요구하는지, 또는 그렇지 않은지(비상호작용적)를 살펴보도록 한다.

---

8) 이하에서는 「가 교재」, 「나 교재」, 「다 교재」로 표기하도록 한다.

1) 연습문제는 하향식 듣기활동을 요구하는가, 상향식 듣기활동을 요구하는가.

　듣기활동의 이해처리 과정은 크게 두 가지로 나누어 설명되고 있다. 하나는 하향식(top-down) 처리 과정이고, 다른 하나는 상향식(bottom-up) 처리 과정이다. 하향식 처리 과정은 배경지식 등을 활용하여 발화의 의미를 전체적으로 파악하는 처리과정이다. 이러한 처리과정을 이용한 활동을 하향식 활동이라고 할 수 있다. 반대로 상향식 처리과정은 발화 중의 단어 하나하나, 문법 구조, 발음 등 세밀한 부분을 이해해 나가면서 전체의 의미를 파악하는 과정이다. 이러한 활동을 상향식 활동이라고 한다(Morley(2001:77), 武井昭江(2002:32~36), 이해영(2005:44)).

　분석 대상 듣기 교재의 듣기활동을 이와 같은 관점에서 분석함으로써 각 듣기 교재가 학습자에게 어떠한 활동을 요구하고 있는지 어떻게 듣는 것을 기대하고 있는지를 살펴본다.

　먼저 『가 교재』를 살펴본다. 이 교재에서 각 과는 4단계로 구성되어 있다. 1단계를 이 교재에서는 '먼저듣기'라고 부르고 있다. 이 단계에서는 그림과 같이 전체적인 내용 파악을 촉구하는 안내문이 제시되어 있다. 학습자는 그림을 통해 어떠한 장면인지 예측을 할 수 있다. 그리고 안내문은 항상 "다음 질문에 답하려는 마음으로 들어봅시다"로 되어 있다.[9] 처음부터 전체적인 파악에 성공하는 것은 어렵다는 전제 하에 이 교재가 작성되었음을 추측할 수 있다. 2단계를 '다시 듣기'로 부르고 있다. 이 단계에서는 발화를 다시 듣고 중요한 표현을 받아쓰는 활동으로 되어 있다. 3단계는 '듣기 포인트'로 부르고 있는 단계이다. 발음의 변화 때문에 알아듣기가 어려운 부분을 해설하는 부분이다. 발음상의 문제는 이 단계에서 해결하도록 되어 있다. 마지막 4단계는 '질문에 대답하기'로 되어 있다. 발화의 핵심적인 내용에 관한 질문이 있으며 이 질문의 답을 쓰도록 되어 있다.

　이 교재는 1단계에서 그림을 제시하면서 전체적인 내용을 들어보도록 유도하고, 또 마지막 정리 단계에서도 발화의 핵심적인 부분을 이해하고 있는지 묻는 형식으로 구성되어 있다. 2단계에서는 중요한 표현을 받아쓰도록 되어 있지만, 여기서 다루고 있는 것은 숫자나 어휘가 아니라 하나의 담화를 이해하는데 중요한 표현들이다. 알아 두면 담화의 의

---

9) 밑줄은 연구자가 그었다.

미가 쉽게 파악되는 표현들인 것이다. 상향식 활동이긴 하나 지나치게 세밀한 부분에 주목시키는 것이 아니라 전체적 의미 파악에 연결되도록 활동을 설계한 것으로 보여진다. 3단계는 발음을 제대로 들을 수 있도록 설명하는 부분이다. 이 부분은 전형적인 상향식 처리 과정을 반영한 부분이다.

이 교재는 하향식 듣기를 1단계와 마무리인 4단계에 제시하면서 중간 단계인 2단계, 3단계에서 상향식 듣기활동을 하도록 되어 있다. 전체적인 구성을 보았을 때에는 1단계와 4단계가 하향식으로 되어 있어 하향식 활동을 다소 강조한 교재라 할 수 있을 것이다.

다음으로 『나 교재』를 살펴본다. 이 교재는 사랑방 손님과 어머니를 22장으로 나누어서 녹음하고 있다. 연습문제는 5~6장마다 마련되어 있다. 연습문제는 모두 내용에 대해서 묻는 것이며 O/X로 답하는 방식이다. 때때로 발음에 관한 해설 코너가 있어 설명을 읽을 수 있다. 발음에 대한 배려를 알 수 있다. 이 교재의 연습문제는 내용을 묻는 것으로 하향식 활동이라고 할 수 있다. 또 발음에 대한 해설이 있어 학습자에게 상향식 듣기를 할 수 있게 되어 있는데 연습문제가 아니라 발음상의 규칙 설명에 중점을 두고 있다. 전체적으로 보아 하향식 듣기활동이 주가 되어 있으며 상향식 요소가 다소 포함되어 있는 구성이라고 할 수 있다.

마지막으로 『다 교재』이다. 이 교재는 앞에서 소개했듯이 각 과의 학습항목을 이용한 짧은 대화를 4~8개씩 듣도록 되어 있다. 연습문제는 먼저 각 대화를 듣고 핵심적인 부분(가령 숫자, 국가명, 색깔 등)을 맞추는 문제가 제시된다. 대부분 객관식으로 선택만 하면 되지만, 23과, 25과, 26과에서는 받아쓰도록 되어 있다. 이러한 핵심적인 부분을 듣는 활동을 한 후에 짧은 대화마다 연습문제가 마련되어 있다. 각 과의 학습 항목을 받아쓰는 연습문제이다. 대부분 앞에서 핵심적인 내용으로 알아낸 부분과 동일한 부분을 받아쓰도록 되어 있다. 각 과의 학습 항목에 대해서 듣고 의미를 파악하고, 또 발음을 알고 정확히 받아쓸 수 있도록 하려는 의도가 보인다. 이 교재의 연습문제는 정확성을 요구한다. 첫 번째 연습문제는 핵심적인 부분을 듣는 활동인데, 문제를 보면 핵심적인 어휘 등을 정확히 듣는 활동이다. 하나의 담화를 듣고 내용을 파악하는 것이 아니라 대화에서 들어야 하는 일부분을 정확히 알아듣는 것을 중시하고 있다. 그러한 연습 문제를 푼 후에 대화마다 받아쓰기 문제가 출제되어 있어 어휘나 문법을 다루고 있다. 이 교재의 연습활동은 정확성을 중시한 상향식 활동이라고 할 수 있다.

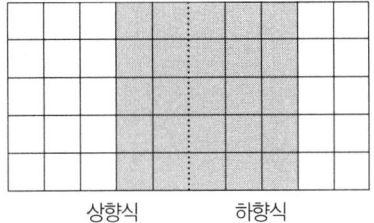

〈그림1〉『가 교재』 활동의 인지적 유형

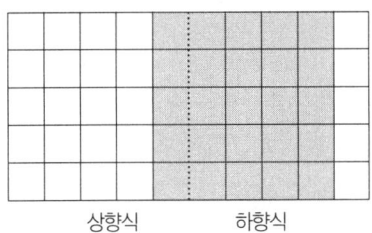

〈그림2〉『나 교재』 활동의인지적 유형

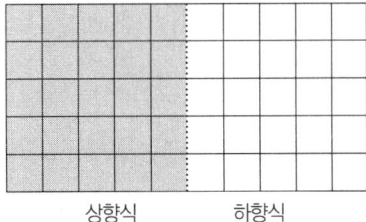

〈그림3〉『다 교재』 활동의 인지적 유형

2) 연습문제는 상호작용적 듣기활동을 요구하는가.

　듣기활동이 상호작용적이라면 학습자는 듣고 자신의 생각 등을 표명할 수 있고, 들은 것에 관해서 다른 학습자와 이야기를 해볼 수도 있다. 들은 후에 학습자가 행동이나 말로 반응할 수도 있는 것이다. 반대로 비상호적 활동이면 들은 후에 내용에 대한 질문에 혼자

답하고 끝난다. 가령 식당에서의 주문 장면 듣기를 비상호적 활동으로 끝내면 학습자는 주문 내용을 알아맞히거나 전형적인 주문 대화가 무엇인지 이해하는 것으로 끝난다. 그러나 듣기활동이 상호작용적이라면 점원의 말을 들은 후 자신이 주문하고 싶은 것을 말해보는 기회를 얻는 것이다.[10]

먼저 『가 교재』를 살펴본다. 이 교재의 각 과는 4단계로 구성되어 있는데, 상호작용적인 부분이 보이지 않는다. 단계1과 단계4가 전체적 내용 파악, 단계2가 받아쓰기, 단계3이 발음 해설이다. 발화를 듣고 자신이 반응해 보는 연습은 없다. 예를 들어 제3과는 "소리 샘으로 연결됩니다"라는 제목인데, 자동응답 메시지를 듣는 연습으로 이루어지고 있다. 의미를 파악하여 중요한 표현을 받아쓰도록 되어 있는 것이다. 모두 발화의 뜻이나 형태를 파악하는 내용으로 정답이 있는 문제들이며, 개인적 반응을 요구하는 문제는 없었다.[11]

이 교재의 연습문제는 비상호적 듣기활동 중심으로 이루어져 있다.

다음으로 『나 교재』를 살펴본다. 이 교재는 5~6장마다 소설의 내용을 물어보는 O/X 문제가 있다. 그러나 연습문제는 그것이 전부이다.[12]

이 교재의 연습문제는 내용파악이 전부이고 그것도 모두 O/X 형식이라 다소 단조롭고 상호작용적인 부분이 보이지 않는다.

마지막으로 『다 교재』를 살펴본다. 이 교재의 연습문제는 첫 번째 문제가 학습 항목을 듣고 알아내는 활동이며, 그 후의 활동은 모두 학습 항목의 발음을 알고 정확히 받아쓰는 것에 두고 있다. 따라서 상호작용적 연습은 없다고 할 수 있다. 이 교재는 학습 항목을 정확히 듣는 것, 그리고 정확히 쓰는 것에 중점을 둔 교재이며, 모두 학습자 본인이 혼자서

---

10) 듣고 다른 사람한테 말을 해 보는 것은 정답이 없는 활동이 된다. 비상호적 듣기활동에서 학습자는 마치 듣기시험과 같이 그저 들은 것에 대해 정답이 있는 문제를 풀게 된다. 반대로 상호적 듣기활동에서는 정답이 없는 질문을 통해 개인적 반응을 요구받고 또 다른 학습자와의 활동을 할 수도 있는 것이다.

11) 소림샘 서비스의 경우 30초 이내에 자신이 하고 싶은 말을 남길 수 있을지가 중요하다. 응답 메시지에 대한 학습 후에 실제로 자신이 30초 이내에 말을 해보는 기회를 넣었으면 학습자는 더 능동적으로 의사소통의 연습 기회를 얻었을 것이다.

12) 교실에서의 사용을 생각해 보면 등장인물의 심정에 대해 이야기 나누기, 줄거리 말하기 등의 활동을 생각해 볼 수 있다. 듣고 상호작용을 할 수 있는 여지가 많이 있다. 또 혼자 학습을 하는 경우에는 단순한 O/X 문제 외에 소설의 세계를 상상해 볼 수 있도록 하는 연습문제 등이 있을 수 있다. 예를 들어 사랑방, 안방과 같은 무대는 학습자에게 낯설어 소설의 이해에 어려움이 있을 수 있다. 소설의 배경인 한옥집의 구조를 학습자에게 그려 보게 하는 것도 소설을 들으면서 할 수 있는 또 하나의 듣기방법이다. 내용만 듣는 것이 아니라 배경을 듣는 활동도 있는 것이다.

하도록 구성되어 있다.

<그림4> 『가 교재』 상호작용

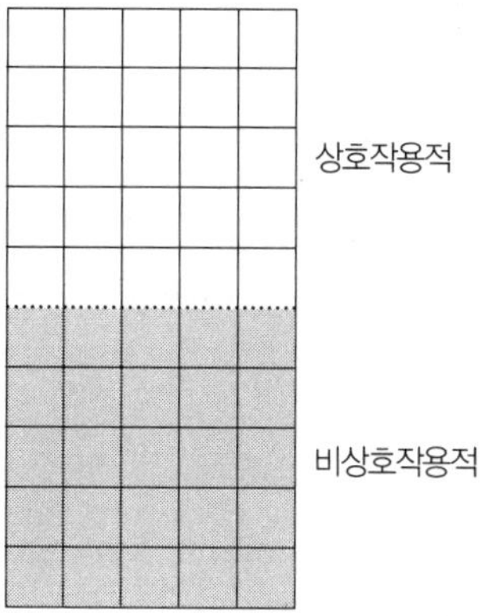

<그림5> 『나 교재』 상호작용

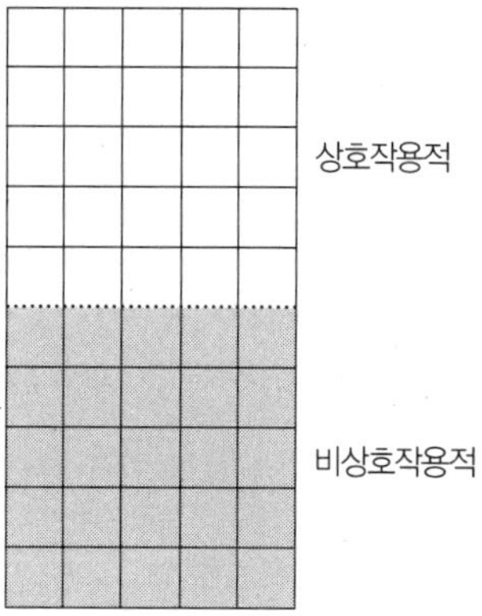

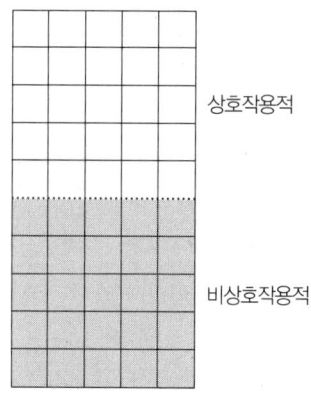

<그림6> 『다 교재』 상호작용

3) 연습문제를 통해 본 일본에서의 듣기 교재의 과제

 이상 연습문제를 통해 듣기활동을 하향식-상향식, 상호작용-비상호작용으로 나누어 살펴보았다. 여기에서는 위의 분석 결과를 종합해서 듣기활동의 유형을 파악하도록 한다.
 먼저 하향식 활동과 상향식 활동으로 분석한 결과(<그림1><그림2><그림3>), 하향식 활동과 상향식 활동 모두가 포함된 교재가 한 가지, 주로 하향식으로 구성되어 있는 교재가 한 가지, 상향식으로만 구성된 교재가 한 가지로 나타났다. 듣기를 성공적으로 수행하기 위해서는 하향식 듣기활동과 상향식 듣기활동 모두가 필요하다. 앞으로 양쪽 활동을 포함한 교재 개발이 더 필요할 것이다.[13] 학습자가 실제로 듣는 것처럼 하향식 듣기활동과 상향식 듣기활동 모두를 이용해서 듣기능력을 향상시킬 수 있는 교재가 필요할 것이다.

또 〈그림4〉〈그림5〉〈그림6〉에서 알 수 있듯이 현재 일본에서 제작된 듣기 교재에는 상호작용적 듣기활동을 요구하는 연습문제가 없다. 다른 학습자와 활동을 하거나 정답이 없는 연습문제가 전혀 없는 것이다. 이 교재들이 독학용 교재로 작성되었음을 추측할 수 있다.[14]

〈그림7〉〈그림8〉〈그림9〉에서 알 수 있듯이 일본에서 제작된 듣기 교재에 공통된 점으로 상호적 듣기활동의 부재를 꼽을 수 있다. 교재에 있는 연습문제가 시험과 같은 객관적 능력 파악을 위한 문제와 크게 다르지 않은 것이다. 교재의 목표는 듣기 능력의 개발에 있을 것이고, 이미 다양한 듣기 지도에 관한 연구들이 있는데[15] 현재 교재에서 볼 수 있는 연습문제의 형식은 제한적이라고 할 수 있다. 의사소통능력 향상을 듣기 교육의 중요한 목표로 삼는다면 이 부분에 대해서 앞으로 다양한 연습문제의 개발이 필요할 것이다.

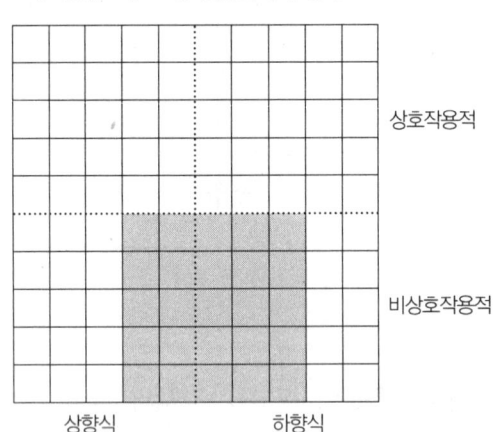

〈그림7〉 「가 교재」 연습문제의 성격

---

13) 이는 하향식 듣기활동만으로, 또는 상향식 듣기활동만으로 구성된 교재를 부정하는 것은 아니다. 한쪽을 강조한 교재를 필요로 하는 학습자도 있을 것이다. 그러나 일반적으로 하향식, 상향식 모두를 이용하여 듣기 때문에 둘 다를 포함한 듣기 교재가 더 많이 개발될 필요가 있다.

14) 반면에 교실에서의 사용에는 한계가 있어 보인다.

15) 武井昭江(2002:32~36), Helgesen(2003:26~30), 이해영(2005:44) 등에서 논의되고 있는 것처럼 하향식과 상향식 모두가 듣기에서는 중요하다.

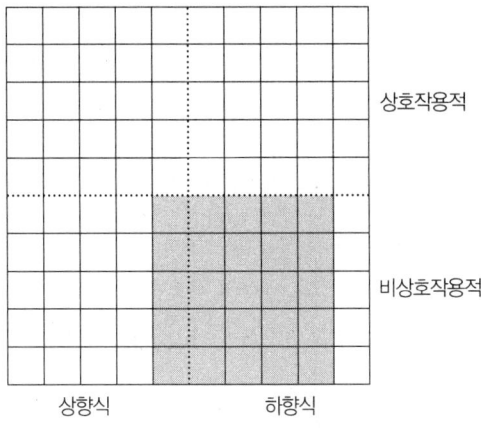

〈그림8〉『나 교재』 연습문제의 성격

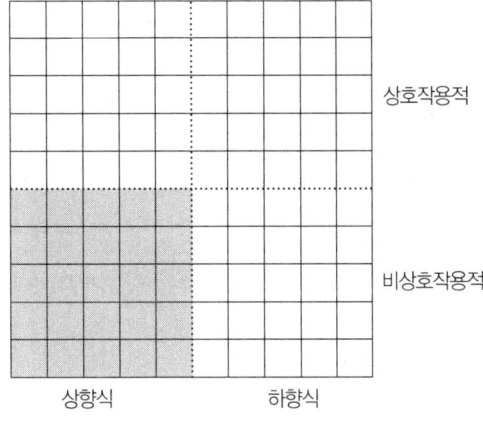

〈그림9〉『다 교재』 연습문제의 성격

4. 앞으로의 제안

일본에서 제작된 듣기 교재는 아직 수적으로 부족하다. 이는 앞으로 일본에서 더 많은 교재가 제작될 여지가 있음을 보여주기도 한다. 앞으로 더 좋은 한국어 듣기 교재를 제작할 수 있도록 몇 가지 제안을 하고자 한다.

1) 교실용 듣기 교재 작성

지금까지 일본에서 제작된 듣기 교재는 독학용으로 보인다. 듣기활동이 모두 혼자서 할 수 있도록 구성되어 있다. 또 해설이 비교적 상세하나 그림 등이 그리 많지 않은 편이다. 학습자는 독학하기도 하지만, 교육기관을 통해 학습하는 학습자도 많아지고 있다. 즉, 다른 학습자 그리고 교사와 같이 한 교실에서 상호작용하면서 학습하기도 한다. 그러나 지금 일본에서 제작된 듣기 교재는 교실에서의 사용을 생각할 때 상호작용이 일어나기 어려운 구성으로 이루어져 있다. 듣기는 언어의 기본적인 4가지 기능 중 하나로서 매우 중요하다. 게다가 실제 언어 사용 장면을 생각할 때 듣기는 읽기나 쓰기에 비해 상호작용하면서 수행되는 부분이 많다. 교실 수업에서 사용하기에 보다 적절한 듣기 교재가 필요할 것이다.

2) 즉흥적 요소의 강화

이번에 분석한 교재는 모두 면밀히 편집된 대본을 기본으로 하여 CD에 음성자료가 녹음되어 있다. 녹음 상태도 좋아 듣는데 불편함이 없다. 특히 『나 교재』의 경우 아나운서가 녹음을 하였기 때문에 바른 발음을 들을 수 있다. 잘 검토된 듣기 자료를 발음이 좋은 사람이 녹음을 하기 때문에 듣기가 편하다. 교재 작성 시에 자료를 면밀히 검토하는 것은 반드시 필요한 것이고, 정확한 발음을 할 수 있는 사람이 녹음하는 것도 필요한 일이다. 스튜디오에서 잡음 없이 녹음하는 것도 중요하다.

그런데 이렇게 제작된 교재의 음성자료에서는 발화의 즉흥적 요소가 포함되지 않다는 단점이 있다. 학습자가 실제로 듣게 될 발화, 특히 대화에는 즉흥적 요소가 적지 않게 들어간다(마쯔자키 마히루(2006:141~154)) 즉흥적 요소를 조금이라도, 가능한 범위에서 음성자료에 포함시키는 노력이 필요할 것이다. 생생한 녹취자료는 학습자에게 듣기에 대한 동기를 강화할 것이다.

3) 인터넷을 활용한 음성자료 제공

최근 CD의 판매량이 줄었다거나 음악 데이터의 다운로드 판매가 증가하고 있다는 보도를 자주 접한다. 실제로 2006년에 일본에서는 음악의 다운로드 판매가 CD싱글[16]의 판매액을 넘어섰음을 일본레코드협회가 발표하였다(2007년 2월 23일 인터넷판 교도통신 기사). 또 재생 플레이어를 보아도 최근에는 CD플레이어보다 iPod를 비롯한 디지털 플레이어가 일반적이다. 휴대전화에도 음성 재생기능이 있는 것이 일반적이다.

지금까지 한국어 교재의 음성자료는 CD로만 제공되어 왔다. 그런데 점차 CD재생에서 디지털 재생으로 흘러가고 있는 추세이다. 아직 CD가 일반적인 재생 수단이라고 보이기는 하나, 이미 디지털 재생도 상당수 사용되고 있기 때문에 이 장점을 살리는 방법을 모색하는 것도 좋을 것이다.

예를 들어 인터넷으로 듣기 자료를 다운로드 가능하게 해두면 듣기 자료의 업데이트와 배부가 간편해질 것이다. 또 CD가 파손되더라도 다시 다운로드 받으면 되기 때문에 교재 보관도 더욱 쉬워질 것으로 보인다. 앞으로 음성자료를 어떻게 제공할 것인지에 대해 모색이 필요할 것이다.

4) DS 등 새로운 매체를 활용한 듣기 교재 개발

음성자료가 오디오테이프에서 CD로 교체되기는 하였으나 여전히 교재의 중심은 책이다. 이 점에 대해서도 앞으로는 다양한 매체의 활용이 가능할 것으로 보인다. 예를 들어 DS라는 휴대용 게임기가 있다. DS는 일본에서의 판매대수가 2000만대를 돌파하였다(인터넷판 마이니치 신문 2007년 10월 26일 기사). 이 기기는 음성재생이 가능할 뿐만 아니라 터치스크린을 이용한 문자 입력도 가능하다. 또 마이크도 탑재되어 있어 앞으로 한국어 인식 기능 등이 추가될 가능성도 있는 기기이다.

일본에서는 이러한 기능들을 활용한 다양한 소프트웨어가 제공되고 있는데, 그 중 영

---

16) 주로 가수가 대표적인 노래 한두 곡만 판매하는 CD를 가리킨다. 여러 곡을 한 CD에 넣은 것은 CD앨범으로 불린다. CD싱글, CD앨범으로 나누어서 판매하는 방식이 일본에서는 일반적이다.

어 학습 소프트웨어 "영어 담그기(英語漬け)"[17]는 판매량이 200만개를 돌파한 인기 소프트웨어이다. 이 소프트웨어는 크게 영어력 판정, 트레이닝, 드릴로 구성되어 있다. 드릴에서는 음성자료를 재생하는 기능이 있고, 단어를 받아쓰는 연습도 가능하다. 받아쓰기에서는 정확하게 썼는지 평가받을 수도 있다. 또 발음 연습 기능도 있는데 자신의 발음을 녹음하여 바른 발음과 비교하여 들을 수 있다. 이와 같이 이 소프트웨어는 매우 다양한 연습이 가능하도록 구성되어 있다.

한국어 학습에 관련된 소프트웨어로는 여행용 회화집을 DS용 소프트웨어화한 "손으로 가리키는 여행회화집(旅の指さし会話帳)"[18]이 판매되고 있는데, 아직 본격적인 한국어 학습용 소프트웨어는 없다. 앞으로 듣기 교재를 비롯하여 DS의 다양한 기능을 활용한 교재가 개발되면 새로운 한국어 학습의 스타일을 제공할 수 있을 것이다.

이상 앞으로 일본에서 한국어 듣기 교재를 작성하는데 필요한 방안을 제안하였다. 일본에서의 한국어 교재에 대한 연구는 별로 많지 않은 상태이다. 앞으로 많은 연구가 이루어지고 그것을 바탕으로 좋은 교재가 많이 개발되었으면 한다.

---

17) 자세한 안내를 http://touch-ds.jp/mfs/eigozuke/ 에서 볼 수 있다.

18) 이 소프트웨어의 자세한 안내는 http://www.nintendo.co.jp/ds/aubj/index.html 에서 볼 수 있다.

참고문헌

간노 히로오미(1991), 일본인을 위한 한국어 교재 개발과 교수 방법
[교육한글](한글학회)4. 143쪽~163쪽.

김숙자(1996), 한·일어의 바람직한 교재를 위하여 [일본학보] (한국일본학회)37. 13쪽~26쪽.

김정화·황인교(2002), 초급 단계에서의 듣기 자료의 실제성
[이중언어학](이중언어학회)20. 69쪽~92쪽.

김중섭·이관식(1999), 외국인을 위한 한국어 교재 개발에 관한 연구
[한국어교육](국제한국어교육학회)10-1. 61쪽~82쪽.

노마 히데키(1996), 바람직한 한국어 교재란? [語學研究所論集](동경외국어대학어학연구소)1. 51쪽~81쪽.

노마 히데키·나카지마 히토시(2005),
일본의 한국어 교재 [한국어교육론1](국제한국어교육학회편).
서울 : 한국문화사. 263쪽~298쪽.

노마 히데키·김진아(2006),
NHK(일본방송협회) 텔레비전 교육 방송을 통한 한국어 교육
[한국어교육]17-2. 95쪽~134쪽.

마쯔자키 마히루(2006), 실제적인 대화 자료 작성에 관한 연구
[한국어교육](국제한국어교육학회)17-1. 133쪽~161쪽.

박기영·채숙희(2007), 일본인 학습자용 한국어 교재에 대한 고찰: 1890년~1945년에 간행된 교재를 중심으로 [이중언어학](이중언어학회)34. 131쪽~157쪽.

백봉자(2005), 말하기·듣기 교육의 교수 학습 [한국어교육론2] (국제한국어교육학회편).
서울: 한국문화사. 25쪽~39쪽.

이경화(2000), 대화의 기능과 구조 분석을 통한 말하기 지도 방안 [말하기 듣기 수업 방법](한국초등국어교육학회). 129쪽~149쪽.

이해영(1999), 통합성에 기초한 교재 개작의 원리와 실제 [한국어교육] (국제한국어교육학회) 10-2. 273쪽~294쪽.

이해영(2001), 한국어 교재의 언어 활동 영역 분석
[한국어교육] (국제한국어교육학회) 12-2. 469쪽~490쪽.

참고문헌

이해영(2005), 말하기·듣기 교육의 과제와 발전 방향 [한국어교육론2](국제한국어교육학회편). 서울 : 한국문화사. 41쪽~56쪽.

정승혜(2006), 日本에서의 韓語 敎育과 敎材에 대한 槪觀 [이중언어학](이중언어학회)30. 335쪽~353쪽.

정영희·김세랑(2006), 일본대학의 한국어 교재 개발을 위한 기초조사 [한국어교육](국제한국어교육학회)17-2. 199쪽~236쪽.

조현용(2001), 일본어 모어 화자를 위한 한국어 교육의 유의점 [어원연구](한국어원학회)4. 185쪽~203쪽.

차경환·신동일(2001), [영어 청취론]. 서울: 한국문화사 1쪽~8쪽.

하세가와 유키코·이수경(2002), 한일 한국어 교재의 문법 실러버스 비교 분석 [한국어교육](국제한국어교육학회)13-2. 247쪽~278쪽.

현윤호(2005), 말하기·듣기 교육의 연구사와 변천사 [한국어교육론2](국제한국어교육학회편). 서울: 한국문화사. 13쪽~23쪽.

후지이시 타카요(2000), "일본에서의 한국어 교재 개발의 문제점 및 해결 방안 [국어교육](서울대학교 국어교육연구소)7. 61쪽~77쪽.

Brown, G. & Yule, G.(1983), Discourse analysis, Cambridge: Cambridge University. 1쪽~4쪽.

Brown, H. D.(2000), Teaching by Principles, [원리에 의한 교수](권오량 외 역). 서울: Pearson Education Korea. 304~327쪽.

Harmer, J.(2001), The Practice of English Language Teaching, Pearson Education. [実践的英語教育の指導法] (斎藤栄二·新里眞男 監訳). 東京 : ピアソンエデュケーションジャパン. 3쪽~18쪽, 40쪽~64쪽

Heaton, J. B.(1991), Writing English Language Tests(2nd ed), London: Longman. [コミュニカティブ・テスティング] (土屋澄男·齋藤誠毅 監修). 東京 : 研究社出版. 91쪽~125쪽

Helgesen, M.(2003), Listening, Practical English Language Teaching(Nunan, D.), NY: McGraw-

	Hill. [영어교육 길라잡이](유제명 외 공역). 서울: 인터비전. 23쪽~46쪽.
Morley, J.(2001),	Aural Comprehension Instruction: Principles and Practices, Teaching English as a Second or Foreign Language(3rd ed), Thomson. [교사를 위한 영어교육의 이론과 실제](임병빈 외 역). 서울: 경문사. 71쪽~87쪽.
Nunan, D.(1999),	Second Language Teaching & Listening, Hong Kong: Hong Kong University,
Underwood, M.(1993),	
	Teaching Listening, London: Longman. [듣기교육](입말교육연구모임 옮김). 서울: 나라말. 11쪽~150쪽.
Ur, P.(1996),	Teaching Listening Comprehension, Cambridge: Cambridge University Press. [영어 청취 지도론](차경환 역). 서울: 한국문화사 36쪽~40쪽.

川口義一(2003),	[耳から入る韓国語]. 東京：Gakken.
河村光雅·田星姫(2002),	[聴いて覚える初級朝鮮語]. 東京：白水社.
金正勲·納谷昌宏(2006),	[韓国語リスニング]. 東京：三修社.
金文喜(2006),	[CDを聞くだけで韓国語が覚えられる本]. 東京：中経出版.
国際文化フォーラム(2005),	
	[日本の学校における韓国朝鮮語教育]. 国際文化フォーラム.
パク·インシク(2007)	[大人のための韓国現代童話集1]. 東京：アルク.
白峰子·崔正洵·池賢淑(2006),	
	[韓国言語文化リスニング集]. 東京：白帝社.
武井昭江(2002),	[英語リスニング論]. 東京：河源社. 7쪽~59쪽.
梅田博之(2003),	[韓国語リスニングマスター]. 東京：アルク.

한국어 쓰기 교재

장 미 라

1. 들어가는 말

국내 대학(원)에서 유학 중이거나 차후 유학을 희망하는 외국인 학생의 수가 늘고 있지만, 외국인 학습자의 대학 수학 능력 향상을 통해 유학 생활을 성공적으로 이끌어 줄 교육 내용 및 교육 방법을 담은 교재 개발은 아직 시작 단계에 있다. 현재 한국어 교육은 대학의 부설기관을 중심으로 한 한국어 교육기관에서 담당하고 있는데, 한국어 교육기관의 교재가 실생활 위주로 짜여져 있어 학문적 목적의 한국어 학습을 희망하는 학습자들의 요구에 부합하지 못하고 있다.

이는 과거에 학업이나 취업과 같이 특수한 목적으로 한국어를 배우려는 학습자들이 많지 않아 한국어 교육이 의사소통 중심의 일반 목적에 집중돼 있었기 때문이며, 한국어 학습자들의 학습 목적이 다양해진 이후에도 이들을 위한 연구가 충분히 진행되지 못했기 때문이다. 1990년대 후반부터 한국어 교육을 담당하는 연구자들이 학문 목적의 고급 과정 한국어 학습자들을 위한 학습자 요구 조사와 함께 별도의 교육 과정에 대한 필요성을 제기하였다. 학문 목적 학습자에게는 일반 목적의 학습자와는 다른 교육 내용과 학습 활동이 제공되어야 한다는 지적이다.

이후 본격적인 학문 목적 한국어 교재가 개발된 것은 불과 3, 4년 전의 일이었다. 근래 대학(원) 수학 목적의 외국인 한국어 학습자가 큰 폭으로 증가한 것은 사실이지만 여전히 일반적 목적의 한국어 학습자들에 비해 그 수가 적기 때문에, 한국어 교육 기관에서 이들만을 위한 전문 강좌를 개설하거나 관련 논의를 집중적으로 진행하는 데 어려움이 있다. 대학(원)의 입장에서도 아직은 전체 학생 수에서 외국인 유학생의 수가 차지하는 비율이 매우 낮기 때문에 대부분의 대학(원)에서 이들을 위한 충분한 교육 과정을 마련하지 못하였다. 한편 이들을 위해 가르쳐야 할 내용이 쓰기, 듣기, 말하기 등 전 언어 영역에 해당하다 보니, 학문 목적의 쓰기를 위한 구체적인 자료의 수집과 교육 방법에 대한 연구, 교재 개발은 시작 단계에 머물러 있는 실정이다.

그러나 현재 대학(원)에서 수학 중인 외국인 학습자들은 일반적인 한국어 표현 능력은 부족하지 않다고 여기면서도 대학 수학 능력은 부족하다고 느끼고 있으며, 강의 듣고 쓰기, 읽고 쓰기, 보고서 쓰기와 같은 쓰기 교육의 필요성을 제기한다. 이는 대학(원) 진학을 준비하는 외국인 학습자들의 경우도 마찬가지이다. 특히 쓰기 영역은 외국인 유학생들이 대학 수학 시 어려움을 겪는다고 호소한 대표적인 언어 기능이다. 쓰기는 말하기와 함께 자신의 생각, 지식 등을 나타내는 대표적인 언어 표현 교육의 대상이다. 특히 대학(원)에서 학문 목적의 쓰기는 성공적인 대학 수학을 가능하게 하는 기본적인 도구로서 매우 중요하다. 이에 학문 목적 학습자를 위한 쓰기 강좌 개설과 교재 개발이 시급하다.

2. 연구 동향

쓰기 교육 방법은 크게 결과 중심 쓰기 교육 방법과 과정 중심 쓰기 교육 방법으로 구분할 수 있다. 결과 중심 쓰기 교육 방법은 행동주의, 형식주의, 텍스트 중심 작문이론에 따른 것으로 교수자가 중심이 되어 완성된 글 중심으로 교육을 진행하는 것이다. 즉, 문법과 수사론적 규칙, 모범적인 글의 모방, 표현 과정에서 발생하는 어법상의 오류 교정 등의 지도에 초점을 두었고, 교수자는 정서법을 집중적으로 보거나 완성된 글에 점수를 매겨 평가하는 역할을 주로 담당하였다.

1980년대에 들어서면서 인지주의, 필자 중심의 작문 이론과 함께 쓰기 과정 중심의 교육 방법이 등장하였다. 과정 중심의 교육 방법은 계획하기, 글쓰기, 수정하기 등의 쓰기의 각 단계들이 순서대로 전개되는 것이 아니라 반복 순환하면서 글을 쓰게 된다는 점, 전문적인 작가와 초보적인 사람은 쓰기의 과정에서 서로 다른 모습을 보인다는 점, 과제에 따라 쓰기의 과정이 달라져야 한다는 점을 전제로 한다. 그리고 필자와 텍스트의 상호작용과 각 쓰기 과정에서의 문제 해결 전략을 중시한다.

1990년대 후반부터는 필자 중심의 과정 중심 쓰기 교육이 활성화되었고, 최근에는 과정 중심 작문 교육 방법을 취하면서 Porter(1992), Oswald(2001), 박영목(2003)과 같이 다중적 예상독자를 염두에 쓴 쓰기와 같이 과정 중심의 쓰기를 보완할 교육 이론도 제기되었다. 실제 쓰기 교육에서 결과보다는 과정에 중심을 두면서 쓰기 교육이 학생들에게 활동만 하게 하고 새로운 원리나 방법 교수에는 소홀했다는 지적과 함께 글의 특성, 문체, 정서법, 문단 구성, 언어 표현 등 결과 중심 작문 교육 방법에서 중요하게 다뤘던 형태, 표현에 다시 관심을 가지게 되었다(서정수(1993), 박태호(1996), 원진숙(1998), 이성영(1999), 이익섭(1999) 등).

국내·외 제2언어 교육 분야에서 의사소통 중심의 교수법, 실생활 위주의 일반 목적 교수법이 중요한 방법론으로 자리 잡으면서, 학문 목적의 제2언어 교육은 상대적으로 소홀히 다뤄져 왔다. 그러나 대학(원) 수학을 목적으로 하는 제2언어 학습자에게는 그에 맞는 교육 방법과 내용을 제공해야 한다는 지적이 있었고(Snow(1991, 2001), Blue(1998)), 영어권 국가의 경우 외국인 학습자의 대학 수학을 돕기 위한 영어 교육 연구가 언어 영역별로 세분화되어 이뤄지고 있으며, 캠브리지 대학에서 진행하는 외국인을 위한 영어 교육 과정은 노트하기, 학문적 쓰기에 대한 비중이 전체 과정의 40%를 차지하고 있어 대학 수학 능력을 위한 제2언어 학습에서 쓰기 교육에 대한 중요성을 보여준다.

국내에서도 근래 대학(원) 수학 목적을 가진 학습자가 급증하면서 이들을 위한 학문 목적 한국어 교육의 방법과 내용에 대한 연구의 필요성이 꾸준히 제기되었다. 김유정(1999), 김청자(2000), 박준언(2000)). 김정숙(2000)은 국내 대학(원)에서 수학 중이거나 진학을 희망하는 외국인을 대상으로 학문 목적의 교육 과정 설계를 위한 학습자 요구 조사를 실시하고, 일반 목적의 구어 중심 의사소통식 교육을 받은 학습자가 일상어나 구어에서는 별 문제가 없음에도 불구하고 대학 수학에 필요한 언어 기능은 많이 부족하므로 학문 목적 학습자를 위한 특화된 교육 과정이 필요함을 강조하였다. 이해영(2001)도 외국인 대학(원) 입학생의 증가 추세와는 달리 졸업률이 상당히 낮은 사실을 지적하고, 이들을 위한 대학 내 교육 과정과 내용을 제시하였고, 김민재(2004)는 학습자 요구 조사를 바탕으로 학문 목적 학습자를 위한 대학 예비교육과정을 설계하였다.

그러나 학문 목적 한국어 쓰기 교육의 필요성에 비해 쓰기의 교육 방법과 교육 내용에 대한 구체적인 연구는 미비한 실정이다. 최근 이해영(2003, 2004)에서 주제 중심 언어교육 방법에 기반한 학문 목적 한국어 교과과정을 설계한 논의가 있으나, 쓰기 영역 위주의 보다 집중적인 논의가 필요하다.

(최)고급 과정의 제2언어로서의 한국어 쓰기의 교육 과정과 내용에 대한 필요는 쓰기 교재에 대한 필요성 논의와 연구로 이어지고 있다. 제2언어 쓰기 교재의 내용에 대한 논의가 외국에서 비교적 활발한 것에 비해(Brown(1994), Tribble(1996), Douglas(2000), Weigle(2002)), 국내에서는 최근에야 텍스트 생산 능력, 담화 능력 향상을 위한 쓰기 교재에 대한 논의가 진행 중이다(진대연(2004), 김지영(2004)).

학문 목적 한국어 쓰기 교육은 한국어 담화 공동체가 공유하는 담화, 텍스트 구성 방식이나 자주 사용되는 표현에 대해 주의를 기울여야 한다(김정숙(1999, 2003), 김지영(2002, 2004)). 이런 측면에서는 논문 문체에 맞는 문장 쓰기 등의 활동을 통해 학문 목적의 글에 나타나는 언어 표현을 다룬 경희대학교의 고급 한국어 교재를 주목할 필요가 있다. 학문 목적의 한국어 쓰기 교육에서 다뤄야 할 내용 중 교육 내용에 대해서는 김인규(2003), 이해영(2004), 이덕희(2004), 글의 장르별 언어 표현에 대한 분석과 정리는 장경희(1994), 강범모(1998), 주신자(1998) 등의 논의를 참조할 수 있다. 그리고 어휘는 조현용(1999), 이상억(2000, 2001), 문장 형식에 대한 논의는 김제열(2001), 류승국(2001),

최호철(2001), 최윤곤(2004), 김유미(2005), 장미라(2006) 등의 논의를 고려해봄 직하다. 그러나 이들 논의 역시 학문적 목적의 한국어 쓰기 교육을 위한 언어 표현을 다루고 있지는 못하며, 일부 학술 논문과 같이 학문적 목적의 글을 다루고 있더라도 대상으로 삼은 글과 어절수가 너무 적어서 학문적 글의 장르적 특성을 충분히 파악하기는 어렵다. 이와 같이 필요성이 제기되었음에도 불구하고, 여전히 실질적이고 구체적인 학문 목적 쓰기 교육 내용에 대한 자료 축적과 연구 성과, 교재 개발은 부족한 실정이다.

3. 학목 목적 쓰기 교재 현황

교재는 교육의 성격과 목표에 대한 이해를 바탕으로 교수-학습 단계별로 교육 내용과 교육 방법을 구체화하여 제시한다는 점에서, 교수-학습의 기본 자료이며 가장 중요한 매개체이다. 교육이란 교수자와 학습자 간에 이뤄지는 일종의 의사소통과정이며, 교재란 이러한 의사소통이 원활히 이뤄질 수 있도록 명시돼 있는 것이기 때문이다. 교수자에게 교재는 교육 목표를 확인시켜 주고 목표 달성에 가장 효과적인 활동을 제공해 줄 뿐만 아니라 평가의 기준과 자료를 제공해 주는 기능을 한다. 그리고 학습자에게 교재는 교육 목표와 교육 내용을 알려줌으로써 학습동기를 유발 또는 강화시키고 학습 방법을 제시해 주며 선후행 학습과 연습을 가능하게 해 준다.

이러한 의미에서 한국어 쓰기 교재는 쓰기에 대한 교육 목표와 방법을 잘 보여주는 것으로, 그 구성과 내용에 대해 살펴보는 것이 곧 한국어 쓰기 교육의 현황을 살피고 개선 방안을 찾는 방안이 된다.

1) 통합 교재

한국어 주교재는 일반 목적 학습자의 의사소통 능력 향상을 위한 통합교재로 대변된다. 일반 목적 학습자에게 쓰기는 상대적으로 비중이 낮고, 통합교재에서 쓰기는 다른 언어 기능 향상을 위한 보조적인 활동의 측면이 강하다. 통합 교재에서 쓰기는 선행 학습한 어휘나 문법의 사용을 확인하거나 연습하는 통제적 쓰기 활동(제시된 문형을 이용해 문장을 연결하기, 빈칸 채우기, 사진·그림·도표 보고 쓰기), 읽기 후에 내용의 이해 정도와 관련 내용을 정리하는 유도된 쓰기 활동, 말하기를 위한 전 단계로 이뤄지는 유도된 또는 자유 쓰기 활동 등으로 이뤄졌다.

이는 문법과 쓰기, 읽기와 쓰기, 말하기와 쓰기 등과 같이 다른 언어 기능과 쓰기 기능을 유기적으로 통합한 결과이다. 쓰기의 측면에서 보면, 각 단원이 하나의 학습 단위이므로 읽기, 말하기, 듣기, 문법과 표현 등이 쓰기 전 활동의 역할을 하기 때문에 전체적으로는 과정 중심의 활동이 이뤄진다고 할 수 있다. 그러나 통합 교재에서는 쓰기 능력 향상에 필요한 언어 기능과 평가 관련 활동이 충분히 제시되지 못하고, 쓰기 활동 자체가 교실 밖에서 수행되는 등 교수자와 학습자 간의 의사소통이 원활하지 못하다는 문제가 있다. 쓰기 주제, 글의 유형, 자료의 수집과 정리 등 학문 목적 쓰기에 부합하는 교육 내용과 방법도 교재에 충분히 반영되지 못했다.

이화여자대학교의 고급2 교재인 '말이 트이는 한국어5'는 주제별로 단원을 나누고 각 단원에서 '준비활동-읽기-듣기-읽고 말하기-과제-문법'의 순서로 구성돼 있는데, '읽기 후 과정'으로 한 번, '과제'를 완성하는 형식으로 한 번, 모두 두 차례 쓰기 활동이 이뤄진다.

읽기 자료나 모범 예가 제시되고 있고, 글의 주제에 대한 말하기 활동이 선행되므로 쓰기 전 활동은 충분한 편이다. 그러나 읽기 활동만으로 학습자가 해당 글의 장르에 대한 언어적 특성, 구성적 특성 등을 이해한다고 보기는 어렵다. 또 모범답안이나 평가표가 제시돼 있지 않아 교정 및 고쳐쓰기 등의 쓰기 과정, 쓰기 후 활동은 부족하다. 학문 목적의 쓰기에 필요한 자료 찾기 기능도 없다. 학문적 쓰기에 해당하는 것은 총 20번의 쓰기 활동 중 '남녀평등의 관점에서 자기 나라 소개하기, 환경 보전과 개발에 대한 주장하는 글쓰기, 영화평 쓰기, 예술 작품 감상문 쓰기' 정도이다.

단원	쓰기 주제	글의 장르(쓰기 활동 유형)	쓰기 전 단계
1과 한국, 한국인	정	경험 쓰기 (개인적 쓰기)	관련 자료 읽고 말하기
	한국 문화	설명하는 글 쓰기 (사회적 쓰기)	질문에 답하기, 모범 예
2과 음식과 문화	음식	설명하는 글 쓰기 (사회적 쓰기)	관련 자료 읽고 말하기
	음식점	기사 쓰기 (사회적 쓰기)	메모하기, 모범 예
3과 역사의 이해	도시	소개하는 글 쓰기 (사회적 쓰기)	관련 자료 읽고 말하기
	한국의 인물	설명하는 글 쓰기 (사회적 쓰기)	조사 활동, 모범 예
4과 경제와 생활	화폐	소개하는 글 (사회적 쓰기)	관련 자료 읽고 말하기
	창업	계획서 쓰기 (제도적 쓰기)	메모하고 말하기, 형식 제시
5과 여성과 남성	남녀평등	소개하는 글 쓰기 (사회적, 학문적 쓰기)	관련 자료 읽고 말하기
	광고	문구 재구성하기 (창조적 쓰기)	관련 자료 보고 말하기
6과 운동과 건강	웰빙	소개하는 글 쓰기 (사회적, 학문적 쓰기)	관련 자료 읽고 말하기
	건강	수칙 작성하기 (개인적 쓰기)	관련 자료 읽고 토론하기
7과 대중 매체와 사회	텔레비전	주장하는 글 쓰기 (사회적 쓰기)	관련 자료 읽고 토론하기
	영화	감상문 쓰기 (학문적 쓰기)	영화보고 메모하기, 모범 예
8과 환경과 인간	환경 보전과 개발	주장하는 글 쓰기 (학문적 쓰기)	관련 자료 읽고 말하기
	쓰레기 분리수거	설명하는 글 쓰기 (사회적 쓰기)	메모하고 말하기, 형식 제시
9과 과학과 미래	2050년의 하루 일과	시간적인 순서로 글 쓰기 (창조적 쓰기)	관련 자료 읽고 말하기
	미래	기사문 쓰기 (사회적 쓰기)	순서대로 쓰기, 구성 제시
10과 문학과 예술	예술 작품	감상문 쓰기 (학문적 쓰기)	관련 자료 읽고 말하기
	문학 작품	읽고 문제에 답하기 (학문적 쓰기)	작품 읽고 지은이 조사하기

경희대학교의 '한국어 고급2' 교재는 통합교재이면서도 쓰기를 위한 쓰기 전 과정이 보다 세밀하게 구성돼 있다. 주제별로 나눠진 각 단원은 '도입-듣기1-듣기2-문법-읽기1-읽기2-쓰기-말하기'의 순서로 구성돼 있는데, 쓰기 앞에 이뤄지는 학습이 넓게는 쓰기 전 과정에 해당함에도 불구하고, 쓰기 부분에서는 쓰기를 위한 단어와 표현 찾기, 문장 단위 쓰기, 표시 항목을 활용하여 말하기, 내용 정리, 개요 작성 및 글 구성, 관련 자료 등을 제시하고 있다.

각 단원의 쓰기 활동은 2, 3개로 구분돼 있는데 앞에 있는 쓰기 활동이 마지막 완성된 글 쓰기를 위한 과정인 경우가 많았다. 각기 다른 주제로 하나의 글을 완성하는 쓰기 활동은 11번이고 이 중에서 학문적 쓰기에 해당하는 것은 '사형제도에 대해 주장하는 글 쓰기, 자기소개서 쓰기, 논문의 서론과 결론 쓰기'이다.

단원	쓰기 주제	글의 장르(쓰기 활동 유형)	쓰기 전 단계
1과 교육과 미래	성격에 따른 학습법	의견과 근거 쓰기 (사회적 쓰기)	표현 확인, 말하기, 모범 예
2과 문화와 예술	한국 문화	설명하는 글 쓰기 (사회적 쓰기)	질문에 답하기, 개요 작성
3과 역사와 유래	한국의 도시	설명하는 글 쓰기 (사회적 쓰기)	자료를 활용하여 문단 쓰기
4과 매체와 사회	휴대전화	신문기사 쓰기 (사회적 쓰기)	관련 자료 읽고 말하기
5과 철학과 윤리	사형 제도	주장하는 글 쓰기 (학문적 쓰기)	단어, 문장, 개요, 말하기
6과 경제와 생활	광고광고	문안 쓰기 (창조적 쓰기)	말하기, 자료 찾기
	자기소개서	자기소개서 쓰기 (제도적, 학문적 쓰기)	질문에 답하기
7과 건강과 식사	상품 주문	주문서 쓰기 (제도적 쓰기)	주문서 양식 제시
	선물	편지 쓰기 (사회적 쓰기)	내용 제시
8과 발표	자원 재활용, 창의성 교육, 사이버 윤리	서론 쓰기 (학문적 쓰기)	문형 제시
	한국어 교육	결론 완성하기 (학문적 쓰기)	본론 요약문 읽기

다만 모범답안이나 평가표가 제시돼 있지 않아 교정 및 고쳐쓰기 등의 쓰기 과정, 쓰기 후 활동은 다른 교재와 마찬가지로 부족했다. 또한 학문 목적 쓰기에 필요한 자료 찾기 기능, 글의 장르적 특성에 대한 이해와 관련된 제시도 부족하다.

이와 같이 통합 교재 내에서의 쓰기는 비중이 상대적으로 작고 교육 내용이 다른 언어 기능 향상을 위한 보조적인 측면이 강하다. 그러나 쓰기의 주제, 글의 장르, 쓰기 유형, 교육 방법 등에 있어서는 매우 발전된 양상을 보였고 교육 현장에서 쓰기가 이뤄질 수 있도록 제시되었다. 쓰기의 주제, 모범이 되는 글의 실제성은 높아지고 쓰기 대상이 되는 글의 장르는 다양화되었으며, 교육 방법은 통제된 쓰기에서 유도된 쓰기를 거쳐 자유 작문이 가능하도록 다변화되고 결과 중심적인 방법을 보완한 과정 중심적인 쓰기로 학습자가 하나의 글을 완성할 수 있도록 제시되었다. 다만, 글 구성 전에 문장 쓰기 연습이 부족하고, 글을 쓰기 위한 자료의 수집과 정리, 글의 수정과 평가는 여전히 교육 현장 밖에서 교수자와 학습자가 분리돼 있는 상황에서 이뤄졌다. 평가가 교육 현장에서 이뤄지지 못하면 결국 문장 오류 수정 수준에 머무를 수밖에 없으며, 또한 교수자와 학습자간의 쓰기 과정에 대한 협의도 진행되기가 어렵다. 이러한 주교재의 문제는 쓰기 활동이 한층 강화된 연습용 부교재에서도 나타난다. 최근에는 학문 목적의 통합 교재가 발간되어, 주제, 장르별 활동 유형, 과정 중심, 내용 중심이 강화되었고 자료의 수집 과정도 보완되었다.

- 선문대학교 한국어 교육원(2004/2005). 『외국인 대학생을 위한 교양 한국어』1, 2. 선문대학교 출판부
- 이채연 외(2006). 『유학생을 위한 톡톡 튀는 한국어』1-6. 박이정
- 허용(2007). 『외국인 유학생을 위한 인문 한국어』. 다락원

선문대학교의 '외국인 대학생을 위한 교양 한국어1'에서는 학문 목적 쓰기 활동으로 보고서 쓰기, 자기소개서와 이력서 쓰기를 다룬다. 문형 연습, 단락 쓰기 연습, 연상 연습이 가능하고, '틀린 단어, 문장 고치기, 단순한 문장 쓰기, 연상하여 창조적(자유로운) 글쓰기, 양식 채우기' 등의 쓰기 활동 유형으로 구성돼 있다. 신라대학교의 '유학생을 위한 톡톡 튀는 한국어1-6'은 말하기와 쓰기, 읽기와 쓰기가 긴밀하게 연계되어 있다. 교재는 말하기와 읽기를 중심으로 구성돼 있으며, 이를 바탕으로 쓰기 활동을 진행하도록 되어 있다. 일반 목적 통합교재와 마찬가지로 하나의 단원은 하나의 주제를 중심으로 구성돼 있으며 말하기, 듣기, 읽기, 문법, 어휘 학습을 통해 쓰기 전 활동이 가능하도록 돼 있다. 그러나 쓰기가 다른 언어 기능을 위한 활동의 하나로 다뤄지는 경향이 강하다. 표현, 구성, 형식 등 글의 장르적 특성에 대한 제시와 설명이 부족하고, 문장 단위의 쓰기 활동이 없고, 쓰기 후 오류 수정이나 피드백이 이뤄지는 과정이 제시돼 있지 않으며 모범 답안뿐 아니라 자기 평가 또는 상호평가 부분이 없다는 점에서 일반 목적 통합 교재와 크게 다르지 않다.

2) 쓰기 교재

쓰기 교재의 목록은 다음과 같다.

- 라혜민 외(2000). 『기초 한국어 쓰기 연습』. 선문대학교 출판부
- 서울대학교 어학연구소(2000). 『(한국어 교재에 맞추어 엮은) 한국어 쓰기 교본』. 명지출판사
- 라혜민, 우인혜(2002). 『외국인을 위한 기초 한국어 쓰기』. 보고사
- 김민자(2003). 『너 한글 쓸 줄 아니』. 랭기지 플러스

- 신현숙(2005). 『들으면서 쓰는 한국어 펜맨십』. 다락원
- 한국어세계화추진위원회(2005). 『초급 한국어 쓰기』
- 김정숙 외(2006). 『초급 한국어 쓰기』. 한림출판사
- 김준선(2006). 『외국인의 한글 공부를 위한 한국어 작문』. 학문사
- 연세대학교 한국어학당(2006). 『한 달 완성 한국어 쓰기 중급』. 연세대학교 출판부
- 우형식 외(2007). 『쉽게 배우는 한국어 초급 : 읽기, 쓰기』. 랭기지 플러스
- 이정희 외(2007ㄱ). 『유학생을 위한 한국어 글쓰기의 기초』. 하우
- 이정희 외(2007ㄴ). 『유학생을 위한 한국어 글쓰기의 실제』. 하우

학습자의 증가, 한국어 학습 목적의 다양화, 언어 기능별 학습 요구 등의 증가로 언어 기능별 분리 교재와 학습 목적에 맞는 교재의 개발이 활발해지고 있다. 그러나 초기에 발간된 쓰기 교재는 자모 쓰기, 받아쓰기 등 적기 기능에 한정된 것이 많다. '한국어 쓰기 교본, 외국인을 위한 기초 한국어 쓰기, 너 한글 쓸 줄 아니, 들으면서 쓰는 한국어 펜맨십' 등이 있다. 한국어세계화추진위원회의 '초급 한국어 쓰기'는 단어, 문법 학습의 차원에서 구성된 쓰기 교재이다.

한국어 교육의 궁극적인 목적은 외국인 학습자의 한국어 사용 능력(표현·이해 능력)을 발달시키는 것이며, 쓰기 능력은 말하기와 함께 한국어 표현 능력의 한 축을 담당하는 중요한 언어 기능이다. 그리하여 과정 중심의 쓰기 교육 내용 및 방법이 개발되면서 독립된 쓰기 교재 개발이 본격적으로 시작되었다. 김정숙 외(2006)의 '초급 한국어 쓰기'는 장르별 글 구성 중심적이며 과정 중심적인 쓰기 교재다. 특히 초급 과정임에도 평가 항목을 제시하고 있어 쓰기 능력 향상을 목적으로 하는 본격적인 쓰기 교재라 하겠다.

한편 구어뿐 아니라 문어적인 한국어 표현에 대한 학습자의 요구, 학문 목적 학습자를 중심으로 한 쓰기 기능 향상에 대한 요구가 증가하고 이를 위한 쓰기 교재 개발의 필요성에 대한 인식이 확산되었다. 이러한 필요에 의해 개발된 학문 목적 쓰기 교재로는 이정희 외(2007ㄱ, ㄴ)의 '유학생을 위한 한국어 글쓰기의 기초'와 '유학생을 위한 한국어 글쓰기의 실제'가 있다. 차례와 학습 목표를 중심으로 교재의 구성과 내용을 살펴보면 다음과 같다.

단원	학습 목표
글쓰기의 어려움과 성공 전략	1. 한국어로 글을 쓰는 것에 대한 자신감을 갖는다. 2. 글을 쓸 때 무엇이 문제인지를 알고 개선 방안을 찾는다.
한국어로 글쓰기	1. 마인드매핑을 활용하여 주제에 맞는 소재를 찾을 수 있다. 2. 소개하는 글을 쓰고 글의 내용을 평가해 본다.
글쓰기의 기초1	1. 한국어의 기본 특징을 안다. 2. 한글 맞춤법 원칙에 맞춰 쓸 수 있다. 3. 외래어 표기법에 맞게 쓸 수 있다.
글쓰기의 기초2	1. 띄어쓰기 원칙에 맞게 쓸 수 있다. 2. 원고지 사용법에 맞게 쓸 수 있다. 3. 올바른 문장 부호를 사용할 수 있다.
한국어로 문장 쓰기1	1. 구어와 문어를 구별해서 쓸 수 있다. 2. 한국어로 기본 문장을 만들 수 있다.
한국어로 문장 쓰기2	1. 한국어로 긴 문장을 만들 수 있다. 2. 문장의 호응 관계를 파악하여 쓸 수 있다.
단락 구성과 개요 작성하기	1. 단락을 구성할 수 있다. 2. 글을 알맞게 전개할 수 있다. 3. 개요를 작성할 수 있다.
설명문 쓰기	1. 설명의 개념과 특징에 대해서 안다. 2. 설명에 유용한 기술 방법에 대해서 안다. 3. 설명문을 작성할 수 있다.
논설문 쓰기	1. 논증의 개념과 특징을 안다. 2. 논증에 필요한 기술 방법을 안다. 3. 논설문을 작성할 수 있다.
감상문 쓰기	1. 감상문 쓰기의 필요성을 안다. 2. 효과적인 감상문 작성 방법을 안다. 3. 감상문을 작성할 수 있다.
보고서 쓰기	1. 보고서의 특성 및 중요성을 안다. 2. 보고서 작성 절차 및 요령을 안다. 3. 주제에 알맞은 보고서를 작성할 수 있다.
요약문 쓰기	1. 강의를 들으면서 필기할 수 있다. 2. 요약문을 작성하여 발표할 수 있다. 3. 문제에 맞게 답안을 쓸 수 있다.
이력서, 자기소개서, 학업계획서 쓰기	1. 한국어를 이력서를 작성할 수 있다. 2. 취업을 위한 자기소개서를 쓸 수 있다. 3. 진학을 위한 학업계획서를 쓸 수 있다.

이 책은 대학(원) 과정에서 글을 통해 학습자의 학업 성취 정도를 평가하므로 쓰기 능력이 학업 수행에 기본이 된다는 것을 전제로 하고 있다. 그리하여 독립적이고 종합적인 학문 목적 쓰기 교재를 표방하며 쓰기에 대한 거부감과 두려움을 줄이고, 정서법, 어휘 및 문장 표현, 글의 형식과 구성 등에 대한 학습을 바탕으로 쓰기에 대한 자신감을 키우고, 무엇을 어떻게 쓰는지를 이해하고 장르별로 연습할 수 있도록 과정 중심적으로 구성돼 있다. 또 대학에서 교양 수준으로 다루는 주제와 내용을 제시하여 실제적인 도움을 주고자 하였으며, 평가 항목과 평가 활동, 모범 답안을 수록하여 학습자가 쓰기 과정에서 주의를 기울여야 하는 것과 수정해야 할 것 등을 알 수 있도록 하였다.

4. 학문 목적 쓰기 교재 개발 시 주안점

학문 목적 한국어 학습자들은 시험지 답안 작성, 보고서 쓰기, 논문 쓰기 등에 있어 구성 방법과 표현 양식에 서툴다고 느끼고 어려움을 호소한다. 또 강의를 듣고 필기를 하거나 읽고 요약하는 기능도 부족한 실정이다. 실제 일반 목적 교재에서 이러한 유형의 쓰기 활동의 기회는 매우 적다. 이 장에서는 학습자가 대학(원)에서 학업을 수행하는 데 필요한 쓰기 능력을 갖출 수 있도록 쓰기 교재를 개발하는 데 있어, 주의를 기울여야 하는 부분에 대해 살펴보고자 한다.

1) 쓰기 능력 향상을 목적으로 해야 한다

쓰기는 내용과 논리적 구성, 문장 구성, 정서법 등을 모두 고려해야 하기 때문에 한국식 논리와 문장에 대한 직관이 부족한 외국인 학습자에게는 학습양이 꽤 많아진다. 따라서 통합 교재에서는 쓰기 관련 내용과 활동을 충분히 다루기 어려우므로 쓰기 능력 향상을 목적으로 하는 쓰기 교재가 필요하다. 쓰기 교재의 단원의 구성과 내용은 쓰기 능력 향상을 위해 조직되고 구성되어야 한다. 그리고 목표가 글의 완성에 있으므로, 학습자가 쓰기에 집중할 수 있도록 되도록 쉬운 표현과 간결한 문장을 사용하고 설명도 되도록 간단하게 제시하는 것이 좋다.

2) 내용과 글의 구성에 주의를 기울이도록 해야 한다

쓰기에서 가장 중요한 것은 글의 내용이다. 그런데 학습자는 단어, 표현, 정서법, 문법에 집중하느라 글의 내용에 소홀한 경향이 있다. 대학에서 교수는 제시된 주제에 관련된 내용이나 구성에 보다 치중해 글을 읽는 반면, 유학생들은 글을 쓸 대 문법과 단어, 문장 쓰기에 보다 집중하는 경향이 있다. 교수는 오탈자나 문법의 정확성보다는 먼저 전체적인 글의 흐름에 집중해 평가하는데, 유학생들을 글을 쓸 때 정확한 단어와 문법의 선택, 자연스러운 문장 구성에 보다 주의를 기울인다. 실제 학습자들의 글에서 자주 띄는 내용과 구성상의 오류는 다음과 같다.

- 글의 중심 생각을 찾을 수 없는 글
- 주장이나 생각만 있고 근거나 이유가 부족한 글
- 글의 내용이 연결되지 않는 글
- 표나 그림에 대한 설명이 없는 글
- 불필요한 내용이 있는 글
- 앞뒤 문장의 내용 연결에 논리적 비약이 있는 글

학습자가 '긴 글을 쓸 때 앞뒤에 어떤 내용을 넣어야 할지 자신이 없다' 거나 '열심히 써 내려가다 보면 나도 모르게 이것저것 쓰게 되고 마지막에는 전혀 정리가 안 된다, 처음에는 주제를 잘 파악하다가도 쓰다 보면 자꾸 다른 방향으로 가 버린다, 글의 앞 뒤 내용이 맞지 않다' 는 이유로 쓰기를 어려워한다면, 관련 내용을 정리해 보거나 개요를 작성해 보거나 일정한 글의 구성 순서에 대해 살펴보게 한다.

글에는 전체적으로는 문장 배열과 내용 제시에 일정한 순서가 있기 때문이다. 설명하는 글이라면 전체에서 부분으로 방향성을 가지거나 기준에 따라 대상을 분류하거나 일반적인 제시 이후에는 구체적으로 예를 들어 보여주는 식의 순서를 따르는 것이 좋다.

또 주장하는 글이라면 주장과 주장에 대한 근거나 예를 인접해 배열하는 것이 효과적이라는 것을 학습자가 인식하도록 해야 한다. 쓰기 전 과정으로 읽기 자료나 모범이 되는 예시를 제공하는 것, 내용과 구성에 집중하도록 과정 중심의 쓰기 활동을 하는 것도 필요하다.

3) 과정 중심의 활동이 가능하도록 구성해야 한다

외국인 학습자를 위한 쓰기 교육에서는 주제 선정 및 내용 구성, 정서법에 맞는 문장 쓰기 및 단락 전개, 점검 및 오류 수정 단계에 있어 다른 학습자나 교수자와의 의견 교환이나 피드백이 비교적 용이한 과정 중심의 쓰기 교수법이 필요하다. 과정 중심의 쓰기 교육을 통해 학습자 스스로 글을 쓰고자 하는 동기를 유발하고 글의 주제 및 글의 전개 방식을 구상할 수 있다. 또 학습자는 쓰기에 대해 학습한 이론적 지식을 스스로 적용, 과제를 수행할 수 있다. 주제를 선정하고 글의 내용을 구성하는 도입 단계와 글의 특성과 표현 양식을 익히는 제시 단계, 쓰기 과제를 수행하는 전개 단계와 토론과 발표, 교수자의 피드백을 통해 오류를 검토하고 수정하는 퇴고, 정리 단계를 거치는 교육 방법을 통해 지침 위주의 교육에서 벗어나 구체적인 원리와 현상을 학습자가 익힐 수 있는 활동 위주의 쓰기 교육이 가능하도록 교재를 구성하여야 한다.

과정 중심의 쓰기 교육은 크게 4단계로 구분해 볼 수 있다. 1단계는 주제 선정 및 구상 단계로서 자신이 쓰고 싶은 주제와 내용을 정리하고 기술해 본 후, 그룹별로 토론하고 자료를 찾아 보충하는 과정이다. 이를 통해 학습자는 자신이 선정한 주제의 타당성과 내용의 충실성을 담보할 수 있다. 무엇을 어떻게 쓸 것인가에 대한 구상 및 정리 과정을 통해 학습자들은 쓰기에 대한 강한 동기 유발과 자신감을 얻을 수 있다. 2단계는 글의 장르적 특성과 표현 양식을 관찰하고 분석하는 단계로서, 자신이 쓰고자 하는 글의 특성과 양식을 관찰하고 기술하는 과정을 통해 담화 공동체가 기대하는 글의 특성과 표현을 익힐 수 있다. 또 관찰 대상이 된 글을 자신의 글쓰기의 모범으로 삼을 수 있어 효과적이다. 3단계는 쓰기 단계이다. 처음에는 되도록 교실에서 쓰기 활동을 진행해서, 필요한 경우에 다른 학습자나 교수자와의 상호협력이 가능하도록 해야 한다. 마지막 4단계는 퇴고의 과정으로, 완성된 글을 스스로 평가하고 다른 사람의 의견을 받아 수정한다. 흔히 퇴고는 학습자의 고립적인 활동으로 이뤄지거나 교수자의 일방적인 평가와 지시에 의해 이뤄지는 경우가 많았다. 학습자 스스로 평가하거나 수정을 할 수 있도록 다른 학습자나 교수자가 의견을 제시해 줄 수 있어야 한다.

이를 통해 그동안 쓰기 교육에서 지적되어 온 '구체적인 방법과 교육 내용 부족'이라는 문제점을 해결하는 방안을 찾을 수 있다. 예를 들어 그간 쓰기 교육에서는 '논리적으로 서술하라'나 '예를 들어 나열하라'와 같이 추상적인 지침만 있고 구체적인 방법과 교육 내용이 부족했다는 지적이 있었다. 특히 외국인 학습자의 경우 한국어를 모국어로 하는 학습자와는 다른 사회문화, 언어적 배경을 가지고 있으므로 보다 구체적인 교육 내용이 제공되어야 한다.

4) 자료를 수집하고 정리해 보는 기회를 제공해야 한다

학습자는 '분량을 채우지 못한다'고 호소하기도 한다. 써야 할 글에 대한 정보가 부족하면 글을 길게 쓸 수 없다. '간단하고 짧은 글은 곧잘 쓰지만 2, 3쪽 이상이 되는 글은 쓰지 못하겠다, 주제에 관한 내용을 모를 때가 있다, 정보가 없어서 주어진 분량을 채우지 못한다'면 관련 자료를 읽고 정리하는 일부터 시작해야 한다. 강의를 듣고 신문을 읽고 인터넷 게시판에 올라온 다른 사람의 생각을 이해하고 관련 서적을 탐독할 필요가 있다. 또한 자료를 어디에서 어떻게 찾고, 어떤 내용을 정리해야 하는지 알려 주어야 한다. 대부분의 한국어 교재에서는 관련 자료를 선택 정리해 놓았기 때문에 쓰기 교재에서 이러한 활동을 다룰 필요가 있다.

5) 학문 목적에 맞는 주제와 장르에 대한 쓰기가 가능해야 한다

학문 목적 쓰기 교재는 사회적 쓰기에 속하지만 발표문 작성, 시험답안지 쓰기, 보고서 쓰기에 필요한 '설명문과 감상문', 학문적 쓰기인 '논설문, 보고서, 요약하기, 학업계획서' 등과 같은 글의 장르에 대해 다뤄야 한다. 또한 실제 대학(원) 강의에서 다루는 주제로 구성되어야 한다. 학문 목적 글쓰기의 유형으로는 다음과 같은 것이 있다.

- 강의 내용 듣고 필기하기
- 자료 정리하기
- 논설문 쓰기
- 보고서 쓰기
- 발표문 작성하기
- 이력서 쓰기
- 교수님께 편지 쓰기
- 읽고 요약하기
- 설명문 쓰기
- 감상문 쓰기
- 논문 쓰기
- 시험 답안지 쓰기
- 자기소개서와 학업계획서 쓰기
- 각종 서류 작성하기

글의 장르별 특성과 언어 표현을 이해하고 학습함으로써 보다 정확하고 유창하게 글을 쓸 수 있다. 또한 글의 형식적 특성에 맞는 글을 작성할 수 있다. 이런 과정을 통해 학습자는 자신의 글을 점검하고 오류를 수정하는 능력도 갖추게 된다. 또한 대용어, 복수명사, 서술어가 가지는 정보, 시제 등 글의 고유한 표현 방식은 일차적으로는 언어 사용 공동체에 따라 다르고 다음으로는 글의 장르적 특성에 따라 차이를 보이는데, 중고급 과정 이상의 한국어 학습 경험이 있는 학문 목적 학습자에게는 후자에 대한 학습이 필요하다. 제2언어 쓰기 학습에서 학습 목표와 관련성이 높은 주제가 기술된 자료를 선택, 그 텍스트의 형태, 구조에 대해 학습하는 것이 단기간에 직접적인 효과를 보인다는 것은 외국의 여러 실험적 연구에서 논증되어 왔다. 특히 학문 목적의 글에서는 문어적으로 쓰이는 어휘, 담화 표지, 구문 양상 등 다른 장르와는 다르게 사용되는 언어 표현이 있기 때문에 이들에 대한 학습이 필요하다. 이를 위해 학문 목적의 글을 대상으로 데이터 베이스를 만들고 그 안에서 쓰기 교육에 효율적인 교육 내용을 추출, 정리할 필요가 있다.

6) 평가 항목과 모범 답안이 제시되어야 한다

평가 항목과 모범 답안은 학습자가 스스로 글을 점검하고 수정할 수 있는 능력을 키우는 데 필요하다. 특히 평가 항목은 학습자에게 글을 쓰는 목적을 확인시키고 쓰기 과정에서 무엇에 집중하고 주의해야 하는지를 알려주는 중요한 기준이 된다. 그러므로 너무 복잡하고 세분화된 평가 항목의 나열보다는 '글의 내용과 구성', '문장과 단어, 표현 등 언어', '형식' 으로 구분하고, 하위 항목을 제시해 주는 방법이 적당하다. 외국인 학습자를 위한 평가 영역별 비중은 '글의 구성과 내용' 은 50%, 언어 표현은 40%, 형식은 10% 정도로 제시할 수 있다. 또 각 하위 항목의 내용은 학습자의 수준, 글의 종류에 따라 조정되지만 전체적인 구성과 틀은 유지된다. '글의 구성과 내용' 영역의 평가 항목을 살펴보면 다음과 같다.

- 제목이 주제를 잘 나타냅니까?
- 글에 처음, 가운데, 끝이 있습니까?
- 글의 처음에 글을 쓰는 목적이 잘 나타나 있습니까?
- 글의 내용이 논리적으로 연결돼 있습니까?
- 주제가 일관되게 유지됩니까?
- 주장이나 생각의 근거가 있습니까?
- 문장 사이의 연결은 자연스럽습니까?
- 불필요한 내용은 없습니까?
- 글의 끝 부분에 전체적인 평가나 느낌, 마무리하는 말이 있습니까?
- 글의 내용이 어떤 의미가 있는지 썼습니까?

위에서 제시한 평가 항목을 중심으로 '논설문' 의 경우에는 '제목이 발표자의 관점을 잘 나타내는지, 근거가 타당한지, 설명과 예가 충분한지, 글의 끝 부분에 주장이 분명하게 나타나는지' 등의 평가 항목을 사용하고, '보고서' 의 경우에는 '목차의 구성과 내용이 적절한지, 글의 처음에 글의 목적, 대상과 방법 등이 나타나 있는지' 등을 사용할 수 있다. 무엇보다 자가 평가, 동료 평가, 교수자 평가란을 두어, 평가 과정을 통해 다른 학습자와 교수자와의 협력적 쓰기가 가능하도록 제시되어야 한다. 그리고 이러한 과정을 통해 학습자는 글을 읽는 사람이 글의 쓴 사람의 의도와 목적이 충분히 나타난 글, 필요한 만큼의 정보가 제시된 글, 정확하고 유창한 글을 선호한다는 사실은 인식하게 된다.

7) 어휘, 표현, 문법에 대해서도 학습이 가능해야 한다

　학습자들이 쓰기 활동 시 가장 어려운 것으로 꼽는 것이 바로 '어휘와 표현, 문법과 맞춤법'이다. '단어와 표현 때문에 글쓰기가 망설여진다' 적절한 단어와 표현은 모든 유학생이 글을 쓸 때 어려워하는 부분이다. '내 생각을 표현할 단어가 떠오르지 않는다, 단어의 뜻을 정확하게 몰라서 글을 쓸 때 항상 걱정이다, 시사용어와 전문용어를 잘 모르겠다, 한국어 수업 시간에 배우지 않은 한자어가 많아서 쓰기가 어렵다'고 한다. 단어와 표현만으로 좋은 글을 쓰는 것은 아니지만 글을 쓰는 시간보다 사전을 찾는 시간이 더 길다면, 쓰기는 더 어렵고 힘들게 느껴질 것이다. 물론 쓰기 교재에서 이러한 언어 표현에 대해 집중적으로 다룰 수는 없다. 다만 외국인 학습자에게 어려운 표현, 자주 실수를 범하는 표현, 유용한 표현이나 유형화된 표현 등에 대해 알려주거나 학습자가 스스로 탐구할 수 있는 활동을 제시해 줄 수는 있다.

　또 '문법과 맞춤법이 고민이다'라는 학습자들이 많다. 정확한 문법, 바른 맞춤법과 띄어쓰기를 사용하는 것은 효과적인 글쓰기를 위한 기본이다. 문법은 글을 쓰는 사람의 목적과 표현 의도에 따라 세밀하게 선택해 사용해야 한다. 그리고 맞춤법과 띄어쓰기는 글을 쓰는 사람과 읽는 사람 모두에게 통용되는 일종의 약속이므로, 이에 맞게 써야 글의 전달력을 높일 수 있다. 특히 띄어쓰기는 보다 빠르고 정확하게 글을 이해하는 데 일조하기 때문에 학문 목적 쓰기 교재에서는 학습자의 선행학습 정도를 확인하고 정리해주는 차원에서 이러한 내용을 다뤄야 한다.

　하나의 잘 완결된 글이란 응집성, 응결성, 의도성, 용인성, 정보성, 상황성, 상호텍스트성을 갖추고 있어야 하며, 장르에 따라 내용은 물론이고 구성 방식과 문체에 차이를 보인다. 특히 '응집성'과 '응결성'은 담화의 내적 결합관계를 포착하기 위한 문법적, 의미적 개념으로 접속사와 지시대명사의 사용, 시제와 구문 표현 방식과 같은 문체의 영향을 받는다. 특히 우리가 문체라고 지적할 수 있는 것들은 대부분 그러한 장르의 글이 가지고 있는 어휘, 시제 표현, 구문 표현 등과 같은 언어적 특성을 가리킨다. 즉 다양한 글쓰기에 성공하려면 언어 표현을 비롯한 각 장르별 글의 특성을 바르게 파악하고 이를 자유롭게 활용할 수 있어야 할 것이다.

8) 문장 학습이 가능해야 한다

쓰기가 과정에 중점을 둔 쓰기로 이동하면서, 쓰기 교육에서 글 전체적인 짜임이나 구성, 응집성과 응결성 등에 대한 관심은 커진 반면 글을 구성하는 개별 문장 단위에 대한 관심은 상대적으로 줄어들었다. 쓰기 교육 내용은 크게 두 가지로 나눠볼 수 있는데 하나는 글(텍스트) 구성 능력 향상에 관한 것이고 또 다른 하나는 문장 구성 능력 향상에 관한 것이다.

통사적인 구성이 잘못된 문장, 의미적으로 중의적인 문장 등 비문법적인 문장은 결국 전체 글의 구성을 깨뜨리고 효과적인 의미 전달에 방해가 된다. 쓰기 과정이 주제 선정, 개요 짜기, 화제에 맞게 글 구성하기 등의 활동 중심으로 이뤄진다는 사실을 고려하면, 쓰기 활동 전 단계에 맞춤법, 띄어쓰기 등 정서법 교육과 함께 문장 교육이 이뤄져야 한다. 문장 단위의 학습자 오류의 유형은 다음과 같다.

- 기본 문장 구조에 맞는 않는 경우
  (예, 연구의 목적은 정보사회 도래로 인한 한국 가족의 변화 방향을 제시한다)
- 주어와 서술어가 일치하지 않는 경우
- 어순을 포함한 문장의 계층성에 대한 이해가 부족한 경우
  (예, 그 행사는 진행이 매끄럽고 치밀하지 못했다, 선생님이 많이 한국에 관한 지식을 가르쳐 주시면 감사하겠습니다)
- 문장 호응이 잘못된 경우
  (예, 이 수업을 통해서 저의 한국어 공부에 도움이 되기를 믿습니다)
- 말하듯이 쓰는 경우

이러한 문장 오류는 빈번하게 나타나므로, 쓰기 이후에 오류 수정뿐 아니라 쓰기 단계 이전에 실질적이고 체계적인 문장 교육이 필요하다. 또한 습관적인 조사 생략, 글의 장르와 관련 없이 비격식체인 '아/어(요)'를 쓰거나 물결표(~)나 줄임표(……) 등을 사용하여 말을 분명하지 않게 끝맺는 경우 등에 대해 학습이 필요하다. 쓰기 평가 항목을 활용

하여 학습자의 쓰기 활동 과정과 교수자의 평가 및 피드백 과정에서 지속적으로 문장에 대해 주의를 기울이는 것도 필요하다.

5. 나오는 말

표현 기능으로서의 쓰기 능력 향상을 위해서는 쓰기 교재의 개발이 활성화되어야 한다. 또 학습자들이 쓰기에 대한 거부감과 두려움을 줄이고 보다 실제적인 활동을 통해 쓰기에 익숙해지도록 '내용 중심적'이고 '과정 중심적'인 쓰기 교수 내용과 방법을 담은 학문 목적 쓰기 교재가 개발될 필요가 있다.

쓰기 교재는 창의적인 학습자의 생각을 정리할 수 있는 교수 방법과 그 생각을 글의 장르적 특성에 맞게 기술해 나갈 수 있는 실제적이고 구체적인 교육 내용으로 구성되어야 한다. 그리고 정서법, 어휘 및 문장 표현 등 각 분야를 아우를 수 있는 독립적이고 종합적인 쓰기 교재이어야 하며, 학습자 쓰스로 또는 학습자 간 그리고 학습자와 교사자 간 평가와 피드백이 가능하도록 도와야 한다. 학생들은 위와 같은 방식의 적극적인 참여 학습을 통해 다양한 장르의 글에 익숙해진다. 그리고 이를 바탕으로 실제적인 쓰기에서 오류를 줄이고 의사 전달력을 높일 수 있다. 즉, 글에 대한 학문적인 지식과 쓰기에 대한 실용적인 지식을 함께 다양한 활동을 통해 습득하게 된다.

외국인 학습자의 대학(원) 수학 능력을 향상시킬 수 있는 교육 과정 개발, 교육 방법 및 교육 내용 연구, 그리고 교재 개발은 궁극적으로 외국인 유학생 유치에 기여할 수 있을 것이다. 교육인적자원부의 외국인 유학생 유치확대 종합방안(Study Korea 프로젝트)에 따르면, 한국 유학에 대한 잠재적 해외 수요자들을 유입하는 교육 수출 전략을 지향하고 외국인 유학생 수를 오는 2010년까지 5만명 수준으로 끌어올리겠다고 한다. 그러나 외국인 학습자의 국내 대학(원)에서의 수학 여건은 매우 취약하여, 이들의 성공적인 유학 생활을 도와 줄 대학 예비 교육 과정, 대학 내 교양 수업, 쓰기 상담 등 다양한 프로그램이 개발되어야 할 것이다.

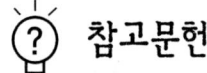
참고문헌

강범모(1998),	한국어 텍스트 장르와 언어 특성, 고려대 출판부.
강승혜(1996),	제2언어로서의 한국어 학습자의 언어학습 전략유형 및 학습결과 분석 연구, 연세대 박사학위논문.
김기혁 외(2003),	우리말 알고 쓰기, 경진출판사.
김민재(2004),	외국인 유학생을 위한 내용중심 대학예비교육과정 설계 연구, 경희대 석사학위논문.
김영만(1999),	외국어로서의 한국어 교재 개발 연구, 한국외국어대 박사학위논문.
김유정(1999),	설문 조사 결과를 통해 본 한국어 학습자들의 인식, 한국어 교육 제10권 1호, 국제한국어교육학회. 49~60쪽.
김인규(2003),	학문 목적을 위한 한국어 요구 분석 및 교수요목 개발, 한국어 교육 제14권 3호, 국제한국어교육학회. 88~118쪽.
김정숙(1999),	담화 능력 배양을 위한 외국어로서의 한국어 쓰기 교육 방안, 한국어 교육 제10권 2호, 국제한국어교육학회. 195~214쪽.
김정숙(2000),	학문적 목적의 한국어 교육과정 설계를 위한 기초 연구, 한국어 교육 제11권 2호, 국제한국어교육학회. 1~20쪽.
김제열(2005),	문법과 기능 교육, 한국어 교육론2(국제한국어교육학회 편), 한국문화사. 165~180쪽.
김중섭(2004),	한국어 교육학의 정체성에 관한 연구, 한국어 교육 제15권 2호, 국제한국어교육학회. 75~92쪽.
김지영(2002),	한국어 작문의 상호협력적 교수-학습 방안 연구, 국제한국어교육학회 춘계학술대회.
김지영(2004),	담화능력 배양을 위한 읽기, 쓰기 통합 과제 개발 방안, 국제한국어교육학회 제14차 국제학술대회 자료집. 357~377쪽.
김청자(2000),	학습자 중심의 쓰기 교육을 위한 기초 조사와 제언, 국제한국어교육학회 제13차 연구 발표회.
민현식(2003),	국내 기관에서의 한국어 교육과정, 국제한국어교육학회 제13차 국제학술대회 발표 자료집. 17~42쪽.

박영목(2003),	작문교육론, 박이정.
박영순(2001),	외국어로서의 한국어 교육론, 월인.
박준언(2000),	외국인 학습의 최근의 흐름과 우리나라 외국어 교육에서의 시사점. Foreign Language Education, 7.1. 1~23쪽.
방성원(2000),	통합 교수를 위한 한국어 교재 개발 연구, 한국어 교육 제11권 2호, 국제한국어교육학회. 111~132쪽.
용재은(2004),	대학 수학 목적의 한국어 읽기·쓰기 교육 방안 연구, 고려대 석사학위논문.
원진숙(2005),	대학생들의 학술적 글쓰기 능력 신장을 위한 작문 교육 방법, 어문논집 51, 민족어문학회. 55~87쪽.
이덕희(2004),	요구 분석을 통한 학문 목적의 한국어 교육과정 설계 연구, 연세대 석사학위논문.
이미혜(2000),	과정 중심의 한국어 쓰기 교육, 한국어 교육 제11권 2호, 국제한국어교육학회. 133~150쪽.
이성영(2001),	작문 교육을 위한 텍스트분석방법, 텍스트언어학 11, 텍스트언어학회: 17~42쪽.
이정희·김지영(2003),	내용중심 한국어교육과정 수립을 위한 기초 연구, 한국어 교육 제14권 2호, 국제한국어교육학회.
이지호(2001),	글쓰기와 글쓰기 교육, 서울대학교 출판부.
이해영(2004),	학문 목적 한국어 교육과정 설계 연구, 한국어 교육 제15권 1호, 국제한국어교육학회. 137~164쪽.
장미라(2006),	한국어 문장 사용 능력 향상을 위한 교육 방안 연구, 국어국문학 142호, 국어국문학회. 361~397쪽.
조현용(2004),	한국어 교재 개발의 유의점에 대하여, 경희어문학 제25집. 경희대 국어국문학과.
주세형(2005),	쓰기 교육을 위한 대안적 문장 개념, 어문연구33-4, 한국어문연구회. 475~501쪽.
주신자(1998),	영어와 한국어의 담화문법 대조 분석, 한국어 교육 제9권 1호, 국제한국어교육학회. 183~200쪽.
진대연(2004),	한국어 쓰기 교재 개발을 위한 이론적 검토, 국제한국어교육학회 제14차 국제학술대회 자료집. 307~311쪽.

참고문헌

최윤곤(2003), 유학생을 위한 한국어 교육과정 설계, 한국어문학연구 41, 한국어문학연구학회, 115~138쪽.

허용 외(2005), 외국어로서의 한국어 교육학 개론, 박이정.

Batstone, Rob. (1994).
Language Teaching:Grammar, 김지홍(2003), 문법, 범문사.

Bereiter, C.(1980), Development in writing, In Gregg, L.W. & Steinberg, E.R.(eds), *Cognitive process in Writing*, Hillsdale, New Jersey : LEA. pp. 73~93.

Brown, H. D.(1994), *Teaching by Principles-An Interactive Approach to Language Pedagogy*, Englewood Cliffs, N.J.:Prentice Hall.

Celce-Murcia, M. (ed) (2001),
Teaching English as a Second or Foreign Language(3rd), Heinle & Heinle.

Fried-Booth, D. L.(1986),
Project work, Oxford: Oxford University Press.

Halliday, M. A. K.(1964),
이충우 외 역(1993), 언어 과학과 언어 교수, 국학자료원.

Hutchinson, T. & Waters, A.(1987),
English for specific purpose. Cambridge. Cambridge University Press.

Johns, A. M.(2001), English for Specific Purpose (ESP):Tailoring Courses to Students Needs and to the Outside World, *Teaching English as a Second or Foreign Language(3rd)*, Heinle & Heinle, pp. 29-42.

Jordan, R. R.(1997),
English for Academic Purpose. Cambridge University Press.

Singer, Murray(1990),
Psychology of Language-An Introduction to Sentence and Discourse Process, 정길정·연준흠 역(1994), 언어심리학-문장과 담화처리 과정 이해-, 한국문화사.

Snow. M. A.(2001), *Teaching language through content*, In M. Celce-Murcia (ed), *Teaching English as a Second or Foreign Language(3rd)*, Heinle & Heinle, pp. 315-328.

Stevick, E. W.(1982), *Teaching and Learning Language*, Cambridge University Press.

Withrow, J.(2001), *Effective Writing*(8th), Cambridge University Press.

Zifonun, Gisela(1987), *Kommunikative Einheiten in der Grammatik*, Cunter Narr Verlag T bingen. 이희자(2002), 의사소통 단위와 문장, 한국문화사.

한국어 발음 교재

조 가

1. 서론

1) 들어가기

중국은 사회주의 국가로서 인재의 양성도 국가의 계획에 따라 진행되어 왔기에 양성 인원에 제한을 받게 되었고 그 양성 목적도 주로 외교 및 국방, 공안, 외사, 출판 방송 등에 치중되어 있다[1]. 1992년 한 중 수교 이후 불과 10여년 만에 한 중 양국의 교류가 급속도로 성장되고 있고 중국에서 한국어를 배우려는 학생도 급성장한 속도로 늘고 있다. 각 대학에서 한국어과를 적극적으로 신설하는 추세도 보이고 있다.

---

[1] 김병운(2003), 중국에서의 한국어 교육 IV, 태학사

한국어과 4년제 대학 전공으로서 한국어에 대한 언어적인 공부는 대부분 2년을 거쳐 2학년 끝날 때쯤에 완성하도록 계획하고 있다. 종합수업이외에 듣기(청취), 회화, 어휘 수업이 따로 마련되어 있다. 한국에서 공부하는 KSL 학습자보다 중국에서 외국어로서 공부하는 KFL 학습자들에게 의사소통보다도 귀납적으로 어휘, 문법 위주로 공부하는 경향이 있다. 그래서 발음 교육은 등한시되기 쉽다. 그러나 갈수록 교류가 잦아지는 국제 사회에서 의사소통은 아주 기본적이며 중요한 교류수단이다. 외국인과의 만남을 피할 수 없다면 발음을 올바르게 해야지 원활한 교류가 될 수 있는 것이다. 발음은 순수한 모방으로 이루어지는 것이라 쉽다고 생각하는 경향도 있지만 성인 학습자에게 음운적인 접근이 더 필요하다. 어휘, 문법과 동등하게 음운도 한국어에서 중요한 일부분으로 어떻게 효율적으로 학습자에게 한국어 발음을 가르치고 잘못 된 발음을 교정하는 것이 본 논문의 연구 목적이다.

2) 선행연구

현재 중국 대학의 조선어학과 또는 한국어학과의 재직교수 중 약 70~80%는 연변대학이나 중앙민족대학 조선어학과를 졸업한 조선족 분들이다. 반면에 대학의 한국어과 학생은 조선족 학생들이 아닌 모두 한족 학생들로만 교육하는 학과들로 운영되고 있다. 한국어를 모국어가 아닌 외국어로 배우는 취지에서 교재편성부터 교수방법까지 아직 연구가 미완성된 분야가 많다. 본 논문은 발음 교육에 대한 조그마한 의견을 제의하고자 하는 목적에 우선 연변과학기술대학 한국학연구소에서 2000년도 출판한 『중국에서의 한국어 교육』을 살펴보았다. 이 책에서 전국 한국어과가 설치된 학교의 교수들이 한국어 교육의 과제와 발전방향, 중국대학의 한국어과 교과과정, 한국어 교재개발 및 실태, 한국어 교수법, 한국어 문화요소의 교육방법등에 관해 발표한 내용들이 수집되어 있다.

이외에 한국에서도 외국인을 대상으로 한 한국어교육에 대한 연구가 많이 나와 있고 참고할 필요가 있다고 생각한다.

⟨중국 내에서의 연구 현황⟩

연변과학기술대학교 한국학연구소(2000~2005)에서 전반적으로 한국어 교육에 관한 내용들을 다루었다. 이 중에서 발음 교육과 관련된 연구로는

태평무(2000)에서 국제 음성기호의 포르만트주파수를 통해 한 중 어음을 대조비교를 하였다. 혀의 앞뒤 위치에 의해 발생한 발음의 오류에 대해 원인 설명을 하였다. 또 교과서 해석에서 나타난 오류에 대해 지적한 바 있다. 그러나 본인은 위 논문 중의 내용인 "중국어 자음에서 순한 소리와 거센소리만 있고 된소리가 없다"는 의견에 동의하지 못한다. 음소로 된소리가 없지만 초분절음의 성조에 의해 실제 된소리로 발음된 음이 존재한다. 이에 대해 하동매(2001) 교수님의 논문에서 언급한 바가 있다.

하동매(2001)에서 우선 평음과 경음의 구별 문제에 몇 가지 해결방법- (1) 중국어 성조 이용, (2) 최소대립 연습법 을 제시하였다.

그리고 'ㅡ' 'ㅓ'의 발음 구분, 권설음 문제, 초분절 음소에 대해 해결방법을 모색을 해 보았다.

또 발음교육은 듣기 교육, 읽기, 쓰기 교육과 연결 방안도 제시하였다.

왕단(2003)에서 고급 학습자가 직면할 수 있는 문제를 정리하였다. 발음 교육의 개선 방안도 제시하였다.

고급 학습자에게 다양한 연습 활동 방안은 바람직한데 고급 학습자에게 강조하고 싶은 발음 문제는 초급 학습자과 구별이 잘 안 되고 있다.

저서로 김충실(2005)에서 한국어 자모의 교육순서에 대해 의견을 제시하였다. 또 대조를 통해 같게 발음해야 하는 음과 다르게 발음하는 음을 학습자에게 가르쳐야 한다고 지적하였다. 마지막 발음지도의 중점은 구에 두어야 한다고 밝혔다.

발음 교육에 직면할 문제를 많이 다루기 했지만 올바른 제시 방법은 아직도 의논할 필요가 있다고 생각한다. 예를 들어 지적한 'ㅂ, ㅁ, ㅍ, ㅃ'의 교육순서는 과연 좋을지, 또 'ㄹ'의 발음 부위는 중국어의 /r/, /l/ 과 대체로 사용하는 것이 표준중국어를 사용한 학습자에게 혼란을 일으킬 수 있다[2]고 생각한다.

----

2) 한국어의 /ㄹ/ 발음은 초성에 있을 때 [r], 종성에 있을 때 [l]로 표기하지만 실제 발음은 중국어의 /r/과 /l/은 음성적인 차이가 크다.

〈한국에서의 연구 현황〉

조현용(2005) 한국어 교육에서 문자 교육이 발음 교육과 밀접한 관계를 맺고 있다고 지적했다. 자모음을 교육할 때 순서와 겹받침의 교육 문제 등에 관해 의견을 제시한 바 있다.

현재 문자교육과 한글의 창제원리 등은 중국의 한국어 교재에서 잘 반영되어 있지 않다. 실제로 학습자들이 자주 범하는 오류를 고려해서 교육할 필요가 있다.

한재영 외(2002)에서 주로 영어권 학습자, 일본어권 학습자, 중국어권 학습자 별로 한국어와 모국어의 대조분석을 통해 공동점과 차이점을 찾아 교육 방안을 모색해 보았다.

허용. 김선정(2006)에서 한국어발음교육의 원리와 방법, 한국어와 다른 외국어의 음소 대조, 음절구조 대조를 통해 교육방안과 활동유형을 제시하였다. 또 음운현상에 대해 원리부터 교육방안과 활동유형을 제시한 바 있다.

2. 한국어 교재와 발음 교육 현황

1) 한국어 교재 출판 현황[3]

안병호(2000)에서 중국에서의 한국어 교육은 북경대학으로부터 1946년에 한국어과를 설치하고 학생들을 양성하였으며 그 당시 사용한 교과서 명칭은 바로 '한국어'로 대학 교수들이 자체로 편찬하여 사용하였다. 1949년부터 『조선어』『기초조선어』『조선어기초교정』등 대체로 7~8년에 한 번씩 교과서를 새롭게 편찬하여 사용 하였다. 그러다가 1992년 한국과 정식으로 수교가 이루어지면서부터 사회적인 수요를 고려하여 『표준한국어기초교정』이란 교과서를 편찬하여 사용하였고, 1996년 한 중 포럼의 도움을 받고 중국 25개소 대학에서 공동으로 쓸 수 있도록 양편 학자들의 공동의 노력에 의하여 편찬한 『표준한국어』가 편찬되면서부터 이 교과서를 쓰고 있는 것이 오늘의 현실이다.

---

[3] 연변과학기술대학 한국학연구소(2000)

강신도(2000)에서는 대외경제무역대학 한국어 학과에서 개발한 1,2학년 교재『기초조선어』는 1991년 8월과 10월에 1,2권이 출판되었고 1992년 10월과 1993년 3월에 3,4권이 출판되었다.

장관군(2000)에서는 낙양외국어대학에서 지금 사용하고 있는 교재는 거의가 90년도에 들어서 편찬한 것이다. 출판된 교재로는 종합 한국어(1학년1학기~3학년1학기), 한국어 열독(2학년1학기~3학년2학기), 한국어 회화(1학년2학기~2학년2학기), 한국어 청취(3학년1학기~4학년2학기), 한국어 습작(3학년2학기), 한국어 문법(3학년2학기), 한중 번역(4학년1학기~4학년2학기), 한국어 시사선독(4학년1학기~4학년2학기), 한국어 문학선독(4학년1학기~4학년2학기), 한국 종합 지식(3학년2학기) 있다.

이득춘(2000)에서는 연변대학교에서 60년대에 길상장의『조선어간이회화』가 출판되었고 70년대에는『조선어자학독본』이 출판되었으며 80년대에는『광보강좌조선어』가 출판되었고 90년대에는『조선어기초교정』이 북경대학 교과서로 출판되었다. 90년대 중기에 들어서면서『초급조선어』,『중급조선어(1)』,『중급조선어(2)』가 계열교재로 출판되었다.

개인 저서와 한국에서 들어온 교재로 출판한 한국어 서적도 가끔 대학에서 교재로 쓰이고 있다. 대표적인 예를 들어 다음과 같다.

1. 장민, 黃一仙 (1995),『한국어구어교정』, 북경대학출판사
2. 苗春梅, 裴祐成, 趙南卿 (1995),『한국어입문』, 外國語敎學与硏究出版社
3. 李世龍, 張光軍, 李國章 (1996),『조선어강좌』, '中國朝鮮語文' 連載
4. 韋旭升, 許東振 (1995),『한국어실용어법』, 外國語敎學与硏究出版社
5. 憲德五 (1994),『조선어기초문법』, 商務印書館
6. 吉祥長 (1965),『조선어간이회화』, 延邊人民出版社
7. 洪姸淑 (1992),『민도한국어』, 又新社
8. 대한민국문화체육부 편 (1993),『한국어』, 서울대학어학연구소, 전 3 권

9. 연세대학한국어학당 편(1992), 『한국어 1』, 세계도서출판공사, 제 1 권.
10. 경희대학교 국제교육원 편(2005), 『신표준한국어』, 外國語教學与研究出版社

2) 발음 교육의 현황

중국에서 발음 교육은 따로 듣기, 회화 등 수업처럼 별도로 개설하지 않고 있다. 보통 종합한국어 수업의 시작단계에 있는 것이 일반적이다. 교육기간이 한 달 정도는 일반적이다.

북경대학과 25개 대학 공동 편집한 『표준한국어』의 경우는 한국어의 자모와 발음부분의 내용은 제 1 과부터 제 12 과까지 다루고 있다.

강신도(2000)에서는 대외경제무역대학 한국어과의 발음교육은 보다 집중적으로 훈련시키는 것이 효과적이다. 훈련일수는 약 한 달로 정하는 것이 보통이다. 말의 흐름 속에서 일어나는 음의 변화현상과 중국인이 어려워하는 발음들은 전반교수과정에서 계속 주의를 돌려야 할 문제라고 지적했다.

이성도(2000)에서는 산동대학 한국어과에서 17개 과목 중에 초급한국어:1학년의 한국어 입문과목으로서 한국어의 특징, 자모와 발음, 서사규칙, 발음변화, 일상회화, 기본문형, 짧은 글 등을 가르치게 된다.

이중에서도 어휘, 문법, 한중 통번역등보다 발음에 대한 중요성을 인식 못 하고 있는 실정이다.

장관군(2000)에서는 낙양외국어대학 한국어과에서 종합 한국어는 1권 1과부터 7과까지 어음과인데 이 7개 과에서 한국어의 모든 발음과 어음변화규칙을 다 배우게 된다.

3) 발음 교육의 문제점

북경대학교 초기에 대표적인 교과서는 『한국어기초교정』이라 말할 수 있다. 입말을 토대로 하여 편찬하였기에 학생들이 배운 내용을 현실 생활에서 활용하기 쉽고 이에 따라 말하기 능력을 높이는 데 적극적인 역할을 할 수 있으나 발음법의 체계적인 서술과 문법적인 체계가 제대로 반영되지 못하는 약점을 가지게 된다.

안병호(2000) 한국어 교과서 편찬에서 가장 중요한 문제는 체계성 원칙이라 하는데 첫째 글자와 발음 그리고 표기법 원칙 등 문제를 어떻게 교과서에 배열하는 것이 합리적이냐 하는 문제이라고 지적했다. 이중에서 모음과 자음을 한국의 전통적인 배열 방법에 따라 가르치겠는가 그렇지 않으면 현재 표준 한국어 자모 배열 순서에 따라 가르치겠는가가 재개될 수도 있다고 본다. 본인은 후자의 입장에서 중국 사람들이 발음하기 쉬운 자모음으로부터 시작하여 발음 편을 편찬하는 것이 더 합리적이라 주장한다. 말소리의 결합적 변화나 표기법 원칙도 발음 편에서 귀납하여 배열하고 처리할 수도 있고 그렇지 않으면 발음 편과는 관계없이 매 과목에 나타나는 구체적인 어휘나 어휘결합에서 발음되는 특성을 해석할 수도 있다고 본다. 이것 역시 후자의 처리 방법이 유리하다고 본다.

이득춘(2000)에서 현재 출판된 교재사이에 발음과 관계되는 술어가 통일할 필요가 있다고 지적하였다. 예를 들어 자음의 3열 체계에 대해 '松音', '送氣音', '緊音'이라고 대부분 쓰고 있는 데 반하여 '平音', '送氣音', '緊音'이라고 한 교재도 있다. 이른바 변격 용언에 대하여 그저 '音變'이라 하고 주장하는 교재가 있고, '特殊音變'이라고 주장하는 교재도 있으며, '不規則變化' 또는 '不規則音變'이라고 주장하는 교재도 있다. 또 받침에 대하여 '收音', '韻尾'를 구별 없이 혼용하여 사용되고 있다. 대부분의 교재에서는 '收音'이라 주장하고 있고, 다른 교재에서는 '韻尾' 또는 '尾音'이라고도 주장하고 있다.

더불어 술어의사용의 원칙에서 다음의 몇 가지 사항을 중요시해야 한다고 지적하였다.

첫째, 대다수 학자들이 공인하고 다수 저서들에서 사용할 수 있는 술어여야 한다.
둘째, 한어에 대등한 술어가 있을 경우, 다시 말해서 대상어와 모어 사이에 대등 술어 사일 경우 모어의 것과 일치시켜 언어습득자의 구미에 맞게 해야 한다.
셋째, 조선과 한국의 부동한 문법체계 중에서 과학적 표준어에 의한 취사선택을 해야 한다.
넷째, 국제적인 통용 술어와도 맞고 일반 언어학의 내용과도 일치되는 술어여야 한다.

이병운(2003) 대부분의 한국어 교재에서는 한글 문자체계의 특징을 한국어 음운과 관련시켜 설명하지 않고 있다고 지적한 바 있다.

왕단(2003) 한국어 발음 교육에 관한 연구 논문이 거의 다 초급자의 개별 발음에 대한 교육에 치우치고 있어 3,4 학년 학습자들의 발음 교육에 대하여 관심을 보이지 못하고 있다. 고급 학습자들이 틀리거나 혼동하기 쉬운 모음과 자음, 음절, 초분절음소, 발음기법 등 문제를 나열하고 있다고 지적했다.

조현용(2005) 모음을 교육할 때 'ㅐ/ㅔ, ㅒ/ㅖ, ㅙ/ㅚ/ㅞ 와 같이 한국어를 모국어로 하는 화자에게도 구별이 어려운 발음을 지나치게 구분하여 교육하려고 하는 것은 학습자에게도 혼동을 줄 수 있으며, 문제와 발음 교육에 대한 흥미를 잃게 할 수도 있다고 지적했다.

3. 발음교재의 개선방안

왕단(2003)에서 한국어 발음 교육의 개선 방안을 제시해 보았다: 1.교사는 발음 교육에 대하여 관심을 가져야 하고 음성학 지식을 갖추어야 한다. 2. 학습 목표를 먼저 설정해야 한다. (1) 자음과 모음 그리고 음절을 정확하게 발음할 수 있게 한다. (2) 음운 규칙을 알고 발음할 수 있게 한다. (3) 정확하고 유창하게 낭독할 수 있게 한다. (4) 적절한 속도로 낭독할 수 있게 한다.(약 300자/1분) (5) 글을 알맞게 끊어 읽을 수 있게 한다. (6) 자연스러운 억양으로 감정을 넣어 말할 수 있게 한다. (7) 상황에 따라 속도, 어조, 성량 등을 조절하여 말할 수 있게 한다. 3. 한국어 발음 교육에 관한 교육과정을 설계해야 한다. 독립적인 발음 교과를 개설하고 1학년부터 4학년까지 매주 1시간 정도의 발음 교육을 지속적으로 하는 것도 한국어 발음을 개선하는 좋은 방법이라고 할 수 있겠다. 4. 정확하고 체계적인 내용을 담은 한국어 발음 교재와 다양한 교육 보조 자료를 개발해야 한다. 5. 고급 학습자에게 가르쳐야 할 학습 내용이 명확해야 한다. 6. 고급 학습자를 위한 발음 개별 지도를 실시해야 한다. 7. 교사가 학습자의 발음 오류에 대해 체계적으로 관찰하고 관리하여야 한다. 8. 중국인 학습자의 출신 지역 방안에 대한 고려가 있어야 한다. 9. 학습자 중심의 교육을 위하여 다양한 재미있는 교수 학습 활동을 개발해야 한다.

본인은 중국에서 한국어 전공을 했고 한국에서 대학원에 다니면서 중국 학생들을 가르친 경험과 한 중 교재를 비교한 후에 몇 가지 개선 방안을 제시하고자 한다.

〈교사 요인〉

발음 교육을 효과적으로 이끌어 나가는 중요한 역할은 교사이다. 발음을 제대로 가르치려면 교사 자신이 튼튼한 음운적인 지식을 갖춰야 한다. 본인이 한국에서 대학원에 다니면서 수업을 들어본 결과로는 음운론 수업을 수강하는 학생이 다른 수업보다 훨씬 적다는 현실이다. 일반대학원이든 교육대학원이든 간에 졸업한 후에 선생님이 될 가능성이 큰 사람들이 대학원에서 음운론 수업을 한 번 안 듣고 학생들에게 가르친다는 것은 너무 무리인 것이다. 물론 대학원은 자신이 원하는 과목을 수강하는 것이 원칙인데 필요한 음운, 어휘, 문법 수업 등에 대해 필수화 시킬 필요가 있다.

음운론 적인 지식을 발음 교육할 때 어떻게 활용하는 것도 아주 중요하다. 음운론 수업처럼 전문용어와 추상적인 개념을 외국인 학생들에게 가르치는 것이 절대 안 되는 것이다. 교사로서 범-언어적인 기초 지식을 가지고 학습자가 범할 오류를 어느 정도 예측할 수 있는 능력이 필요하다. 그리고 한국어 자모음, 받침의 정확한 위치를 가능한 신체 언어를 통해 학습자에게 소개해야 한다.

〈한글 창제 원리〉

중국 내의 대학 한국어 교육 현황을 보면 시작하자마자 자모음의 발음부터 가르치는 경우가 대부분인데 고등학교까지 영어를 배워 온 학생들에게 너무나 큰 전환 시기가 필요하다고 느꼈다. 한국어가 어떤 언어인지, 한국어가 하나의 언어로서 어떤 특징이 있는지, 세종대왕이 한글을 창제하는 원리 등과 함께 한국어 개론 정도의 교육이 처음 한국어를 접하는 학생들에게 필요하다.

한국어의 자모 형태는 중국학생들에게 모국어인 중국어와 많이 다르며 외국어로서 배운 영어와도 완전 다른 모습이다. 생소한 글자 형태를 어떻게 재미있게 설득력 있게 학생에게 제시하는 것도 아주 중요하다. 한글의 창제 원리는 한글을 보다 쉽게 이해할 수 있도록 학생들에게 가르쳐 주면 좋은 효과를 얻을 수 있다.

〈교육 순서〉

중국에서 출판한 교재에서 보통 한 과에 모음 5개, 자음 5개정도를 소개하고 발음 방법을 설명하면서 단어 연습도 병행하고 있는 방법을 취하고 있다. 한국에서 출판한 교재(경희대학교 연세대학교 교재)로 보면 모음을 단모음과 이중모음을 구별해서 한꺼번에 소개하고 자음별로 받침별로 한 부분씩으로 소개되고 있다. 모음과 자음, 받침을 나누어서 가르치되 배열 순서가 아주 중요하다고 생각한다. 즉 한국어 고유의 사전순서로 가르치는 것이 적당한지 아니면 현재 대부분 중국에서 만든 교재처럼 'ㅂ, ㅍ, ㅃ, ㅁ', 'ㄷ, ㅌ, ㄸ, ㄴ, ㄹ'끼리 모여서 가르치는 것이 적당한지에 대해서는 고려가 필요하다.

〈모음교육〉

한글의 창제 원리는 모음 교육할 때 어떻게 적용되는지 한 번 보도록 한다. 예를 들어 모음 '아'와 '어'는 음성적으로 중국인 학습자가 구별하기 어려운 발음이 아닌데 쓸 때는 점이 왼쪽에 있는지 오른쪽에 있는지 많이 헷갈리는 문제가 되기 쉽다. 해가 동쪽에서 뜰 때 밝은 느낌으로 발음하는 '아'와 해가 서쪽으로 질 때 어두운 느낌으로 발음하는 '어'는 나중에 이중 모음으로 조합된 '와'와 '워'를 이해하는데도 도움이 될 수 있다. 뿐만 아니라 동사 활용을 하는데도 빨리 이해될 수 있다.

이중모음 교육은 발음보다도 쓰기 교육을 강조할 필요가 있다. 앞에 조현용(2005)에서 나왔듯이 한국인 원어민 화자도 구별하기 어려운 /ㅐ/와 /ㅔ/, /ㅒ/와 /ㅖ/ 등 모음을 발음할 때 차이를 강조하지 않더라도 쓰기 할 때 꼼꼼하게 확인할 필요가 있다.

〈자음교육〉

발음 교육할 때 모음부터 가르치는 것이 일반적인데 모음을 공부하고 나서 자음을 소개할 때 어떻게 소개하는지는 아직 정해진 규칙이 없는데 자음 자체의 이름으로 진행하면 분명히 안 되는 법이다. 아직 받침이 무엇인지도 모르는 학생에게 "기역, 니은…"이란 명칭이 너무 어려운 것이다. 그럼 적당한 모음을 붙여서 소개해야 하는데 어떠한 모음을 선택하는가는 문제이다. 허용(2006)에 의하면 한국인이 차용어를 발음하거나 외국어의 음절을 발음할 때에 첨가되는 모음은 /ㅡ/ 이다. /ㅡ/는 음소로서 가장 자질성이 없는 음으로 외래어의 어말 자음을 발음해 주기 위해서 한국어에서는 /ㅡ/모음을 이용한다. 똑같은 원리로 외국인이 한국어 자음을 배울 때 /ㅡ/를 이용해서 최대한 자음의 특성에 영향을 주지 않고 살리는 방법도 시도할 만하다. 단 경구개음 /ㅈ/ /ㅊ/ /ㅉ/의 경우가 예외이다. 여러 연구에 의해 /I/모음은 경구개음에 내재하고 있다는 것을 알 수 있다. 그래서 /즈/, /츠/, /쯔/ 보다는 /지/, /치/, /찌/로 가르치는 것이 바람직하다.

자음 교육 순서는 사전대로 'ㄱ, ㄴ, ㄷ…'로 하는 것이 좋은지 발음 부위대로 'ㅂ, ㅁ, ㄴ…'로 하는 것이 좋을지에 관한 논쟁은 각각 일리가 있는데 가장 중요한 것은 최소대립쌍을 이용해 교육하는 것이 바람직하다. 중국인 학습자의 경우는 평음과 경음의 구별을 못한다. 그래서 'ㅂ,ㅃ,ㅍ'끼리 '불, 뿔, 풀', 'ㄷ,ㄸ,ㅌ'끼리 '달, 딸, 탈'의 발음 연습이 아주 필요하다. 반복 제시와 연습을 통해 음성 차이를 느끼게 한다.

〈받침교육〉

중국어에서 받침에 해당된 /n/,/o/와 비슷한 소리가 있지만 성모와 운모의 이등분 음운 구적으로는 받침이 없다고 생각되는 것이 일반적이다. 일본인 학습자들이 흔히 '김치'를 '기무치'라고 음운 첨가하는 현상보다 중국인 학습자들이 받침을 빼서 발음하는 경우가 많다. 받침 소리도 역시 교사가 그림을 통해서라든지 실제 신체언어를 통해서 학생에게 직관적으로 보여줄 필요가 있다.

겹받침 교육에 대해 중국과 한국의 의견이 좀 다르다. 중국 교재를 보면 규칙으로 귀납해 제시하고 있다. 그러나 한국 교재에서 겹받침에 대해 언급을 안 하는 경향이 있다. 사실은 겹받침에 대해 언제 앞의 자음을 발음하는 것이지 언제 뒤의 자음을 발음하는 것을 규칙으로 정하기 어렵다. 수량이 많지 않는데다가 예외가 많기 때문이다. 예를 들어 '넓다'의 경우에 [널따]로 발음해야 하고 '넓죽하다'와 '넓둥글다'의 경우에 [넙쭈카다],[넙뚱글다]로 발음해야 한다. 빈도수를 따지면 초급에서 자주 사용하게 되는 겹받침 어휘가 20개[4]정도 밖에 안 된다. 그래서 규칙을 제시하는 것보다 어휘가 출현될 때마다 교사가 올바른 발음을 가르쳐 주는 것이 좋다.

〈음절교육〉

한국인이 어렸을 때 음절을 배우는데 음절표를 사용한다. 즉 '가, 갸, 거, 겨...' 식으로 음절 연습을 한다. 외국인이 한국어 음절을 연습할 때도 이 방법을 쓸 수 있다. 특히 한국에서 출판한 교재들은 거의 다 이 음절표를 제시했다. 그러나 문제는 이 음절 중에서 실제로 존재하지 않은 음절들이 많이 있다. 예를 들어 '쀠, 므, 뭐...' 등등. 어렵게 발음 연습하다가 실제로 사용을 못 하는 발음은 외국인에게 효율적이지 않고 시간을 낭비한 노력이다.

이에 대해 연세대학교 교재 발음 부분 음절표에서 자주 사용하는 발음과 자주 사용하지 않는 발음을 구별해서 표시를 했지만 실제로 사용하지 않는 발음에 대해 많이 표시하지 못하고 있다.

〈음운규칙〉

음운변동 규칙은 중국의 한국어 교재에서 될 수 있는 대로 정리를 해보려는 노력이 보이는데 과연 초급 단계의 학습자에게 동화현상, 구개음화, 축약, 탈락, 첨가 현상 등 어려운 음운변동 현상을 가르치는 것이 바람직할까? 국어 연구에서도 정의를 못 내리는 음운변동 현상이 많은데다가 그것을 귀납적으로 학생에게 가르치는 것이 무리인 듯하다. 대신에 이 부분을 앞에 언급한 한국어 개론서에 넣어서 상식적으로 학생에게 소개하도록 한다. 그리고 교사가 수업을 진행하면서 구체적인 발음을 일일이 규정하는 지도력과 인내심이 필요하고 교사에게 튼튼한 음운적인 지식이 필요 하다.

〈듣기교육〉

교사가 열성적으로 가르치고 학생도 열심히 모방하고 나서 확인 단계는 듣기로 마무

---

[4] 경희대학교 한국어 교재 초급 I, II를 합쳐 16개 겹받침 어휘가 나와 있음.

리해야 한다고 생각한다. 예를 들어 입모양의 크기로 '어'와 '오'을 구별했는데 실제로 들릴 때는 또 혼란스러울 수가 있다. 그래서 음절, 어휘, 문장 속에 나온 대립쌍을 이용해 듣기 연습은 발음교육에서 아주 중요한 부분이다. 하지만 현재 출판된 대부분의 종합교재에서 잘 안 나오고 있다. 있더라도 수량은 아직 많이 부족하다. 특히 기초 한국어와 듣기 교육을 따로 진행된 커리큘럼에서 배운 내용을 한참 후에 듣기 수업에서 확인 가능한 수업 설정은 바람직하지 않다.

〈다양한 연습활동〉
김충실(2005)에서 발음 지도의 중점은 구에 두어야 한다고 지적하였다. 모국어로 하는 사람들이 단어와 단어의 소리를 일반적으로 정확하게 이을 수 있으나 외국어인 경우에는 변음현상 때문에 그렇게 쉽지 않다. 그러므로 발음 지도를 구에 두면 발음부분 교육시간을 줄일 수 있는 것도 좋은 점이다.

초급 학습자에게 음운적인 어려움을 덜해 주고 재미있게 수업을 진행하려면 다양한 연습활동이 필요하다. 게임을 이용하거나 노래를 이용하거나 그림을 이용하는 수업 방식이 필요하다. 단, 될 수 있으면 학습자 수준에 맞게 실제도 활용할 수 있는 내용을 택해야 한다. 예를 들어서 받침을 구별하기 위해 속담을 이용하는 경우에 뜻은 너무 어렵거나 실제로 사용 빈도수가 낮은 예문을 피하는 것이 좋다.

4. 마무리

발음의 중요성은 누구나 잘 알고 있지만 여태까지도 썩 만족스러운 발음 지도 교재나 방법은 없는 것 같다. 언어권별로 다양한 발음 문제가 존재하는 것도 통일한 발음 교재를 개발하는데서 큰 장애물이다. 중국인 학습자만 고려해도 방언 차이로 인해 발음 문제가 다르게 나오는 것이 역시 만만치 않다.

학생들은 한국어를 공부하는 목적이 다양할 수 있고 음운적인 지식이 없을 수가 있지만 한국어 교사로서 발음을 제대로 가르치려면 본인이 먼저 음운에 대해 제대로 알아야 하고 적극적으로 발음오류를 분석할 능력이 있어야 한다. 그리고 어려운 지식을 어떻게 쉽게 학생들에게 전달하는 것도 교사 개인에 노력에 달려 있다.

　본 논문은 이론 면에서만 발음교육과 교재에 대해 의견을 제시했지만 구체적인 교재 구성과 내용 등에 대해 아직 논의를 못하고 있다. 미완성 부분은 앞으로 연구될 공간이 되었으면 한다.

참고문헌

강신도(2000), 중국에서의 한국어교육, 태학사.
김충실(2005), 중국에서의 한국어 교수방법 연구, 박이정.
김병운(2003), 중국에서의 한국어교육Ⅳ, 태학사.
안병호(2000), 중국에서의 한국어교육, 태학사.
왕단(2003), 한국어교육Ⅳ, 태학사.
이득춘(2000), 중국에서의 한국어교육, 태학사.
이병운(2003), 중국에서의 한국어교육Ⅳ, 태학사.
이성도(2000), 중국에서의 한국어교육, 태학사.
장관군(2000), 중국에서의 한국어교육, 태학사.
조현용(2005), 한국어 교육의 실제, 유씨엘.
태평무(2000), 중국에서의 한국어교육, 태학사.
하동매(2001), 중국에서의 한국어교육Ⅱ, 태학사.
한재영 외(2002), 한국어 발음교육, 한림출판사.
허용,김선정(2006), 외국어로서의 한국어 발음 교육론, 박이정.

• 한국어 교재

북경대학 외 25개 대학 공동 편(1996), 『표준한국어』, 북경대학 출판사.
경희대학교 국제교육원 편(2001), 『한국어 초급Ⅰ』, 경희대학교 출판사.
연세대학교 한국어학당 편(1992), 『한국어 제1권』, 연세대학교 출판부.

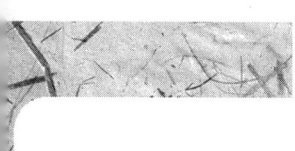

한국어 문법 교재

손 금 추[1]

1. 들어가기

우리는 외국어 교육에서 말하기, 듣기, 읽기, 쓰기, 문법이 가장 기본적인 교수 과목이라고 할 수 있다. 의사소통 중심의 교수법이 나타나면서 문법 교육의 비중이 점차 줄어드는 경향이 보이기는 하지만 단지 이것으로 문법 교육의 중요성을 부인해서는 안 된다. 왜냐하면 정확성의 측면에서 보면 문법 교육은 외국어 교육의 필수적인 요소이기 때문이다.

고립어인 중국어를 모어로 하는 중국인 학습자들에게 있어서 교착어인 한국어의 다양한 조사나 어미 등을 이해하고 파악한다는 것이 결코 쉬운 일만은 아니다. 따라서 내용이 상세하고 해석이 세밀한 문법 교재가 필요하다고 생각된다.

---

[1] 中國 大連外國語大學校

본 논문에서는 중국에서 출판된 문법 교재를 대상으로 그 책들에 존재하는 몇 가지 문제점을 분석함으로써 중국인 학습자를 위한 문법 교재를 편찬하는 데 몇 가지 견해를 제기하고자 한다.

2. 중국에서 출판된 한국어 문법 교재 분석

1) 1970년대 ~ 1992년 8월(중·한 수교)

1970년대부터 1992년8월까지 중국에서 출판된 한국어 문법 교재는 다음과 같다.

① 北京大學朝鮮語系, 延邊大學朝鮮語系(1976) 朝鮮語實用語法 北京 : 商務印書館
② 최윤갑 (1980) 조선어문법 심양 : 요녕인민출판사
③ 서영섭 (1981) 조선어실용문법 심양: 요녕인민출판사
④ 차광일 (1982) 조선어토대비문법 심양: 요녕인민출판사
⑤ 東北三省朝鮮語語文法 編巽小組(1983) 朝鮮語文法 延吉 : 延邊人民出版社

〈장점과 단점〉

1) 거의 대부분이 한국어로 편찬되어 있다.
 학습자들이 공부하고 이해하기 어렵다.
2) 문법 체계나 용어가 모두 북한식으로 되어 있다.
 이 다섯 가지의 문법 교재는 공통적으로 중한수교 이전에 출판된 것이라 모두 북한과 거의 똑같은 문법 체계와 문법 용어를 사용하였다. 한편 예문 내용은 거의 대부분이 중국식으로 되어 있다. 사용 빈도가 높지 않은 문장들이 많이 제시되어 있기 때문에 학생들이 문법을 이해하는 데 도움을 주지 못한다. 또한 난해한 어휘의 이해에도 불필요하게 많은 시간을 낭비하게 한다.
3) 연습 문제가 거의 없다.
 이 시기의 한국어 문법 교재 편찬에서는 연습을 소홀히 하는 경향이 있었다.

2) 1992년 9월 ~ 2000년

중국에서의 한국어 교육은 중·한 수교 이후 빠른 속도로 발전하고 있다. 1992년 8월부터 2000년까지 중국에서 출판된 한국어 문법 교재는 다음과 같다.

① 宣德五（1994）朝鮮語基礎語法　北京：商務印書館
② 韋旭升 許東振（1995）韓國語實用語法　北京：外語教學与硏究出版社
③ 張光軍（1998）어휘·어미·토　沈陽：遼寧人民出版社
④ 최명식·김광수 (2000) 조선어문법 연길 : 연변대학출판사
⑤ 최윤갑 (2000) 한국어문법 장춘 : 길림인민출판사
⑥ 柳英綠（1999）朝漢語法對比　延吉：延邊大學出版社

〈장점과 단점〉

1) 조사와 어미에 대한 설명이 상세하게 나와 있다.

　宣德五의 '朝鮮語基礎語法'에서는 한국어 조사와 어미의 용법에 대해서 중국어로 상세하게 설명해 놓았다.

2) 문법 체계나 용어는 북한식으로도 되어 있고 한국식으로도 되어 있다.

　위에서 제시한 ①, ②, ③, ④, ⑤, 중 특히 ①과 ②는 1990년대에 중국 내 많은 대학교에서 교재로 쓰이던 것이다. ①과 ③은 여전히 북한식 문법 용어를 사용하였고, ②와 ⑤는 한국식 문법 용어를 사용하였다.

3) 예문 내용은 거의 대부분이 중국식이나 북한식으로 되어 있다.

　책 제목을 '한국어' 라고 했지만 책 속의 용례가 다 중국식이나 북한식이다. 한국 사람들이 많이 쓰는 한국식 문장이 드물다.

4) 연습 문제가 거의 없다.

　⑤는 한국어로 편찬한 것이고 연습 문제가 있기는 있지만 너무 어려워서 이 책의 사용자로는 학부생보다는 대학원생이 더 적합할 것이라고 생각된다.

3) 2001년 ~ 현재

21세기에 들어선 후, 중국 개혁 개방의 진일보로 되는 발전과 더불어 중국은 세계 무

역 조직(WTO)에 가입하는 등 일련의 유리한 환경을 형성하였으며 이에 따라 중국에서의 한국 기업의 투자와 무역활동은 끊임없이 발전, 확대되었다. 그러므로 중한 이중 언어 인재에 대한 수요가 시대적인 주류로 나서게 되었다.[2] 2001년부터 현재까지 중국에서 출판된 한국어 문법 교재는 다음과 같다.

① 李得春 (2002) 韓國語標準語法 北京: 外語教學与研究出版社
② 崔羲秀·俞春喜 (2003) 韓國語實用語法 延吉: 延边大學出版社
③ 許維翰 (2004) 現現代韓語語法 北京: 北京大學出版社
④ 朴善姬 (2005) 韓國語基礎語法与練習 北京: 北京大學出版社
⑤ 崔羲秀 (2005) 韓國語基礎語法 牡丹江: 黑龍江民族出版社
⑥ 林从剛·任晓麗 (2005) 韓國語槪論 北京: 北京大學出版社
⑦ 朴淑子·俞佳京 (2006) 簡明韓國語語法 北京: 中國宇航出版社
⑧ 姚德才 (2007) 新編韓國語語法 南京: 東南大學出版社
⑨ 黄有福 (2007) 基礎韓國語實用語法 沈陽: 遼寧民族出版社
⑩ 禹仁惠·罗惠敏 (韓)(2007) 韓國語語法入門 北京: 外語教學与研究出版社

〈장점과 단점〉

1) 모두 중국어로 편찬되어 있다.

중국어로 편찬되었기 때문에 학습자들이 배우고 이해하기 쉽다.

2) 실용성이 없는 문학 작품으로 된 예문을 많이 사용하였다.

3) 한국어 문법 체계나 용어를 그대로 도입하여 편찬하였다.

한국의 문법 술어를 그대로 번역했기 때문에 어색한 것이 많다. 예를 들면 관형사형어미와 선어말어미를 冠形詞形語尾와 先語末語尾로 번역했는데 학습자들이 이해하기 어렵다. 중국어 문법 체계 가운데 이들의 기능과 비슷한 문법술어(定語詞尾 時制詞尾, 尊稱詞尾)[3]를 쓰면 학습자들이 더 쉽게 파악할 수 있을 것 같다.

---

2) 장동명(2004) 참조.

4) 연습 문제가 있기는 있지만 실용성보다 이론성이 더 강하다.

연습 문제를 개발했는데 이론적 문제가 대부분이다. ④는 중국 학생들이 한국어를 배우는 과정에서 보편적으로 많이 어려워하는 조사와 어미를 가지고 연습 문제를 편찬하였다. 이는 단순히 추상적인 해설을 싣는 것보다 훨씬 더 효율적이라고 생각된다.

3. 제안

지금까지 우리는 중국에서 출판된 한국어 문법 교재에 대하여 간단하게 살펴보았다. 외국어로서의 한국어 교육에 있어서 문법 교육은 중요한 부분이므로 좋은 문법 교재는 학습자들에게 아주 큰 도움을 줄 수 있다. 그러나 중국 각 대학의 한국어과에서도 한국어 문법을 중시하는 교육이 많이 이루어지고 있고 한국어 문법 교재도 많이 출판되었음에도 불구하고 외국어로서의 한국어 문법의 특징과 중국 학습자들의 실정을 고려한 적당한 문법 교재가 별로 없다는 것은 안타까운 점이다. 중국인 학습자를 위한 한국어 문법 교재의 편찬이 급선무라고 할 수 있다. 여기에서 필자는 앞으로 중국 학습자를 위한 한국어 문법 교재를 편찬함에 있어서 고려해야 할 문제에 대해서 다음과 같은 몇 가지의 견해를 제기하고자 한다.

1) 문법 용어가 통일되어야 한다.

중국인 학습자를 위한 한국어 문법 교재를 편찬할 때 다음과 같은 원칙을 지켜야 한다.

① 대다수 학자들이 공인하고 다수 저서들에서 사용할 수 있는 술어여야 한다.

② 중국어에 대등한 술어를 사용한다.

③ 과학적 표준에 의한 취사 선택을 해야한다.

④ 국제적인 통용 술어와도 맞고 일반 언어학의 내용과도 일치되는 술어를 사용한다.

(이득춘 2000)

---

3) 박숙재(2005:53) 참조.

⑤ 중국인 학습자가 이해하기 쉬운 술어를 사용한다. 이러한 원칙으로 중국인을 위한 한국어 문법 교재 중의 용어를 통일할 필요성이 있다고 생각된다.

2) 예문은 간단하고 실용성이 있어야 한다. 그리고 구어 문법과 문어 문법을 고루 제시할 필요가 있다.

3) 연습 문제는 한국어 언어 이론 지식보다 실제적인 응용문제를 더 많이 개발해야 한다.

4) 의미가 비슷한 조사와 어미들의 사용상 같은 점과 차이점에 대한 해석이 필요하다.

5) 중국어 문법과의 대조가 필요하다.

문법 교육에서는 우선 학습자들이 가지고 있는 기본적 문법 지식에 근거하여 목표어와 모국어의 비교, 그리고 학습된 다른 외국어와의 비교를 제시하는 것이 효율적이다. 이 때, 언어학적 이론에 기초하여 목표어의 문법 체계를 개략적으로 소개하면서 학습자들에게 모국어와의 같은 점과 다른 점을 알려 주는 것이 중요하다. 그렇게 함으로써 목표어에 대한 첫인상을 보다 친근하게 심어 줄 수 있다. 그러므로 중국인 학습자를 위한 한국어 문법 교재를 편찬할 때 중국어 문법과의 대조가 필요하다고 생각한다.

6) 중국 학습자들의 실정을 고려한 문법 체계를 세워야 한다.

새로운 체계 즉 중국인 학습자가 한국어를 배울 때 이해하기 어려운 부분들을 중심으로 한국어 문법 체계를 달리 세우는 것이 바람직할 것이다.[4] 다시 말해 한국어의 조사와 어미의 활용을 중심적으로 문법 교재를 편찬하는 것이다.

---

4) 안병호(2000:89)를 참조.

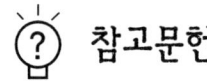

참고문헌

강현화(2007),	한국어 교재의 문형유형 분석, 한국어교육 18-1, 국제한국어교육학회.
김충실(2006),	중국에서의 한국어 교수방법 연구, 박이정.
민현식(2004),	문법교육의 표준화와 다양화의 과제, 국어교육연구 15집, 서울대학교 국어 교육연구소.
박숙자(2004),	중국에서의 한국어 기초교재 개발방안, 제8회 재중국 한국학 학술회의.
백봉자(2001),	외국어로서의 한국어 문법교육, 한국어 교육 12-2, 국제한국어교육.
안병호(2000),	중국에서 한국어 교재의 사용 실태와 그 개발 방안, 중국에서의 한국어교육Ⅰ, 태학사.
이득춘(2000),	중국인용 한국어 교재와 관련되는 몇 가지 문제, 중국에서의 한국어교육, 태학사.
장광군(2000),	낙양외국어대학의 한국어 교재, 중국에서의 한국어교육, 태학사.
장동명(2004),	중국에서의 한국어교육, 제8회 재중국 한국학 학술회의.
지현숙(2006),	한국어 구어문법과 평가Ⅰ, 도서출판 하우.

이야기를 활용한 한국어 교재 연구

이 성 희

1. 서론

각 한국어 교육 기관마다 정규교재[1]를 출판하여 외국어로서의 한국어 학습자들에게 학습의 풍요로움과 편이를 함께 제공하고 있다. 또한 교재 연구와 개발에 관한 논문들이 지속적으로 발표되어 교재 내용과 형식의 양적, 질적 발전을 이루는 데 많은 도움을 주었다. 특히 각 대학의 정규교재들이 한국어 교육 정규 과정에서 실제적으로 사용되면서, 다양한 시각에서 점검과 평가가 이루어지고 있는 형편이다.[2] 학습에 있어서 중요한 위치를

---

[1] 여기서 정규교재는 각 기관의 정규과정에서 쓰는 교재, 흔히 말하기·듣기·읽기·쓰기의 4영역이 함께 구성되어 있는 교재로, 영역별 교재란 위의 4개 영역 중에서 문화, 문학, 역사 등과 연관된 한국어 분야를 특화시켜 출판한 교재로 의미를 제한하여 사용하려 한다.

[2] 교재에 관한 연구는 이미 상당한 성과가 축적되어 있다. 언어기술의 통합성과 학습자 중심의 원리를 고려하여 각 기관별 교재를 치밀하게 분석한 황인교(2003)의 논문에서는 정규교재에 대한 분석과 대안이 체계적으로 제시되어 있다. 특히 구성에 있어서 교재 외적인 구성과 내적인 구성으로 나누어 살폈는데, 내적인 구성에서 문법, 어휘, 발음과 억양, 담화와 화용과 함께 문화 영역을 다루었다. 문화를 성취 문화와 일상 문화로 나누어 문화에 대한 시각, 태도, 설명 여부, 활동 가능성을 살폈다. 특별히 문화 교육에 있어서 학습자가 활동하고 참여하는 비교문화적 시각을 강조하고 있는 점이 인상적이다(294, 295쪽, 318쪽 참조).

정하는 교재에 대한 연구와 실제가 본 궤도에 올라감에 따라, 정규교재가 아닌 영역별 교재에 대한 연구와 검토에 대한 요구도 증가하게 되었다.[3]

한국어 교육의 영역과 저변이 확대되고, 학습자들의 수가 양적으로 증가하면서, 학습자들의 문화적 배경도 다양해졌으며, 학습자들의 요구와 목표도 다양해져서 교재 또한 이를 반영해야 교육의 질적 성장을 꾀할 수 있는 상황이 되었다. 이는 한국어 교육 연구의 양적 성장뿐 아니라, 한국어 교육 내용의 질적 성장을 의미하는 것이므로 매우 고무적인 일이라 할 것이다.

이야기를 활용한 한국어 교재에 대한 연구는 독립적으로 다루어진 바 없으나, 이보다 더 넓은 의미에서 문학을 활용한 한국어 교육, 한국어 수업에 관한 연구는 한국어 교육 연구에서 독자적인 영역으로 자리를 잡았다. 초기에 문학이나 이야기가 한국어 교육에서 과연 활용될 수 있는가 하는 가능성에서 출발했던 논의들이[4] 점점 무르익어 한국어 교육 현장에서 한국어 교육 및 문화 교육, 문학 자체에 대한 교육 등 다양한 방식의 접맥이 이루어지고 있다.

문법 중심의 '정확성'을 목표로 삼던 문법 위주의 교육방법에서 '유창성'을 중시하는 의사소통 능력의 중요성이 강조됨에 따라 언어가 사용되는 문화에 대한 관심은 더욱 커졌다고 볼 수 있다. 문학 정전에 대한 교육은 엘리트주의라는 이유로 폄하되었지만, '상황'으로서의 문화에 대한 관심은 상대적으로 증가했다. 이렇듯 문화의 중요성에 대한 인식이 높아지면서 기층문화, 민중문화, 대중문화로서의 이야기 제재는 비교문화적 측면에서, 한국문화 이해의 측면에서 외국어로서의 한국어 학습자들에게 효과적인 한국어 학습의 도구이자 목표로 설정될 수 있다. 이야기 제재가 한국어 교육에서 갖는 위상에 힘입어

---

3) 백봉자(2001)의 연구에서는 교재변천의 역사를 4단계로 나누어 고찰했다. 발전기(1989-2000)에 학생들의 다양한 요구를 바탕으로 의사소통 중심 교수법이 적용되었고, 한국어 교육이 응용학으로서 인접학문과의 연계에도 영향을 주는 성숙한 분위기가 조성되었다고 파악했다.

4) 윤여탁 교수는 그간 꾸준히 문학과 한국어 교육의 연관 및 활용에 대한 연구를 화두로 삼았다. 지속적인 노력에 힘입어 많은 연구 성과가 도출되었는데, 한국어 교육에서 문학 교육의 위상 문제에 대한 고민과 해답은 다음 논문들에서 집중적으로 다루어졌다.
윤여탁(2003), 136~142쪽. 윤여탁(2006), 125~138쪽.
특히, 윤여탁(2006)에서는 문학 교육의 위상문제를 일목요연하게 정리하였다. 의사소통 접근법의 관점에서 문학의 언어는 엘리트주의이고 실제적이지 못하다는 이유로 효용성이 떨어질 수밖에 없었으나, 1990년 후반 이후 문학작품의 위상은 민중적인 장르에 대한 관심의 증대, 간문화적 능력의 차이를 허용하는 흐름이 나타나면서, 언어교육에서 접하는 담화(discourse)로서의 문학이나 문화는 언어학습자의 문학과 교섭하는 감각적이며 실질적이고 긴밀한 자료이자 방법으로 작용하게 되었다는 것이다. 이러한 정리는 문학 교육과 한국어 교육의 관계를 역동적으로 파악하여 외국어로서의 한국어 교육에서 문학 교육의 위상을 재정립하는 데 기여했다.

이제 독립적인 이야기 교재의 의의 및 구성 방법을 논의할 시점이 되었다고 생각한다.

이 글에서는 이야기를 활용한 한국어 교재의 현황, 의의, 구성방법을 논의해 보겠다.

2. 이야기 교재의 현황

이야기는 각 교재에서 읽기 자료 중 하나로 대부분의 정규교재에서 다루어졌다. 초급을 제외한, 중급과 고급 과정의 읽기 및 쓰기에서 이야기를 많이 다루고 있다. 초급에서 이야기의 활용이 제한되는 이유는 이야기의 이해를 위한 어휘나 문법지식이 부족하기 때문이라 할 수 있다. 초급에서 이야기를 가르치는 것이 불가능한 것은 아니지만, 어느 정도의 어휘와 문법지식이 없을 경우, 이야기를 읽기 위해서 배워야 하는 단어와 문법의 양이 방대하여 비효율적이기 때문이라 여겨진다. 이와는 상대적으로 중급 이상의 학습자들은 한국의 문화와 역사, 문학에 대한 관심을 보인다. 이러한 요구에 부응하여 이야기는 중급 이상의 교재 편찬 시 실어야 하는 중요한 항목으로 여겨졌다.

각 정규교재에서 다루어진 이야기의 내용과 항목을 살펴보는 것은 그 자체로 하나의 연구주제가 될 수 있을 정도로 방대하다. 여기서는 몇 가지 특징적인 부분을 살펴보아 논의의 발판을 마련하고자 한다.

각 교재에서 이야기의 비중은 교재 편찬자의 의도와 시각에 따라 많은 편차를 보인다. 『Modern Korean - AN INTERMEDIATE READER』[5]에서는 총 24과의 본문 중 '황희 정승', '한석봉과 어머니', '효자 호랑이', '소가 된 게으름뱅이', '단군신화' 등 총 5과 본문이 이야기 제재이다.

또한 『한국어 고급 I』[6]에서는 제 8과에서 '이야기와 글'을 독립적인 단원으로 설정하여 선녀와 나무꾼을 활용한 읽기와 말하기, 쓰기 통합 활동 및 역할극 만들기 등을 다루

---

[5] 김남길(2000) 이 책에서는 이야기 제재 말고도 한국문화에 많은 비중을 두어 교재를 집필한 노력을 엿볼 수 있다. '한국의 풍속', '서울', '서울의 교통', '약속', '한국의 대도시들', '관습의 차이', '한국어의 높임말', '한자', '세종대왕', '경주에서', '과거와 현재가 만나는 곳, 인사동', '한국의 역사', '춘원 이광수' 등 대부분의 읽기 자료가 한국문화에 대한 내용이다.

[6] 김중섭·방성원·김지형·이성희(2003)

었다.

이야기 제재를 활용하여 단독으로 출판된 교재로는

1) 『Once Upon a Time in Korea 옛날 옛적에… An Elementary Reader』[7]와
2) 『Cultural Readings from Folk Tales, Legends, and History 외국인을 위한 한국 문화 읽기』[8]가 있다.

이야기를 활용한 교재가 단독으로 출판된 것은 한국어 학습에서 매우 고무적인 일이라 할 수 있다.

1)과 2)는 같은 저자가 출판한 것으로 각 페이지마다 컬러 인쇄를 하여 선명하고, 본문에 맞는 삽화가 있어 학습자들의 흥미를 북돋울 수 있다.

각 과마다 본문, 단어, 숙어를 영어로 소개했다. 그리고 'Culture note' 라는 문화란을 따로 두어 한국문화를 소개하고 있다. 그리고 책 뒷 부분에 문형과 불규칙동사, 존댓말, 인용 색인을 덧붙였다. 책 서두에 '활용하기' 란을 두어 각 과의 내용을 어떤 방식으로 가르칠 것인지에 대한 아이디어를 제공하고 있다.

이야기를 한국어 학습에서 가르칠 때 어려운 것은 단어와 내용의 어려움이다. 그런데 이 책은 그러한 어려움을 무난히 극복하여 쉬운 단어와 제한된 단어로 다채로운 표현을 해낸 것이 돋보인다. 또한 신화, 전설, 민담, 위인전을 아우르는 다양한 읽기 자료를 선정하는 데 고심한 노력도 보인다. 특별히 선덕여왕, 세종대왕, 이순신 등 역사적 인물들을 소개하여 이야기의 배경이 되는 역사에 대한 학습을 함께 할 수 있도록 배려했다.

그런데 몇 가지 아쉬운 점을 살펴보면 다음과 같다.

먼저, 각 과의 내용이 본문과 단어, 숙어로만 되어 있어서 실제적으로 활용하려면 교사가 각 과에 맞는 활용 방법을 다시 고심해야 한다는 것이다. 과정중심의 방법이 아니라 텍스트만을 제시하는 것이어서 교실 수업에서의 활용도는 조금 떨어지는 감이 있다.

또한 문화 제시 방법이 각 과의 내용과 유기적인 연관이 없다. 1)에서는 총 23과의 본

---

[7] In Ku Kim Marshall(2005)

[8] In Ku Kim Marshall(2006)

문에 6개의 문화 항목이 제시되었는데, 이는 각 과의 내용과는 상관없이 제시되었다.[9] 저자가 책 서두에서 밝히고 있듯이, 이야기를 배우는 목적이 한국문화를 배우는 것이라면, 이야기와 관련된 문화 항목을 제시하고, 그에 대한 활용을 함께 검토하는 방법이 더 효과적이었을 듯하다.

이야기 장르에 대한 명확한 구분이 없다. 2)에서는 '동화' 란에 "김현감호"설화가 들어가 있는데, 이는 신라라는 명확한 시대와 김현이라는 인물이 등장한다는 점에서 같은 동화 항목에 있는 "우렁이각시", "나무꾼과 선녀" 등과는 충위를 달리하여 분류되어야 할 것이다.

이상으로 소략하게 한국어 교재의 현황에 대해서 살펴보았다. 위의 성과에 힘입어 이야기를 활용한 한국어 교재의 질적 비약이 있기 위해서는 이야기와 문화의 소개, 본문과 활동이 겸해진 교재, 읽기, 쓰기, 말하기 기술이 통합된 의사소통 중심, 현장 중심의 교재가 요구된다고 하겠다.

3. 이야기를 활용한 한국어 교재의 의의

이야기를 통해서 한국의 현대문화와 함께 한국의 전통 문화를 풍부하게 제시할 수 있다.[10] 이야기를 통한 한국어 교육에서 기대되는 효과는 다음과 같다.

---

9) '띠', '한글', '한복', '태극기', '온돌', '한국음식' 등 6개의 문화 항목을 소개했다. 그러나 '태극기'는 "심청전"과, '온돌'은 "용궁구슬"과 '한국음식'은 "견우와 직녀"와 함께 소개되어 이야기와 문화가 연관성이 없다. 또한 2)에서는 문화 항목이 '태극기' 하나만 제시되어 있는데, 이것은 1)에서 이미 제시된 것으로 중복된다.
이야기를 배울 때 제시하는 문화 항목 제시방법은 더 많은 연구가 필요하다. 문화란을 따로 두어 제시하는 것이 최상의 방법은 아닐 수도 있다. 그러나 실제 교재 구성 시에 문화를 각 본문 속에 녹여 내는 것 또한 만만한 작업은 아니다. 이에 대해서는 더 깊은 고민이 있어야 하겠으나, 문화란을 따로 두어 소개할 때도 본문과 문화와의 연관성을 고려하는 것이 바람직할 듯하다.

10) 민현식(1996)은 우리의 고전 문학을 통해 한국 전통문화를 이해하도록 돕기 위해서는 고전 문학 자료, 그 중에서도 우리말 학습 시 이야기의 재미를 동시에 줄 수 있는 인물, 사건을 소재로 한 신화, 이야기 등을 풍부하게 소개할 수 있어야 한다고 하면서 아울러 '바보, 떡, 도깨비, 토끼……' 등 한국인의 이야기에서 자주 등장하는 주요 어휘별로 관련 이야기를 집대성하는 작업도 일차적으로 해당 분야에서 이루어져야 한다고 보았다.

1) 문화콘텐츠로서의 이야기 활용하기

이야기는 민속자료이면서, 현대에도 꾸준히 읽히면서 새로운 창작의 모티프가 되는 당대의 문학이다. 이야기는 다양한 관점에서 재해석되어 현대에도 영화나 드라마, 연극으로 각색되어 끊임없이 전승되고 있다. 이야기는 문화 콘텐츠로서 OSMU(One Source Multi Uses)의 대표적인 장르이다. 원소스 멀티유즈로서의 이야기 활용은 디지털스토리텔링 연구에서 주요한 논쟁점이 되었다.[11]

판타지 소설인 톨킨(J. R. Tolkin)의 『반지의 제왕 The Lord of the Rings』과 조앤 K. 롤링(J. K. Rowling)의 『해리포터 Harry Potter』시리즈 또한 북유럽 이야기와 영국 이야기의 모티브와 화소를 원천으로 하여 만들어졌다. 이러한 시도는 이야기 제재가 과거의 흘러가버린 옛날의 것이 아니라, 현대적으로 언제든지 각색이 가능한 생생한 고전이라는 것의 반증이다.

당대성, 현대문화와의 끊임없는 대화를 시도하는 이야기 자료는 앞으로도 계속해서 다양한 문화의 영역에서, 현대 문명의 다양한 기술과 조우하여 그 사명을 다 할 것이다. 특별히 한국어 교육에서 이야기는 외국인 학습자들에게 한국의 현대문화와 더불어 유구한 전통을 함께 보여줄 수 있는 효과적인 자료로서 그 빛을 더욱 발하리라 생각한다.

2) 한국어를 통한 문학 교육

이야기는 문학적으로 완결된 구조 속에 감동과 흥미를 주는 내용으로 이루어져 있다. 이야기는 감수성을 훈련하고, 도덕성을 높이며, 그리고 문학을 교육하는 데 효과적으로 활용될 수 있다. 또한 이야기는 보편적인 내용과 흥미 있는 요소를 가지고 있기 때문에 공감대를 형성하기 쉽다.

---

11) 신선희(2006)는 고전 문학 자료의 문화콘텐츠의 장르적 변용과 산업적 활용에 대해 언급하면서, 고전 문학이 문화원형으로 잘 농축된 원소스로서 중요성을 갖는다고 언급하였다.
나아가 '반지의 제왕'이 영화에서는 성공했지만, 게임에서는 성공하지 못한 이유가 장르적 변용에 성공하지 못했기 때문이라고 하면서, 원전 자체보다 멀티 소스화 작업이 중요하다고 역설했다. 이는 이야기를 한국어 교재에 활용할 때도 마찬가지로 적용되어야 할 시사점이 아닌가 한다. 이야기 자체가 아니라, 각 과의 구성에서 이야기를 어떻게 학습자들에게 소개하고 어떤 영역들과 연관시킬지가 중요한 문제가 된다. 여기에는 교재 편찬자의 집필 의도와 시각이 큰 몫을 할 것이다.

한국어를 배우는 것이 목표이지만, 이야기를 통해서 배우는 한국어는 이야기 자체에 대한 교육을 할 수 있어서 더욱 큰 매력이 있다. 다양한 국적을 가진 학습자들은 모두 자국에서 문학에 대한 교육을 받은 경험이 있는 사람들이다. 이들의 문학 교육의 스키마를 활용하면 더 높은 단계로의 수준 높은 문학 교육이 가능하다.

외국어로서의 한국어 학습자들이 문학을 향유하고, 문학을 통해 감동을 받고, 이를 내면화하여 자기 성장을 꾀하는 문학 교육이 한국의 이야기를 통해서 가능하다고 생각한다.

3) 이야기의 힘(흥미)을 이용한 학습 효과

한국어를 학습하는 방법은 다양하다. 그러나 문학 작품을 통해서 학습하게 되면 문학 작품이 가지고 있는 흥미와 감동을 함께 학습하게 되어 학습 효과를 더욱 높일 수 있다. 특히 이야기에는 '감동', '흥미', '교훈적인 요소'가 많으므로 학습 의욕을 더욱 극대화시킬 수 있다고 기대된다.

실제로 "옛날에, 옛날에……"로 시작되는 이야기를 시작하면 많은 학습자들이 주의를 집중하고 경청하게 된다. 특별히 이야기는 여기와는 다른 저기, 지금이 아닌 그 때 그 시절, 나와 너가 아닌 누군가에 대해 말하므로 호기심과 관심을 유발할 수 있고, 갈등과 극복, 스릴과 서스펜스, 행복과 불행 등 인간 생활에서 겪는 다양한 관심사를 다루므로 흥미를 일깨우기에 적합하다. 흥미있는 요소를 텍스트로 삼으면, 학습효과가 높아지는 것은 두말 할 나위없다.

4) 한국인의 심성 · 관습 · 미덕 · 예의범절 이해

오랜 시간 동안 한국인의 꿈, 희망, 사상, 감정이 스며있는 한국의 이야기는 문자 생성 이전부터 오랜 세월 동안 많은 사람들을 통해서 입에서 입으로 전승되어 왔기 때문에 한국인의 사상, 감정, 풍습, 세계관이 투영되어 있다.

또한 이야기에는 한국인의 전통적인 관습 및 가치관 등이 반영되어 있다. 그러므로 다른 장르보다 한국인들만의 특성, 가치관, 생활 습관 등을 잘 배울 수 있을 것이라 기대

된다.[12]

한국인은 예의범절이나 관습 등을 중요시하기 때문에 이를 지키지 않았을 때는 사회적으로 적응을 하지 못하는 사람으로 치부하는 경향이 있다. 이러한 경향은 '바보'에 관한 이야기에서 잘 나타난다. 바보 이야기는 결혼, 가족 관계, 대인 관계 등에 적응하지 못한 사람들의 이야기이다. 이를 통해서 흥미와 함께 한국인들이 중시했던 일반적인 관습과 예의범절, 미덕에 관해서 자연스럽게 제시해줄 수 있다.

한국은 오랜 유교 전통이 남아 있다. 그 중의 하나가 효사상(孝思想)과 웃어른에 대한 공경이다. 한국인은 웃어른에 대한 예절과 대접을 중시한다. 이러한 전통은 현대 사회에서도 버스나 지하철에서 웃어른께 자리 양보하기, 부모님을 모시고 사는 풍습 등으로 이어지고 있고, 또한 체계적인 존대법과 겸양법이 지켜지고 있다. '심청전' 등의 효 이야기를 통해서 한국인들의 효행 관념, 유교적 윤리, 도덕 관념을 효과적으로 이해시킬 수 있다.

5) 역사 · 문화 교육

야담집이나 기타 설화집에 전하는 이야기들은 대부분 역사적인 인물의 이야기들이 많으며 역사적인 사건들을 기록하고 있다. 그러면서도 역사에 대한 단순하고 기계적인 기록이 아닌 흥미 있는 이야깃거리를 제공하는데, 이러한 이야기를 학습한다면 이야기가 가지고 있는 흥미 있는 요소와 함께 역사적인 사건들, 인물에 대한 학습도 함께 할 수 있어서 더욱 좋다.[13] 특히 우리나라 최고(最古)의 설화집이며 역사서인 〈삼국유사〉는 고구

---

12) Joanne Colli · Stephen Slater (1991:3~6)에서는 언어 교육에서 문학을 가르쳐야 하는 이유로, 문학이 일상생활에서 검증을 거친 언어로 된 믿을 만한 자료라는 것, 문화 · 언어적으로 풍요롭게 할 수 있음, 개인적인 향유 등을 들었다.
특별히 문화적으로 풍요롭게 할 수 있는 이유로 문학작품의 사회적 성격을 들었는데, 이는 문학과 사회와의 긴밀한 연관관계를 통해 형성된다. 이에 대해서 문학작품은 많은 사회적 배경이 묘사되는 인물들이 등장하는 완벽하고도 생생한 텍스트이며, 독자들은 작품에서 해당 문화의 사상, 감정, 관습과 물건 구입, 신앙, 두려움, 즐기는 것, 말하는 방식, 개인적인 사생활 등을 발견할 수 있으므로, 문학작품 속의 세계는 비록 실제 세계는 아니지만, 언어가 사용되는 곳의 '삶의 방식'을 보여줄 수 있고, '생생한 상상의 세계'를 통해 실제 세계의 세계관 및 생활 방식을 보여 줄 수 있다고 강조했다.

13) 해당 문화와 역사적 배경에 대한 이해는 언어 교육에서 단순히 언어만을 배우는 것보다 더 많은 학습효과를 나타낼 수 있다. Sandra McKay(1986:192~193)는 언어적 복합성과 문화적 배경의 효과가 긴밀한 연관이 있으며, 문화에 대한 이해는 특히 학습자들의 상상력이 풍부한 쓰기활동을 고무할 수 있다고 피력했다.

려, 백제, 신라, 삼국의 역사뿐만 아니라 〈삼국사기〉가 기록하지 않은 고조선, 기자 조선, 위만 조선을 비롯하여 가락국 등의 역사까지 폭넓게 다루고 있으며, 단군 신화를 비롯한 신화, 전설, 민담을 전하는 귀중한 자료이다. 이러한 자료를 다룬다면 이야기와 역사를 아우르는 수준 높은 자료를 제시할 수 있는 동시에 역사에 관한 기본적인 어휘들을 제시할 수 있을 것이다.

6) 관련 속담, 관용 어구를 통한 어휘 확장

이야기의 내용 이해 후 응용, 인식의 발전 단계에서는 이야기에서 나온 어휘를 확장하여 학습할 수 있다. 이러한 어휘들 중에는 현재에도 사용되는 경우가 있고 이미 사라져버린 어휘들도 있는데, 현재 사용되는 어휘들은 적절한 문장을 함께 제시하여 설명할 수 있고, 현재 많이 사용되지 않지만 속담이나 관용 어구에서 전승되고 있는 어휘들은 관련 속담이나 어휘와 함께 제시할 수 있다. 이러한 활동은 곧 학습자 스스로 학습하기 어려운 속담이나 관용 어구를 자연스럽게 학습하고 응용할 수 있는 좋은 기회를 제공할 것이다. 이렇게 이야기와 함께 속담·수수께끼 등 다른 구비문학도 적절하게 학습한다면[14] 한국어 구사 능력을 한층 더 높일 수 있을 것이다.

7) 비교문화적 관점에서 이야기 학습

21세기는 지구촌 시대이다. 세계 각국의 다양한 문화를 한 자리에서 접하게 되는 국제화 시대이며 또한 문화의 시대이다. 문화의 다양성이 강조되는 시점에서 우리 문화를 알리는 작업과 함께 타국의 문화에 대해 열린 시각으로 접하고 받아들이는 것 또한 중요한 과제로 떠오른다.

이야기는 대체로 인간의 보편적 정서에 호소하고, 인류의 영원한 이상인 진, 선, 미를 갖추고 있으며 인간의 무한한 꿈과 영혼, 영원, 위트, 기지, 지혜를 추구하고 있으므로 외

---

14) 속담이나 수수께끼는 이야기와 병행하지 않고 단독으로 지도할 수 있다. 속담이 사용될 수 있는 상황을 제시하고 적합한 상황에 사용할 수 있도록 지도한다면 한국어를 더 능숙하게 사용할 수 있을 것이다.

국인 학습자들이 자국의 이야기와 비교하여 학습하기에 용이하고, 이를 통해 다양한 문화를 서로 비교하면서 수용할 수 있는 문화교류, 문화학습의 장을 마련할 수 있다. 비교를 바탕으로 한 활발한 토론이 가능한데, 이러한 토론은 현대문화의 조류인 다양성, 상대주의에 부합하여 교사와 학습자 모두에게 유익한 학습이 될 것이다.[15] 여러 나라에서 전승되는 이야기와 문화에 대해 토론하면서, 타 문화와의 '비교'를 통해서 자기 문화의 독특성과 개성이 더욱 드러나는 문화적 경험을 하는 것은 학습자와 교사 모두에게 유익한 인문학적 성찰의 경험이 될 것이다.

4. 이야기를 활용한 한국어 교재 구성하기

1) 어떤 이야기를 구성할까?

이야기를 한국어 교육에서 가르칠 때 대략 다음과 같이 분류하여 가르칠 수 있을 것이다.

(1) 세계 공통 이야기

이야기를 가르칠 때 굳이 한국적인 것만을 고집할 필요는 없다고 본다. 이야기 중에는 세계적으로 비슷한 유형의 이야기가 있다. 예를 들면, '임금님 귀는 당나귀 귀'는 그리스 신화 '마이더스왕' 이야기와 비슷하고, 한국의 '나무꾼과 선녀'는 중국의 호녀전설, 일본의 우의전설, 서구의 '백조처녀(Swan Maiden)'와 비슷하다. 또 한국의 '콩쥐 팥쥐'는 서구의 '신데렐라(Cinderella)'와, '해와 달이 된 오누이'는 '늑대와 새끼양들(The Wolf and the Kids)'과 많은 공통점을 지니고 있다. 또한 토끼의 간, 호랑이와 곶감, 콩쥐팥쥐, 두더지 사위 고르기, 홍수 이야기, 장자못 전설 등 많은 이야기가 세계적으로 분포되

---

15) 졸고(2003)에서는 중국, 일본, 동남아시아, 한국에서 함께 전승되는 선녀와 나무꾼 이야기를 비교문화적 시각에서 연구했다. 같은 플롯을 갖는 이야기가 중국, 일본, 동남아시아와 비교했을 때, 우리나라에서는 효 관념의 강조, 모성애의 강조라는 특징이 드러나게 된다.

어 있다.[16] 이러한 이야기를 가르치면 양국 문화에 대한 자연스러운 비교와 상호 이해가 가능하다. 또한 세계 공통 이야기에서 자신이 이미 알고 있는 내용의 변이 양상을 추론하는 것이 가능하게 되고, 읽기 전(前) 단계로 줄거리 제시하기[17]와 같은 효과를 볼 수 있다. 같은 구조의 이야기라도 나라와 민족에 따라서 그 민족의 생활 양식과 문화적 배경에 따라 변이를 보이게 마련이다. 따라서 학생들은 이미 알고 있는 내용의 이야기를 한국에서 접하게 되므로 내용을 알고 있는 상태에서 한국적인 표현과 문화적 변이 요인을 파악하면서 학습할 수 있다.

(2) 한국 사람에게 보편적인 이야기

한국어를 배우면서 한국인들이 기본적으로 알고 있는 이야기들을 모르는 경우, 한국인들이 공유하는 문화적인 배경을 놓치는 수가 있다. '흥부와 놀부', '콩쥐팥쥐', '심청전', '춘향전' 등과 같은 작품들은 한국인들이 어렸을 때부터 익히 들어오던 것들이다. 한국인에게 흥부와 콩쥐는 착한 인물, 놀부와 팥쥐는 욕심 많고 이기적인 인물, 춘향은 사랑과 절개를 지킨 인물이라는 것이 공식처럼 내재화되어 있다. 이것은 아동기부터 귀로 듣고 책으로 읽어서 새겨진 것이다. 이렇게 굳어진 이미지나 생각은 한국어를 배우는 외국인의 경우에도 알아두어서 한국인의 심성을 이해할 필요가 있다.

(3) 잘 알려지지 않았으나 흥미 있는 이야기

일반적으로 소화(笑話)로 분류되는 이야기들은 위트와 유머를 가지고 있으므로 흥미 있는 읽기 교재로 사용될 수 있다. 여기에 적절한 기능과 문형을 배치하여 학습자들의 학습 의욕을 고취시키면서 읽기와 쓰기, 듣기 등 다양한 영역에서 응용될 수 있다.

---

16) 최운식(1991), 57쪽, 최래옥(1994), 42~44쪽 참조

17) 신헌재는 학생들에게 배경지식(schemata)을 활용케 하고, 작품의 줄거리를 제공하여 사전 준비 활동을 시키는 읽기 전의 활동을 제시하고 있다. 배경지식을 제공해주는 것으로서
 '1) 학생들이 이미 알고 있는 화제(topic)에 지식을 불어 넣어 줄 수 있는 것'
 '2) 학생들의 배경 지식의 빈자리(gap)을 채워줄 수 있는 것' 을 들고 있다.

4) 수준 높은 문학적 완성도를 보이는 이야기

이야기 중에는 그 자체로 높은 문학적 완성도를 보이는 작품들이 있다. 이러한 작품들은 소설적인 구성과 인물에 대한 상세하고도 치밀한 묘사 등으로 수준 높은 문학적 형상화를 보인다. 이러한 작품들은 치밀한 읽기가 가능하고 또한 작품에서 포괄하고 있는 내용이 사랑과 명예·권력의 갈등, 신념과 재물의 갈등 등으로 그 주제가 광범위하고 포괄적이기 때문에 심도 깊은 토론용 교재로 쓰일 수 있다.[18] 이러한 이야기는 사랑과 미움, 예술과 인생, 희생과 봉사, 이상과 현실, 자아와 세계 등 문학에서 추구하는 일반적인 주제를 이끌어 낼 수 있고 학습자들의 가치관을 피력할 수 있으므로 활발한 토론 주제가 될 수 있다. 이러한 이야기에는 '도미와 개루왕', '불귀신이 된 지귀', '머리에 꽂은 석남(石藍)' 등 많은 이야기가 있다.

2) 어떻게 구성할 것인가?

이야기를 이용한 한국어 교재에 대해서 살펴보고 교재 구성안을 제시해 보겠다. 교재는 의사소통 중심으로 이루어져서 학생들의 협동학습을 바탕으로 자발적 참여를 유도해야 한다.[19]

---

[18] 필자는 고급반 토론 시간에 '백결선생'을 가지고 토론을 했다. 대략적인 줄거리를 보면
'백결 선생은 거문고를 잘 타던 신라 시대의 유명한 음악가인데 가난하여 옷을 백 군데나 기워 입었으므로 사람들이 그를 백결(百結)이라 불렀다. 섣달 그믐날이 되어 다른 집에서는 기름 냄새가 풍겼으며 떡방아 찧는 소리가 들려왔으나 백결의 집에는 밥 지을 쌀도 없어서 부인은 낙심했다. 이것을 본 백결은 부인을 위하여 거문고로 "쿵덕쿵덕" 방아 소리를 연주하였다.'
당시에 일본, 중국, 호주, 이탈리아, 미국 등 다양한 국적의 학생들이 있었는데, 위의 이야기를 대상으로 하여 다음과 같은 내용으로 활발한 토론을 진행하였다.
'가. 가난한 백결 선생이 일은 하지 않고 거문고만 탔던 이유는 무엇일까? / 나.___씨가 알고 있는 사람들 중에서 백결 선생처럼 이상(理想)을 추구하는 예술가가 있는가? / 다. 당신이 백결 선생(백결 선생의 부인)이라면 어떻게 하겠는가? / 라. 예술과 인생, 이상과 현실의 차이에 대해서 얘기해 보자. / 마. 당신이 작가라고 생각하고 이후의 사건을 만들어 보자.'

[19] David Nunan(1991:279~281)은 과정중심 교수법, 의사소통중심 교수법이 바탕이 된 과제중심 교수법(task-based teaching)의 특징을 다음과 같이 정리했다.
① 목표언어에서 상호 의사 소통을 통한 학습의 강조
② 믿을 만한 텍스트를 교수 과정에 소개하기
③ 목표 언어뿐 아니라, 학습과정 중시, 학습자에게 기회주기
④ 교실 수업에 기여하는 중요한 요소로 학습자의 경험 강조
⑤ 교실 언어 학습과 교실 밖 언어 학습의 연계
또한 task는 교수목표, 입력 데이터, 활동이나 과정, 교사와 학생간의 역할, 교실 분위기 등으로 개념화된다고 하였다.
학생중심, 의사소통 중심의 이야기 학습을 위해서는 실생활과 연관된 다양한 활동과 이의 원활한 운영을 위한 분위기 조성, 학습자 개인의 참여 기회 확대 등이 무엇보다 필요하다.

일방적인 교사의 강의로는 원활한 의사소통을 진행할 수 없으므로 다양한 활동을 제시하여 실생활과 밀접한 학습 분위기를 조성하는 데 기여해야 한다. 또한 학생들을 학습 과정에 능동적인 참여자가 되도록 고무하여 활발한 토론과 회화, 쓰기가 가능하도록 배려해야 한다. 따라서 교재에서 듣기, 읽기, 말하기, 쓰기의 교과를 통합하여 구성할 필요가 있다. 교재는 학생들이 배운 지식을 적극 활용할 수 있도록 하면서, 되도록 많은 상황을 제시하여 한국문화에 친숙해지도록 이끌 수 있어야 한다.

또한 이야기는 현재와 전통을 함께 아우르는 것이므로, 현재의 한국문화와 전통적인 한국문화를 통합하여 제시하고 구성할 필요가 있다.

여기에 이야기를 통한 한국어 교재 구성에 포함될 활동을 제시해 보고자 한다.

- 토론하기
  : 주인공이 왜 그렇게 행동하였나/ 이 이야기의 주제는 무엇인가/ 주인공의 생각과 자신의 생각이 다른 점은 무엇인가/ 등장인물과 같은 사람을 알고 있는가/ ___씨가 등장인물이라면 어떻게 행동했겠는가
- 각자 이야기에 나오는 인물이 되어 자신의 입장 설명하기
- 법정 상황으로 연출하기(판사, 검사, 변호사, 피고, 원고——)
- 작품과 다른 결말의 내용을 창작해 보기
- 이야기를 잘라서 학생들에게 나누어 주고, 순서 맞추어 보기
- 이야기의 몇 대목을 자르고, 상상하여 구성하게 하기
- 작품의 결말 다음에 이어질 내용을 창작해 보기
- 역할놀이(roleplaying)
- 현대를 배경으로 새롭게 구성해보기(비슷한 사건을 현대의 인물, 배경에서 새롭게 각색해 보기)
- 작품의 내용을 낭독하기(배역을 정해서, 감정을 넣어서)
- 연극/TV 드라마 대본으로 구성하기
- 감상문 쓰기

- 주인공에게 편지 쓰기
- 비슷한 주제, 모티프를 가진 자기 나라의 이야기 하기
- 빈 칸 채우기 - 이야기의 중간 중간 빈 칸을 만들어 채워 넣기를 한다. 또는 주인공들의 대화문으로 구성하여 빈 칸을 만드는 방법도 활용될 수 있다.

이야기를 통한 한국어 교육을 통해서 한국어를 바르고 정확하게 배우는 것과 아울러 문학작품에 대한 감상과 이해와 토론을 통해, 학습자가 한국문화와 문학에 대해 한 차원 더 높은 지식의 단계에 이르도록 각 과의 내용과 활동을 구성해야 할 것이다.

작품에 사용된 어휘, 문장의 길이, 복잡성 등 문형의 난이도는 학습자의 수준에 맞게 (초급·중급·고급) 구성하되, 내용은 학습자의 연령과 지적 수준, 현실적인 여건을 고려하여 선정한다. 학습자의 흥미를 떨어뜨리지 않기 위하여 초등학교 교과서 위주의 단순한 작품은 지양하고 청소년과 어른들에게도 신선한 감동을 줄 수 있는 문학성을 갖춘 작품을 선정한다.

이야기를 활용한 한국어 수업 시간은 학생들의 요구가 적극적으로 반영되고, 교사와 학생, 학생과 학생간의 원활한 의사소통이 끊임없이 일어나고, 각 개인의 개성과 의욕이 마음껏 펼쳐지는 역동적인 시간이 되어야 한다. 이를 위해서 교재에서 다양한 활동을 제시하여 교사가 학습자의 특성에 맞게 활동을 선택할 수 있도록 선택권을 주고, 통합적인 활동을 통하여 말하기·듣기·읽기·쓰기 영역을 고루 발달시킬 수 있도록 고려해야 할 것이다.

5. 결론

이야기를 이용한 한국어 교재에 대해서 살펴보고 교재 구성안을 제시했다. 교재는 의사소통 중심으로 이루어져서 학생들의 협동학습을 바탕으로 자발적 참여를 유도해야 하며, 다양한 활동을 제시하여 실생활과 밀접한 학습 분위기를 조성하는 데 기여해야 한다. 또한 일방적인 교사의 강의로는 원활한 의사소통을 진행할 수 없으므로 다양한 활동을

통하여 학생들을 참여시키고 활발한 토론과 회화, 쓰기가 가능하도록 배려해야 한다. 그래서 학생들이 배운 지식을 적극 활용할 수 있도록 하면서, 되도록 많은 상황을 제시하여 한국문화에 친숙해지도록 이끌 수 있다.

또한 이야기는 현재와 전통을 함께 아우르는 것이므로, 현재의 한국문화와 전통적인 한국문화를 통합하여 제시하고 구성할 필요가 있다. 방법에 있어서도 듣기, 읽기, 말하기, 쓰기의 교과를 통합하여 지도할 필요가 있다.

이야기가 한국어 학습에 유익한 점은 다음과 같이 요약될 수 있다. 문화콘텐츠로서의 이야기 활용하기, 역사 · 문화적 이해, 관습 · 미덕 · 예의범절 이해, 관련 속담 · 관용 어구를 통한 어휘 확장, 이야기의 힘(흥미)을 이용한 학습 효과 기대, 비교문화적 관점에서 이야기 학습 등이다.

이를 위해서 세계 공통의 이야기, 한국을 대표할 만한 이야기, 잘 알려지지 않았으나 흥미 있는 이야기, 수준 높은 문학적 완성도를 보이는 이야기를 다양하고 밀도있게 가르칠 필요가 있다.

'4. 이야기를 활용한 한국어 교재 구성하기'에서는 다양한 활동을 제시하여 역동적인 수업 시간이 되도록 이끄는 교재 구성방법을 제시했다.

이야기를 통한 한국어 교재 구성의 세부적인 방법은 다음과 같다.

첫째, 외국어로서 한국어를 학습하는 학생들을 위한 교재는 기존에 한국인을 위한 전래 동화집이나 민담집과는 그 구성이나 체제를 달리 할 필요가 있다. 이질적인 문화에 친숙해질 수 있도록 배려해야 하며, 또한 한국 이야기를 공부하면서 한국어 학습을 동시에 할 수 있도록 적절한 문형과 기능을 배치해야 한다. 그리고 전공자를 위한 것이 아니므로 소재별, 주제별로 묶기보다는 다양하고 핵심적인 주제를 섭렵하도록 종합적인 교재를 만드는 것이 좋겠다.

둘째, 단순히 읽기 자료만을 제시하는 것으로서는 교사와 학생들이 만족할 만한 교재가 되기 어렵다. 수업의 전 과정을 포괄하여 제시하는 수업용 교재가 바람직하다. 이는 제시 - 학습 - 점검 - 활용의 단계를 포함해야 하고, 여기에는 말하기 · 듣기 · 읽기 · 쓰기의 4영역이 고루 통합되어 제시될 필요가 있다.

셋째, 학생들의 교재뿐 아니라 이를 지도할 수 있는 교사용 지도서가 필요하다. 이야기를 연구한 많은 연구서적이 있는데, 이는 전공자를 위한 것이 대부분이다. 이러한 연구서를 바탕으로 외국인을 위한 한국어 교육 교사에게 적합한 이야기 교육 연구서가 있다면, 이야기를 수업에 활용하고 싶어하는 교사들에게 실질적인 도움을 줄 것이라 판단된다.

한국어 교재 구성에서 한국 이야기와 문화를 활용하기 위해서는 한국 이야기와 문화에 대해 지나친 국수주의적인 자세를 버리고, 객관적인 자세를 견지하되, 끊임없는 애정을 가지고 발굴하고 정리하며 새로운 모습으로 제시해야 한다. 우리 문화를 제대로 알리고 세계 속의 문화로 자리 매김 하기 위해서는 부단히 새로워지지 않으면 안 된다.

실제로 이야기가 한국어 수업에서 적극 활용되고 학습되려면 한국 이야기와 한국어 교육에 동시에 관심 있는 연구자들의 끊임없는 애정과 노력이 필요한 실정이다. 이 두 가지 모두 방대한 자료 연구와 다양한 이론을 섭렵해야 하므로 어려운 작업이겠지만 그 성과 면에서는 많은 기대가 된다.

참고문헌

1. 논문

김중섭·이관식 (1999), 외국인을 위한 한국어 교재 개발에 관한 연구, 한국어 교육 제 10권 1호, 국제한국어교육학회.

박영순(1989), 제2언어 교육으로서의 문화 교육, 이중언어학회지 5, 이중언어학회.

방성원(2000), 통합교수를 위한 한국어 교재 개발 연구, 한국어 교육 제 11권 2호, 국제한국어교육학회.

백봉자(2001), 교재와 교수법을 통해 본 한국어 교육의 역사와 과제, 외국어로서의 한국어교육 25, 26, 연세대학교 한국어학당.

민현식(1996), 국제 한국어 교육을 위한 국어 문화론의 구성 연구, 한국말교육 7, 국제한국어교육학회.

조항록(1998), 한국어 고급 과정 학습자를 위한 한국 문화 교육 방안, 한국어 교육, 국제한국어교육학회 9권 2호.

신선희(2006), 디지털스토리텔링과 고전문학, 한국고전연구 13집, 한국고전문학회.

윤여탁(2003), 문학교육과 한국어 교육, 한국어교육, 국제한국어교육학회.

윤여탁(2006), 한국어 문학 교수 – 학습 방법의 현황과 과제, 국어교육연구 제 18집, 서울대 국어교육연구소.

이성희(1999), 설화를 통한 한국어 문화 교육 방안, 한국어 교육 제 10권 2호, 국제한국어교육학회.

이성희(2003), 선녀와 나무꾼 다시 읽기, 여성문화의 새로운 시각 2, 월인.

황인교(2003), 국내·외 한국어 교재 분석, 외국어로서의 한국어교육, 연세대학교 한국어학당.

황인교(2007), 외국인을 위한 한국어 교재와 문화, 이중언어학 제 25호, 이중언어학회.

Nunan, David(1991), Communicative Tasks and the Language Curriculum, TESOL QUARTERLY, Vol. 25, No. 2, summer

McKay, Sandra(1986), Literature in the ESL classroom, Literature and Language Teaching, ed. C. J. Brumfit and R. A. Carter, Oxford University Press

2. 단행본

김남길(2000),　　　　Modern Korean – AN INTERMEDIATE READER, University of Hawaii Press

김중섭・방성원・김지형・이성희 (2003),
　　　　　　　　　한국어 고급 I, 경희대학교 출판국.

신헌재(1994),　　　　독서교육의 이론과 방법, 서광학술자료사.

이기문(1980),　　　　속담사전, 일조각.

최길시(1998),　　　　외국인을 위한 한국어 교육의 실제, 태학사.

최래옥(1994),　　　　구비문학론, 와이 제이.

최운식(1991),　　　　한국이야기연구, 집문당.

Marshall, In Ku Kim(2005),
　　　　　　　　　Once Upon a Time in Korea 옛날 옛적에 …An Elementary Reader, 한국문화사.

Marshall, In Ku Kim(2006),
　　　　　　　　　Cultural Readings from Folk Tales, Legends, and history 외국인을 위한 한국 문화 읽기, 한국문화사.

Colli, Joanne and Slater, Stephen (1991),
　　　　　　　　　Literature in the Language Classroom a Resource Book of Ideas and Activities, Cambridge University press

3. 자료집

한국정신문화 연구원(1981), 한국구비문학대계 별책부록1 한국이야기유형 분류집 /별책부록2 한국이야기색인집.

최내옥 엮음(1985), 한국전래동화집 11, 창작과 비평사.

손동인・이준연・최인학 엮음(1991), 남북 어린이가 함께 보는 전래동화, 사계절.

일연 지음/ 이민수 옮김(1995), 삼국유사, 제1권 기이 제1, 을유문화사.

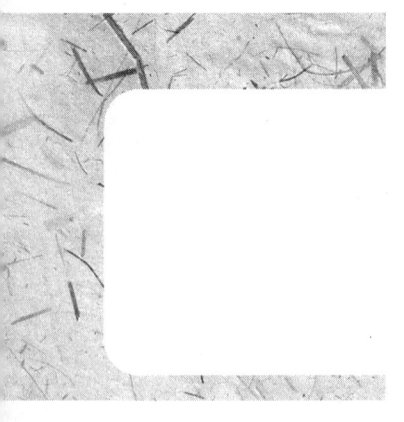

한국어 문화 교재

전 미 순

1. 들어가기

외국어 교육에 있어 문화 교육의 비중은 많은 변화와 흐름이 있었다. 1960년대 말까지만 해도 언어의 형태나 정확성에 치중되어 문화 교육에 대한 관심은 전혀 없었다. 1970년대 이후부터 언어 사용·능력에 대한 비중이 높아지면서 사회언어학적 능력에 대한 개념이 일어나기 시작하였으며, 1980년대에 들어서면서 언어 교육에 있어 문화 교육의 역할과 중요성에 대해 언급되었다. 이러한 추세는 1990년대에 간행된 한국어 교재에 문화 요소가 반영되기 시작하였고, 2000년대인 오늘날에는 언어와 문화를 분리해서는 안 될 것으로 생각하여 언어 문화 통합 교육으로까지 그 논의를 확대하고 있다.

이렇듯 언어 교육은 언어만을 강조한 교육이 될 수 없으며 완벽한 한국어 구사 능력을 위해서 언어와 문화는 함께 교육되어져야 한다. 언어를 배운다는 것은 그 나라의 전통적인 관습, 가치관, 제도나 일상적인 생활 습관 등을 포괄한 문화 전체에 대한 이해를 전제로 하고 있기 때문이다. 그럼에도 불구하고 실제 교육 현장에서 문화 교육은 기존의 한국어 교재 내 일부로서 취급되어져 왔다. 또한 한국 문화를 교육하기에 적합한 문화 교재는 아직까지 빈약한 실정이다. 그렇기에 한국어 교육에 있어서 한국 문화 학습용 교재나 한국어 문화 교재 개발의 필요성을 더욱 실감하게 된다.

이에 본고에서는 한국 문화 학습용 교재를 개발하기 위해 필요한 문화 항목을 선정하고, 이 문화 항목을 교재에 어떻게 반영하고 구성할 것인가를 고찰해 보도록 하겠다. 문화 교육 내용은 전반적인 한국 문화 항목과 언어 문화적 요소인 한국어 문화 항목으로 분류하여 제시할 것이다. 아울러 문화 교재 개발을 위한 유의점에 대해서도 살펴 보고자 한다.

2. 문화 교육과 관련된 선행 연구

한국어 교육에서 문화 교육의 비중이 높아지면서 이와 관련한 논문도 활발히 진행되어져 오고 있다. 본장에서는 문화 교육의 목표, 문화 교육 내용, 문화 교육 방법과 관련한 선행 연구를 정리하고자 한다.

1) 문화 교육 목표

김정숙(1997)에서 문화 교육의 목표는 언어에 반영된 문화적 함축을 교육하는 것뿐만 아니라 목표어 사회의 구성원들이 지니고 있는 가치관 및 감정까지를 포괄한다고 하였다. 이는 한국어를 배우는 학습자들을 위한 문화 교육의 목표가 언어 문화적 요소와 함께 한국인의 정서적인 측면까지 이해할 것을 요구한다고 보여진다.

라혜민·우인혜(2001)는 진정한 문화 교육의 목표는 언어의 실용적 차원 외에도 이념적 차원, 예술적 차원에서의 인식을 바탕으로 설정되어야 한다고 보았다.

성기철(2001)은 문화 교육의 목표를 상위 목표와 하위 목표로 나누고 있다. 이질 문화의 충격을 극소화하거나 해소하여 한국 문화를 이해 또는 수용하게 함으로써, 한국어 학습 상의 문화적 장애 요인을 제거하고, 한국어 학습 효율을 높여 한국어 능력 신장을 극대화하는데 목표를 두고 있다.

배현숙(2002)에서는 한국어 교육에서 문화 교육의 목표는 학습자가 한국 문화를 접하고 그것이 누적됨에 따라 언어능력을 향상시킴과 동시에 문화적 내용을 교재 내용으로 구성하여 언어를 통해 문화를 수용하게 할 것으로 보고 있다. 즉 문화적 숙달도와 언어적 숙달도를 동시에 추구해야 한다고 하였다.

조항록·강승혜(2001)에서는 목표 언어 사회에 존재하는 문화 사실에 대한 이해, 목표 문화에 대한 지적 호기심 자극과 감정이입까지를 문화 교육의 목표로 설정하고 있다.

조항록(2002)은 문화 교육의 범위를 목표 언어 사회에 존재하는 문화적으로 조건지어진 사실에 대한 이해 촉진으로부터 목표 문화에 대한 감정 이입 그리고 대표적인 성취 문화에 대한 이해로 보았다. 그리고 이를 통하여 의사소통능력을 신장시키고 경우에 따라 다른 문화 사회에 대한 지적 호기심을 충족시키고 필요한 경우 사회적·경제적 행위 수행에 도움을 얻도록 하는데 목표를 두고 있다. 여기에서의 문화 교육의 목표는 사회 경제적 발전에 기여하는 것으로까지 확대하여 생각해 볼 수 있을 것이다.

박영순(2002)은 문화 교육의 목표를 목표 언어가 속해 있는 문화의 대략적인 특징을 이해하는 것, 모문화와 목표 문화의 공통점과 차이점 이해, 문화 행동과 언어 표현을 이해하고 대응하는 것 등의 여섯 가지로 제시하고 있어 학습자 문화와 한국 문화의 비교 대조 방법이 요구됨을 이해할 수 있다.

문화 교육은 한국어 숙달을 위한 수단으로서 한국인의 가치관, 사고방식, 생활습관이나 제도 등의 정신 물질적 요소 및 언어 문화 요소를 다루어야 한다. 이러한 문화 교육은 객관적인 시각으로 한국의 전반적인 사회 문화적 현상을 이해할 수 있게 하며, 학습자의 원활한 한국어 사용에 있어 핵심적인 역할을 하게 될 것이다. 결국 한국어 교육에서 문화 교육의 목표는 한국 문화에 대한 충분한 이해와 인식으로 한국어 의사 소통 능력을 극대화하는데 있다고 할 수 있겠다.

2) 문화 교육 내용

　조창환(1996)은 한국의 화폐, 자모 학습, 인사 및 경어법, 이름 주소 날짜 표기, 국호와 역사, 국경일과 공휴일, 한국 신화, 음양 오행 사상, 태극기와 태극사상, 항렬과 촌수, 이름 구성 원리, 혼인관습, 전통예술 등을 제시하고 있다. 특히 음양오행론이나 유교적 윤리관, 윤회적 불교 사상 및 농경사회 관습 등을 고려한 문화 내용은 고급 학습자를 위한 단계에서 적합한 내용이 될 수 있으리라 여겨진다.

　김정숙(1997)은 문화 교육의 내용으로 일상 생활 양식과 관련된 문화 요소, 속담, 관용어, 문화적 지시어 등 문화적 특질을 가지고 있는 언어적 요소, 화법과 경어법, 주요 역사적 사건과 기관 지리학적 기념물 등 정치 경제적 요소, 한국을 대표하는 문화와 예술에 대한 교육 등의 다섯 가지 범주를 제시하였다.

　박영순(1989)에서 제시한 한국어 속의 문화적 요소는 경어법과 겸양법, 관용구와 속담, 일반어휘, 언어변화와 신어 유행어를 제안하고 있다.

　라혜민·우인혜(2001)에서는 외국인 학습자를 교육시키기 위한 교재에 포함될 내용이라면 그 어떤 요인보다도 학습자의 의견을 반영하여 그들의 요구에 응하는 내용을 담는 것이 최우선이 되어야 할 것이라고 하였다.

　강승혜(2002)의 문화프로그램 개발을 위한 학습자 요구 조사 분석 연구를 보면 '전통예절, 사회(정치, 경제), 현대문화, 역사, 전통예술, 음식요리법'의 순으로 나타났다. 또한 교재에서 다루어져야 할 문화 항목에서는 현대 일상문화에 대한 관심이 가장 높게 나타났는데, 이는 한국어 교재구성에 필요한 항목으로서 일상생활 문화 항목 등은 반드시 반영해야 할 것으로 여겨진다.

　전미순(2004)에서는 일본인 한국어 학습자를 대상으로 한 학습자 요구 조사에서 한국의 대학 문화(입시, 동아리, 미팅, 아르바이트, 군대, 유행, 학교 앞 풍경 등), 한일 월드컵 개최 이후 스포츠 선수 및 한국 연예인 등을 소개, 한국에서 유행하는 것 등의 내용을 제안하고 있다. 이러한 학습자들의 요구 반영은 학습 욕구를 충족시켜 줄 뿐만 아니라 젊은 한국 문화를 이해할 수 있다는 점에서 의미가 있을 것이다.

　강현화(2002)는 문화 어휘 분석에서 의식주와 관련된 생활문화, 유무형의 문화유산,

일상생활과 연관된 생활어휘로 분류하였다. 이성희(1999)는 설화를 통한 문화 교육, 우한용(2000), 김지연(2001), 이선이(2003)는 문학을 통한 한국어 교육을 제시하고 있어 문화 내용의 범위가 다양함을 보여 주는 대목이라 할 수 있다.

조항록(2002)은 한글의 창제 어휘, 기초적 언어 생활 규범, 한국인의 의식주, 한국의 계절과 날씨, 한국인의 사고방식에 대한 기초적인 이해, 한국인의 취미, 여가 생활, 물건 사기, 학교생활과 직장생활, 한국 사회의 예절, 한국의 교통수단, 숙박 시설물 이용, 한국의 관광지 등의 초급 과정 학습자를 위한 문화 항목을 선정하였다.

박영순(2002)은 문화 교육의 내용을 정신문화, 언어문화, 예술문화, 생활문화, 제도문화, 문화재, 학문, 산업기술의 8개로 분류해 놓고 있다. 이석주(2002)는 한국어 문화 내용 목록을 언어 예절과 언어 내용으로 분류하여 작성하고 언어 학습 단계에 따라 세 부분으로 등급을 나누고 있다. 이선이(2003)는 한국어 교육에서 문화 교육의 내용을 한국이라는 자연 환경의 이해, 역사의 이해, 생활문화의 이해, 가치의식의 이해로 설정하고 있다. 김정은(2004)은 언어 문화 교육을 위한 활용 자료로 광고, 드라마, 영화, 소설, 속담을 제시하여 그 가운데 광고 3편을 대상으로 한 수업의 예를 보여주고 있다. 이러한 언어 문화 내용은 한국인의 진빈적인 삶의 모습이 구체적으로 반영된 활용자료라 여겨진다.

우인혜(2004)는 한국어 교재에 실리는 문화 항목은 외국인에게 알려주고 싶은 또는 자랑할 만한 우리의 것을 기준으로 하기보다는 학습자가 배우고 싶어 하는 또한 학습자 입장에서 절실히 필요한 것들을 기준으로 해야 한다고 언급하였다. 특히 초급 단계에서는 전통문화 예술적인 면보다는 목표 언어 국민들만의 특별한 일상생활 행동 양식 면을 주로 다루어주는 것이 좋을 것으로 보고 있다.

조현용(2005)은 한국어 문화 교육의 내용을 한글과 한국문화, 비언어적 의사소통, 언어예절, 한국인의 사고와 표현으로 제시하고 있다. 이 가운데에는 경어법, 호칭, 의성어 의태어, 표준어와 방언, 은어, 유행어, 속담과 어원 등이 포함되어 있다.

김중섭(2005)에서는 문화 교육 내용 및 방안에 대한 연구 논문의 목록을 정리하였다. 한상미(2005)는 문화 교육의 주제들을 한국어 교육과의 통합성에 초점을 두어 학습자의 한국어 숙달도별로 분류하고 있다.

3) 문화 교육 방법

　조항록(1998)에서 고급 과정 학습자를 위한 문화 교육 방법의 예로 토론회, 설문 조사, 연구 조사 활동, 시사 좌담회, 특강 또는 선택 과목 운영, 현장 견학 등의 학습 활동과 유행어와 신조어, 속담, 관용어 등의 문화 어구의 교육, 문학작품의 이해와 활용, 신문의 활용, 영화 및 드라마의 학습 등을 제시하였다. 이러한 방법은 문화 교육에서 다양한 실제 자료의 도입이 가능함을 알 수 있다.

　한상미(1999)는 문화와 언어의 통합적인 교육 방안으로서 참여 관찰, 관찰, 통찰, 면접의 의사소통 민족지학의 연구 방법으로 한국어 교육 현장에 적용한 예를 제시하였다.

　조항록(2000)에서는 초급 과정 학습자를 위한 문화 교육의 방법으로 설명, 실물 사진 그림의 제시와 영상물의 감상, 실제 활동의 동원, 역할극, 자국 문화와 비교하여 말하기, 현장 견학, 관찰, 참여 관찰 등 의사소통 민족지학의 접근법[1] 활용 등을 소개하였다. 특히 문화 교육 방법을 실행할 때 문화 교육과 언어 교육이 분리되어서는 안 될 것, 사실적이고 구체적인 실물 자료 제시, 교육 대상의 문화 항목에 따라 적절한 문화 교육 방법 채택, 전통 문화 소개보다는 실생활 문화 위주로 소개, 객관적으로 문화를 소개할 것을 주의하도록 하였다.

　박영순(2002)은 문화 교육에 대한 방법으로 문화의 유형에 맞게 교수, 학습하기, 기회 제공, 학습자의 문화와 비교 대조하여 발표하는 과제부여, 문화 요소가 포함된 언어학습, 소그룹 활동, 최신 문화 이론 분석 평가, 공연과 전시회 관람, 명절 문화행사 참여, 유형 무형 문화재 감상, 독특한 문화재 조사, 문화어 목록 만들기 등을 제시하고 있다. 이러한 교육 방법은 교실내에 한정하지 않고 체험과 현장 답사 등의 활동으로 확대하여 다루어져야 할 것임을 시사하고 있다.

　조항록(2002)은 문화 설명과 함께 실생활에서 체험하도록 요구하는 과제의 제시가 매우 필요하다고 하였다. 또 모든 문화 교육 방법론은 전활동-활동-후활동 등 과정 중심으

---

1) 의사소통 민족지학은 1960년대 Dell Hymes에 의해 연구되기 시작하였다. 말을 하는 방법이 문화마다 다르다는 생각에 기초하여 언어 사용을 사회적, 문화적 가치와 관련시키려는 이 연구방법을 의사소통 민족지학(Ethnography of Communication)이라고 부른다.(한상미, 1999)

로 개발되고 적용이 되어야 할 것이라고 보았다.

강승혜(2002)의 설문 조사에 의하면 한국 문화를 이해하는 데 가장 도움이 되는 것이 무엇인가에 대한 질문에 한국인과의 직접적인 관계, 교사의 교수 활동, 문화 체험 참가, 한국 문화에 대한 독서, 교재의 순으로 나타나 있다.

조현용(2005)은 어문화 교육 방법의 예로 언어예절, 어원, 관용표현 등은 설명의 형태인 직접적인 교육 방법으로, 독해나 대화지문, 토론, 역할극 등의 간접적인 교육 방법의 예를 제시하고 있다.

한상미(2005)는 비교 방법, 문화 동화장치, 문화 캡슐, 문화섬, 인터넷, 참여 관찰, 관찰, 영상물의 활용, 출판물의 활용, 목표어 화자와의 접촉, 여행 등의 방법을 제시하고 있다.

3. 문화 교재 현황

1) 문화 교재의 실태

지금까지 문화 교육은 한국어 교재 내 일부인 〈문화소개란〉을 두거나 본문의 읽기 지문으로 문화 내용을 학습하는 정도에 불과하였으나, 최근에 들어와 문화 교재에 대한 필요를 실감하여 문화 교재에 대한 개발이 점차적으로 진행되어져 오고 있다. 그리하여 본 장에서는 한국어 교육과 관련한 문화 중심 교재를 대상으로 교재에 반영된 문화 내용을 정리하려고 한다.

백봉자 외(2005)에서는 한국언어문화듣기집[2]을 마련하여 '한국즐기기, 한국 살기, 한국 알기'의 영역으로 나누고 해당 영역의 문화 주제 내용으로 듣기 연습을 할 수 있게 하였다. 한국어 교육만이 우선시 되던 때에 언어와 문화를 분리하여 문화 교육을 다루려는 점에서 의미가 있으나, 듣기 교재인 만큼 언어 교육에 많은 비중을 두고 있는 듯하다.

이윤진(2006)의 '김치한국어'는 '삼계탕, 미역국, 아리랑, 사물놀이, 온돌, 찜질방,

---

[2] 백봉자·최정순·지현숙(2005)의 한국언어문화사진집도 출간되어 있다.

김치, 떡, 제주도, 서울, 한글, 한복, 태극기, 겨울연가, 아줌마'의 문화 주제로 언어와 문화교육을 통합한 교재를 개발하였다. 각 과는 읽기전, 읽기, 어휘, 이해, 문법, 토론, 쓰기로 구성되어 있으며 어휘나 문법적인 연습이 상당수 반영되어 있다.

강현자 외(2007)의 '살아있는 한국어-관용어' 편에서는 '귀가 얇다, 입이 무겁다, 눈이 높다' 등의 관용어 55개를 각 과마다 제시하여 실제 상황과 맥락에서 쓰이는 대화문 및 활용 예문을 통해 연습할 수 있도록 하였다.

김선정(2007)의 '살아있는 한국어-속담' 편에서는 '믿는 도끼에 발등 찍힌다, 가는 말이 고와야 오는 말이 곱다' 등의 속담 45개를 각 과마다 두고 읽을거리, 옛날이야기, 토론, 주제, 게임 등을 수록하고 있다.

강진숙 외(2007)의 '살아있는 한국어-한자성어' 편에서는 '일석이조, 현모양처, 막상막하, 진수성찬, 천진난만' 등의 한자성어 50개를 두었으며, 각 단원마다 '그림, 본문, 연습해요, 함께해요, 쉬어가요'를 두고 있다.

'살아있는 한국어'는 관용어, 속담, 한자성어를 주제로 간행한 어문화 교재로 언어에 반영된 문화적 요소를 시리즈로 다룬 점이 특징이다.

전미순(2008)의 문화 교재(제목 미정)는 전체 25과로 한국의 전반적인 문화 요소인 '한국의 개요, 인사 예절, 한국음식, 교통, 한복, 명절, 민속 놀이, 집, 국경일, 전통의례, 노래, 영화, 지리, 화폐, 전국축제, 한국인의 이름, 교육제도, 역사, 위인, 궁궐, 문화재, 남과북, 단군신화'의 내용으로 이루어져 있다. 각 단원은 '물어봅시다, 배워봅시다, 확인해봅시다, 연습해봅시다, 우리가 해봅시다, 기억합시다'로 구성된 문화 중심 학습용 교재이다.

한국어 교재에 비해 문화 교재의 개발이 현저히 부족한 상태이지만, 속담이나 관용어, 한자성어 등의 언어 문화 교재의 개발이 이루어지고 있음은 매우 바람직하다.

2) 한국어 교재에 나타난 문화 항목과 문제점

김정은(2005)은 한국어 교육 기관별로 교재에 나타난 문화 교육의 구성 특징과 내용을 구체적으로 정리하였다. 연세대 한국어 1-6권/ 한국어 읽기 1-6/ 100시간 한국어 1-

2, 서울대 한국어 1-4, 이화여대 말이 트이는 한국어 1-4, 경희대 한국어 1-6, 서강대 서강 한국어 1-6, 한국외대 한국어 1-2, 선문대 한국어 1-6, 숙명여대 숙명 한국어1, 한국산업인력공단 한국어와 한국생활, 한국국제노동재단 외국인 노동자를 위한 재미있는 한국어 1-2, 한국어세계화재단 외국인 근로자를 위한 한국어1, 성균관대학교 배우기 쉬운 한국어1-6, 건국대학교 한국어1, 한국어교재개발연구회 외국인 근로자를 위한 맞춤 한국어1의 교재를 대상으로 문화 항목을 분석하였다. 그리하여 한국어 교재를 통하여 이루어진 문화 교육은 언어와 문화가 분리된 교육이 대부분이다. 교재마다 영어, 영어와 한국어, 한국어를 사용한 설명문 형식으로 한국어 능력 신장과 무관하지는 않은지에 대해 언급, 교재의 각 단원 주제와 문화가 유기적인 관계를 맺지 못하는 점, 현실 문화에 비해 전통 문화의 비중이 큰 점, 문화 내용이 교재별 급별로 다양하게 제공되는 반면 공통점이 적음, 시각자료의 보조적 수단, 외국인 근로자를 위한 문화 교재 마련, 단원의 주제와 관련 지어 언어 문화 교육 자료와 방안 요구를 지적하고 있다.

조항록·강승혜(2001)는 초급 단계 한국어 교재에 나타난 문화 소개의 비중에 대해 분석하고 있다. 여기에서는 과거의 교재에 비해 최근에 출간된 교재는 문화 항목을 분리 설정하는 등 문화 교육에 대한 관심을 시사한 점, 문화 교육 항목은 전통에 기반한 일상 생활문화가 주로 차지, 5개 기관 교재 중 2~3개 기관이 동시에 설정한 문화 항목은 극히 일부, 교수 방법 및 학습자 액티비티에 대한 가이드 라인 부족 등을 언급하였다.

우인혜(2004)는 각 기관의 한국어 교재 내의 문화 항목에 대해 비교·분석하였다. 그리하여 대부분의 한국어 교재들이 다루고 있는 문화 내용은 실생활에 필요한 실용적인 문화 지식 보다는 '의식주 문화, 역사 인물, 언어 예절, 정치 사회 현상' 등 한국 전통적인 문화 소개를 광범위하게 실시하고 있음을 지적하였다. 이는 당장 현대의 한국 사회에 긴급히 적응해야 하는 외국인에게 실수를 줄일 수 있는 한국 생활 상식에 대한 문화 내용 면의 결여를 파악할 수 있다.

조현용(2005)은 경희대 한국어 초급1,2 중급1,2 연세대 읽기 교재2-5, 이화여대 말이 트이는 한국어 I-IV를 대상으로 교재에 나타난 한국어 문화 요소를 분석하였다. 경희대 교재 분석을 통해 예비편 단계에서 많이 다루어진 한국어 문화 관련 내용은 언어와 문자에 관한 지식을 명시적으로 제시하려는 입장으로 보고 있으며, 주로 속담과 연관한 한국어 문화에 대하여 설명하고 있음을 언급하였다. 연세대 교재 분석을 통해 전체적으로 한국 문화에 대해서는 가능한 많은 자료를 제시하고 있으나, 한국어 속에 담긴 한국 문화 요소는 그다지 많이 제시하고 있지 않음을 지적하였다.

이상의 한국어 교재 내 문화 항목 분석을 통해 문화 교재 내용 구성과 관련한 몇 가지 문제점을 생각해 보려고 한다.

첫째, 초급 단계의 한국어 교재에서 문화 내용을 거의 다루고 있지 않다. 중급 이상의 한국어 교재에서는 별도의 문화 코너를 두거나 읽기·듣기 지문의 문화적 내용으로 문화 교육을 시도하고 있는 편이다. 그러나 초급 단계에서 문화 교육에 대한 비중을 전혀 고려하지 않고 있는 점은 한국어를 배우면서 부딪치는 문화 충격 등의 어려움을 더욱 악화시킬 우려가 있다. 한국어를 배우는 성인학습자들은 한국 문화에 대한 이해 인식 능력을 충분히 갖추고 있으므로 초급 단계에 적합한 문화 내용을 선정하여 간결한 설명 방식으로 문화 교육을 실시해야 함이 바람직할 것이다.

둘째, 한국어 교재에서의 문화 내용은 현대 일상 생활문화보다 전통문화의 비중이 크다. 우인혜(2004)에서는 〈세스 영어〉나 〈오성식 생활 영어〉에 실려 있는 문화 소개 중에는 미국의 문화재나 유적지, 또는 전통 관습 등과 관련된 항목은 단 한 개도 없다고 하면서 초급 회화를 습득하려는 학습자들에게 정말 절실한 문화는 전통적인 문화보다는 실제 생활과 밀접한 문화라고 지적하고 있다. 문화 교재 내용 선정에 있어서도 학습자들의 요구 조사를 통한 시대 변화에 맞는 현실적인 문화 내용의 반영이 필요할 것으로 본다.

셋째, 문화 관련 한국어를 교육 내용으로 설정하는 것이 필요하다. 일반 한국어 교재에서 속담이나 관용어 등 일부 다루고는 있으나 문화와 관련한 폭넓은 언어 요소를 교육할 만한 어문화 내용 선정이 요구된다. 따라서 문화 교재와 어문화 교재로 세분화하여 문화 교육을 실시하도록 해야 한다.

넷째, 기존의 한국어 교재에서는 문화 교육의 방법으로 나열이나 설명 등의 단순한 방식을 취하고 있다. 그렇기 때문에 문화 교육과 관련한 다양한 활동이나 학습자가 능동적으로 참여할 수 있는 과제 등의 제시는 매우 부족한 실정이다. 주제와 관련한 학습자 활동 중심의 교육이 되도록 다양한 문화 교육 제시 방법이 요구된다.

그러나 무엇보다 가장 시급한 문제는 전문적이고 체계적인 문화 학습용 교재의 부족에 있다. 한국어 수업시간과는 별도로 독립된 문화 수업 시간에 준비된 문화 교재로 수업을 진행해야 함에도 불구하고, 문화 교재가 아닌 한국어 교재 내 일부 내용만을 다루고 있는 점은 앞으로 개선되어져야 할 가장 큰 문제점으로 지적할 수 있겠다.

3) 일본 문화 교재의 사례

바람직한 한국 문화 교재 개발을 위해 한국어와 언어적 유사성이 깊은 일본어 교육에서의 일본 문화 교육 실태를 알아보는 것도 의미가 있을 것이다. 그리하여 일본어교육학회에서 출간한 『일본사정시리즈』를 분석하였다.

일본어교육학회에서 출간한 『일본사정시리즈』는 일본의 전반적인 문화 양식을 소개하고 있다. 일본어 습득 200시간 정도를 학습한 일본어 학습자를 대상으로 한 부교재로서 전반적인 일본 문화 내용을 이해하도록 편찬한 것이 특징이다.

이 시리즈에는 '동경' '신간선' '일본의 지리' 등이 있으며, 먼저 『일본사정시리즈』 '동경' 편에서는 '동경의 역사, 풍토, 교통기관, 인구, 산업, 특색, 명소'의 주제를 두고 있다. 본문 내용은 설명 형식이며, 본문 내용과 관련한 사진이나 지도가 단원마다 삽입되어 있다. 또한 『일본사정시리즈』 '일본의 지리' 교재 목차에는 '일본의 위치, 사계, 기후, 도시, 일본 열도, 일본의 산, 강, 평야, 해안, 기후, 산업'으로 구성되어 있다. 1970년대부터 간행되기 시작한 이 교재들은 다양한 항목의 문화 내용을 구체적이고 상세하게 제시하고 있음을 파악할 수 있다.

교재 『JAPANESE LIFE TODAY』 목차는 '결혼, 교육, 가계, 주택, 직업, 여가, 가족, 고령화사회, 교통, 식생활, 교제, 종교'로 구성되어 있으며, 매 단원은 본문, 본문 단어, 3-4개의 속담 및 관용어, 문법, 문법 사항에 대한 연습문제로 이루어져 있다. 본문은 서술형과 회화문 형태이며 지문 내용을 로마자로 제시하여 일본어를 읽을 수 있게 하였다. 단어는 영어 뜻풀이를 두었으며 단어에서도 로마자 읽기 표기 방식을 덧붙이고 있다. 이와 같은 로마자 표기 읽기 방식은 한자어 읽기에 어려움을 느끼는 일본어 학습자를 배려한 것이라 여겨진다. 또한 본문 전체 내용을 영어로 번역해 두었다.

일본에서는 일본사정이라는 말로 일본어 학습자를 위한 문화 교재 개발이 일찍부터 실시되어 왔으며, 초급 단계에서부터 일본 문화를 이해하고 사용할 수 있는 다양한 교재가 편찬되어 있다는 점은 매우 진보적이라 할 수 있을 것이다.

다음은 일본에서 출간한 한국어 교재 6권에서 다루고 있는 한국 문화 주제 및 내용을 분석하여 보았다.

総合韓国語 1	한국의 개요, 한국 지리, 온돌, 한국 역사, 한국의 행정구분, 서울과 평양, 한국의 성, 한국의 식사 방법, 한국의 성에 관한 새변화, 이름 호칭 부르는 법, 대학 미팅 문화, 국경일, 명절, 공휴일, 한국의 음력, 스승의 날, 백일, 돌, 부르는 말, 한일 교류 실태, 스킨쉽을 좋아하는 한국사람, 한국의 교육 제도(1), 한국의 교육 제도(2), 대학입시제도와 입시지옥
総合韓国語 2	한글의 역사1, 한글의 역사2, 한글날, NHK의 한글 강좌, 출생율 저하, 남아 선호 사상, 고령화사회, 이혼율급증, 듣는 노래에서 보는 노래, 일본의 대중 음악, 일본 영화의 상영, 카페, 국과 시루모노, 한국의 대표적 음식 김치, 한국인이 좋아하는 음식, 한국의 인스턴트 라면
言葉の架け橋	속담(누워서 떡 먹기, 누워서 침 뱉기 외30개), 어휘(갈비, 불고기, 갈비탕, 비빔밥, 삼계탕, 된장국, 찌개, 떡국, 냉면, 빈대떡), 노래(사랑해, 선구자, 만남), 조선반도 지도, 지폐와 동전, 인물 소개, 식당에서의 반찬 및 김치 추가 이야기, 시내버스, 한국(대한민국)과 공화국(조선민주주의 인민공화국)의 발음 표기 차이
よくわかる 韓国語	일본인의 이름과 한국인의 이름(쓰는 방법), 김이박(이름 석자로 부르기), 진짜 오빠? 아니면?(친오빠가 아니더라도 선배를 오빠라고 부르는 호칭), 원샷(일본의 첨잔과 한국의 원샷 비교), 시원하다(매운탕 먹거나 목욕 사우나할 때 감각), 방(部屋)문화(노래방, 찜질방, 비디오방, PC방), 연하라도 언니?(가게에서 점원에게 부를 때, 아저씨, 오빠), 반찬은 맘껏 드세요(식당에서 밑반찬의 푸짐함과 공짜추가), 그냥 봐요 잘 봤어요(쇼핑한 후 그냥 가게에서 나올 때), 리필해 주세요(음식점, 패밀리레스토랑에서 음료수 리필)
アルギシウン 韓国語	아리랑, 오빠생각, 모닥불, 고향의 봄, 김치, 보쌈김치, 비빔밥, 냉면, 불고기, 온돌방, 설악산, 부여, 경주, 내장산, 경상북도, 신라시대, 전라북도, 백제, 고구려, 고려, 조선(지도), 김소월, 윤동주, 황순원, 제주도, 한라산, 삼다도
コミュニケーション 韓国語	한국음식(돌솥비빔밥, 떡국, 지짐, 고추장, 김치찌개, 깍두기, 물김치, 냉면…), 한국인의 이름과 호칭, 한국의 지도 및 지명

한국어 교재에서 나타난 문화 내용과는 달리 일본에서 간행된 한국어 교재에는 일본의 관점에서 한국 문화만의 독특하고 재미있는 문화 내용을 선정하였다는 것이 특징이다. 예를 들면, 『よくわかる韓国語』에서는 친오빠가 아니더라도 선배를 오빠라고 부르는

한국 문화적 호칭에 기인하여 '진짜 오빠? 아니면?' 이라든가, 매운탕을 먹거나 목욕이나 사우나를 할 때의 감각인 '시원하다', 가게에서 점원에게 부를 때 '연하라도 언니?', 한국식당에서 푸짐하게 밑반찬을 주거나 공짜로 먹을 수 있다는 제목의 '반찬은 맘껏 드세요', 쇼핑한 후 그냥 가게에서 나올 때 '잘 봤어요' 등의 내용과 같이 일본의 관점에서 바라본 한국의 색다른 일상 생활문화를 소개하고 있는 것이 흥미롭다.

4. 문화 교재 내용 구성 방안

1) 교육 내용

한국어 교육에서 문화 교육의 목표가 한국 문화를 이해하여 한국어의 원활한 의사소통 능력 함양에 있다면, 문화 교육 내용의 범위도 한국어 실력 향상과 관련한 수단으로서 선정되어져야 할 것이다. 따라서 전반적인 한국의 문화적 요소와 문화 관련 언어 요소로 분류하여 제시하고자 한다.

2) 문화 교육 내용

한국어 교육에서 문화 교육 내용은 각 단계별 문화 교육의 목표에 따라 선정되어져야 한다. 그러나 본고에서는 단계별 문화 항목 선정[3]은 생략하고, 한국어 교육에 있어 다루어야 할 일반적인 문화 교육 내용을 중점적으로 제시하도록 하겠다. 문화주제는 1차문화와 2차문화로 분류하였다. 1차문화는 한국어 학습자들이 한국 생활을 함에 있어 기본적으로 교육되어져야 할 문화 내용에 해당하며, 2차문화는 한국에 대해 좀더 알고자 하는 학습자들에게 제공해야 할 심화 내용이라 볼 수 있다. 따라서 한국 문화를 처음 접하게 되는 경우나 한국 거주 초·중·급 단계의 학습자들에게는 1차문화를 우선적으로 교육하는 것이 효과적일 것이다. 1차문화는 의식주, 일상생활에서 자주 접하는 물건사기와

---

3) 단계별 문화 교육에 대한 주제 선정은 한상미(2005)의 초급 중급 고급 단계를 참고.

교통, 기본 생활 예절을 포함하고 있다. 문화 교재 내용 구성을 위한 문화 항목과 그와 관련한 학습자 활동의 예를 다음과 같이 제시하고자 한다.

분류	문화 주제	문화 항목	학습자 활동
1차문화	물건사기	한국의 쇼핑 장소 물건 값 깎기	마트 전단지보고 물건값 조사 재래 시장에서 물건 사기
	교통	교통기관 지하철 노선도	교통편 이용법 조사 지하철 노선으로 길 찾아가기 게임
	예절	초대와 방문 예절 편지 전화 예절 술자리 식사 예절 인사 예절	안동 하회 마을 소개 전화 대화하기/ 편지쓰기
	의복	한복 명칭과 종류 유행 의상	한복 입고 큰절하기
	음식	음식 종류 한국의 상차림 음식값 계산 김치의 종류	좋아하는 음식 소개 모르는 음식 조사 모문화 음식 소개 김치 만들기
	집	가옥의 종류와 특징 제주도의 대문 온돌과 마루	집주소 쓰기 집들이 선물 조사
2차문화	한국의 개요	한국 면적, 인구, 국기 태극기	모문화와 한국 면적, 인구, 수도 비교 태극기 그리기
	지리	고향 소개하기 한국의 주요 도시 유명 관광지 소개	자기 고향 소개 모문화 지역별 특산품 소개 여행 계획 세우기
	한국 민속 놀이	한국 전통 놀이 윷놀이	유행하는 게임 해보기 모문화 놀이 소개
	이름	한국인의 이름 구성 원리 항렬 관계	이름 짓기 및 자기 이름 의미 소개 재미있는 가게 이름 조사하기
	명절과 국경일	설날과 추석 음력과 양력 국경일	모문화 명절과 비교 달력에서 공휴일 찾기/국경일 비교 최근에 생긴 기념일 조사

대학문화	아르바이트 미팅(데이트 문화) 학교내 시설 이용 방법	한국 대학생활과 비교
남북 관계	군대제도 통일전망대와 판문점	전쟁 영화 감상 군대 관련 이야기
스포츠	한일 월드컵 축구선수 붉은 악마와 응원가 태권도	축구선수 사진과 이름 맞추기 응원가(윤도현의 아리랑) 비교 태권도 체험
전통의례	통과의례 돌잔치 결혼식(폐백), 전통혼례	돌잡이 결혼식 야외촬영 사진 감상 결혼식 올리기
전국 축제	축제 소개	축제 계획 세우기 모문화 축제 소개 현장 견학
직장생활	취업 직장 생활	면접보기
경제	대기업 회장 소개 저축과 절약	한국 기업 로고 맞추기 은행 통장 만들기
교육	교육제도 입시	수능 관련 문화(응원, 합격기원선물)
인물	위인 및 주요인물 한국인의 특징	존경하는 인물 소개하기 한국인의 특징 토론
역사	한국 역사 소개	자기 이력서 쓰기
정치	대통령 및 정당 종류	역대 대통령 이름 조사
종교	유교 불교 기독교	
예술	사물놀이 유명 작가 작품	사물놀이 체험
문화재	유네스코 지정 문화재 궁궐	자료 감상 각국 대표 문화재 소개 궁궐 탐방 체험 소감문 작성

3) 어문화 교육 내용

문화 교육은 앞서 제시한 내용을 가르치는 것뿐만 아니라, 고급 한국어를 구사하고자 하는 학습자들에게는 문화와 관련된 언어 교육이 매우 절실하다. 어문화 교재를 통한 현장 교육이 필요함에도 불구하고 지금까지 어문화 교육은 주로 한국어 교재 내 일부로 다루어져 왔다. 이에 어문화 교재 개발을 위한 언어 문화 교육 내용을 다음과 같이 제시해 보고자 한다.

주제	어문화 항목	학습자 활동
한글	한글 창제 원리 한글과 한자 관계 세종과 한글	만원짜리 관찰
호칭어	가족 호칭어 촌수 식당, 가게에서 호칭	가족 관계 그리기 상황 설정 호칭어 부르기
경어법	반말과 높임말	친구에게 생일카드 쓰기 부모님께 안부 엽서 쓰기
수	기수와 서수 선호하는 수와 기피하는 수	수 단위 표현하기 369게임
순우리말	순우리말과 한자어	한자어를 순우리말로 고치기 순우리말 이름 조사
관용어	관용어	관용어 비교하기 관용어 예문 쓰기
속담	속담	속담 대화문 만들기
의성어 의태어	의성어 의태어	동물흉내 노래부르기 동물울음소리 비교하기 의태어 몸으로 표현하기
어원	말의 유래	말의 유래 설명하기 말의 유래 조사 발표하기
한자성어	한자성어	한자 성어 설명하기
신조어	신조어	신조어 조사 신조어 만들기

유행어	유행어 유머 이야기 만화	모문화 유행어 소개 유머 이야기 발표
퀴즈	수수께끼	수수께끼 찾아오기 스무고개
표준어와 방언	지역별 사투리 특징	사투리로 고쳐 쓰기 사투리로 말해 보기
대중매체	광고 통신 용어 영화 노래	휴대폰 문자 보내기 영화 명대사 외우기 그룹별 노래 부르기/노래가사 짓기
문학작품	소설, 시, 시조 단군신화 전래동화	자유시나 시조 짓기 연극하기 모문화 전래동화 소개

4) 문화 교재 단원 구성

문화 교육을 위한 학습용 교재의 단원 구성에서도 도입-전개-연습-활용-마무리 단계를 두도록 한다.

단원명은 각 단원의 문화 주제를 함축하고 있는 회화문 형식이 좋다. 도입부분은 각 단원의 주제 문화에 대해 학습자들의 관심과 이해 정도를 파악할 수 있도록 한두개 정도의 간단한 질문을 삽입하도록 한다. 또한 본문에서 학습하게 될 문화 용어를 그림이나 설명으로 이해할 수 있는 퀴즈 형식으로 구성할 수 있다.

전개에서는 각 단원의 문화 내용에 대해 소개하도록 한다. 이때 단순한 지식 전달을 위한 서술형 설명 방식보다는 일상생활에서 쉽게 접하거나 활용할 수 있는 대화문 방식을 택하도록 한다. 초급 단계에서는 지문에 의존하는 비율보다 그림이나 사진 등의 시각 자료 등으로 문화 내용을 이해하는 경우가 많으므로 다양하고 흥미로운 시각적 측면 *정연희·김세랑(2006)에서는 일본대학의 한국어 교재 개발을 위한 기초조사를 위한 설문조사에서 '내용뿐만 아니라 교재의 시각적인 면도 중요하다고 생각합니까?'라는 질문에*

'아주 중요하다, 중요하다'고 대답한 사람이 학습자 97.8%, 교사 97.6%를 차지하고 있다. 백승주(2003)에서는 교재의 시각디자인에 대한 분석을 하고 있는데, 교재를 구성할 때 삽화와 언어 텍스트간의 긴밀한 관계가 있어야 함을 강조하고 있다. 을 고려하여 구성하는 것이 바람직하다. 또한 지문에 사용된 문장은 가급적 짧고 문법적 요소가 어렵지 않은 단순한 형태로 제시하는 것이 좋으며, 문화 용어를 선별하여 영어나 간략한 문장의 한국어 설명을 덧붙이도록 한다.

　연습에서는 각 단원의 문화 내용 학습에 대한 확인문제가 필요하며, 문형 연습을 위한 간략한 문제를 제공하는 것도 중요하다. 이러한 방법은 문화 내용 전달 및 언어 학습을 통합하여 다룰 수 있다는 장점이 있다. 문형 연습 문제는 지문의 문법 요소를 선별하여 상황 문맥을 고려한 연습이 될 수 있는 회화문이나 문장 만들기 형식으로 구성할 수 있다. 그러나 문화 교재가 핵심이므로 문화 내용 확인 연습과 언어 연습의 비중을 적절하게 고려하도록 한다.

　활용에서는 각 단원에서 배운 문화 내용과 연관한 학습자 활동을 다룬다. 예를 들어, '한국의 개요'라는 문화 주제에서는 친구들이나 가족들에게 한국 소개의 글을 작성하여 발표하거나, 반 친구들에게 학습자 나라에 대하여 소개하는 방법으로 학습자 활동을 실시할 수 있다. 그리고 '한국 음식'을 학습한 후 추천하고 싶은 맛있는 식당을 약도로 소개하거나 전체 그림을 복사하여 배분하는 등의 학습자 상호간 정보 교환하기 활동으로 연계할 수도 있을 것이다. 특히 활용 단계에서는 학습자들이 한국의 문화 내용을 접하고 체험할 수 있도록 학습자 중심의 적극적인 활동을 유도하도록 한다.

　마무리에서는 학습한 단원 내용을 확인 점검하고 정리하는 단계이므로, 본문 내용 중에서 가장 핵심적이고 기억할 만한 문화 내용을 한 두 문장 정도로 간략하게 제시하도록 한다.

　어문화 교재의 단원 구성 역시 문화 교재와 마찬가지로 도입-전개-연습-활용-마무리의 단계를 두되, 문화 관련 어휘를 충분히 다루도록 한다. 그리고 문화 관련 어휘를 적절히 사용할 수 있도록 사회적 맥락을 고려한 다양한 예문을 교재에 반영한다. 어문화 교재는 언어 측면에 많은 비중을 두고 있기 때문에 지문 내용을 CD로 제작하여 언어 듣기 활동과 접목시키는 방법도 바람직하다.

마지막으로 문화 교재와 어문화 교재의 효과적인 활용을 위하여 교사용 지침서를 마련한다. 여기에는 각 단원의 학습내용과 수업에 필요한 준비 도구, 추가 학습자 활동, 각 단원의 문화 주제와 관련한 첨가 사항을 제공하도록 한다.

5) 문화 교재 개발시 유의점

잘 만들어진 문화 교재 한 권은 수업에 필요한 자료를 수집하는 데 들이는 교사의 수고를 덜어 줄 뿐만 아니라, 교재에 반영된 교육 과정과 교수 요목에 따른 체계적인 교육은 학습자들의 언어 능력에 대한 높은 성과를 기대할 수 있을 것이다. 그렇다면 바람직한 한국 문화 교재 및 한국어 문화 교재를 개발하기 위해서 유의해야 할 점은 무엇인가?

첫째, 교재의 핵심 부분이 될 문화 내용인 일상 생활문화와 전통문화 간의 비율을 적절히 고려해야 한다. 지금까지 출간되어 온 한국어 교재 내 문화 양상은 일상 생활문화보다 전통 문화적 요소를 비교적 많이 다루어 왔다. 이는 실생활에서 우선적으로 사용될만한 문화 내용이 교재에 적극적으로 반영되어 있지 못하는 문제점으로 지적되었다. 시대성을 반영하는 문화 교재인만큼 유행이나 화제가 되고 있는 문화 요소 뿐만 아니라, 실제적인 생활문화 요소에 많은 비중을 두도록 한다.

둘째, 문화 내용 선정을 위한 학습자 요구 조사를 실시하여 이를 교재에 반영하여야 한다. 아무리 좋은 문화 내용과 훌륭한 교수법을 축적하고 있더라도 학습자가 문화 내용에 대한 관심이나 필요를 실감하고 있지 않다면 그만큼 교육의 질이나 효과는 떨어질 수밖에 없다. 학습자의 입장에서 그들이 필요한 내용을 교육 자료로 구성하여 교재에 반영하도록 한다.

셋째, 문화 내용 소개 방식은 서술형이나 나열 등의 설명문 형태가 되어서는 안된다. 언어의 사용적 측면이나 학습자들의 흥미를 염두하여 등장 인물을 설정한 간결한 회화문 형식을 취하도록 한다.

넷째, 문화 교육을 위한 교재라 하더라도 본문에 사용된 문법이나 문형과 연관한 연습 문제를 완전히 배제하는 것은 바람직하지 않다. 따라서 문화 교육과 연관한 한국어 습득이 될 수 있도록 적절한 양의 문형 연습 문제를 제공하도록 한다.

다섯째, 다양한 사진과 그림, 삽화 등의 시각 자료를 제시하여 학습자들의 흥미를 유도한다. 특히 문화 내용과 시각 자료 상호 간에는 긴밀한 조직이 필요한데 이는 한국어 구사 능력이 미비한 학습자들에게 유용한 수단으로 활용될 수 있기 때문이다.

여섯째, 지문은 한국어로 제시하되, 학습자들의 수준을 고려하여 주요 문화 용어는 짧고 간결한 한국어 및 영어, 또는 학습자 모국어로 제시해 주도록 한다. 일반 한국어 교재의 초급 단계 문화 항목 제시어는 대부분 영어로 되어 있는 경우가 많다. 문화 교육의 목표가 내용 전달이나 습득에 있다면 무관하지만, 한국어 학습과 연관한 문화 교육이라는 점에서 문화 용어 설명 매개어는 가급적 한국어를 사용하도록 한다.

일곱째, 문화 학습에 대한 학습자 활동은 개념에 대한 이해 수준을 넘어서 학습 내용을 직접 활용하고 사용하게 한다는 점에서 의미가 있다. 따라서 문화 교육 내용과 연관성 있는 실질적이고 다양한 학습자 활동을 풍부하고 흥미롭게 제공하도록 한다.

5. 나오기

이상으로 문화 교재 개발을 위한 내용 구성 방안에 대해 살펴 보았다. 2장에서 문화 교육의 목표, 내용, 방법에 대한 선행 연구를 정리하였고, 3장에서 한국어 교재 분석의 특징적 내용과 일본에서 출간된 한국어 교재 속의 문화 교육 현황을 비교하였다. 그리하여 4장에서 문화 교재 구성에 있어 필요한 문화 및 어문화 교육 내용, 문화 교재의 단원 구성과 문화 교재 개발시 유의할 사항에 대해 언급하였다.

이밖에 문화 교재 개발을 위해 요구되는 몇 가지 사항을 앞으로의 과제로 남기며 마무리 하려고 한다.

첫째, 초·중·고급의 각 단계에 적합한 체계적인 문화 항목 분류 작업이 이루어져야 할 것이다. 어쩌면 단계별 문화 항목을 확고하게 분류할 필요가 없을지도 모른다. 동일한 문화 주제 내용을 단계별 난이도를 두어 반복적이고 순차적으로 제시하여 모든 단계에서 사용할 수 있기 때문이다. 그러나 각 단계별 학습자들의 수준에 맞는 문화 항목은 어떠한 기준에 의해 마련해야 할 필요가 있으며, 한국어 교육의 단계별 목표에 부합하는 문화 항목 선정은 실시되어야 한다. 이러한 단계별 문화 항목 선정은 보다 체계적인 문화 교재의 개발로 이어질 수 있을 것이다.

둘째, 속담, 관용어, 의성어·의태어, 한자성어, 어원 편과 같이 세분화된 어문화 교재 개발이 요구된다. 언어의 문화적 배경에 대한 이해 및 학습은 한국어 사용에 자신감을 부여할 수 있을 것이다.

셋째, 참신하고 다양한 문화 학습 자료, 즉 부교재의 개발이 요구된다. 영화나 드라마, 가요 등을 수업에 활용하기 적합한 교육용 자료나 사진, 실물 모형 등의 문화 교육을 위한 부교재 도입은 수업을 더욱 활기차게 만들어 줄 것이다.

넷째, 한국어 교사의 문화 교육에 대한 열정과 더불어 문화 교육을 위한 풍부한 경험을 갖춘 전문적인 교사 양성에도 관심을 기울여야 할 것이다.

끝으로 한국어 교육과 연계한 문화 교육에 대한 관심과 연구에 힘입어 학습자들에게 유용한 한국 문화 학습용 교재 및 한국어 문화 교재에 대한 개발이 활발히 진행되기를 기대한다.

참고문헌

강승혜(2002),	재미교포 성인 학습자 문화프로그램 개발을 위한 요구조사 분석 연구, 한국어교육 13-1, 국제한국어교육학회.
강현화(2002),	한국어 문화 어휘의 선정과 기술에 대한 연구, 21세기 한국어 교육학의 현황과 과제, 한국문화사.
김영아(2002),	한국어 교육과 문화 : 다문화 이해의 창, 21세기 한국어 교육학의 현황과 과제, 한국문화사.
김정숙(1997),	한국어 숙달도 배양을 위한 한국 문화 교육 방안, 교육한글10, 한글학회.
김정은(2004),	한국어교육에서의 언어문화 교육, 이중언어학 26, 이중언어학회.
김정은(2005),	문화교육의 연구사와 변천사, 국제한국어교육학회 편, 한국어교육론2, 한국문화사.
김중섭 이관식(1999),	외국인을 위한 한국어 교재 개발에 관한 연구, 한국어교육 10-1, 국제한국어교육학회.
김중섭(2005),	외국인을 위한 한국문화 교육 연구의 현황 및 과제, 이중언어학 27, 이중언어학회.
박영순 편(2002),	21세기 한국어교육학의 현황과 과제, 한국문화사.
박영순(2002),	한국어 교육을 위한 한국문화론, 한국문화사.
배현숙 (2002),	한국어 교육에서 문화 교육 현황 및 문제점, 이중언어학 21, 이중언어학회.
백승주(2003),	언어학습 교재의 시각디자인에 대한 기호학적 분석, 한국어 교육14-1, 국제한국어교육학회.
성기철(2001),	한국어 교육과 문화 교육, 한국어교육 12-2, 국제한국어교육학회.
신현숙(2006),	한국어 교재에 나타난 학습 활동의 현황과 변천 과정 연구, 한국어교육 17-3, 국제한국어교육학회.
우인혜(2004),	외국인을 위한 한국 문화 항목 선정, 이중언어학25, 이중언어학회.
윤여탁(2002),	한국어 문화 교수 학습론, 21세기 한국어교육학의 현황과 과제, 한국문화사.
이석주 (2002),	한국어 문화의 내용별 단계별 목록 작성 시고, 이중언어학 21, 이중언어학회.
이선이(2003),	문학을 활용한 한국문화 교육 방법, 한국어교육14-1, 국제한국어교육학회.
전미순(2004),	韓國文化敎育における文化項目選定と授業の事例, 新潟國際情報大學情報文化學部紀要
정연희 김세랑(2006),	일본대학의 한국어 교재 개발을 위한 기초조사, 한국어 교육17-2, 국제한국어교

참고문헌

	육학회.
조창환(1996),	한국어 교육과 연계된 한국문화 소개 방안, 한국어교육 제7권, 국제한국어 교육학회.
조항록(1998),	한국어 고급 과정 학습자를 위한 한국 문화 교육 방안, 한국어교육 9-2, 국제한국어교육학회.
조항록(2000),	초급 단계에서의 한국어 교육과 문화 교육, 한국어교육 11-1, 국제한국어교육학회.
조항록(2002),	한국어 문화 교육론의 주요 쟁점과 과제, 21세기 한국어교육학의 현황과 과제, 한국문화사.
조항록(2003),	한국어 교재 개발을 위한 기초적 논의, 한국어교육 14-1, 국제한국어교육학회.
조항록(2004),	한국 언어문화와 한국어교육, 한국언어문화학1-2, 국제한국언어문화학회.
조항록·강승혜(2001),	초급 단계 한국어 학습자를 위한 문화 교수 요목의 개발(1), 한국어교육 12-2, 국제한국어교육학회.
조현용(2005),	한국어 교육의 실제, 유씨엘.
한상미(1999),	한국어 교육에서 언어와 문화의 통합적인 교육 방안, 한국어교육 10-2, 국제한국어교육학회.
한상미(2005),	문화교육방법론, 국제한국어교육학회 편, 한국어교육론2, 한국문화사.
황인교(1998),	외국인을 위한 한국어 교재 개발-검토 및 방향 제시-, 한국어교육 9-2, 국제한국어교육학회.

〈교재〉

백봉자·최정순·지현숙(2005), 한국언어문화듣기집, 도서출판 하우.

이윤진(2006), 김치한국어, 커뮤니케이션북스.

강현자·김경하·김선정·류선영(2007), 살아있는 한국어-관용어, 랭기지플러스.

김선정(2007), 살아있는 한국어-속담, 랭기지플러스.

강진숙·김선정·윤애숙·임현정(2007), 살아있는 한국어-한자성어, 랭기지플러스.

전미순(2008), 문화한국어(제목미정), 랭기지플러스.

日本語教育学会(1978), 日本事情シリーズ, 日本語教育学会
海外技術者研修協會 (1987), JAPANESE LIFE TODAY, スリーエーネットワーク
油谷幸利・南相瓔(2001), 総合韓国語1・2, 白帝社
生越直樹・曺喜澈(2000), 言葉の架け橋, 白帝社
入佐信宏・文賢珠(2002), よくわかる韓国語, 白帝社
溝口甲順(2002), アルギシウン韓国語, 白帝社
長谷川由紀子(2001), コミュニケーション韓国語会話篇1, 白帝社

대상별 한국어 교재

03

- 학문 목적 한국어 교재 _ 김낭예
- 여성 결혼이민자를 위한 한국어 교재 연구 방안 _ 구민숙
- 특수 목적 한국어 교재 _ 문진형
- 한국어 교재의 기초단계 구성 _ 박혜경
- 한국어 단기 교육과정 교재 _ 김경지

학문 목적 한국어 교재

김 낭 예

1. 서론

외국어로서의 한국어 학습자가 증가하면서 학습자들의 목표도 점차 다양해지고 있다. 특히 2000년 이후 외국인 유학생 수는 크게 증가하여 최근 교육인적자원부에서 발표한 〈2007 고등교육기관 교육기본통계조사〉에 따르면 2007년 현재 국내 고등교육기관 학위 과정에 있는 외국인 유학생 수는 총 3만2,056명으로 국내 전체 대학생의 0.9%를 차지했다고 한다. 2000년 3,963명이던 외국인 유학생 수가 2004년 1만1,121명으로 만 명을 돌파한 이래, 2005년 1만5,577명, 2006년 2만2,624명 등 해마다 큰 폭의 증가세를 보여 오다 마침내 3만 명을 넘어섰다는 것이다. 이 중에서도 많은 외국인 유학생들이 의사소통이라는 일반적인 목표 외에 대학 진학을 위한 특수한 학습을 목적으로 한국에 오는 경우가 많다는 현실[1]을 고려할 때 그들을 위한 학문 목적 한국어 교육은 반드시 필요하다. 이를 위해 본 연구에서는 먼저 학문 목적 한국어의 개념을 살펴보고, 그 동안의 선행 연구 검토를 통하여 학문 목적 한국어 교재의 필요성과 개발 방안을 모색해 보고자 한다.

2. 학문 목적 한국어의 개념

외국어로서의 한국어교육의 위상이 높아지면서 한국어교육 현장에서 학습자들의 요구도 점차 다양해지고 세분화되고 있다. 이전까지 교육의 중심을 두었던 일반 목적 한국어 학습(Korean for general purposes)에서 더 나아가 직업 목적이나 학문 목적 등 보다 전문적이고 특수한 목적으로 한국어를 배우는 학습자들이 늘어나는 추세이다.

특수 목적의 한국어 학습자들 중, 한국의 대학이나 대학원에서 학업을 수행하기 위한 목적으로 한국어를 배우는 학생들이 예전에 비해 크게 증가하였다.[2] 그 중에서는 특히 중국, 동남아시아 출신의 학생들의 비율이 높으며, 재외 동포 학생들 중에는 공학이나 경영학 등을 전공하고자 하는 학생들이 많아졌다.

특수 목적의 언어 교육이 발달한 영어 교육에서 특수 목적의 영어교육(ESP)은 일반적 상식과 교양 증진을 위한 교육이 아닌 전문화, 세분화되고 실용성 있는 교육을 통칭하여 왔다.[3]

---

1) 학습자들의 한국어 학습 동기에 대한 조사 결과를 살펴보면, 김민재(2004)에서는 예비대학생 90명과, 대학(원) 재학생 60명을 대상으로 실시한 설문조사에서 예비대학생 64명 중 50명(대학진학 26명, 전공관련 24명)의 학생이 특수목적에서 한국어를 공부한다고 응답하였다. 또 이덕희(2004)에서는 서울 소재 주요 한국어교육기관 학생과 대학(원)에 재학 중인 학생 120명을 대상으로 한 설문 조사에서 '학문적 목적으로, 전문가가 되기 위해서'의 응답이 40.8%였다는 결과를 제시하고 있다.

2) 2005년 3월 경희대학교 국제교류처에서 발간한 '경희대학교 국제학생 학교생활 만족도 조사'에 따르면 경희대학교와 대학원, 한국어 과정에 재학 중인 730명의 외국인 학생을 대상으로 한 인터넷 설문 조사에서 129명의 응답자 중 학업 후 한국에서 공부를 계속하겠다는 학생의 비율이 25.2%(32명)로 나타났다. 이 밖의 응답으로는 귀국하여 취업 또는 사업을 한다는 응답이 37.8%(48명), 귀국하여 학업을 계속한다 7.9%(10명), 한국에서 취업, 사업을 한다 29.1%(37명)의 응답이 있었다. 이러한 결과는 응답자의 현재 교육 과정에 따라 조금 차이를 보이는데 한국어과정의 학생 중에는 44.1%의 학생이 한국에서 학업을 계속하겠다고 했고 이후 대학이나 대학원 재학생의 경우는 취업을 목적으로 한다는 응답자 수가 많았다.

3) Strevens(1977)은 ESP를 크게 두 가지 영역으로 구분하여 학문 목적의 영어(English for Academic Purposes : EAP)와 직업 목적의 영어(English for Occupational Purposes : EOP)로 분류하였다.

학문 목적을 위한 언어 교육은 특수 목적을 위한 언어(Language for Special Purposes)[4] 교육에서 출발한다. 이것은 특정 학습자 집단에 가장 적합한 언어 교육을 선택하고자 하는 많은 시도에서 비롯된 것으로 특수 목적의 영어[5]는 크게 직업 목적을 위한 영어(English for Occupational Purpose), 학문 목적을 위한 영어(English for Academic Purpose), 교육 목적을 위한 영어(English for Educational Purpose)로 나뉜다(김인규 2003:83).

학문을 목적으로 하는 한국어 교육은 위에서 언급한 영어의 'for Academic Purpose'를 번역하여 사용하고 있는데 '학문적 목적의 한국어(김정숙, 2000)', '전공 한국어(진대연, 2001)', '학문적 목적 한국어(이해영, 2001)', '학문 목적을 위한 한국어(김인규, 2003)', '학문적 목적의 외국어로서의 한국어(박나리·조선경, 2003)' 등으로 다양하게 지칭되어 오다가, 최근의 연구들에서 '학문 목적 한국어'로 대부분 통일되었다. '학문 목적 한국어'가 '학문에 사용되고, 학문에 사용하는 한국어'라는 의미를 가장 간결하게 표현하고 있기 때문이다. 따라서 '학문 목적 한국어'의 개념은 다음과 같이 정리해 볼 수 있다. 학문 목적 한국어란, '대학에서의 수학을 목적으로 하는 학습자들이 학문 수행을 위해 필요로 하는 한국어'인 것이다.

학문 목적 한국어는 특수 목적의 한국어 중 한 가지 하위 범주로, 특수 목적의 외국어 교육은 다음과 같은 특징들을 갖는다(최정순, 2006:280~281).

1) 학습자의 특정한 요구에 부합하기 위하여 설계된다.
2) 특정한 학문 분야, 직업이나 활동과 내용적으로(즉 소재와 주제가) 관련이 있다.
3) 통사 구조, 어휘, 담화, 의미 등의 측면에서, 위에서 말한 것 같은 활동들에 적절한 표현들에 초점을 맞춘다.

---

4) LSP: 특수 목적을 위한 언어. 일상 언어와는 다른 어휘적, 문법적, 기타 언어적 특질을 내포하는 특별하고 제한된 유형의 의사소통을 위해 사용되는 제2언어 혹은 외국어. 언어 교육에서 한 학습자 혹은 일단의 학습자들이 일반적인 목적을 위해 언어를 필요로 하는 것인지 특수한 목적을 위해 필요로 하는 것인지를 결정해야 한다.

5) English for special purpose(특수 목적을 위한 영어)
수업 내용과 목표가 특정 학습자 집단의 구체적인 요구에 의해 결정되는 언어 교육 혹은 프로그램에서의 영어 역할. 예를 들어 학술 목적을 위한 영어, 과학 기술을 위한 영어, 간호학을 위한 영어 등. 이 수업들은 일반적인 언어 능력을 목적으로 하는 일반 목적을 위한 영어 수업과 대조된다.

4) '일반 목적의 외국어'에 대립된다.
5) 학습되어야 하는 학습 기술이 제한될 수 있다. (예를 들어서, '읽기'만 한다).
6) 미리 규정된 교수법대로 가르쳐지지 않을 수도 있다.

(Dudley-Evans & St. John, 1998:3)

따라서 학문 목적 한국어 교육도 대학에서의 학업 수행이라는 학습자의 특정한 요구에 부합되기 위해 설계되어야 하고, 학습자의 전공 학문 분야의 학업 수행과 내용적으로 관련이 있어야 하며, 전공에 사용되는 통사 구조, 어휘, 담화, 의미 등이 교육 내용에 포함되어야 할 것이다. 그리고 이러한 교육 내용은 학문 목적 한국어 교재 속에 반영되어야 한다.

3. 학문 목적 한국어 교재의 필요성

학문 목적의 한국어 학습자들에게는 한국어 의사소통능력의 향상이 한국어 학습의 최종 목표가 아니라 한국어를 통한 학문 탐구가 그들의 목적이라고 할 수 있다. 그런데 일상생활에서 고급 수준의 한국어를 구사한다고 해도, 혹은 대학의 외국인 입학 전형에서 요구하는 한국어능력시험에서 5·6급 정도의 상위 급수에 합격했다 하더라도 대학에 진학하여 다른 한국인 학습자들과 경쟁하며 공부하기에는 여러 가지 어려움이 따른다.[6] 대

---

6) 서울 소재 주요 대학(가, 나, 다 순)에서 외국인 학생들에게 요구하는 입학 자격 중 한국어능력 부분은 다음과 같다.
   건국대 - 한국어능력시험 6급(자체 한국어과정 6급 수료 후 자격시험)
   경희대 - 재외국민과 외국인 특별전형 합격자(순수외국인 제외) 중 국어과목 시험 성적이 100점 만점에 40점 미만인 자는 반드시 본교 국제교육원에서 실시하는 소정의 한국어 교육과정을 이수해야 한다.
   고려대 - (가) 본교 한국어교육문화센터에서 한국어 정규과정의 5급 이상 취득, (나) 한국교육과정평가원 주관의 한국어능력검정시험 5급 이상 취득, (다) 기타 위에 상응하는 한국어 능력을 갖추고 있다고 인정된 자
   서강대 - 자체 한국어 능력시험 5급 이상, 한국어교육원 한국어 능력평가 5급 이상 시 자체 한국어 능력시험 면제
   서울대 - 본교 언어교육원에서 한국어능력평가시험 5급 이상 판정 받은 자, 한국대사관 또는 영사관 실시 한국어능력검정시험 결과 5급 이상인 자
   연세대 - 본교 언어연구교육원에서 시행하는 한국어능력시험에 반드시 응시해야 하며 시험결과 성적이 저조할 경우 본교 전형관리위원회의 판단에 따라 수강학점이 제한되거나 본교 언어연구교육원에서 실시하는 한국어 연수과정을 정해진 기간 내에 5급 이상 이수해야 한다.
   이화여대 - 주20시간씩 10주간의 수업을 듣고 6급을 수료하거나 한국어교육과정평가원에서 실시하는 한국어능력시험 5급 이상.

학에서의 수학은 한국인 학습자에게도 어려운 것이기는 하지만 일차적으로 모국어 화자가 아니기 때문에 겪게 되는 언어 부분에서의 어려움이 크기 때문에 이들을 대상으로 한 학문 목적 한국어 교육이 필요하다.

학문 목적으로 한국어를 공부하는 경우는 두 가지로 나누어 볼 수 있는데 본 연구에서는 국외에서 한국 관련 학과에 진학하는 경우는 배제하고 한국 내에서 대학에 진학하는 학습자를 대상으로 한다. 따라서 본 연구의 한국어 교육 대상은 한국 내 대학교 또는 대학원에서 수학을 하고자 하는 예비대학생 및 재학생 집단이다. 이 때 학문 목적 한국어 학습자를 위한 교육 과정과 교육 내용은 교재를 통해 반영된다. 따라서 이들을 위한 학문 목적 한국어 교재가 어떠한 구성으로, 어떠한 내용을 담고 있는지가 학문 목적 한국어 학습자의 성공적인 대학 수학을 위한 기초가 될 것이다.

지금까지의 학문 목적 한국어 교육에 대한 연구는 주로 학습자의 요구 조사나 교육과정 및 교수요목 설계를 위한 연구, 학문적 텍스트에 대한 분석을 통한 학문적 어휘나 담화적 특성에 대한 연구 등과 같이 학문 목적 한국어 교육과정 및 교수요목을 설계하는 데 기초를 마련하기 위한 실증적인 방식으로 이루어졌다고 할 수 있다(최은지·정명숙, 2007:306-307).[7] 교육과정 또는 교수요목 개발에 대한 연구들은 아직 각 대학이나 한국어교육기관에서 학문 목적의 교육과정이 체계적으로 운영되지 않고 있는 실정을 지적하고 학문 목적 교육과정의 개발 및 운영이 시급하다는 인식을 기본으로 한다. 이를 바탕으로 학습자의 요구 분석을 통해 교육과정을 설계하고 교수요목을 제안하고 있다. 한국어 기관들 사이에 공통적인 교육과정 없이 기관별, 교사별로 교재가 개발될 경우에 생길 수 있는 내용과 난이도의 불균형 등을 경계해야 한다는 점을 고려할 때, 학문 목적 학습자를 위한 교육과정의 설계는 반드시 선행되어야 할 과제이다.

학문 목적 교육과정에 대한 대표적인 논문으로는 김정숙(2000), 이해영(2001), 이정희·김지영(2003), 김인규(2003), 강현화·박동규(2004), 이해영(2004), 이덕희(2004),

---

[7] 강현화(2004)에서는 학문 목적 언어 교육에 대한 국외 연구를 세 부류로 나누어 살펴보았다. 첫째는 텍스트 분석으로 텍스트의 개별적인 구문적 특징에서부터 수사학적인 구조의 종류를 연구하고 담화 분석을 하는 것이고, 둘째는 목표 상황에 적합한 의사소통 과제를 확정하여 학습자들이 목표 과제를 해낼 수 있도록 이에 대한 요구 분석을 통하여 적합한 학습 과제를 설계하는 것이다. 세 번째는 텍스트만을 따로 떼어서 다루는 것이 아니라 의사소통 환경에서 적합한 의사소통을 하기 위해 담화 공동체의 문화적 맥락을 고려한 접근이다.

김민재(2004) 등을 들 수 있다. 이들 논문에서는 한국어 학습자들의 학습 목표가 매우 다양해지고, 그에 따라 학문 목적 한국어 학습자들이 증가하고 있으므로 이들을 위한 전문적인 교육과정이 필요함을 제기하고 있다. 이를 위하여 학습자 요구 분석을 토대로 실제 학문 목적 교육과정 모형을 제시하고 있다.

먼저, 김정숙(2000)에서는 학문 목적 한국어 학습자의 학습 목적을 만족시킬 수 있는 차별적인 교육과정의 필요성을 인식하고 이를 위해 학습자 요구 조사 분석을 실시하였다. 그 결과 대학 수학을 위해서는 학습 내용에 학술적 텍스트의 담화 유형 및 구조, 수사적 특질, 일반 지식 및 상식, 그리고 비판적 사고 등을 포함해야 하며, 학문적 텍스트가 교육 자료로 활용되어야 한다는 점을 지적하고 있다. 그런데 학문적 텍스트를 활용한 교육이 효과적으로 이루어지기 위해서는 학문 목적의 한국어 학습자 모두가 공통으로 필요로 하는 언어 내용을 핵으로 교육과정을 구성해야 한다. 이를 위해서는 학문 목적 학습자를 위한 한국어 교재 속에 학문 목적 텍스트에 나타난 어휘, 구조, 격식, 수사적 특질 등이 포함되어야 할 것이다.

이해영(2001)은 외국인 유학생을 위한 한국어 교육의 목적은, 학문 목적 한국어의 언어적 숙달도 제고와 학문적 주제를 다룰 수 있는 대학 수학 능력의 제고라고 하였다. 그리고 이러한 목적을 달성하기 위한 방법으로 주제 중심의 한국어 교육을 제안하였다. 이러한 주제 중심 접근법은 현재까지 출판된 교재에 대부분 반영되어 있으나 다양한 전공 관련 주제를 반영하기 어려운 현실에서 학문 목적 학습자들에게 공통으로 필요한 주제에 대한 연구가 깊이 있게 이루어져야 할 것으로 보인다.

이정희·김지영(2003)에서는 '내용중심' 한국어 교육과정 수립을 위해 내용중심 언어 교수법의 원리를 살펴보고, 이를 한국어교육 현장에 적용시키기 위해 교육 모형을 샘플로 제시하였다. 학문 목적 한국어 교육이 전공별로 실시되기 어려운 현실에서 내용중심 교육방법은 매우 적합한 접근법이라 생각된다.

다음으로 김인규(2003)에서는 국내 대학에서 공학을 전공하는 말레이시아 학생을 대상으로 요구 분석을 실시하여 학문 목적 교수요목의 필요성을 입증하고 이를 바탕으로 학업 기술 중심의 교수요목 설계의 실제를 제시하고 있다. 제시된 교수요목은 자료 활용 기술의 하위 기술인 도서관 이용 및 정보 검색·활용으로 학습자들이 한국의 대학 환경에서 학업을 효과적으로 수행할 수 있도록 학업 기술을 향상시키는 데에 필수적인 기술이라 할 수 있다.

강현화·박동규(2004)에서는 학문 목적 한국어 학습자를 위한 병존 언어 교수모형을 제시하고 있다. 학문 목적 중에서도 특히 경영학 전공 학문 목적 학습자를 대상으로 내용중심 교수이론[8]의 하나인 병존 언어 교수모형을 제안하고 있는데, 병존 언어 교수란, 학문적 내용을 다루는 강좌와 함께 이와 관련되는 목표 언어 학습을 위한 언어 강좌를 동시에 수강하여 언어와 내용의 학업 성취를 도모하는 방법이다. 이 논문은 두 분야의 전문가가 합동으로 연구한 것인 만큼 매우 실제적인 어휘 및 표현 자료를 제시하고 있다. 이 연구에서처럼 전공별 학문 목적 교육은 학습자들의 희망 전공과 연계하여 앞으로도 다양하게 연구되어야 할 분야이다.

이해영(2004)에서는 다중 교수요목을 제시하고 특히 학문 목적 한국어의 언어 구조에서 나타나는 특성들을 분석했다는 점에서 의의가 있다. 이러한 연구들에서 추출된 '강의 흐름을 돕는 담화표지 및 표현' 및 학문 목적 자료들의 '문체적 특징'은 한 강좌에서 추출한 것이라는 한계가 있으나, 학문 목적 학습자들에게 실제 강의에서 추출된 매우 실용적인 자료를 제공할 수 있으리라 생각된다.

이 외에도 학문 목적 평가 및 각 기능별 교육 방안, 담화 표지 연구 등도 지속적으로 이루어지고 있다.[9]

학위논문으로는 이덕희(2004)에서 학문 목적의 한국어 교육과정 설계를 위한 요구 분석을 통해 언어 교수의 내용이 실제 학업에서의 내용 및 주제로 다루어져야 하고, 구문, 어휘, 담화의 교수도 학문적 언어의 특징을 드러낼 수 있는 것으로 교수되어야 함을 강조했다. 또 김민재(2004)에서는 국내의 학문 목적 학습자의 요구 조사를 실시하고 이를 바탕으로 하여 언어 영역, 컴퓨터 및 대학 생활 영역, 교양 영역의 세 분야에서 내용중심 교수를 기반으로 하는 대학예비교육과정의 교육과정을 설계하고 실제 수업과정 모형을 제

---

8) Snow(1991)에 의하면 내용중심 교수 모형은 주제중심 언어 교수(Theme-based Instruction), 내용보호 교수(Sheltered content Instruction), 병존 언어 교수(Adjunct language Instruction)로 구분한다. 이밖에도 몰입프로그램(Immersion Education), 초등학교 내용강화 언어프로그램(Content-Enriched Foreign Language in Elementary School), 확장프로그램(Expansion of content based Models) 등을 제시했다. (김민재, 2004에서 재인용)

9) 최정순(2006), 안미란(2007), 신명선(2006), 오선경(2007), 김정숙(2007) 등

시하고자 했다. 마지막으로 노구치 타카히로(2004)에서는 외국어로서의 한국어 교육을 전공하고자 하는 외국인 학습자들을 대상으로 한 전문 어휘 교육의 필요성을 제기하고 한국어교육 관련 논문 자료에서 빈도수를 기준으로 전문 어휘를 선정하여 어휘 목록을 제시하였다. 이 연구 역시 전문 어휘 교육과 관련된 것으로 학문 목적 어휘 교육이 전공별로 세분화되어야 할 필요성에 부응하였다는 의의가 있다.

이상과 같이 선행 연구들을 살펴볼 때, 학문 목적 한국어교육에 대한 논의가 점차 본격화되고 다양해진 것을 확인할 수 있다. 그러나 이러한 연구 모형을 현실적으로 적용시키기에는 아직 이론적인 연구들이 충분하지 못하고 이에 대한 행정적인 지원이 부족한 것이 사실이다. 학문 목적 한국어 학습자의 수가 전체 외국인 유학생 중에서 차지하는 비율이 크다 하더라도 교육 기관별로 보았을 때 교육과정 자체를 새로 만들어 운영하는 것은 현실적으로 매우 어려운 일이기 때문이다. 따라서 현재 상황에서 학문 목적 학습자들에게 직접적으로 도움을 줄 수 있고, 학습자들이 실제적으로 사용할 수 있는 것은 이들을 위한 학문 목적 교재라고 할 수 있다. 교재 속에는 교육과정과 교육 내용이 반영되어 있기 때문이다. 이에 본 연구에서는 학문 목적이라는 특수 목적 학습자를 위해서는 보다 전문적이고 실제적인 교육 방안의 마련이 필요하다는 전제 하에, 최근 학문 목적 학습자들의 요구를 반영하여 개발된 학문 목적 한국어 교재의 현황과 문제점을 살펴보고, 앞으로의 개발 방안을 제안하고자 한다.

4. 학문 목적 한국어 교재 현황

본 연구에서는 현재 각 한국어교육기관에서 사용하고 있는 한국어 교재는 분석 대상에서 제외하였다. 한국어 과정에서 중급 이상을 수료한 학생들이 대학에 진학하는 현실에서 일반 목적의 한국어 교육에서도 어휘, 문법, 표현 등 여러 영역에서 학문 목적 한국어 교육이 포함되어 있기는 하나 그 비중이 매우 적기 때문이다. 물론 최정순(2006)에서 지적한 것과 같이 외국어로서의 한국어를 일반 목적의 한국어와 특수 목적의 한국어라는 이분법으로 구분하는 것은 분명 한계가 있다. 아무리 군사 목적이든, 학문 목적이든, 취업 목적이든 이들의 학습 과정의 초기 단계에서는 기본 문장의 구조나 기초 어휘 등의 학습이 언제나 전제되어야 할 것이기 때문이다. 그러나 특수 목적 외국어 교육은 일반 목적 외국어 교육에 대비되는 용어로서, 이를 위한 교육과정은 학습자들이 필요로 하는 제한된 욕구에 적합하도록 편성된다는 특성을 갖는다(최정순, 2006). 따라서 본 연구에서는 일반 목적과는 구분되는 학문 목적이라는 특정 목적에 부합하기 위해 출판된 교재를 중심으로 살펴보고자 한다.

본 연구의 분석 대상 교재는 다음과 같다.

- 선문대학교 한국어 교육원(2004), 외국인 대학생을 위한 교양 한국어 I
- 김중섭(2005), 외국인 학부 유학생을 위한 한국어 말하기, 유씨엘 Inc.
- 조현용(2005), 외국인 학부 유학생을 위한 한국어 읽기, 유씨엘 Inc.
- 이정희 외(2007), 유학생을 위한 한국어 글쓰기의 기초, 도서출판 하우
- 강현화·민재훈(2007), 외국인 유학생을 위한 경영 한국어, 다락원
- 허용(2007), 외국인 유학생을 위한 인문 한국어, 다락원
- 최윤곤(2007), 외국인 유학생을 위한 한국어 독해, 한국문화사

먼저, 선문대학교에서는 2004년 2월 외국인 대학생을 위한 『교양 한국어 I』, 『교양 한국어 II』를 출판하였다. 이 교재는 전체가 5장으로 구성되어 있는데, 각 장 별로 전공별 리포트 작성법, 한국어 문장 쓰기, 토론/토의를 통한 자기표현, 영상매체로 보는 한국 문화, 외국인을 위한 한국 문학 등을 다루고 있다. 외국인 학습자의 대학 생활을 위한 다양한 정보를 제공하려 한 노력이 보이는 부분이다. 부록으로는 표준어 규정, 전통 한국 문화 관련 웹사이트, 세계 속담 비교를 수록하고 있다. 정보 제공의 측면에서는 학습자들에게 유용할 수 있으나 분량 및 전체 교재에서의 비중에 비해 학습자들에게 효과적으로 전달되는 것은 어려울 것으로 보인다. 이 교재는 학문 목적 학습자를 위한 교재 개발이 거의 전무한 때 학문 목적 한국어 교육에 관한 기존의 연구들에서 제시한 내용들을 교재 속에 반영하기 위해 노력했다는 데 의의가 있으나, 타 기관에서 사용하기에는 주제나 내용이 알맞지 않은 내용도 포함되어 있어 교재 내용의 적합성 및 실효성 등은 이후 학습자들

의 실제 반응을 통해 검증되어야 할 필요가 있을 것이다.

다음으로 김중섭(2005)는 외국인 유학생을 대상으로 하는 전문적인 말하기 교육이 이루어져야 한다는 필요성을 바탕으로 1부에서는 말하기에서의 일반적인 유의점과, 말하기와 다른 언어 기능과의 관계를 제시하여 외국인 유학생이 대학 생활에서의 말하기에 대해 이해할 수 있도록 하였다. 2부에서는 상담, 면접, 인터뷰와 같은 공식적인 말하기와, 자기소개하기, 설명하기, 주장하기 등 대중 앞에서 말하는 상황, 그룹으로 말하는 상황에서의 말하기 등 다양한 상황에서의 말하기를 과제와 함께 단계적으로 다루고 있다. 또한 부록에서는 말하기 기능별 표현 목록 즉, 칭찬화행, 불평화행, 거절화행, 사과화행, 감사화행, 요청화행, 소개화행 및 인터뷰, 토론에서 사용되는 표현 목록을 제시하고 있다. 이러한 내용은 유창한 발음과 억양 외에 말하기 전략의 부족으로 대학에서의 발표 및 조별 토론 등을 어려워하는 학습자들에게 반드시 필요한 내용이라 할 수 있다. 그러나 모범 말하기 자료 등이 교재 속에 예시로만 제시되어 있어 학습자들이 말하기에서 중요한 자연스러운 발음이나 억양을 익히기에는 어려울 것으로 보인다. 따라서 모범 말하기 샘플 등을 학습자들이 듣고 연습해 볼 수 있도록 듣기 CD를 함께 제시하는 것이 필요하다.

조현용(2005)는 학문을 목적으로, 지식을 얻는 것을 목적으로 한국어를 배우는 학습자들을 위한 읽기 교재로, 다양한 주제에 대해 읽어보고, 읽기 전·후 활동을 통해 전공 서적들을 이해하는 것을 목표로 하고 있다. 한국이 아닌 곳에서 학문적인 관심에서 한국어를 배우는 경우 특히 읽기가 가장 중요한 영역이라 할 수 있으므로 학문 목적 학습자들에게 필요한 교재라 할 수 있다. 이 교재에서는 인문학, 사회과학, 자연과학, 한국어학 분야의 글을 주제 별로 2~3편씩 다루고 있는데 학문 목적 학습자들의 전공을 고려할 때, 보다 다양한 주제의 읽기 텍스트가 포함되어야 할 것으로 보인다. 또한 읽기 전 활동, 읽기 후 활동 중 학습자들에게 필요 이상으로 어려운 문제들도 있어 읽기 활동의 난이도 조정이 요구된다. 한편 부록으로는 학문 목적 한국어 어휘, 한국어 신체 관련 관용 표현 목록, 한국어 연어 목록, 한국어 교재 속의 주요 속담 목록을 싣고 있다. 이는 독학 한국어 학습자들에게 유용한 자료가 될 수 있을 것이다.

이정희 외(2007)은 유학생을 위한 본격적인 글쓰기 교재로 기초 편과 실제 편 두 권으로 구성되어 있다. 이 교재는 유학생들이 대학(원) 내 학문 활동과 일상생활에서 요구되는 글쓰기의 기본을 익히고, 글을 쓰는 목적에 따라 실제적인 담화 상황에 적합한 표현 능력을 배양하도록 구성하였다는 것을 머리말에서 밝히고 있다. 이 교재는 이론적인 배경과 함께 실제 편에서 학습자들이 실제로 써 볼 수 있도록 쓰기 모델, 모범 답안을 제시하여 학습자들이 설명문, 논설문, 보고서, 자기소개서, 이력서, 학업 계획서 등 실제적인 쓰기 과제를 수행할 수 있도록 하였다. 이론에만 그치지 않고 학습자들이 직접 써 볼 수 있는 기회를 제공하여 한국어로 쓰는 것에 두려움을 가지고 있는 학습자들이 쓰기에 보다 친숙함을 느낄 수 있도록 개발되었다는 점에 큰 의의가 있다고 할 수 있다.

강현화·민재훈(2007)은 학문 목적 학습자 중 인문 사회계, 특히 경영학 전공자가 다수를 차지하고 있는 현실에서 어학과 전공의 중간 과정으로서의 새로운 교재의 역할이 필요하다는 현실적 요구에 부응하여 개발된 교재이다. 전공 기초로서의 경영학적 기본 지식과 수업에서 이루어질 말하기, 듣기, 읽기, 쓰기의 네 기능을 연계하여 총 16과로 구성하고 있는데, 이 중 2개 과는 강의 듣기나 리포트 쓰기 등 수강을 위한 기초 내용을 담고 있고, 나머지 14개 과에서 전공 지식의 세부 분야를 주제로 다루고 있다. 부록에서는 듣기 CD를 포함, 듣기 스크립트와 전공 용어 정리를 제시하여 경영학 전공 학습자들에게 실제적인 도움을 줄 수 있을 것으로 보인다. 이 교재는 한국어교육 전문가와 경영학 교수가 함께 집필 하였다는 데 가장 큰 의의가 있으며 앞으로 경영학 외의 전공에서도 개발되어야 할 교재라 할 수 있다. 그러나 과제 활동 부분과 짝 활동 혹은 조별 활동을 통해 주어진 자료를 참고하여 토론하거나 주어진 도표를 완성할 수 있는 영역은 학부 예비 과정에서 주교재로 사용하는 경우가 아니라면 학습자들의 개별 학습이 불가능한 부분으로, 독학 학습자를 고려한 개인 활동도 교재 속에 포함되어야 할 것으로 보인다.

허용(2007)은 특정 전공이 아닌 인문계 학습자들을 대상으로 1과부터 4과까지 '수강 전- 수강 중 Ⅰ, Ⅱ- 수강 후'의 단계로 구성, 수강 신청에서부터 강의용 언어 표현, 노트 필기방법, 토론과 발표의 방법, 발표 후 보고서 작성 방법 등의 내용을 제시하고, 5과부터 16과까지는 언어, 문학, 문화, 철학, 사회 등 인문학 영역에 해당하는 다양한 주제의 글을 제시하여 학습자들이 다양한 텍스트를 접할 수 있도록 하였다. 또한 각 과의 마지막에는 외국인 유학생들이 한국에서의 대학 생활에 보다 쉽게 적응할 수 있도록 전공에 대한 기초적인 지식을 제공하며 주제와 관련된 다양한 읽을거리와 맞춤법, 표준 발음 등은 쉬어가기에서 제시하였다. 이 교재는 듣고 생각하기 부분에서 주제와 관련된 광고, 토론, 뉴스, 대화, 발표 등 여러 종류의 글을 통해 본격적인 읽기에 앞서 배경지식을 활성화시키고 있는데, 듣기 자체가 본문을 읽고 이해하는 것보다 어려운 경우도 있어 듣기에 나온 어휘나 표현에 대한 정리가 별도로 필요할 것으로 보인다.

마지막으로 최윤곤(2007)은 대학(원)생을 위한 한국어 교재에서는 학사 일정과 주간 시수를 고려한 교재 개발이 필요함을 지적하고, 대학 학사 일정에 따라 교재를 사용할 수 있도록 총 30강으로 구성하였다. 전반부는 교수 강의, 후반부는 학생들의 발표로 수업을 진행할 수 있도록 단원을 배치하고, 대학 수준에서 교양으로 갖추어야 하는 인문, 사회, 문화, 예술, 과학, 기술 등 다양한 분야의 지문을 단어 풀이, 확인 문제와 함께 실었다. 이 교재는 TOPIK 고급 이상의 최고급 한국어 학습자를 대상으로 하는 독해 교재로, 특히 대학(원) 입학을 준비하거나, 학부나 대학원에 재학 중인 외국인 유학생에게 대학(원) 수업 중에 만나게 되는 다양한 한국어 텍스트를 이해하는 데 도움을 주고자 개발하였음을 밝히고 있다. 그러나 아무리 최고급 한국어 학습자를 대상으로 한다고 해도 모국어 학습자의 대학 교양 국어 교재와 내용이나 구성면에서 큰 차이를 보이지 못한다는 점이 한계로 보인다. 국어의 특징이나 한국어 맞춤법 등의 지식은 외국인 학습자에게도 요구되는 부분이지만, 그것이 한국인 학습자에게 요구되는 정도와 같아서는 안 될 것이다. 즉, 외국인 학습자로서 모국어 화자가 아니기 때문에 겪게 되는 언어적인 어려움을 해결할 수 있는 차별적인 내용을 제시할 필요가 있다는 것이다.

이상에서 살펴본 것과 같이 현재까지 출판된 학문 목적 한국어 교재들은 각각의 장점과 함께 보완해야 할 부분을 가지고 있다. 따라서 각 교재의 보완점을 바탕으로 앞으로 개발되어야할 학문 목적 한국어 교재의 방향을 검토해 볼 수 있을 것이다.

5. 학문 목적 한국어 교재의 개발 방안

위의 교재들에서는 대부분 부록을 통해 학문 목적 학습자들에게 필요한 어휘나 표현, 담화 표지들을 제시하고 있다. 여기에서 제시된 학문 목적 표현들을 사용 환경과 함께 제시해 준다면 학문 목적 한국어 학습자들에게 실제적인 도움을 줄 수 있을 것이다. 주로 어떤 품사의 어휘와 결합하는지, 어느 경우에 틀리기 쉬운지, 기본형에서 어떻게 활용되어 쓰이는지 등을 설명해 주어야 한다는 것이다. 예를 들어 '~하고자 한다.'라는 학문 목적 표현의 경우 구어에서는 '~하려고 한다.'라고 사용하는 경우가 많기 때문에 발표문이나 보고서를 작성할 때에도 구어에서의 표현을 그대로 사용하여 어색한 문장을 만들기 쉽다. 따라서 학문 목적 학습자들에게 이 표현이 학문 목적 상황에서 쓰이는 표현이며 주로 한자어 명사와 결합한다는 사용 환경과, 필자의 서술 의도를 나타낼 때 사용한다는 것을 설명해 주고 실제 사용 예문을 충분히 제공해 준다면 학습자들이 이러한 표현들을 학문 목적 쓰기 뿐 아니라 읽기, 듣기, 말하기에서도 활용할 수 있게 될 것이다.

또한 이들 교재에 포함된 학문 목적 어휘 중에는 학생들이 이미 배운 어휘들에도 포함되어 있으나 사용 환경이 다르기 때문에 어떤 표현이 적절한지 정확히 몰라서 오류를 범하게 되는 경우가 많다. 따라서 학문 목적 교재에서는 학습자들이 이미 알고 있는 어휘 지식을 활성화시켜서 학문 목적 맥락에서 실제적으로 사용할 수 있도록 하는 것이 가장 중요하다고 할 수 있다. 어휘의 부적절한 사용은 한국어 학습자들이 범하는 오류 가운데 대표적인 것인데, 이는 학문 목적 어휘교육이 제대로 이루어지지 못했음을 보여주는 것이다. 적절한 어휘를 선택하여 사용할 때 언어의 사용이 효과적으로 이루어진다는 점을 고려하여 학문 목적 한국어 교재에서는 어휘 교육이 목록 제시에 그치는 것이 아니라 예문과 사용 환경을 함께 제시하여 어휘를 효과적으로 제공하는 것이 필요하다.

어휘는 각 교과의 기본적인 요소이기 때문에 모든 교과와 밀접한 관계를 맺고 있다. 실제로 교육과정 속에서도 어휘 교과가 단독으로 편성되어 있는 경우는 거의 없다. 어휘 교육은 통합 교과의 한 부분으로 실시되기 때문에 학문 목적 교재에서는 어휘가 다른 영역의 발전에도 도움이 될 수 있도록 구성하는 것이 중요하다.

다음으로 읽기는 기본적으로 학습의 도구적 성격이 강하기 때문에 읽기를 통해 얻은 정보는 지식의 획득으로 연결될 수 있다는 점에서 매우 중요하다. 이 때 읽기의 목표와 목적은 텍스트 유형에 의해 결정되는 것이 아니라 읽기가 이루어지는 상황에 따라 달라진다. 즉 누가 읽는지, 어디에서 읽는지, 언제 읽는지, 그리고 왜 읽는지 등이 읽기의 목적을 결정하는 변수가 된다.[10] 학문 목적 학습자들에게 읽기는 대학에서의 수학을 목적으로 하는 것으로 교양 수업의 교재나 전공 교재, 강의 자료, 발표문 등이 텍스트가 되고 텍스트를 통한 지식의 획득이 읽기의 목표가 된다.

한편, 읽기는 선택적 이해 활동이다. 수많은 정보가 넘쳐 나는 현실 속에서 학문 목적 학습자들이라고 해서 모든 텍스트를 완벽하게 이해할 필요는 없다. 자신의 읽기 목적에 따라 필요한 텍스트를 선택적으로 읽으면 된다. 또한 어떤 텍스트를 선택했다 하더라도 그것을 모두 다 읽을 필요는 없다는 점에서 읽기는 선택적이다.[11] 이것은 학문 목적 텍스트를 읽을 경우에도 마찬가지이다. 학습자들은 자신에게 필요한 학문적 내용만을 선택적으로 읽게 될 것이다. 학문 목적 학습자들은 자신의 전공 및 교양 공부와 관련이 없는 부분은 빼고 필요한 부분만 읽게 된다는 것이다. 이러한 읽기의 특성과 관련하여 학문 목적 읽기 교재에서는 텍스트의 선정이 가장 중요한 과제라 할 수 있다. 이 때 전공 교재의 내용 중 어떤 부분을 학문 목적 한국어 교재에 포함시킬 것인가가 어려운 과제로 남는다. 텍스트 선정과 관련하여 일반 목적의 한국어 읽기 교육에서는 실생활에서 접할 수 있는 다양한 유형의 텍스트를 읽기 자료로 활용해야 한다는 견해가 지배적이다. 지금까지 읽기 수업에서는 학습자의 나이나 배경 등에 따라 흥미를 유발할 수 있는 자료보다는 미학적인 선택 기준에 따라 중시해 완성도가 높은 모범적인 지문들을 읽기 자료로 활용해 왔기 때문이다.[12] 그러나 수업에서 제시되는 자료의 이해에 그치지 않고 학습자가 교실 밖 현실에

---

10) 조항록 외(2003), 한국어 읽기 교수법, 예비 교사·현직 교사 교육용 교재 개발 최종보고서, 문화관광부/한국어세계화재단

11) 위의 책

12) Brown(1994:286~287)은 우리가 실생활에서 접할 수 있는 문어 텍스트 유형으로 다음과 같은 것을 들고 있다. (1) 논픽션: 보고서, 사설, 에세이, 기사, 사전이나 백과사전 등의 참조자료 (2) 픽션: 소설, 단편소설, 농담, 극본, 시 (3) 서신: 개인적 서신, 업무용 서신 (4) 축하 카드 (5) 일기, 기록문 (6) 메모(예: 社內 메모) (7) 메시지(예: 전화 메시지) (8) 공고 (9) 신문 기사 (10) 학문적인 글: 짧은 시험 답안, 보고서, 에세이, 논문, 책 (11) 각종 양식, 신청서 (12) 설문지 (13) 지시문 (14) 상표 (15) 간판 (16) 처방전(조리법) (17) 청구서(혹은 다른 금융 명세서) (18) 지도 (19) 매뉴얼 (20) 메뉴 (21) 스케줄(예: 교통수단 정보) (22) 광고: 상업 광고, 개인 광고(구인 광고) (23) 초대장 (24) 목록(예: 전화번호) (25) 연재만화, 만평, (조항록 외, 2003에서 재인용.)

서 접할 수 있는 자료들을 처리할 수 있는 지식과 능력을 길러주는 것이 읽기 교육의 목표라는 것을 고려할 때 실제 생활에도 적용할 수 있는 생산적인 읽기 능력을 기르기 위해서는 다양한 유형의 실제 텍스트를 접할 수 있도록 지도해야 할 것이다. 이것은 학문 목적 한국어교육에서도 적용시킬 수 있는 부분이라 생각된다. 물론 숙달도에 따라 텍스트의 길이와 난이도를 단계별로 조정해 제시해야 할 것이다. 또 숙달도에 맞게 어느 정도 자료를 가공할 필요성도 있다. 그러나 그런 경우에도 자료의 자연스러움을 훼손하지 않도록 유의해야 하며, 읽기 목적에 따라 선택적인 읽기를 실시하는 방식으로 실제 자료를 여러 가지 방식으로 이용할 수 있다.

학문 목적 언어 교육이 발전한 영어 교육 분야의 학문 목적 영어 교재[13]의 텍스트 유형을 살펴보면, 기사문, 안내문, 문학 작품, 보고서 내용 등이 수록되어 있음을 알 수 있다. 학문 목적 한국어 교재의 텍스트의 유형도 이것과 크게 다를 필요는 없을 것이다. 또한 텍스트의 이용에서도 좋은 지문은 가공하지 않고 그대로 인용할 수 있을 것이다. 이것은 앞서 언급한 실제성이 살아있는 자료라 할 수 있다. 그러나 전공에 따라 그 텍스트의 효용성이 제한적일 수 있기 때문에 텍스트를 가공하지 않고 그대로 사용하는 것은 전공별로 나누어 교육할 때 효과적인 방법이라 할 수 있다.

대학에서의 읽기는 정보 찾기나 자신의 주장에 대한 근거 찾기, 어떤 학자의 견해 찾기 등 다양한 목적을 가지고 이루어진다. 이 때 유학생의 경우 가장 큰 문제는 독해 속도이다. 텍스트를 읽고 그 가운데서 자기가 원하는 정보를 얼마나 빨리 찾아내느냐 하는 것이다. 그러므로 텍스트를 완전하게 이해하기 위한 언어학적 연습보다는 텍스트의 특징이나 주제를 찾는 방법 등 읽기 전략과 기술의 습득이 더 중요하다.[14] 이러한 읽기 전략 지도를 위해서는 키워드라 할 수 있는 핵심 어휘를 중심으로 한 전체 내용 추측하기 활동을 통한 읽기 연습 방법을 사용할 수 있을 것이다. 또한 학습자 스스로 본문을 읽고 그 의미를 파악해 나가는 과정에서 자신이 이해한 의미를 표현하고, 다른 학습자들이 이해한 의미를 확인해 나가는 과정에서 의도하는 바를 제대로 표현하지 못할 때 교사가 정확한 표

---

13) Pamela Hartmann(1999), Quest -Reading and Writing in the Academic World, Book 1, McGraw-Hill International Editions. Lynch, Estelle Spero(1988), Reading for Academic Success, Collie Macmillan.

14) 한재영 외(2005), 한국어 교수법, 태학사

현을 제시해 준다면 효과적인 교육이 이루어질 수 있을 것이다.

다음으로 학문 목적 학습자들이 어려워하는 부분 중의 하나가 바로 보고서 작성과 같은 쓰기 기능이다. 이것은 한국어 학습자들에게도 어려운 과제로 이를 위한 교육 내용이 반드시 교재 내에 포함되어야 한다.[15]

학문을 목적으로 한 한국어 교육에서 쓰기는 곧 보고서 또는 학위 논문의 작성이 그 주된 목적이 된다. 실용적인 글을 쓸 때에 일반적으로 지켜야 하는 형식도 존재하지만 보고서나 학위 논문을 작성할 때에는 반드시 지켜야 할 일정한 형식이 따로 존재한다.[16] 따라서 학습자들의 쓰기 목적에 맞는 쓰기 형식을 먼저 제시한 후 쓰기 과정에 따라 필요한 어휘 및 문형 표현들을 충분히 제공해 줄 수 있어야 할 것이다. 이 때 쓰기 주제에 대한 모범 답안을 함께 제시하여 학습자들이 자신이 쓴 것과 비교해 볼 수 있도록 하는 것이 중요하다. 학습자 개개인에게 피드백을 주기 어려운 상황에서 학습자가 자신이 쓴 글을 스스로 평가해 보는 것이 필요하기 때문이다.

다음으로 듣기는 읽기와는 달리 음성 언어에만 의존하게 되므로 매우 제한적이다. 대학에서의 강의는 담당 교수의 강의 방식에 따라 많은 차이가 있는데 교수자의 강의가 중심이 되는 수업이 일반적이지만 학생들의 발표와 토론도 많은 부분 이루어지고 있다. 그리고 강의를 들으면서 들은 내용을 필기해야 하기 때문에 학습자들의 부담이 매우 크다고 할 수 있다. 이 때 강의 내용에서 중요한 어휘들에 대한 선행 학습이 이루어진다면 보다 효율적인 듣기가 가능해질 것이다.(오선경, 2007). 특히 외국어를 들을 때에는 내용상 중요한 어휘(key word)를 집중적으로 듣는 것이 어려울 경우가 많다. 학습자 스스로 어휘의 중요도를 판단하기 어렵기 때문이다. 따라서 이미 알고 있는 단어 위주로 듣게 되고, 자연스럽게 그 단어에 집중하게 된다. 이것은 자신이 이미 알고 있는 어휘가 문맥상 중요하지 않은 경우에도 마찬가지이다. 이렇게 학습자가 듣기에서 중요한 어휘가 무엇인

---

15) 언어 영역은 외국어 영역과 함께 대학생들의 핵심 교양 영역으로 한국인 학습자들에게도 별도의 교육이 필요하다. 이에 경희대학교에서는 학부생들을 대상으로 2004학년도 2학기 현재 언어 영역 중 보고서 작성 등 대학생들의 실제적인 글쓰기를 돕기 위해 '글쓰기 클리닉'을 운영하고 있다. 글쓰기 클리닉에서는 교양학부 사고 및 표현 영역 담당 교수가 1. 실제 글쓰기 방법 및 학습에 관한 사항, 2. 첨삭지도 및 글쓰기 학습에 관한 정보제공, 3. 기타 글쓰기에 대한 고민상담 지도를 하고 있다. 이 부분은 학문 목적 한국어 학습자에게도 필수적으로 요구되고 있다.

16) 한재영 외(2005), 한국어 교수법, 태학사

지 스스로 파악하지 못하고 있는 상황에서 자신이 이미 알고 있는 부가적인 다른 부분에 집중하게 되면 전체적인 의미 파악이 어려워지는 것이 사실이다. 따라서 학문 목적 듣기와 관련된 선행 연구들에서는 담화 표지 교육의 필요성을 언급하고 있다.[17] 일반적 듣기 수업에서 초점을 두는 대화와 학문 목적의 듣기에서의 강의 담화는 분명히 다르다. 따라서 학문 목적 교재에서는 이러한 담화 분석의 결과가 반드시 반영되어야 하고, 접근법 및 교육 방법 또한 일반 목적의 듣기 교육과 달라야 한다. 이를 위해서는 교재 속에 듣기 자료 CD가 포함되는 것이 필요하다.

마지막으로 학문 목적 한국어 학습자들이 대학에 진학하여 반드시 수행해야 하는 기능 중의 하나가 바로 말하기이다. 대학 진학을 목적으로 하는 한국어 학습자들의 경우 한국어 학습 기간을 최소화하기를 원하는 반면 학과 교수들은 높은 수준의 한국어 능력을 요청하고 있다. 그리고 교수들은 말하기-듣기-읽기-쓰기의 순으로 중요성을 표시하였다(최정순, 2006). 학습자들의 학업 수행 능력을 외적으로 판단할 수 있는 기준은 1차적으로 말하기가 되며 유창한 말하기는 학업에의 자신감으로 연결될 수 있기 때문에 매우 중요하다.

대학에서의 수업은 교수자의 강의 외에 학생들의 발표 및 토론으로 이루어지기 때문에 외국어로서 한국어를 학습한 학생이라고 해도 개인 발표 및 조별 발표 등을 반드시 해야 하는 경우에 직면하게 된다. 또한 어떤 주제에 관하여 다른 학생들의 주장을 듣고 반박하거나 자신의 의견과 다를 때 상대방을 설득하는 등의 토론도 학습자들이 수행해야 할 말하기 기능의 하나이다. 이 때 외국인 학생들은 일상생활에서의 의사소통은 자유롭게 하지만 발표 상황에서는 그렇지 못한 경우가 많이 있다. 이것은 일차적으로는 원어민 화자처럼 한국어를 유창하고 정확하게 구사하지 못하는 데서 오는 자신감 결여 때문이기도 하지만 학문 목적 상황에서 사용되는 어휘와 표현을 제대로 익히지 못했기 때문이다. 따라서 학문 목적 말하기 교재에서는 어휘와 함께 학문 목적 말하기에서 쓰이는 주요 표현들을 함께 제공해 줄 수 있어야 한다. 또한 말하기 영역에서도 모범 말하기 자료를 CD로 제공해 준다면 학습자들이 발음 및 억양 연습을 하는 데 큰 도움이 될 것이다.

---

17) 이해영(2004), 구지민(2005) 등이 대표적이다.

이상으로 학문 목적 한국어 교재가 각 기능별로 고려해야 할 사항을 살펴보았다. 위에서 제시한 어휘 및 각 기능별 교재의 내용은 서로 독립적이라기보다는 연계성을 가지고 있다. 대학에서 보고서나 논문을 쓰기 위해서는 다른 사람의 글을 읽거나 강의를 통해 지식을 습득해야 하며, 강의를 들을 때에도 미리 선정된 강의 관련 도서를 읽어야 하고 담당 교수의 강의를 들으며 그 자리에서 바로 그 내용을 요약하여 나중에 다시 정보를 확인할 수 있어야 하기 때문이다. 또한 일방향적인 말하기인 발표를 위해서는 요약문을 작성해야 할 경우가 많으며 쌍방향적인 토론을 위해서는 상대방의 말을 듣고 질문하거나 반박하기 위해 그 내용을 순간적으로 요약하는 능력이 필요하다(한재영 외, 2005). 각 기능별 교재에서도 이러한 기능 사이의 관련성이 반영되어야 할 것이다. 그러나 현실적으로 기능 통합적인 교육 과정을 한 교재 안에 모두 담을 수 없고 학습자 수요라는 경제적인 문제로 인해 기능별 분리 교재가 불가피한 것이다.

6. 결론

학문 목적 한국어 교육에 대한 학습자들의 요구가 계속 증가하면서 이들에 대한 차별적인 교육의 필요성이 대두되었고, 이와 관련된 연구들도 증가하고 있으나 실제 교육을 위해 요구되는 교육과정이 체계적으로 운영되고 있지 못하고 있는 것이 현실이다. 이 때, 학습자들에게 가장 먼저 제공해 줄 수 있는 차별적인 학문 목적 교육 내용은 교재를 통해 전달될 수 있을 것이다. 그러나 아직까지 학문 목적 교재 개발을 위한 이론적 연구가 충분치 못하고 이미 개발된 몇몇의 교재로는 학습자들의 요구를 수용하기 어렵다는 점에서 이제까지 출판된 교재의 현황과 한계점을 살펴보는 것은 앞으로 개발되어야 할 학문 목적 교재의 방향을 제시해 준다는 점에서 의의가 있다. 현재로서는 학문 목적 듣기 교재의 개발이 시급하며, 앞으로 각 기능별, 또한 전공별로 학문 목적 교재가 더욱 다양하게 개발되어 학습자들이 자신의 전공 및 학습 목적에 따라 스스로 교재를 선택할 수 있는 폭을 넓혀 주어야 할 것이다.

참고문헌

강현화·박동규(2004), 학문 목적의 병존 언어 교수 모델 적용 연구,
한국어교육 제15권 2호, 국제한국어교육학회.

구지민(2005), 학문 목적 한국어를 위한 강의 담화표지 학습 연구,
한국어교육 제16권 1호, 국제한국어교육학회.

김낭예(2005), 학문 목적 한국어 어휘 교육 방안 연구 - 인문계열 학습자를 중심으로,
경희대 교육대학원 한국어교육전공 석사학위논문.

김민재(2004), 외국인 유학생을 위한 내용중심 대학예비교육과정 설계 연구,
경희대 교육대학원 한국어교육전공 석사학위논문.

김영만(1999), 외국어로서의 한국어 교재 개발 연구, 한국외국어대학교 박사학위논문.

김유정(1999), 설문 조사 결과를 통해 본 한국어 학습자들의 인식, 한국어교육 제10권 1호,
국제한국어교육학회.

김인규(2003), 학문 목적을 위한 한국어 요구 분석 및 교수요목 개발, 한국어교육 제14권 3호,
국제한국어교육학회.

김정숙(2000), 학문적 목적의 한국어 교육과정 설계를 위한 기초 연구 - 대학 진학생을 위한
교육과정을 중심으로, 한국어교육 제11권 2호, 국제한국어교육학회.

김정숙(2007), 읽기·쓰기 활동을 통합한 학술 보고서 쓰기 지도 방안, 이중언어학 제33호,
이중언어학회.

김중섭(2004), 한국어 교육의 이해, 한국문화사.

김중섭·이관식(1999), 외국인을 위한 한국어 교재 개발에 관한 연구, 한국어교육 제10권 1호,
국제한국어교육학회.

민현식(2000), 한국어 교재의 실태 및 대안, 국어교육연구 제7집, 서울대학교 국어교육연구소.

박나리·조선경(2003), 학문적 목적의 외국어로서의 한국어 교재 개발, 외국어교육 10(1),
한국외국어교육학회.

박영순(2003), 한국어 교재의 개발 현황과 발전 방향, 한국어교육 제14권 3호,
국제한국어교육학회.

박준언(2005), 특수 목적 외국어교육의 연구 주제들, 국제한국어교육학회 제24차 추계학술대회.

방성원(2002), 한국어 교육용 문법 용어의 표준화 방안, 한국어교육 제13권 1호,

	국제한국어교육학회.
백봉자(1999),	서양어권 학습자를 위한 한국어 교재 개발 연구, 한국어교육 제10권 2호, 국제한국어교육학회.
손재은(2003),	한국어 고급학습자를 위한 프로젝트 수업 모형 연구, 한양대 교육대학원 석사학위논문.
송지현(2006),	학문 목적 한국어 교육을 위한 과제 중심 요구 분석, 이화여자대학교 석사학위논문.
신명선(2006),	학문 목적의 한국어 학습자를 위한 어휘 교육의 내용 연구, 한국어교육 제17권 1호, 국제한국어교육학회.
안경화(2005),	학문 목적 한국어교육 프로그램의 개발 방향, 국제한국어교육학회 제24차 추계학술대회.
안미란(2007),	학문 목적의 한국어 듣기 평가: 대학 지원자의 학업능력평가를 중심으로, 이중언어학 제34호, 이중언어학회.
안미란·최정순(2007),	특수 목적 한국어 교육을 위한 언어 능력 기술, 한국어교육 제18권 1호, 국제한국어교육학회.
오미정(2004),	한국어 교육용 어휘 교재 개발 연구, 한국어교육 제15권 3호, 국제한국어교육학회.
오선경(2007),	학문 목적의 한국어 듣기 교육을 위한 강의 담화 분석, 한국어교육 제18권 2호, 국제한국어교육학회.
용재은(2004),	대학 수학 목적의 한국어 읽기·쓰기 교육 방안 연구: 학문적 텍스트의 분석과 적용을 중심으로, 고려대학교 교육대학원 석사학위논문.
유승금(2005),	학문 목적 한국어의 교육과정 개발 연구, 국제한국어교육학회 제24차 추계학술대회.
이덕희(2004),	요구 분석을 통한 학문 목적의 한국어 교육과정 설계 방안 – 국내 대학 외국인 유학생 대상, 연세대 교육대학원 석사학위논문.
이동은 외(2005),	학문적 목적의 한국어교육을 위한 예비 프로그램의 실례, 국제한국어교육학회 제24차 추계학술대회.
이동은(2003),	학구적 목적의 한국어 토론 수업 방안, 한국어교육 제14권 3호,

	국제한국어교육학회.
이유경(2005),	외국인의 대학 수학을 위한 어휘 목록 선정의 필요성, 이중언어학 제29호, 이중언어학회.
이유경(2006),	외국인 유학생을 위한 한국어 교육과정 개발의 기초연구 언어·문화적 차이의 어려움에 대한 질적 연구 방법론, 국제한국어교육학회 제25차 학술대회.
이정희(2004),	한국어 부교재 개발에 관한 학습자 요구 조사 및 구성 방안, 이중언어학 24, 이중언어학회.
이준호(2005),	대학 수학 목적의 쓰기 교육을 위한 교수요목 설계, 국제한국어교육학회 제24차 추계학술대회.
이해영(2001),	대학의 외국인 유학생을 위한 한국어 교육, 이중언어학 제18호, 이중언어학회.
이해영(2001),	학문 연구를 위한 한국어 교육, 국제한국어교육학회 제13차 국제학술대회.
이해영(2004),	학문 목적 한국어 교육과정 설계 연구, 한국어교육 제15권 1호, 국제한국어교육학회.
전수정(2004),	학문 목적 읽기 교육을 위한 한국어 학습자의 요구 분석 연구, 외국어로서의 한국어교육 29, 연세대학교 언어연구교육원 한국어학당.
조항록(2003),	한국어 교재 개발을 위한 기초 논의, 한국어교육 제14권 1호, 국제한국어교육학회.
조현용(2003),	한국어 교재 개발에서 고려할 점에 대하여, 제13차 국제한국어교육학회 국제학술대회.
최은지·정명숙(2007),	외국인 유학생의 학문적 발표에 대한 인식 조사, 이중언어학 제35호, 이중언어학회.
최정순(2006),	학문 목적 한국어 교육의 교육과정과 평가, 이중언어학 제31호, 이중언어학회.
황인교(1998),	외국인을 위한 한국어 교재 개발, 한국어교육 제9권 2호, 국제한국어교육학회.

여성 결혼이민자를 위한 한국어 교재 연구 방안

구 민 숙*

1. 들어 가며

1990년대부터 본격적으로 늘기 시작한 국내 체류 외국인의 숫자가 2007년에는 100만 명이 넘어서면서[1] 우리 나라는 어느새 단일 민족, 단일 국가라고 하기에는 어렵게 되었다. 특히 국제결혼이 증가하면서 다문화 가정도 증가하고 있는데,[2] 2007년 현재 약 15만

---

[1] 법무부 통계에 의하면, 2007년 말 국내 총 체류 외국인은 1,066,291명으로, 10년 전인 1997년 38만 1972명보다 158%가 늘어난 것이다. 국적별로는 중국인(44%, 44만) 미국인(12만 명),베트남(6만 명), 필리핀(5만 명), 태국인(4만 명)의 순서이다. 체류 목적별로 살펴보면, 산업연수생을 포함한 외국인 근로자는 47.1%(502,082명), 결혼이민자는 10.4%(110,262명), 어학연수생을 포함한 외국인 유학생이 5.7%(61,092명)로 나타났다(출처:성동외국인 근로자 센터 2008년 1학기 신입교사 교육 자료집)

[2] 다문화 가정은 다음의 세 가지 유형으로 나누어 볼 수 있다.
  (1) 한국인 남성이나 여성이 외국인과 결혼하여 이루어진 가정을 말하고.
  (2) 외국인들끼리 이루어진 가정을 말하는데, a. 외국인 근로자인 남성과 여성이 한국에서 결혼하여 이루어진 가정과 b. 외국인 남성과 여성이 그들의 자국에서 결혼 후 한국에 이주한 가정, 그리고, c.외국인 근로자로서 결혼하지 않고 단독으로 또는 동료와 함께 생활하는 가정 등으로 생각해 볼 수 있다. 3, 새터민 가정으로서 탈북자 출신의 남성과 여성이 결합한 가정이나 또는 한국에 입국후 한국의 여성이나 남성과 결합하여 이룬 가정, 또는 결혼 안 한 단독이나 또는 동료와 함께 생활하는 가정을 말한다. 서혁(2007) 참조.

명 정도로 파악되고 있으며, 2020년이 되면 10배로 증가할 거라는 전망이 나오고 있다.[3] 그리고 현재 100개의 다른 언어 배경을 가진 사람들이 한국에 살고 있다고 한다. 따라서 한국도 다언어·다문화 국가로서 필요한 제도와 법, 그리고 정책을 요구받고 있다.(왕한석, 2007:1)

다문화 가정의 여성 결혼이민자나 그 자녀들은 의사소통문제, 경제적 문제, 가족 간의 갈등 등으로 많은 어려움을 안고 있는데,[4] 이 중에서 특히 가장 절실하고 시급한 문제는 가정 내에서뿐만 아니라 한국 사회에서의 의사소통이다. 따라서 이주민이 한국 사회에서 잘 살아갈 수 있는 언어정책이 특히 필요하다.

본고에서는 여성 결혼이민자를 위한 효과적인 한국어 교육의 한 방법으로 여성 결혼이민자를 위한 한국어 교재분석과 설문분석을 통해 나타난 결혼이민자들의 요구를 중심으로 한국어 교재의 개선 방안과 한국어 교육 방안에 대해 논의해 보고자 한다.[5]

2. 이주 여성의 분포 및 지원 현황

2.1. 여성 결혼이민자의 분포

한국어 교육 정책의 방향이나 교육 방법을 정하고 교재를 구성하는 데에 여성 결혼이민자의 현황과 분포 특성은 중요한 기초 자료가 될 수 있으므로 아주 중요하다. 따라서 간략히 국내에 들어온 여성 결혼이민자의 분포를 알아 본다.

현재 여성 결혼이민자는 110,362명으로, 2006년 93,786명보다 17.7% 증가하였으며,

---

3) '결혼이민자'라는 용어는 2005년 8월 보건복지부장관 주재로 13차 '사회문화정책관계장관회의'를 개최하여 '여성 결혼이민자 지원방안'을 논의하면서 처음 사용했고, 2006년 여성가족부가 발표한 '다문화가족지원법안 마련연구'에서 '결혼이민자는 대한민국 국민과 혼인한 후 대한민국에 거주할 목적으로 체류하고 있는 외국인 또는 이에 해당하였다가 혼인관계가 해소된 외국인'으로 명시하고 있다.

4) 여성 결혼이민자들이 한국 사람과 결혼한 후 이혼하는 비율은 2007년에는 21%에 이르렀다고 한다.
(성동외국인 근로자 센터 신입교사 교육 자료)

5) 결혼이민자는 여자가 88%인 9만 7천명, 남자는 12%에 해당하는 1만 3천명에 불과하다. 따라서 본고에서는 결혼이민자의 대상이 대부분 여성인 점을 고려하여 여성 결혼이민자를 연구대상으로 한다.

국적별로는 중국이 57%인 63,203명, 베트남이 19.6%인 21,614명, 일본이 5.3%인 5,823명, 필리핀이 4.6%인 5,033명을 차지하고 있다.

2006년 말 현재 전체 여성 결혼이민자 중 약 1/4(24.7%)은 서울에, 또 다른 1/4(25.2%)은 경기도에 거주하여 인천 거주자(6.0%)까지 합하면 전체의 55.9%가 서울, 경기, 인천 등 수도권에 거주하고 있으며, 경기도를 제외한 여타 8개 광역도에 거주하는 여성결혼이민자가 전체의 30.8%를 차지하고 있다.

〈 표2 〉 지역별 여성 결혼이주민 체류 현황 [6]   단위 : 명(%)

구분	결혼 이민자 수		
	총계	남자 (%)	여자 (%)
	93,786(100%)	10,958(100%)	82,828(100%)
서울특별시	24,992(26.6%)	4,574(41.7%)	20,418(24.7%)
경기도	24,143(25.7%)	3,296(30.0%)	20,847(25.2%)
인천광역시	5,721(6.1%)	727(6.6%)	4994(6.0%)
경상남도	4,822(5.2%)	248(2.3%)	4,574(5.5%)
경상북도	4349(4.6%)	1,881(1.7%)	4,161(5.0%)
부산광역시	4,320(4.6%)	431(4.0%)	3,888(4.7%)
충청남도	4,084(4.4%)	211(1.9%)	3,873(4.7%)
전라남도	3,785(4.0%)	72(0.7%)	3,713(4.5%)
전라북도	3,667(3.9%)	139(1.3%)	3,528(4.3%)
충청북도	2,897(3.0%)	189(1.7%)	2,702(3.3%)
대구광역시	2641(2.8%)	253(2.3%)	2,388(2.9%)
강원도	2,408(2.6%)	133(1.2%)	2,275(2.7%)
대전광역시	2,108(2.2%)	209(1.9%)	1,899(2.3%)
광주광역시	1,643(1.8%)	112(1.0%)	1,531(1.8%)
울산광역시	1,464(1.6%)	102(0.9%)	1,362(1.6%)
제주특별자치도	748(0.8%)	73 (0.7%)	675(0.8%)

자료: 법무부(2007), 「출입국관리통계연보」. 493쪽.

---

6) 이준석(2007)에서 재인용

2.2. 결혼이민자 가족 지원 정책 현황

　　최근 여성 결혼이민자를 대상으로 한국어교육이 시행되고 있고, 정부에서도 여성 가족부를 중심으로 여러 지원 사업을 하고 있다. 이 중 한국어교육, 한국생활 적응 및 정착 지원은 문화관광부와 교육인적 자원부, 농림부가 지원하고 있다. 현재 여성 가족부의 지원 사업 중 대표적인 것은 결혼이민자 가족 지원 센터 운영이다. 여성 가족부는 2005년 한국 이주 여성 인권 센터를 총괄기관으로 전국을 6개 권역(서울권, 인천·경기·강원권, 충청권, 호남권, 영남권, 부산권, 울산권)으로 나누어 지역별로 여성 결혼이민자 관련 활동을 해오던 단체를 지역별로 선정하여 시범사업을 시행하였다. 이를 발전시켜 2006년 3월 중앙 건강가정 가족 지원 센터를 결혼이민자 관리 기관으로 위탁하고 지방자치단체가 21개의 운영기관을 선정하여 결혼이민자 가족 지원 센터를 운영하고 있다.

　　이를 구체적으로 살펴보면 경기도와 경상북도, 전라남도 등이 각각 4곳으로 가장 많고, 그 다음에 서울시와 경상남도, 충청남도, 전라북도 등이 각각 3곳에서 운영되고 있으며, 부산시, 대구시, 인천시, 강원도, 충청북도 등이 각각 2곳이고, 광주시와 대전시, 그리고 울산시와 제주도 등에서 각각 한 군데에서 운영하고 있다.[7]

　　결혼이민자 가족 지원센터에서는 결혼이민자의 안정적인 정착과 가족관계를 증진시키고, 결혼이민자 가족의 안정성 제고 및 다문화 사회 통합 분위기 확산을 목적으로 결혼이민자와 가족들을 대상으로 한국어교육, 문화 이해교육, 문화·정서지원 사업, 가족지원교육, 자녀 보호 사업을 비롯한 다양한 지원이 이루어지고 있다. 이 중 한국어교육은 방문교육과 집합교육으로 이루어지고 있는데. 방문교육은 지역적 특성이나 결혼이민자 가족으로부터 신뢰감과 지지를 받기 위해 이루어지고 있다. 집합교육은 한국어 수준별로 구분하거나 국적별로 진행되고 있다. 또한 한국어교육 외에 문화 이해 교육 프로그램과

---

[7] 그 내용을 보면 서울권 성북구, 영등포구, 동대문구 등 세 군데에서 운영하고 있으며, 부산권은 부산과 남구 등 2군데에서, 대구권은 대구시와 달서구 등 두 군데에서, 인천권은 인천시 남구와 강화군의 두 군데에서, 광주 권은 광주시 서구 한 군데에서, 대전권은 대전시의 중구 한 군데에서 운영되고 있다. 그리고 울산권은 울산시의 남구 한 군데에서 운영되고 있다. 경기도는 수원시, 부천시, 안성시, 남양주 등 4군데에서, 강원도는 춘천시와 강릉시의 두 군데에서 운영되고 있으며, 경상북도는 구미시, 예천군, 포항시, 문경시 등 4군데, 경상남도는 경상남도와 진주시, 김해시 등 3군데, 충청북도는 청주시와 옥천군의 두 군데, 충청남도는 공주시와 아산시와 금산군의 세 곳에서, 전라남도는 순천시, 나주시, 영암군, 전라남도 등 4군데, 전라북도는 익산시, 장수군, 김제시 등의 3곳에서, 제주도는 제주도 센터 한 곳 등에서 결혼 이민자 가족 지원 센터를 운영하고 있는데, 이는 2006년 당시(21곳)보다 많아진 36기관이나 된다. (2007, 3월 현재의 현황), 성동외국인 근로자 센터 게시판 참조)

여성 결혼이민자와 한국 주부 간의 멘토(친정어머니) 매칭, 결혼이민자 간 혹은 일반가족과의 문화 교류 및 상호이해의 장을 마련하는 다문화 축제 등의 문화 정서 지원 사업을 하고 있다.

그러나 이러한 지원 사업들은 결혼이민자나 기관의 사정 등 여러 가지 현실적인 문제로 인해 모든 기관에서 이루어지지 못하고 있는 실정이다. 현재의 지원체제에서 이루어지는 정책 중 일부는 각 부처에서 시행되는 정책의 충돌과 중복 투자 등의 문제점이 나타나고 있다.

2.3. 한국어교육 기관의 현황 [8]

정부 차원의 결혼이민자 가족 지원 센터 외에 현재 여성 결혼이민자를 대상으로 한국어 교육을 실시하는 기관은 민간 차원의 여성 결혼이민자 센터, 외국인 근로자센터, 지방자치단체 기관, 종교기관 등으로 나누어 볼 수 있다.

여성 결혼이민자 대상 한국어교육의 현황을 더 자세히 알아보기 위해 대표적인 교육기관을 선정하여 살펴보고자 한다.

1) 동대문구 건강가정 지원센터 [9]

동대문구 건강가정 지원센터는 결혼이민자 가족지원 사업 선정기관으로 2006년부터 9월 5일 시작하여 여성 결혼이민자를 대상으로 한국어교육을 실시해 오고 있다. 현재 경희대학교 생활과학연구소의 연구센터와 연계하여 한국어 수업 및 관련 프로그램을 경희대학교의 국제교육원 등의 대학교 시설이나 교사 등을 활용하여 체계적으로 이루어지고 있다. 현재 기초반, 초급1, 초급2, 중급, 고급반 등 다섯 반 80여명의 몽골, 베트남, 일본, 중국, 필리핀, 러시아, 인도네시아, 우즈베키스탄, 캄보디아 등의 학습자들을 대상으로 8주가 한 학기다. 주 2회씩, 즉, 매주 화요일과 목요일 오후 2시부터 4시까지 수업을 실시

---

8) 이 현황은 본 연구자의 직접 조사와 이순애(2007)를 참조했음.

9) http://www.ddmhfe.or.kr

하고 있다. 선발대상자들은 서울시에 거주하는 결혼이민자들을 대상으로 경희대학교 국제교육원의 한국어 강사와 자원봉사자로 구성된 다섯 명의 교사가 한국어 교육을 실시해 오고 있다.

교재는 여성 가족부에서 만든 여성 결혼이민자를 위한 한국어 교재와 경희대학교 교재 초급과 중급 교재를 사용하고 있다. 그 외 특별활동 및 문화 활동으로 한국 가정, 생활 교육, 한국 음식 만들기, 부부교육프로그램, 영화 만들기 교육, 컴퓨터 교육, 직업적성검사, 상담·예절 교육 등도 이루어지고 있다.

2) 한국 외국인 근로자 지원센터 [10]

노동부 산하 기관인 산업 관리 공단과 근로복지 공단의 지원을 받고 있는 기관으로 외국인근로자와 구분하여 여성 결혼이민자를 대상으로 한국어 교육 외의 여러 가지 프로그램이 진행되고 있다. 2005년 중반부터 시작하였는데, 서울시 구로구 가리봉 1동 한국 외국인 근로자 센터에서 실시하고 있다. 교육목적은 한국인과의 원만한 의사소통과 한국문화의 이해를 돕고 고향 사람과의 만남을 통해 외로움과 정신적 위안을 얻게 하는 것으로, 한 한기에 20주씩 1년에 2학기제로 운영되고 있다. 수업 시간은 평일에는 화·목, 수·금 등으로 각각 4개 반과 2개 반이 초급, 중급, 고급으로 나누어 오전에 두 시간동안 실시한다. 일요일반은 한 반으로 매주 일요일 오후 한 시부터 세 시까지 실시하고 있다. 교재는 서강대와 연세대. 서울대 한국어 교재가 쓰이고 있다. 특별활동 및 문화 활동으로 반별현장체험학습, 다문화가정 자녀대상의 '사랑의 바이올린' 수업을 실시하고 있다.

3) 한국 이주 노동자 복지회 [11]

서울시 구로구 구로3동에 위치한 한국 이주 노동자 복지회는 민간 단체로서, 외국인근로자와 여성 결혼이민자를 대상으로 한국어 교육과 생활문화 교육을 주요사업으로 시행하고 있으며, 2007년도 여성 결혼이민자 정보화 교육기관으로 선정되어 정보화 교육 사업을 시행하고 있다. 한국이주노동자복지회는 회원제로 운영되고 있는데, 회원들이나 공

---

10) http://www.migrant.okg.

11) http://www.miwel.or.kr

공기관, 사업체 등의 후원금이나 지원금이나 내부사업의 수익으로 운영되고 있어 다소 재정적인 어려움이 있다. 2006년 12월부터 여성결혼이민자를 위한 한국어 수업을 해오고 있으며, 초급 네 반, 중급 한 반, 고급 한 반을 1년 2학기제로 운영하고 있으며, 수업시간은 매주 화, 목, 오전 두 시간으로 하루에 3시간씩을 한다. 특별활동 및 문화 활동으로는 컴퓨터 교육, 노래교실, 박물관 관람 및 체험 프로그램 등을 실시한다.

3. 이주 여성의 한국어 교재 및 요구 분석

3.1. 한국어 교재의 분석

여성 결혼이민자를 위한 한국어교재는 여성 이민자의 실제 생활을 고려하여 주제, 기능을 설정하여 실제 학습시간에 맞추어 적절하게 교재의 분량을 조절하는 등의 특성을 갖는다.

현재 여성 결혼이민자들이 사용하고 있는 교재의 사용현황을 보면 대학기관의 교재를 47.7% 정도 사용하고 있었고, 그 다음으로 동대문구 건강가족센터와 중랑구 건강가족센터처럼 여성가족부에서 발간한 '여성 결혼이민자를 위한 한국어 교재(38.5%)를 사용하고 있었고, 교사가 만든 교재 (8.3%), 기타 (5.5%)를 함께 사용하고 있었다.[12]

본고에서는 각 교육기관에서 사용하고 있는 한국어 교재를 분석하여 여성 결혼이민자들의 올바른 교재의 편찬 방향을 제시하는 계기를 마련하고자 한다. 분석 대상의 교재는 전국적으로 여성 가족부에서 지원하는 '결혼 이민자 지원 센터'에서 사용하는 교재와 일부 지방 자치단체와 대학교에서 사용하는 교재를 대표적으로 선정하여 분석하였다.

분석 대상 교재는 다음과 같다.
여성 결혼이미자를 위한 한국어 교재 첫걸음. 초급, 중급 / 여성 가족부
관심. 사랑, 화합으로 하나가 된 우리 초급, 중급, 고급, 교사용 / 충청북도 교육청

---
12) 이순애 (2007)참조

내가 좋아하는 한국어 / 배재대학교 한국어 교육 연구소 저 / 도서출판 하우

3.1.1. 여성 결혼 이민자를 위한 한국어 교재

2005년 여성가족부에서 출간한 '여성 결혼 이민자를 위한 한국어 교재(초급)'을 발간한 데 이어 2007년 한국어 세계화재단과 국립국어원이 개발한 '여성 결혼이민자를 위한 한국어 첫걸음'과 '여성 결혼이민자를 위한 한국어 중급'을 발간하였다.

이로써 여성 결혼이민자를 위한 수준별 교육이 가능해져서 좀더 체계적인 한국어교육이 이루어질 수 있는 계기가 마련되었다. 또한 한국어 세계화재단과 농림부에 의해 농촌 거주 여성 결혼이민자를 위한 '농촌 여성 결혼이민자를 위한 한국어 초급교재'가 한국어, 중국어, 영어, 베트남어, 타갈로그어로 제작되었다.

1) 「여성 결혼이민자를 위한 한국어 첫걸음」

'여성 결혼이민자를 위한 한국어 첫걸음'의 내용은 추천사와 발간사, 일러두기와 한글을 제외하고 총 7과로 되어 있다. 각 과는 대략 1과부터 4과까지는 자모 편으로 구성되어 있는데, 13-20쪽 등의 비교적 많은 쪽으로 되어 있고, 5과부터 7과까지는 인사, 감사, 도움 주기, 도움 받기, 숫자 표현 등으로 구성되어 있는데, 한 과에 8쪽의 분량으로 되어 있어 대학교 기관에서 출간된 교재 분량에 비하면 현격히 부족한 듯이 보이나, 여성 결혼이민자가 각 기관에서 한국어 학습을 하는 시간이 대략 1회 2시간 정도이고 1주일에 2-3회씩으로 공부한다는 점을 감안한다면 약 7주-8주 정도의 시간이 소요될 것이다. 각 과의 구성을 보면 글씨 읽기-쓰기 – 읽기 – 단어 쓰기-듣기- 받아쓰기의 순서로 구성되어 있다. 부록에는 총 11개 언어(중국어, 일본어, 몽골어, 베트남어, 캄보디아어, 태국어, 필리핀어, 인도네시아어, 말레이시아어, 미얀마어, 힌디어 등)로 번역하여 학습자가 이해하기 쉽도록 하였다.

'한국어 첫걸음' 교재는 한국어를 처음 배우는 학습자를 배려하여 만든 교재이기는 하나, 다음의 아쉬운 점이 있다.

① 각 단원의 내용이 목차에 뚜렷이 제시되어 있지 않아서 각 단원의 내용의 내용을 일일이 살펴봐야 하는 불편함이 있다.

② 구성의 단계가 체계가 없고, 제시된 어휘가 너무 어렵다. 또한 그림이나 삽화가 제시되지 않은 어휘의 양이 너무 많아 이해하기가 어렵다.

③ 각 단원에 제시된 문법의 양이 너무 많다. 가령, 7과에서는 숫자와 관련된 표현(전화 번호, 가격, 날짜, 단위 읽기) 등이 모두 들어 있어서 학습자들이 한정된 시간에 이 모든 것을 학습하기에는 좀 곤란할 것 같다.

④ 너무 한글의 읽기와 쓰기에 치중되어 있고 말하기가 상대적으로 아주 소홀하다.

2)「여성 결혼이민자를 위한 한국어 초급」

이 초급 교재의 구성은 총 24과로 되어 있으며, 1과에 들어가기 전에 한글 자모에 대한 내용이 있고, 본 구성 뒤에는 여성 결혼이민자를 위한 필수 정보가 부록으로 수록되어 있다. 각 단원은 대화, 어휘 및 문법, 읽기, 쓰기로 구성되어 있으며 어휘의 이해를 돕기 위해 삽화 및 사진을 함께 실었다. 교재의 전체 내용은 '자넷'이라는 등장인물을 고정시켜 일상생활에서 흔히 접할 수 있는 상황 중심과 함께 살림을 꾸려가기 위해 필수적으로 요구되는 기능 중심의 대화문으로 구성되어 있다. 대화는 4개-9개의 문장으로 구성하였고, 대화 내용은 교수요목에서 제시하는 기능이 최대한 반영되었으며, 24과까지의 본문 대화는 모두 '해요체'로 구성되어 있어 학습자가 여성임을 적극 고려한 것 같다. 현재 여성 결혼이민자들이 한국어를 배우는 시간인 일주일에 한 시간 반, 두 시간에 맞추어 지문의 길이, 문법 항목의 수를 최소화하였다. 또한 교재 뒷부분에 필수 법률정보(체류, 비자, 귀화 등의 법률 상식) 및 생활 정보를 수록, 생활상의 불편함을 해결하는 데 중요한 정보를 제공하고 있다.

그런데 이 교재에서는 다음의 몇 가지의 아쉬운 점들이 있다.

① 너무 어렵거나 너무 많은 양의 어휘가 제시되었고, 문법의 제시가 체계적이지 못하다. 초급1 수준의 1과에 '-이에요/예요' 등에 '써요'라는 'ㅡ' 탈락까지 제시되었고, 24과에 배울 문법인 '반말연습'이 23과에 제시되거나, 현재형보다 과거형 표현이 먼저 제시되었다.

② 읽기 영역이 없는 단원(10여 과)이 더 많고, 읽기 영역으로 제시된 7개 과조차도 이해하기 힘들거나 공부하지 않은 문형이 제시되고 있다. 24과에 제시된 '가정통신문'에는 '햇

살 가득한 가을을 맞이하여', '바쁘시더라도' 등 실용문에 나오는 전형적인 표현이 있어 학습자가 이해하기에는 너무 어렵다.

③ 쓰기 영역은 24개 과 중에서 10개 과에 따로 나오고 있지만, 쓰기의 연습을 보강하여야 한다. 단순히 문법 연습과 비슷하고 창작 활동은 거의 없어서 진정한 글쓰기가 안 되고 있다.

④ 가장 아쉬운 점은 말하기 활동이 거의 없고, 듣기 활동이 전혀 없어서 이 활동을 보강하고 듣기에 필요한 교구 등도 개발해야 한다.

⑥ 한국문화에 대한 내용도 대화문에서 언급되는 내용이나 어휘만으로 제시되어 있어서, 문맥과 상황이해를 통한 의사소통에 기여하지 못하고 있다.

3) 「여성 결혼이민자를 위한 한국어 중급」

초급과 마찬가지로 총 24과로 구성되어 있으며, 각 단원은 대화, 어휘, 문법1, 문법2, 말하기, 읽기로 구성되어 있다. 각 단원은 3시간 수업을 기준으로 구성되었으므로, 주 2-3회, 1회 3시간씩 수업이 이루어진다면, 8-12주 동안 중급 내용을 마칠 수 있는 분량이다. 중급 교재는 초급 교재에 비해 체계적이라고 할 수 있다. 모든 기능영역이 일정하게 제시되어 있고, 한 과에 6쪽씩으로 일정하게 유지되어 있다. 가장 중요한 변화는 초급 교재에서 다루지 못한 말하기가 추가되었다는 점인데, 자신의 생각을 발표하거나 역할극으로 진행하도록 되어 있어 과제활동의 역할을 한다고 볼 수 있다. 쓰기 영역이 따로 없지만, 말하기 영역에서 비슷한 상황이나 역할을 만들어 보기 등의 과제와 문법연습으로 대신하게 했다. 또한 학습자의 내용 이해를 위한 삽화가 초급에 비해 세밀하고 구체적으로 제시되어 있고 보다 많은 실제 사진자료가 사용되었다. 본 구성의 뒤에는 교사를 위한 문법 등을 부록으로 담아 교재의 활용도를 높였다.

하지만 이 교재에서도 몇 가지의 아쉬운 점이 눈에 띤다.

① 대화 내용이 시어머니와 며느리, 부부의 대화, 친구끼리의 대화만 있을 뿐이고 엄마와 자녀 사이의 대화문이 빠져 있어 내용의 다양성이 요구된다.

② 문법 항목을 제시할 때 어미나 표현문형이 연결되는 형태의 용어는 제시하지 않고 있다.

예를 들어 관형형 어미 '-는'을 제시할 때, 이 어미가 동사 뒤에 붙는다는 것을 표현하지 않는다. 또 '첫걸음'에서나 배울 '-ㅂ/-습니다, -ㅂ/-습니까'가 2과에 제시되어 학습자 수준에 맞지 않는 문법 항목이 제시되기도 한다. 이는 초급책이 2005년에 먼저 제작되어 비격식체만을 제시했기 때문에 누락된 항목을 중급에는 걸맞지 않으나 배워야 할 내용으로 제시한 것이다. 또한 종결어미 '-나요? / -네'의 경우에는 본문 대화나 읽기 지문 문제에서 제시되었으나, 문법 영역에서 전혀 설명이 없이 그냥 지나치고 있다.

③ 읽은 내용에 대해 물음에 답하라는 질문이 있어 말하기와 읽기 영역이 애매하다. 예를 들어 22과에서 '귀화 안내문'의 경우가 그러한데, 차라리 '귀화' 준비와 관련된 경험이나 문제점 등을 이야기를 말하는 것으로 문제를 바꾸는 것이 좋겠다.

④ 읽기에서는 읽기 지문을 통해 쓰기와 말하기 등을 유도하여 통합교육이 이루어지도록 신경을 쓰고 있으나, 간혹 읽기 지문에 배우지 않은 문법 항목이 나타난다. 물론 교사가 가르칠 수는 있겠지만, 읽기의 원래 취지의 학습효과가 이루어지기 힘들 수도 있으므로 시정이 되어야 할 것이다.

3.1.2. 「관심·사랑·화합으로 하나가 된 우리」 (초급, 중급, 고급)[13]

충청북도 교육청에서 2007년에 만든 '외국인 자녀와 이주여성을 위한 한국어 학습서'로서 초급과 중급, 고급과 교사용 지도서 등 총 4권으로 구성되어 있으며, 초급, 중급, 고급 모두 각각 16단원씩으로 이루어져 있으며 CD-ROM으로도 제작되었다. 각 단원은 들어가기 – 대화 – 어휘 및 표현 – 말하기 등으로 구성되어 있다.

① 각 단원의 초급, 중급, 고급이 똑같은 구성방식으로 이루어져 있고, 매 단원은 5-7쪽의 분량으로 되어 있다. 그리고, 단원 처음의 '들어가기'에는 그림과 그와 관련된 문제가 두 개씩이 있다.

② 대화 밑에는 〈새 단어 및 표현〉이 제시되어 있다.

③ 〈어휘 및 표현〉 표현과 문법 등이 제시되어 있는데, '표현'에는 관련된 어휘 등이 제시되어 있다. 가령 고급 5과에 '성격'이라는 표현에는 '성격이 좋다/나쁘다' 등의 어휘가 제

---

[13] 충청북도교육청이 고려대학교 한국어 문화 센터에 의뢰하여 송금숙, 이유경, 정명숙이 만들었다.

시되어 있다. 문법은 각 단원마다 2-3개씩이 제시되어 있을 뿐 어떠한 설명도 없고, 다만, 예문과 연습이 각각 4-5개 정도씩 문장이나 대화 완성하기 등으로 제시되어 있다.

④ 말하기는 그림이나 표에 나타난 상황을 보고 이야기하거나 '주말에 무엇을 했는지, 프로그램보고 이야기하기' 등처럼 질문에 대한 답을 하는 방식으로 이루어져 있다.

⑤ 한 권내에 작은 글씨로 초, 중, 고급의 모든 단원의 지침서가 나오는데, 학습자 교재의 두 쪽의 분량을 지면을 양쪽으로 나누어 한쪽에 제시하고 있다. 처음에는 각 교재의 단원과 차례가 제시되어 있고, '대화'와 '어휘 및 표현'과 '말하기' 등의 본문과 함께 준비물, 정답 등이 옆에 있고, 본문 아래에는 '수업 절차'가 설명되어 있다.[14]

그러나 이 교재도 다음의 문제점들이 눈에 띤다.
① 각 교재에 집필 의도라든가 구성 원리나 각 단원의 분량 등이 제시되어 있지 않아서 사용자가 이 책을 참고하기가 어렵다.
② 쓰기 영역과 읽기 영역, 듣기 영역이 전혀 없어 학습자들은 대화읽기와 문법과 말하기 등을 각 단원에서 배우는 게 전부이다.
③ 초급 1과에서조차 한글 자모의 형태와 쓰는 법, 발음에 대해 전혀 다루고 있지 않으며, 교재 속의 등장인물을 나타내는 삽화가 일관성이 없어 학습자가 교재 전체의 내용에 집중하는데 방해가 될 수도 있다.
④ 한국의 문화교육과 더불어 여성 결혼이민자에 대한 문화 소개도 함께 이루어진다면 한국어 교육에 대한 학습자의 흥미를 높일 수 있을 것이다.
⑤ 교사용 교재에도 다음의 문제점을 지적할 수 있다. 문형이나 문법의 의미 등은 전혀 제시되어 있지 않고 문법에 대한 제시방법이나 동사 등을 어떻게 가르쳐야 할지 구체적인 내용은 없어서 경험이 없는 교사들에게는 별로 도움이 안 될 것이다. 가령, 중급 7과의 문

---

13) 7과의 '수업절차'의 제시 예를 보면 다음과 같다.
  1. 가는 사람에게 허락을 구해야 하는 상황을 도입하여 이런 상황에서 어떻게 이야기하면 좋은지 묻는다.
  2. 학생들이 이야기한 몇 가지 상황을 대화 형식으로 제시하고 판서한다.
  3. 판서한 내용을 바탕으로 '-아/어도 되다' 규칙을 제시하고 설명한다.
  4. 동사 카드를 가지고 교체연습을 한다.
  5. 교재의 예문을 읽어 본다.
  6. 연습문제를 옆 사람과 대화 형태로 연습한다.
  7. 연습문제의 답을 대화 형식으로 확인한다.

법 '-아/어도 되다'의 경우 '준비물'이라고 해도 '동사카드'라고 적혀 있을 뿐이다. 이렇게 교사용 지도서를 따로 만들어야 할 필요성이 없다고 본다. 단순히 학습자들에게 정답을 제시하고 교사용 지침서는 부록편으로 '수업 절차'를 제시하는 게 더 바람직하다.

3.1.3. 「내가 좋아하는 한국어」

2007년 10월에 배재대학교 한국어 교육 연구소에서 삼성의 지원을 받아 대학 기관에서 만든 교재이지만, 학습대상을 '이주여성, 국외 학습 희망자' 등으로 넓게 정해서 만든 초급 교재이다. 이 교재에서는 '한국어의 모음과 자음 학습 자료를 언어권별로 대조언어학적으로 접근해서 모어와 차이 나는 한국어의 발음을 정확하게 익히도록 하여 학습의 수월성과 접근성을 높이려는 의도로 만들었다'고 머리말에서 밝히고 있다. 또한 각 과마다 한국 문화를 소개하는 짧은 글을 실어 놓아 한국에 대한 기초 지식 정보를 접할 수 있도록 하였다. 이 책에서 한국어 학습부분(1과~20과)은 한국어로 되어 있지만, 책 뒤에 문법, 듣기/읽기 지문과 문화 부분 등은 러시아어, 베트남어, 스페인어, 아랍어, 영어, 일본어, 중국어, 프랑스어 등 8개 언어로 번역하여 붙여 놓은 언어권별 8권으로 출간했다.

각 단원의 구성은 학습목표-문법 설명과 연습 문제 - 듣기 - 말하기 연습 - 읽기 - 쓰기 - 문화 등으로 이루어졌고, 한 과를 학습하는데 4시간 정도가 걸릴 것으로 본다. 즉, 첫날 두 시간 수업에 문법과 듣기와 말하기를 연습한다. 그 다음 수업에 문법 복습과 읽기와 쓰기를 공부한다. 먼저 비격식체인 '해요체'를 먼저 공부한 후 격식체인 '-입니다, -입니까?'가 10과에 제시하고 있다. 또한 한국문화에 대한 글이 실려 있지만, 수업에서 다루지 않아도 된다. 번역문이 실려 있으므로, 학습자들은 스스로 관심있는 영역에 관한 글을 찾아 읽을 수 있다. 그리고 CD에는 듣기와 읽기 지문이 녹음되어 있다. 교재에는 트랙 번호가 1, 2와 같이 표시되어 있다.

하지만 이 교재에도 다음의 문제점을 지적하지 않을 수 없다.

① 이 교재에는 목차가 교재 앞이나 뒤에 제시되어 있지 않아 무슨 내용이 제시되어 있는지를 알고 싶으면 각 단원의 학습목표나 교재를 모두 넘겨봐야 한다.
② 학습 대상이 그냥 한국어를 처음 접하는 사람이라고 소개하고 있는데 어떠한 학습자도 가

능하다고 하여 무슨 근거로 내용을 넣고 교수요목의 기준이 뭔지 애매하다는 느낌이 든다.
③ '학습 목표'에서 제시한 내용과 실제 단원의 내용이 일치하지 않는 경우가 있다. 가령, 11과에는 '친구를 초대할 때 필요한 표현을 말할 수 있다.'고 학습목표에 제시되어 있지만, 실제 단원내용에는 '-와/과'를 표현한 것만 나오고, 초대할 때의 표현을 찾을 수 없다. 13과의 문법의 '못'의 표현과 14과 문법의 '-고 싶다' 등은 각각 학습 목표에서 누락되어 있다. 또한 15과의 학습 목표에는 '과거에 일어난 일 표현하기'라는 말만 있다. '았/었/했'을 사용하여 과거에 일어난 일 표현하기'로 제시하면 더 좋을 것 같다는 생각이 든다. 19과에는 학습목표에 '-시'를 써서 '높임을 표현하기'라고 제시되어 있고, 문법에는 '-(으)세요/(으)셨어요'가 제시되어 있다. '문법 항목에 '-시'를 넣어야 하는 게 더 바람직할 것이다.

3.2. 여성 결혼이민자의 요구 분석

최근의 결혼이민자의 관심과 함께 이주 여성과 관련하여 한국어교육이나 교재개발을 목적으로 쓴 기존 논문들이 속속 나오고 있다.[15] 구지은(2006), 이은주(2006), 장수정(2006) 등은 국제 결혼 이주여성을 위한 한국어 교재 개발 관련의 논문을 써서 한국에서의 생활을 중심으로 주제와 기능을 논하며, 가정생활 등의 일상 생활에 관련된 어휘나 상황과 장소에 따른 언어 등을 논했다.

김일란(2007)은 여성 결혼이민자 대상 한국어교육을 위한 교수요목 개발 연구를 위해 필요한 어휘 및 표현을 선정했으며, 이순애(2007)는 여성 결혼이민자를 위한 한국어 문화교육 내용 구성 연구를 했으며, 이영옥(2007)은 결혼이민자의 자녀교육에 관한 방안에 대해 논했고, 조선경(2007)은 이주 여성을 위한 한국어교육 연구에 대한 전반적인 것을

---

15) 구지은(2006)은 부산지역의 이주여성센터, 장선복지관, 서면 성당, 부산외국어대학교 4기관에서 61명의 학습자와 14명의 교사를 대상으로 학습자의 요구를 설문했고, 장수정(2006)에서는 국제 이주여성을 위한 어휘 교재 개발을 목적으로 서울, 부산, 중청지역 등의 이주여성인권센터와 인천지역의 여성문화원의 이주여성 100명과 서울과 충북지역의 교사 15명을 대상으로 설문조사를 했다. 이은주(2006)은 인천 여성의 전화, 충북 이주여성 센터, 부안 여성 농업인 센터, 창원 여성의 전화, 아산 우리가족 상담소의 5곳의 외국인주부 102명을 대상으로 설문했고, 이영옥(2007)은 농협 금산군지부, 대전시 대화동 성당, 농협 청양군 지부, 신탄지 '모이세' 센터에서 이주여성 80명을 대상으로 설문했고, 조선경(2007)은 한국어 교육지 6곳, 이주여성 쉼터 2곳, 자국민 컴뮤니티 6곳의 이주여성 158명 대상으로 설문조사했으며, 김일란(2007)은 서울의 동대문구 건강가족 지원센터, 성동외국인근로자센터, 송파가정연합회, 한국외국인근로자 지원센터, 한국 이주 노동자 복지회와 경기도의 구리교회, 안산 이주민 센터, 엠마우스, 포천시 여성회관 등과 인천의 인천계산초등학교, 인천 신흥초등학교 등에서 여성이민자 120명과 그 남편 26명을 대상으로 설문했으며, 이순애(2007)는 동대문구 건강가족 지원센터, 구로구 건강가정지원센터, 한국외국인근로자 지원센터, 성동외국인근로자센터, 한국 이주 노동자 복지회에서 학습자 89명에게 설문조사했다.

논했다. 이들 논문에서는 일상생활을 중심으로, 또, 가족이나 친족 등의 안부 등에서 취미생활, 학교나 공공장소 등의 사회생활과 또 인사나 소개, 사과, 감사 등의 말로 시작된 이웃생활에서부터 직장생활의 언어가 비중 있게 다루어질 것을 제안하고 있다.

본 연구자가 실시한 동대문구 건강가족 지원센터와 중랑구 건강가족 지원센터의 여성 결혼이민자 61명을 대상으로 실시한 결혼이민자들의 한국어 학습 요구에서는 다음의 결과를 얻었다. 여성 결혼이민자들의 한국어 학습 동기는 한국에 살게 되어서 한국어를 배우는데(78%) 가족(27%)이나 한국 사람들(25%)과 대화하기 위해서가 주목적이었고, 자녀 교육(20%)과 취직(6%) 등의 기타 의견이 있었다. 그러나 육아나 가정생활 등 때문에 시간이 부족(45%)하거나 경제적 형편(25%) 때문에 한국어를 배우고 싶어도 배울 수 없다는 의견도 있었다. 원하는 학습량은 평일에 오후 두 시쯤 2회-3회가 가장 많았고, 하루에 4시간을 원하는 학습자(7%)도 있었다. 수업량을 늘려 빨리 한국어를 습득해서 생활의 불편함과 시간을 활용하길 바라는 것으로 볼 수 있다. 그런데 학습자들은 중·고급단계까지 공부하기를 원했다(83%). 공부 장소로는 학교(75%)와 센터 등의 전문 기관에서 공부하기를 원했고(75%), 가정(18%)에서 학습하기를 원하는 경우도 많이 나타났다.

한국어를 배울 때 가장 중요한 것은 말하기(15명: 24.6%), 듣기(13명: 21.3%), 문법(12명: 19.7%), 읽기(11명:18.3%), 쓰기(10명: 16.4%) 등의 순서로 생각하는 것으로 나타났다. 말하기와 듣기가 가장 중요하다고 한 것은 의사소통이 가장 중요하기 때문으로 보인다.[16] 하지만 중, 고급의 학습자일수록 읽기와 쓰기를 중요시하고 있다. 이것은 김성수 외(2006)에서도 체류기간이 길수록 읽기와 쓰기에 관심을 보인다고 말한 것과 맥락을 같이 한다. 또 현재 사용하는 교재의 장단점을 조사했는데, 이해하기가 쉽고(17명: 28.8%), 가정생활이나 실생활에 필요한 내용이 많고(15명), 문법 설명이 잘 되어 있는 것(12명: 20.3%)을 장점으로 뽑았다. 그리고 어려운 어휘가 많고(20명: 33.9%), 가정생활 내용이 많지 않으며(17명: 28.8%), 문법 설명이 잘 안 되어 있어서(13명: 25.4%), 혼자 공부하기 어렵다(3명: 5.1%) 등을 현재 사용 교재에서의 부족한 점으로 지적했다. 이는 결국 학생들이 원하는 교재는 설명보다는 가정생활에서 필요한 어휘나 문법 등을 더욱 쉽게 공부

---

16) 외국인 근로자들도 말하기와 듣기를 가장 중요시 여기고 있는 것은 같지만, 외국인 근로자들은 말하기, 쓰기, 읽기 등도 똑같이 중요하게 생각하고 있는 것과는 약간의 차이가 있다. 구민숙(2001) 참조

할 수 있기를 바라는 것으로 나타났다. 특히 가정에서 혼자 공부하려는 학습자들에게는 쉽고 이해가 잘 될 수 있는 교재구성이 필요함을 보여준다. 앞으로 배우고 싶은 내용을 조사한 결과, 결혼 이민자들은 특히 가정에서 사용하는 어휘들 중에 특히 인사표현 등을 많이 배우기를 원하고 있었다.

〈 표 〉 배우고 싶은 어휘

분류	기능	어휘 및 표현	응답자 수(명)
인사말의 표현 (대화)	첫만남 (10) 첫반응 (6) 감사 (12) 헤어짐 (13)	안녕하세요? (6), 안녕 (4), 어서 오세요 (4), 반갑습니다 (2) 감사합니다 (2), 고맙습니다 (6명), 고마워요 (4명), 안녕히 가세요 (7), 안녕히 계세요 (6)	41
가정생활의 표현 (대화)	식사관련 (10) 외출관련인사 (6) 출·퇴근 시간 (18) 상대방에 대한 안부 및 배려 (12) 요청 및 부탁하기 (10) 감정 표현 (3) 저녁인사 (4) 건강 관련 (4) 의견에 대한 질문 과 대답 (3)	밥 먹어요 (2), 뭘 먹고 싶어요? (3), 식사하세요 (5), 잘 다녀 오세요 (4), 갔다 올게요 (2) 언제 집에 와요? (6), 언제 돌아와요? (3) 저녁에 몇 시에 오세요? (3), 내일 몇 시에 출근해요? (6), 조심해서 오세요 (5), 조심해요 (4) 저녁식사 준비해요? (3), 연락주세요 (2), 사과하세요 (2), 무엇 사다 주세요 (4), 주세요 (2), 사랑해요 (2), 안녕히 주무세요 (4), 몸이 아파요 (2), 어때요? (3), 어디가 아파요? (2) 안돼 (5), 빨리 (2), 기다려 (3), 그냥 (3)	60
가정생활의 어휘 (명사)	가구이름 (6) 가족호칭 (9) 친·인척관계 (7) 음식이름 (11) 분리수거 (4) 요리법 (7)	꽃병 (1), 액자 (1), 책장 (4), 시어머니 (5), 아주버니 (2), 시동생 (2), 친·인척관계 (7), 불고기 (8), 야채 (3), 경동시장 가요 (4), 분리 수거 하는 날이에요 (4), 가정에서 요리하는 법 (7)	34
생활 어휘	생활 어휘 (57)	호칭 (9), 인사 (2), 주소 (10), 이름 (5), 성명 (2), 성함 (1), 생활 (4), 정리정돈 (2), 색깔 (2), 위험 (1), 위생 (1), 세균 (1), 화장실 (2) 음식 (3), 요리 (2), 요청 (3), 출구 (5), 헬리콥터 (1)	57
학교생활	학교 관련 어휘 (14)	몰라 (2), 몰라요 (3), 공부 (3), 수업시간 늘려주세요 (2), 숙제 (4)	14

그런데 이 표에 나타난 내용을 보면, 결혼 이민자들은 유학생들의 학교 생활과 관련된 언어보다는 가정생활에서 사용하는 언어를 가장 중요시 여기고 있다. '시어머니, 아주버님 등의 호칭'과 '감사합니다' '고맙습니다' 등의 언어예절과 '잘 다녀오세요' 언제 들어와요?' 등의 출퇴근시의 언어와 '저녁 식사 준비해요?' 등의 가족 간의 언어를 가장 많이 배우기를 원하고 있다.

이상으로 살펴 본 설문 조사는 학습자들의 필요와 욕구가 무엇인지를 파악하는 데 필수적인 요소이다. 따라서 위에서 나타난 설문결과를 바탕으로 결혼이민자를 위한 한국어 교재의 구성과 교육과정 등에서 신중히 논의되고 고려되어야 할 것이다.

4. 한국어 교재의 개발 과제

4.1. 한국어 교재의 개선점

위와 같이 이주여성을 위해 만들어진 교재들은 여성 결혼이민자라는 특정의 학습자를 위해 이주생활에 적합한 내용, 주제, 기능, 어휘를 근거로 교재가 구성되어 학습자나 교사에게 많은 도움이 될 것으로 판단된다.

특히 교사에게는 수업의 방향이나 내용을 제시해 주므로 전문적인 한국어교사가 부족한 현실에서는 이 교재의 출간은 고마운 일이라 할 수 있다. 많은 장점이 있는 교재이지만 위에서 분석한 교재의 내용과 문제점을 바탕으로 다음의 몇 가지를 보완할 점들을 제안한다.

1. 말하기, 듣기, 읽기, 쓰기 등의 4가지 영역의 기능이 모두 학습될 수 있도록 각 교재에서 부족한 면을 보강한다. 특히 한국어 교재의 첫걸음과 초급에서는 발음과 말하기 영역을 보강하고, 중급에서는 자신의 생각과 의견 등을 쓸 수 있는 부분이 교재에 포함되어야 한다. 듣기가 누락된 교재에는 듣기 자료의 개발이 필요하다.

2. 학습자의 각각의 수준에 맞게 내용의 연계성을 가지고 만들어야 한다. 여성가족부에서 만든 교재의 경우 초급 교재에서 누락된 '-ㅂ/-습니다'를 중급에 실린 것과 같은 오류가 나오지 않을 것이다.

3. 문법 제시의 단계와 그 설명을 좀 보강했으면 한다. '내가 좋아하는 한국어'의 경우처럼 간단한 설명과 함께 예시, 연습문제와 확장 등으로 제시하면 교사뿐만 아니라 혼자 독학하는 학습자들에게도 큰 도움이 될 것이다.

4. 부록에 모범 답안지를 첨가하여야 한다. 혼자 과제를 풀 경우 답안지를 참고하여 틀릴 수 있는 부분을 보충할 수 있으므로 답안지를 부록에 실어야 할 것이다.

5. 독학을 위해 모국어 번역 자료가 필요하다. 학습자의 대부분이 가정주부의 신분이므로 가정 사정상 수업에 올 수 없는 일이 빈번히 일어난다. 따라서 이럴 때 집에서도 혼자 공부를 할 수 있도록 책 내용이 모국어로 번역되어 있다면 훨씬 많은 도움이 될 수 있을 것이다.

6. 교사용 참고서는 좀 더 구체적인 지도안을 제시하였으면 한다. 충청북도 교육청에서 만든 교사용 참고서는 구체적이지 못해서 비전문적이거나 초보자인 교사에게는 별 도움이 못 될 것으로 보인다.

7. 학습자의 처지와 상황을 고려한 내용이 좀 더 고려되어야 한다. 예절이나 일상 생활뿐만 아니라 태몽이나 관용적 표현, 문학작품 등 누적된 내용들을 좀 더 보강할 것이다.

8. 다양한 자료의 개발이 필요하다. 교재뿐만 아니라 비디오나 청취 자료 등의 학습도구, 학습단원에 어울리는 단어카드나 많은 삽화나 사진, 상황에 어울리는 연습도구 등이 더 나은 교육을 위해 개발되어야 효과적인 학습이 이루어질 것이다.

4.2. 교재 구성시 고려 사항

결혼이민자를 위한 한국어 교재 구성 시 고려할 점으로는 다음의 몇 가지 요소들을 고려해야 한다. 교육 목표, 교육 과정, 학습자, 교육 내용(교재) 등을 중심으로 살펴보자.

1) 교육 목표

교육 목표는 학습내용을 제시할 뿐만 아니라 학습자와 교사의 학습활동과 학습 과정을 제시해주는 요소로서 분명하고 뚜렷하게 제시되어야 한다. 결혼이민자들이 한국 사회에 잘 적응할 수 있는 교육 과정이 정립되고 이에 관련된 교육자와 교육 기관의 성격에 따라 교육 목표가 성립될 수 있다.

2) 교육 과정

잘 짜여진 교육 과정은 훌륭한 교육을 이루어내는 데 바탕이 된다.

학습자와 교사, 교재, 교육 내용, 교육 기관의 여건을 충분히 고려하여 체계적인 교육 과정이 필요하다. 학습자들의 학습 선호 시간, 요구 내용, 반구성 인원 등의 구성 등을 고려하여 학습 목표와 결과를 예상하고 전체적인 교육 과정을 설계한다. 특히 결혼 이민자들의 한국 생활의 단기적, 장기적 적응 과정과 정착생활에 필요한 과정 등을 구체적으로 꼼꼼히 설계해야 한다.

3) 학습자

한국어 학습을 계획하기 전에 학습자에 대한 기본적 요구를 알기 위해 학습자의 상황을 알고 있어야 한다. 학습자들의 학습 목표, 학습 동기, 국가, 종교, 연령, 성, 직업, 학력 등의 기본적인 사항뿐만 아니라, 한국의 거주기간. 비자 종류, 거주지 등도 확인할 필요가 있다.

결혼이민자를 위한 한국어교육은 천편일률적이었다고 할 수 있다. 그러므로 이제는 수요자 변화에 따른 다양한 교재 제작을 도모해야 한다고 본다. 즉 생활환경에 따라 대도시, 중소 도시, 농촌을 구분하되, 출신 국적별 교재가 나와야 한다.

4) 교육 내용

일상적인 사생활이나 학교생활에서의 예절부터 시작하여 한국의 문화 등도 생활 속에서 익힐 수 있도록 체계적이고 단계적이고 구체적으로 설정하는 것이 좋다. 각 단계에 알맞은 교육 목표를 달성하기 위해 교육 내용이 제시되어야 하는데, 특히 결혼이민자들의 요구에서 나타난 교육 내용이 제시되어야 하며 듣기, 말하기, 읽기, 쓰기의 네 가지 언어 영역을 함께 학습하도록 하는 통합교수가 되도록 한다.[17]

5. 마무리

여성 결혼이민자들이 한국의 사회의 한 가족구성원으로 살아가는 것은 우리 모두의 현실이 되었다. 여성 결혼이민자들은 이제 한국의 며느리나 아내뿐만 아니라 그들은 이제 제2세의 어머니들이 될 것이다. 그래서 결혼이민자들이 낯선 한국 사회에 잘 적응할 수 있도록 가족이나 교사뿐만 아니라 사회의 전폭적인 지지와 도움이 필요한 것이다. 다문화 학습자들은 외국에서 살던 기간이 길수록 한국어를 터득하는데 상대적으로 많은 시간이 걸리며, 또한 이주민 자녀들의 한국어 능력은 그들의 아버지의 영향보다 어머니의 영향이 더 크다고 한다. 즉, 어머니가 한국어를 사용할 줄 알면 어려서부터 그 자녀에게 영향을 미쳐서 그 아이가 학교에 가서도 큰 어려움 없이 한국어를 사용할 수 있다는 것이다.[18] 따라서 이제는 여성 결혼이민자들의 한국어 사용능력을 신장시키기 위해서 가정과

---

[17] 기능적인 교육 방안
① 읽기 : 한국어를 처음 접하는 학습자들이 한국어 학습에 흥미를 유발하고 자모음과 발음 교육에 중점을 두어 집중적으로 수업한다.
② 쓰기 : 자기 소개와 편지글, 여행 안내문 등 쉽고 흥미있는 내용을 표현하게 함으로써 한국어의 정확한 글자를 익히고 자신의 표현 능력을 신장시킬 수 있다.
③ 말하기 : 자기소개 등과 같은 일상생활에서 접하는 단어와 문장들을 중심으로 가르친다.
④ 듣기 : TAPE이나 CD, TV프로그램, 노래나 영화 등으로 듣기능력을 신장시킬 수 있다.
⑤ 문법 : 쉽고 간결한 것부터 가르치되, 한꺼번에 너무 많은 것들을 제시하지 않는다.
　　　　학습자들이 헷갈려하거나 많이 틀리는 부분을 강조하여 가르칠 필요가 있다.
⑥ 문화 : 문화는 한국 사회에 내재되어 있는 한국어의 심화 과정으로서 한국인의 가치관이나 생활 태도, 의식구조와 속담이나 관용적 표현, 몸짓이나 사회습관 등을 학습하여 한국을 진실로 이해하고 한국화 되어 가는 과정이므로 한국을 이해하는 데 반드시 필요한 부분이다. 한국의 문화뿐만 아니라 학습자들의 문화에도 관심을 가져서 함께 이야기를 나누면 학습 효과가 크다.

[18] 송영복(2007) 참조

사회가 노력해야 할 것이다. 이상적인 교육은 훌륭한 교사와 교재, 학습자의 3요소가 갖추어졌을 때 교육의 효과가 가장 크다. 교사는 교육의 가장 중요한 요소로서 언어 교사는 입과 몸으로 말하고(언어적 자질) 머리로 말하며(언어교육자적 자질) 가슴으로 말한다(교육자적 자질). 이주민들이 선호하는 교사는 ① 자국어 소통이 가능한 한국인 교사 (45.4%) ② 한국인과 자국인 협동 수업 (22.7%) ③ 한국어교육 전공 한국인 교사 (20.17%) ④ 한국어가 가능한 자국어 교사(11.8%) 등이라고 한다.[19] 이 결과는 교사가 학습자의 언어로 대화를 함으로써 이주민들의 사회, 문화 정보를 얻고 그들과 교류하면서 정서적인 안정과 공감대를 형성하고자 하는 바람에서일 것이다. 따라서 교사는 다문화적인 지식, 태도, 기술을 가져야 하며, 예비 교사 교육과정이나 현직 교사 연수 프로그램을 통하여 끝없이 노력해야 한다. 또한 교육의 효과를 최대화하기 위해 교육기관들은 교사에게 학습자나 교사, 교수법, 행정 등의 적절한 정보들을 제공하고, 이에 따른 끊임없는 교육 지원을 해 줘야 한다.[20]

여성 결혼이민자를 위한 한국어교육 정책 방향은 여성 결혼이민자를 대상으로 한 한국어교육이 그들의 가정 안에서의 삶뿐만 아니라 사회적 삶을 돕는 차원에서 실시되어야 하며, 또한 다양한 매체를 활용한 교육 자료 개발 지원과 보급이 필요하다. 그리고 여성 결혼이민자의 가족과 사회구성원의 인식을 변화시킬 수 있는 교육 프로그램의 개발과 한국어 숙달자를 위한 혜택 제도의 마련도 필요하다.[21] 한국 사회에서는 한국어교육이나 문화와 관련하여 결혼이민자들이 우리에게 타문화에 대한 존중과 이해를 높일 수 있는 기회를 제공해 주는 훌륭한 학습 동반자라는 인식을 가질 필요가 있다. 마을공동체를 이루어 나가는 실험을 통해 한국에서 살고 있는 결혼이민자들이 한국 주부로서, 한 여성으로서 적합한 삶을 살아 나갈 수 있도록 해야 하기 때문이다. 이제 한국에서 살고 있는 결혼이민자들뿐만 아니라 그 자녀들이 정신적, 문화적으로 한국 사회에 잘 적응하여 행복하게 살 수 있도록 교육 담당자와 각 단체들이 노력할 때이다.

---

19) 조선경(2007) 참조

20) 교사의 교육 지원에는 참관수업과 수업하기에 적절한 교실과 학습 환경 등의 교육적 환경을 제공하는 것 등이 있다.

21) 김정숙(2007) 참조

참고문헌

구민숙(2001), 외국인노동자를 위한 한국어 교육 방안, 교재구성을 중심으로, 경희대학교 교육대학원 석사 논문.

구민숙(2006.3), 외국인 이주 노동자를 위한 한국어 교실 수업 방안, 한국 이주 여성 복지회 강의 자료.

구민숙(2006), 이주민 자녀를 위한 한국어 수업 방안, 이주민 자원교사 대상 교육 강의 자료, 한국어 세계화 재단.

김선정(2006), "결혼 이주 여성을 위한 한국어 교육", 이중언어학회 창립 25주년 기념 국제학술대회, 이중언어학회.

김일란(2007), 여성 결혼 이민자 대상 한국어 교육을 위한 교수요목 개발 연구, 경희대학교 교육대학원 석사 논문.

박영순(2007), "다문화 시대의 언어교육정책", 서울교육대학교 다문화 가정 자녀를 위한 초등 국어 교육 발표집.

서혁(2007), 열린문화공동체를 지향하는 다문화 시대의 한국어 교육 지원 방안, 서울교육대학교 다문화 가정 자녀를 위한 초등 국어 교육 발표집.

송영복(2007), 초등교사의 다문화 학습자 한국어 지도 경험에 대한 내러티브적 성찰, 서울교육대학교 다문화 가정 자녀를 위한 초등 국어 교육 발표집.

신영옥(2006.2), 국내 이주 노동자 자녀를 위한 초등 예비 교육과정 연구 -몽골 이주 노동자 자녀를 중심으로-, 경희대학교 교육대학원 석사 논문.

왕한석(2007), 한국의 소수집단과 의사소통, 사회언어학회 추계학술대회 발표 논문.

이소영(2007), 여성 결혼 이민자를 위한 한국어 교재의 분석과 과제, 우리말 교육 현장학회 2007 가을 학술대회 발표집.

이순애(2007), 여성 결혼이민자를 위한 한국어 문화교육내용 구성 연구, 상명대학교 교육대학원 석사 학위 논문.

이은주(2006), 결혼 이주여성을 위한 초급 한국어 교재 단원 구성안 방안 -의사소통 상황을 중심으로-, 선문대학교 교육대학원 석사 학위 논문.

이준석(2007), "여성결혼 이주민의 특성에 따른 한국어 교육 정책의 방향 모색", 서울교육대학교 다문화 가정 자녀를 위한 초등 국어 교육 발표집.

김정숙(2007), '여성결혼 이주민의 특성에 따른 한국어 교육 정책의 방향 모색'에 따른 토론문, 서울교육대학교 다문화 가정 자녀를 위한 초등 국어 교육 발표집.

장수정(2006), 국제 이주여성을 위한 어휘 교재 개발 연구, 상명대학교 교육대학원 석사 학위논문.

장윤정(2002), 한국어 교재에서의 문화 교육 분석, 연세대학교 교육대학원 석사 학위 논문.

장인실(2007), 다문화교육을 휘한 초등교사 교육과정 모형 고찰, 서울교육대학교 다문화 가정 자녀를 위한 초등 국어 교육 발표집.

조선경(2007), 특수목적 한국어 교재연구: 이주 노동자, 이주여성 및 그 자녀에 대한 한국어교육을 중심으로, 이화여자대학교 박사학위 논문.

조선경(2007), 열린문화공동체를 지향하는 다문화 시대의 한국어 교육 지원 방안에 따른 토론문, 서울교육대학교 다문화 가정 자녀를 위한 초등국어교육 발표집.

조항록·강승혜(2002), "초급 단계 한국어 학습자를 위한 문화 교수요목의 개발(1)", 한국어 교육 제 12권 2호, 국제 한국어 교육 학회.

조항록(2002), "한국어 교육 정책의 현황과 과제", 국제 한국어 교육학회 제 10차 국제학술회의, 국제 한국어 교육 학회.

한건수(2005), 이주 노동자 자녀의 한국 생활과 교육 실태, 성동외국인 근로자 센터 홈페이지 성동 외국인 근로자 신입 교사 교육 자료집.

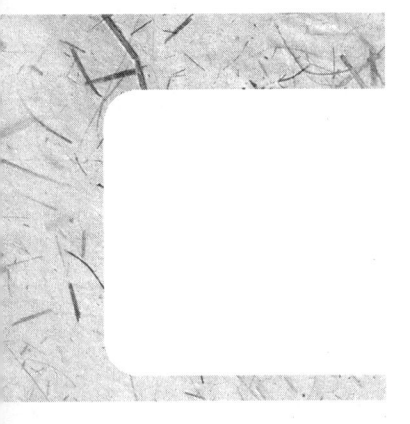

특수 목적 한국어 교재

문 진 형

1. 들어가는 말

최근 한국어교육 분야에서는 다양한 목적을 가진 학습자들이 폭발적으로 증가하고 있고 이들의 수요를 충족시키기 위한 다양한 교재와 교수요목에 대한 작업이 활발히 진행되고 있다. 특수 목적의 한국어교육이 대학이나 대학원 진학을 위한 학문 목적의 한국어교육을 비롯하여 한국에서의 경제 활동이나 업무의 편이성 등을 위한 경영한국어, 이주 노동자를 위한 한국어교육, 다문화 가정의 결혼이주여성과 그 가정의 아이들을 위한 한국어교육 등으로 다양화되는 것은 한국어교육의 질적, 양적인 성장을 나타내는 하나의 지표가 될 수 있다는 점에서 바람직한 현상이라고 할 수 있다. 그러나 특수 목적의 교재라는 이름만으로 모든 것을 담보할 수는 없다. 진정한 특수 목적의 교재가 되기 위해서는 학습자들의 특수성을 고려하여 학습자들의 요구가 무엇인지를 철저히 분석하고 그 요구를 충족시키기 위한 교수요목과 교재 내용에 대한 깊은 고민이 필요하다.

아직 널리 알려지지는 않았지만 어느 다른 특수 목적의 한국어교육보다 오랜 역사를 지닌 한국어교육 프로그램이 있다. 미군 중에서 한국의 정보를 수집하고, 분석하고 체계화하는 역할을 담당하는 부대에 속한 군인들을 대상으로 한국어를 재교육하는 LEAP(Language Enhancement & Assessment Program)이라는 프로그램이다. 대부분의 LEAP 참가자들은 DLPT라는 시험을 대비하기 위해 프로그램에 참가하는데, DLPT는 수험자들의 외국어 능력 중에서 듣기와 읽기 등 이해 영역만을 평가한다. 따라서 LEAP 참가자들은 듣기와 읽기 능력 신장을 일차적인 목표로 하고 있고, 이것이 다른 특수 목적의 한국어교육과는 차별되는 특성이다. 이 글에서는 이러한 특징을 고려하여 LEAP 참가자들을 대상으로 하는 특수 목적의 한국어 교재 구성 방안에 대해 살펴보고자 한다.

2. LEAP과 DLPT

미국이 자국의 안전 보장과 이익을 위해 여러 나라의 정보를 수집하고 분석하고 체계화한다는 것은 널리 알려진 사실이다. 2006년 미국 국무부 발표에 따르면 미국은 현재 69개의 언어를 외국어 보직자들에게 교육하고 있는 것으로 나타났는데 이러한 일련의 교육은 자국의 이익을 위한 것임은 두말할 나위가 없다. LEAP은 미군 중에서 정보를 수집하고 분석하는 업무를 맡은 군인들을 비롯해 공식적인 업무의 필요성 때문에 외국어 능력이 요구되는 공무원들의 언어 능력을 유지하고 강화하기 위해 고안된 일종의 재교육 프로그램이다. 미군 중에서 정보를 수집, 분석, 체계화하는 역할을 담당하는 정보부대에 배치된 군인(이하 정보병)들은 미국 국방외국어대학인 DLI(Defense Language Institute)에서 63주 동안 한국어를 공부한 후에 졸업 시험에 합격하면 자대에 배치되고, 자대에 배치된 후에는 매년 DLPT(Defensive Language Proficiency Test)라는 언어 능력 평가 시험을 보게 된다.

DLPT는 단어 의미 그대로 수험자들의 외국어 능력 숙달도를 평가하는 시험이다. DLPT는 ILR(Interagency Language Roundtable)의 분류에 따라 0, 0+, 1, 1+, 2, 2+, 3의 Lower Range와 3+, 4, 4+, 5의 Higher Range로 구성되어 있다. Higher Range의 경우 극소수의 수험자들만 시험을 보므로 여기에서는 논외로 하겠다. 대부분의 DLPT 수험자들이 치르는 Lower Range는 이해 영역인 듣기와 읽기 시험으로 구성되어 있다. 다른 언어 능력 시험과 다른 DLPT의 대표적인 특징이 바로 언어 능력 시험 영역이 듣기와 읽기의 이해 영역으로만 구성되어 있다는 것이다. 또한 듣기와 읽기 본문만 목표어로 되어 있고, 일체의 지시문 또한 영어로 되어 있다. 교육인적자원부(2001:19)에서는 DLPT에서 듣기와 읽기만을 평가하는 이유가 시험의 대상자가 미국 군대 내부에서 특수 임무를 수행하는 자들로서 한국어로의 쓰기 활동을 수행할 일이 없기 때문이라고 밝히고 있다. 또 DLI 홈페이지의 자주 묻는 질문(FAQ)에서는 Lower Range에서 듣기와 읽기의 이해 영역만을 평가 대상으로 하는 이유를 낮은 단계의 시험에서는 수험자가 목표어 구문을 정확히 이해하는지를 평가(For lower-range tests, we want to test examinees' ability to understand the target-lange passage.)하기 때문이라고 밝히고 있다. 대부분의 LEAP 참가자들은 부대에서 담당하고 있는 업무에 대해 대외비 사항이기 때문이라며 언급을 피했기에 이들이 담당하고 있는 업무가 무엇인지 정확히 알 수는 없었지만, 단편적인 정보들을 종합해 보면 그들의 업무는 필요한 정보를 수집하고 수집된 정보를 분석하여 영어로 보고서를 작성하는 것으로 보인다. 즉, 한국어는 정보를 수집하고 이해하고 분석하는 수단에 머무는 경우가 많았다.

LEAP은 원래 군인, 군무원, 외교관 등 외국어를 필요로 하는 공직에 있는 사람들을 위한 프로그램이지만, 한국의 정규 교육 기관에서 주한미군에게 위탁 받아 실시하고 있는 한국어 LEAP의 경우 참가자들은 미군 정보병들로 국한되어 있다. 위에서 간략하게 언급했듯이 미군 정보병들은 매년 DLPT라는 시험을 보는데 LEAP은 이 시험에 대비하기 위한 성격이 강하다고 할 수 있다. 미군 법령에 따라 정보병들은 매년 DLPT를 봐야할 의무와 이 시험에 대비하기 위해 일정 기간 동안 교육을 받을 권리를 동시에 갖고 있다.

현재 LEAP을 위탁 받아 교육하고 있는 한국의 정규 교육 기관은 경희대학교 국제교육원과 연세대학교 한국어학당 2곳이다. 경희대학교 국제교육원의 경우 2004년 4월부터 LEAP을 실시해오고 있다. LEAP 수업은 5주, 주 5일, 일 6~7 시간, 총 160시간으로 구성되어 있으며 오전 4시간은 정규 한국어 수업, 오후 2~3시간은 DLPT를 대비한 수업으로 구성되어 있다. 앞에서 언급했듯이 DLPT에서 평가하는 내용이 듣기와 읽기로만 구성되어 있고 LEAP 참가자들은 DLPT에 합격하기 위해 이 프로그램에 참가하는 경우가 대부분이다. DLPT의 결과에 따라 여러 가지 혜택과 불이익을 받기 때문에 참가자들은 시험에서 좋은 성적을 얻는 것이 일차적인 목표가 될 수밖에 없는 것이 현실이다.

3. 앞선 연구들

LEAP이나 DLPT에 대한 선행연구는 전무한 실정이라고 해도 지나치지 않을 정도로 관련 논의 자체가 이루어진 경우가 드물다. DLPT는 한국어 능력 시험 개선 방안과 관련해서 몇 군데 언급된 경우가 있지만(남명호, 교육인적자원부) LEAP에 대한 언급은 기존 자료에서 찾아볼 수 없었다. LEAP이나 DLPT와는 전혀 별개의 논문이기는 하지만 주한 미군을 대상으로 했다는 점에서 의의를 찾을 수 있는 한국어교육과 관련된 논문은 2편 정도이다. 윤애숙(2006)은 계명대학교에서 2003년부터 미군 장교들을 대상으로 한국의 문화를 교육하는 프로그램을 실시해 왔음을 밝히며 이들에 대한 문화 교육의 내용과 교육 방법 등에 대해 논의를 전개하였다. 최윤주(2006)는 주한 미군과 군무원들이 기본적인 생활을 하는 데 필요한 기초과정의 한국어를 어떻게 교육할 것인지에 대해 논의하였다. 그러나 위에서 언급했듯이 이러한 연구들은 LEAP, DLPT와 직접적인 관계가 없기에 더 이상의 논의는 전개하지 않기로 한다.

4. 학습자 요구 분석

2004년 4월부터 실시된 경희대학교 국제교육원 LEAP의 경우 프로그램이 끝날 때마다 학습자들에게 경희대학교 LEAP에 대해 평가를 요구하는 설문 조사를 하는데, 설문은 크게 프로그램 전반적인 사항과 오전 수업, 오후 수업에 대한 평가 세 부분으로 구성되어 있다. 먼저 오전 수업에 대한 평가를 분석해 보면[1], 학습자들이 가장 어려워하는 부분을 묻는 설문에는 대부분의 학습자가 쓰기, 말하기, 문법의 순으로 답하였다. 이해 영역인 듣기와 읽기를 선택한 학습자들이 적은 이유는 외국어를 배울 때 이해가 표현보다 쉽게 이해할 수 있다는 학습자들의 인식을 보여주는 특징일 수도 있겠으나 LEAP 참가자들의 학습이 듣기와 읽기에 치중되어 있었던 것도 그 이유가 될 수 있을 것이다. 즉, 듣기와 읽기에는 어느 정도 자신이 있지만 자신들이 필요로 하지 않는 표현 영역인 쓰기, 말하기에는 어려움을 느끼고 있는 것이다.

일반적으로 학습자들이 언어의 어떤 기능에 문제가 있고 어렵다고 느끼면 그 기능에 대한 수업이 더 필요하다고 답하는 것이 일반적일 것이다. 그러나 어떤 수업이 더 필요한가를 묻는 설문 항목에 학습자들은 어렵다고 답한 쓰기, 말하기, 문법이 아니라 문법, 읽기, 듣기의 순으로 답하였다. 문법과 읽기, 듣기에 대한 수업이 더 필요하다고 답한 이유는 듣기와 읽기와 같은 이해가 필요한 부분에서 문법의 비중이 그만큼 높기 때문일 것이다. 설문을 통해서는 정확히 알 수 없지만 학습자들이 문장을 생성하기 위한 틀로서의 문법으로 이해하는지 또는 어휘처럼 듣거나 읽기 텍스트를 이해하는 데 필요한 하나의 요소로 인식하는지에 대한 연구도 필요할 것이다. 한가지 분명한 것은 LEAP 참가자들은 DLPT에서 출제되는 듣기와 읽기에 대한 언어 능력 향상이 필요할 것이고 이해에 우선되는 문법에 대한 강한 요구를 제기한 것으로 분석할 수 있다.

DLPT를 대비하기 위한 오후 수업에서 학습자들이 가장 어렵다고 답한 항목은 어휘가 절대적으로 높다. 이어 읽기와 듣기가 큰 차이 없이 뒤를 잇고 있다. 오후 수업은 오전 수업과는 달리 말하기와 쓰기 수업이 없고, 오후 수업 자료가 대부분 TV 뉴스와 신문 기사에서 선정하였기 때문에 어휘에 대한 부담이 컸다는 것은 충분히 예측 가능하다. 그러나 가장 어려운 부분이 문법이라고 답한 학습자가 없다는 것은 특이한 점이다. 여기에서 한 가지 주목할 만한 사항이 있다. 학습자들이 TV 뉴스와 신문 기사와 같은 실제 자료를 접

---

1) 본고에서 사용한 설문 분석은 501 정보여단 28차, 29차, 102 정보여단 17차, 18차 참가자 32명을 대상으로 실시한 설문이다.

할 때에는 문법을 어휘로 인식하고 처리하는 것이 아닌가하는 것이다. 총 4차에 걸쳐 참가한 학습자들이 오후 수업에서는 문법을 어려운 항목으로 선택하지 않은 이유는 문법을 다양한 문장을 생성할 수 있는 틀로 인식한다기보다는 단순히 주어진 텍스트를 이해하는 하나의 표현으로 이해했다는 것이 올바른 분석으로 판단된다. 이러한 이유 때문인지 더 필요한 수업을 묻는 설문에 어려운 항목을 묻는 설문의 결과와 유사하게 어휘에 대한 수업이 더 필요하다고 답한 학습자가 월등히 높았다. 문법이 더 필요하다고 답한 학습자는 1명도 없었다.

설문을 분석해 보면 다음과 같은 결론을 내릴 수 있다. 오전 정규 한국어 수업에서 학습자들이 가장 어려워하는 항목은 쓰기, 말하기, 문법이고 가장 필요하다고 느낀 항목은 문법, 듣기, 읽기이다. 학습자들은 표현 영역에 많은 어려움을 느끼고 있었지만 수업이 더 필요하다고 요구한 항목은 표현 영역이 아닌 문법과 듣기, 읽기였다. 이러한 결과를 분석해 보면 학습자들은 표현 영역보다는 이해 영역에 더 많은 필요성을 제기하고 있고, 문법은 이해를 위한 하나의 틀로 인식하고, 그 필요성을 강하게 제기하고 있는 것으로 보인다. 오후 수업의 경우 학습자들이 어렵다고 느끼고 더 필요하다고 느낀 항목에 대한 응답으로는 어휘가 절대적으로 높고 문법이라고 답한 응답자가 전무하다는 것은 학습자들이 문법을 텍스트를 이해하기 위한 하나의 어휘로 인식하고 있다고 추측할 수 있었다.

5. 교재 구성

지금까지 LEAP과 DLPT, 학습자들의 요구 분석을 중심으로 논의를 전개하였다. DLPT를 보기 위해 그리고 DLPT에서 좋은 성적을 거두기 위해 LEAP에 참여하는 학습자들은 이해 영역이 듣기와 읽기 공부에 집중하고 있었고, 따라서 이해에 필요한 문법과 어휘에 대한 요구가 큰 것을 볼 수 있었다. 그렇다면 학습자들이 5주라는 제한된 시간 안에 그들이 필요로 하는 듣기와 읽기 능력을 향상시킬 수 있을것인가에 대한 논의가 필요할 것이다. 물론 DLPT에서 듣기와 읽기만 평가하는 것이 타당한지에 대해서는 다양한 의견이 존재한다. 경희대학교 LEAP 학습자 중에도 DLPT가 듣기와 읽기만을 평가하는 것에 대해 현행 평가는 진정한 언어 능력 측정이 될 수 없다며 부정적인 의견을 밝히는 학습자가 있었지만, 현 제도가 변화할 가능성이 적으므로 대다수의 요구를 고려해 논의를 진행해 나가고자 한다.

1) 열린 교재

DLPT에서 다루는 영역은 날씨, 사고, 경제 등 다양한 방면에 걸쳐 있고 내용은 신문이나 텔레비전 뉴스 등에서 따오는 경우가 대부분이며 시험에서 다루는 영역이 너무 방대해서 이 시험을 대비하는 것이 가능한가라는 생각이 들 때가 있는 것이 사실이다. 시험에 출제되는 영역이 제한되어 있지 않기 때문에 수업을 준비하는 교재도 계속 보충, 보완할 수 있는 열려 있는 교재가 되어야 할 것이다. 필요한 자료가 있으면 계속적으로 교재에 반영하고, 학습자들이 공부할 수 있는 지침이 같이 제시된다면 학습자들에게 큰 도움이 될 것이다. DLI의 언어교육 사이트 중에는 한국어 등 15개 언어의 듣기와 읽기를 공부할 수 있는 GLOSS(gloss.lingnet.org)라는 사이트가 있다. 이 사이트에서 학습자는 언어와 학습자 수준, 공부하고 싶은 영역을 선택하면 어휘와 문법에 대한 설명 등을 보며 언어를 공부할 수 있다. 이 사이트의 또 다른 좋은 점은 자료가 계속 보완된다는 것이다. 이 사이트가 자습용이라는 점에서 LEAP과는 다르지만 열린 교재라는 점에서 많은 시사점을 주고 있다. LEAP교재는 고정된 형태로 존재하기 보다는 계속적으로 수정, 보완이 가능한 형태로 구성하는 것이 효과적이다.

2) 고빈도 표현 추출

DLPT에서 평가하는 것은 수험자들이 텍스트를 정확히 이해하고 주어진 문제의 답을 정확히 찾을 수 있는가 하는 것이다. DLPT에서 다루고 있는 내용은 날씨, 사고, 여행과 휴가, 건강, 범죄, 오락과 스포츠, 문화, 군대, 국제 관계, 정부와 정치, 경제, 산업과 무역, 과학, 교육, 역사적 사건 등이다.[2] 또 시험에 사용되는 텍스트들은 대부분 신문과 TV

뉴스의 자료들을 사용한다고 DLI는 밝히고 있다. 시험에 합격하는 것이 일차적인 목표인 학생들에게, 더 나아가 텍스트를 정확히 이해하고자 하는 학습자에게 고빈도의 어휘나 문법 표현의 중요성은 두말할 나위가 없을 것이다. '날씨' 라는 대분류를 몇 개의 소분류로 나누어 본다면 황사, 장마, 호우, 폭염, 홍수, 가뭄, 태풍, 대설 등으로 나눌 수 있을 것이고, 각 소분류에서 고빈도로 사용되는 어휘와 문법 표현을 제시한다면 그 효용성이 클 것이다. 또한 신문과 TV 뉴스에서 사용되는 어휘와 문법 표현들이 어떤 것인지 밝힐 수 있다면 통시적으로 사회 문화적인 변화와 함께 어휘, 표현, 발음 등의 변화 과정도 고찰할 수 있다는 점에서 의의를 찾을 수 있다.

본 장에서는 날씨라는 대분류 속에 폭설이나 강풍, 안개, 폭풍, 폭설, 폭우 등의 기사를 예로 어떤 문법 표현이 자주 나타나는지 살펴보도록 하겠다.

> 4일 전국에 걸쳐 바람이 강하게 불고 지역에 따라 눈이나 비가 오면서 서울과 지방을 오가는 일부 항공편이 결항됐다.
> 24일 한국공항공사에 따르면 이날 오전 8시20분 출발할 예정이던 아시아나 OZ8301편이 결항되는 등 오후 3시 현재 서울-제주 18편과 서울-여수 4편, 서울-대구·서울-포항·서울-울산·서울-목포 각 2편 등 모두 30편의 운항이 취소됐다.
> 또 김포를 떠나 제주로 가려던 대한항공 KE1215편이 제주공항 강풍으로 인해 김포로 회항하는 등 김포 발 항공기 3편이 날씨 문제로 회항했다.
> 대구와 여수·포항 공항은 정비 불량 때문에, 제주와 목포 공항은 강풍으로 인해 각각 운항에 차질이 빚어졌다.

---

2) DLI(1993)

다음은 홍콩발 외신 종합입니다. 중국 설강성에 상륙한 <u>태풍으로 인한</u> 산사태로 일백 여명이 숨졌다고 중국 관영 시마 통신이 23일 보도했습니다. 홍콩에서 수신된 시마 통신에 따르면 강풍과 일부 지역에서의 폭우로 농경지가 물에 잠기고 주택들이 붕괴됐다고 전했습니다.

현재 서울, 경기 지역에서는 시간당 50mm 안팎의 폭우가 쏟아지고 있습니다. 서해안에서 발달한 저기압의 <u>영향으로 인해</u> 오늘 낮 동안에도 강한 비가 이어질 것으로 예상됩니다. 이에 따라 현재 서울과 인천, 경기 북부지역에는 호우경보가 경기 남부와 강원 영서지역에는 호우주의보가 내려져 있는 상태입니다. 지금까지 내린 비의 양은 서울이 127mm를 비롯해서 인천 89m, 양평 74mm, 강화 64mm, 수원은 57mm를 기록하고 있습니다. 기상청은 오늘 중부 지역에는 30에서 70mm, 많은 곳은 100mm가 넘는 많은 비가 내리겠다고 내다봤습니다.

세 개의 텍스트에 다양한 문법 표현들이 사용되고 있지만 눈에 띄는 것 중에 하나가 바로 원인을 나타내는 "-(으)로 인해(한)"의 표현이다. 물론 이 표현이 날씨와 관련된 기사에만 나오는 것은 아니지만 날씨 관련 기사에서 많이 나타난다는 것을 학습자들이 인식했을 때 그 기대 효과가 크다고 할 수 있다.

이러한 문법 표현뿐만이 아니라 어휘 빈도수를 고려하여 어휘 목록을 만든다면 학습자들에게 유용한 자료가 될 것임은 분명하다.

3) 문형 중심의 문법 교육

조현용(2005)에서는 문법을 이해시키기 위한 다양한 노력은 여전히 필요한 과제라고 하면서 문법을 익숙하게 하기 위해서 교육의 자료로 활용하고 있는 것이 문형이라는 것과 한국어 교육에서 문법을 교육하는 가장 보편적인 방법이 문형 교육이라고 할 수 있다고[3] 밝히고 있다. 이해 중심의 교육에서도 문형은 하나의 문형을 이해하고 있다면 유사한, 다양한 문장을 이해할 수 있어 그 의미가 크다고 할 수 있다. 문법을 문형으로 교육할 때 가장 논란이 될 수 있는 것은 문형을 통한 문법 교육이 어휘 교육과 어떤 차별성을 가지냐는 것이다. 문형이라는 것은 다양한 어휘와 결합하여 무한대로 확장될 수 있다는 점에서 어휘와 다르다고 주장할 수도 있다. 그러나 어휘도 다양한 문형과 결합하여 다양한 문장에서 쓰일 수 있다. 다양한 어휘와 결합하는 경우에도 그 문형(또는 문법)의 고유 의미가 없어지는 것이 아니고 마찬가지로 어휘도 다양한 문형과 결합해도 그 고유의 의미가 사라지는 것은 아니다. 문형과 어휘가 동일한 의미, 동일한 형태, 동일한 기능을 가지는 것은 아니지만 주어진 텍스트를 이해하는 경우 이해를 돕는 기제가 된다는 점에서는 유사점을 발견할 수 있다. 또한 문형만이 틀을 지니고 있는 것은 아니다. 어휘의 경우에도 "간주하다"의 경우 "-을/를 -(으)로 간주하다"와 같은 틀을 지닌다. 이러한 경우라면 이 표현을 문법으로 처리할 것인지 또는 어휘로 처리할 것인지 또는 문형으로 처리할 것인지에 대한 논란이 있을 수 있다. 국어학에서는 어휘로 처리하겠지만 한국어교육에서도 이 부분을 단순히 어휘로만 처리하는 것에는 문제가 적지 않다. 본고에서 가장 중요한 논의는 학습자들의 이해를 돕기 위한 교육 방안이고, 이해를 돕기 위한 것이라면 문법을 문형으로 교육하고 문형을 어휘와 큰 변별성이 없는 이해 요소라고 간주하는 것에도 큰 문제가 없다고 판단된다.

다음과 같은 듣기 자료를 교육할 때 교육해야 할 많은 문법 항목들이 있다. 텍스트에 나와 있는 모든 문법 항목들을 문법적으로 접근하는 것은 시간적인 제약이나 효율성 때문에 적절하지 않다. 예를 들어 "이러다가"에 나와 있는 "-다가"를 문법적으로 접근하기보다는 어휘적으로 접근하여 다음과 같이 교육할 수 있을 것이다.

---

3) 조현용(2005:87)

헤즈볼라 전면전 선언…중동에 짙은 전운[4]

앵커 : 이스라엘과 레바논 헤즈볼라가 사실상 전면전 상태에 돌입했습니다. 이러다가 5차 중동전이 일어나는 게 아니냐는 우려가 나오고 있습니다. 두바이에서 용태영 특파원의 보도입니다.

기자 : 나흘째 레바논 산업시설 등에 대한 공격을 계속하고 있는 이스라엘이 이번엔 헤즈볼라 지도자의 사무실과 집도 폭격했습니다. 헤즈볼라는 즉각 전면전을 선언했습니다.

하산 나스랄라(헤즈볼라 지도자) : 이스라엘은 전면전을 원했습니다. 우리도 전면전에 들어갈 겁니다. 우린 어떤 수준의 전쟁에도 준비돼 있습니다. 헤즈볼라는 레바논 해상의 이스라엘 군함을 공격해서 함정 한 척이 불타고 해군 4명이 죽거나 실종됐습니다. 레바논 측 사망자는 외국인 7명을 포함해 70명을 넘었습니다. 레바논 정부는 이스라엘에 공격 중단을 촉구했지만 이스라엘의 반응은 여전히 단호합니다.

이러다가 5차 중동전이 일어나는 게 아니냐는 우려가 나오고 있습니다.
-다가 : 어떤 일을 하는 과정에서 다른 일이 이루어지는 원인이나 근거 따위가 됨을 나타냄.[5]
예) 못을 박다가 손을 다쳤어요.
예) 놀기만 하다가 시험에 떨어졌어요.

---

4) 2006.7. 15. KBS 9시 뉴스

어휘 교육과 문법 교육을 동일시하는 시각에는 문제가 많다는 것에 동의하지만 이해를 위한 문법 교육이라면 어휘적으로 접근하는 것도 시간과 효율성을 고려하면 일면 타당성이 있다고 할 수 있다. 조현용(2005)에서는 교육용 문법화 어휘 선정의 필요성에 대해 언급하면서 많은 문법 항목들을 어휘 의미를 관련지어 교육할 수 있음을 논하고 있다. 예를 들면 '-(으)ㄹ 겸(해서), -는 바람에, -(으)로 인해' 등은 어휘 의미를 전달하면 보다 쉽게 문법 교육을 할 수 있다는 것이다.[6] 이러한 논의는 문법을 교육할 때 어휘적 접근이 갖는 효율성을 보여준다고 할 수 있다.

4) 맥락 속에서의 문형

Scott Thornbury는 탈맥락화된 단어와 문장은 의미를 잃게 되므로, 텍스트 또한 탈맥락화되고 말 것이며 그 맥락에서 분리된 텍스트는 이해하기 어렵게 될 것[7]이라고 밝히고 있다. 문법이 문장을 구성하는 틀이라고 한다면 문장은 텍스트를 구성하는 유기체적인 요소라고 할 수 있다. 문장이 모여 하나의 텍스트를 구성할 것이고 문장 간의 결합은 유기체적으로 구성되어 있기 때문이다. 따라서 문형을 교육할 때 하나의 문장만을 따로 떼어내서 교육하는 것은 담화 맥락을 이해할 때 큰 도움이 되지 않는다. 이러한 점은 LEAP 참가자들에게도 마찬가지이다. 이 학습자들이 요구하는 것은 문제의 답을 찾아내기 위해 전체 텍스트를 이해하는 것이고 문형은 그 텍스트를 이해하기 위한 하나의 단서, 또는 요소가 되기 때문에 텍스트와 따로 떼어낸 문장을 교육하는 것은 의미가 없다. 텍스트 전체에서 어휘와 결합한 문형의 의미를 파악해 내는 것이 학습자들의 일차적인 요구가 되기 때문이다.

다음과 같은 듣기 지문을 교육할 때 단순히 "-어/아/여야"의 의미를 설명하는 것은 효

---

5) 국립국어원(2005:279)

6) 조현용(2005:92-103)

7) Scott Thornbury · 이관규 외 공역(2004:115)

율적이지 않다. 그 문법의 의미와 함께 그 문법이 실제 텍스트에서 어떻게 사용되었는지 교육할 필요가 있고, LEAP 참가자들처럼 이해를 중심으로 한국어를 학습하는 학습자에게 특히 필요하다고 할 수 있다.

뉴욕, 도쿄보다 비싼 서울물가[8]

앵커 : 네, 그런데 왜 이렇게 서울의 생필품 가격이 뉴욕, 도쿄보다 비싼 거죠?

기자 : 네, 제품마다 이유가 여러 가지인데요. 우선 우리나라 유통과정의 거품을 지적할 수 있습니다. 옷이나 신발이 대표적인 경우인데 제조원가는 최종가격의 10 내지 20% 정도입니다. 중간유통비용, 백화점 수수료, 마케팅 비용 등이 더해져서 원가의 7, 8배까지 가격이 높게 형성됩니다. 여기에 일부 글로벌 브랜드가 국내에서 이른바 고가마케팅전략을 쓰는 이유도 한 몫 하는데요, <u>가격을 높여야 외제나 명품 티가 나고 그래야 오히려 더 잘 팔린다는 거죠</u>. 우리나라 휘발유가 비싼 이유는 세금이 가격의 60% 정도나 많이 붙기 때문인데요, 미국은 18%, 일본도 42%밖에 붙지 않습니다.

<u>가격을 높여야</u> 외제나 명품 티가 나고 <u>그래야</u> 오히려 더 잘 팔린다는 거죠.
-어/아/여야 : 선행절의 당위성, 또는 최소한의 필연적 조건임을 나타낸다.[9]
예) 택시를 타야 편합니다.
예) 한국말을 알아야 한국에서 살기가 편하지요.

---

8) 2006.12.13. MBC 뉴스데스크

9) 백봉자(2006:360-361)

6. 맺음말

이상으로 LEAP과 DLPT의 특징을 중심으로 LEAP 참가자에게 필요한 특수 목적의 교재를 구성하는 방안에 대해 논의해 봤다. LEAP 참가자들이 DLPT라는 시험에 합격하는 것이 일차적인 목표고, 또 실제로 한국어를 의사소통의 수단으로 사용할 기회가 적다는 점에서 이 학습자들에게는 이해 중심으로 한국어를 교육해야 함을 밝혔다. 따라서 이들의 위한 교재는 열린 교재이어야 하고, 빈도수가 높은 표현들에 대한 정리가 필요하다는 것과, 문법을 교육할 때도 듣기와 읽기 텍스트를 정확히 이해하기 위한 수단으로의 문법 교육이 중요하다는 것을 밝혔다. 또 문법 교육을 할 때 문형 중심으로 접근해야 하고 담화 맥락 속에서 문법을 교육해야 한다는 것과 고빈도 문형을 추출해서 교육해야 함을 밝혔다.

의사소통 능력에서 필수불가결한 표현 교육이 배제된 언어 교육이 타당한 것이냐에 대해서는 필자도 많은 고민을 갖고 있다. 그러나 특수 목적의 한국어교육은 말 그대로 특수한 목적을 지녀야 한다. 학습자들의 목적이 이해 능력 향상이라면 그 요구에 맞는 교재 및 교육 방안을 모색하는 것이 특수 목적 교육이 갖는 의미일 것이다.

참고문헌

강현화·민재훈(2007), 외국인 유학생을 위한 경영한국어, 다락원.
교육인적자원부(2001), 한국어능력시험의 평가 기준 개발연구, 교육인적자원부.
국립국어원(2005), 외국인을 위한 한국어 문법2, 커뮤니케이션북스.
남명호 외(1999), 한국어능력 시험 개선 방안 연구, 한국교육과정평가원.
백봉자(2006), 외국어로서의 한국어 문법 사전, 도서출판 하우.
윤애숙(2006), 주한미군대상 한국문화교육 방안, 언어와 문화 제2권 제1호, 한국언어문화교육학회
조현용(2005), 한국어 교육의 실제, 유씨엘 Inc.
최연주(2006), 주한미군을 위한 한국어교육 과정, 경희대학교 교육대학원 석사 학위 논문.
허용 외(2005), 한국어교육학 개론, 박이정.
DLI(1993), Koran Basic Course KPEEⅡ, DLI FLC(Foreign Language Center)
DLI(2005), DLPT 5 System Familiarization Guide for Constructed Response Format, DLI FLC
H. Douglas Brown·권오량 외 공역(2002),
　　　　　　원리에 의한 교수, Pearson Education Korea
Scott Thornbury·이관규 외 공역(2004),
　　　　　　문법을 어떻게 가르칠 것인가?, 한국문화사.

www.dliflc.edu
www.lingnet.org

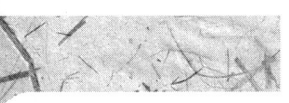

한국어 교재의 기초단계 구성

박 혜 경

1. 서론

한국어 교육 분야에서 단계별 교육 내용 선정이나 교육 방법에 대한 연구가 많이 이루어지고 있지만, 기초단계[1]에 대한 연구는 미진한 편이다. 언어 교육에서 기초단계는 언어 학습의 성공 여부를 결정하는 중요한 부분이 될 수 있으므로 체계적이고 효과적으로 교육해야 할 것이다.

현재 대부분의 한국어 교육 기관에서 이루어지고 있는 기초단계는 자모교육을 중심으로 운영되고 있다. 그럼에도 불구하고 학습자는 한글의 자모를 읽고 쓰는데 많은 오류를 경험하고 있다. 또한 고급 학습자가 되어서도 잘못된 발음 습관이 화석화되어 의사소통에 많은 어려움을 겪는 경우도 있다. 자모음의 생성 원리, 자모 결합 원리, 발음 등은 외

---

[1] 입문편, 예비편, 기초편, 준비학습 등의 많은 용어로 혼용되고 있는 단계를 의미하는 것으로 졸고(2003)에서 이를 '기초단계'로 설정한 바 있다.

국인들에게 낯선 원리여서 이해하기 힘든 부분일 수 있으므로 효과적인 기술과 교수법에 대한 연구가 필요할 것이다. 뿐만 아니라 이 단계에서 낱낱의 글자에 대한 정확한 발음 인식과 연습이 확실히 이루어질 수 있도록 해야 할 것이다.

기초단계는 초급에 들어가기에 앞서 알아야 할 기본적인 내용을 습득하는 단계라고 할 수 있다. 그런데 문자 교육으로만 한정했을 경우 언어 학습의 궁극적인 목표가 상호 의사소통이라고 했을 때 한글의 자모를 학습하는 동안은 목표 언어를 말하고 들을 기회를 얻을 수 없다는 단점이 있다. 자모를 완벽하게 알아야 음성언어를 발화할 수 있는 것은 아니다. 간단한 인사 표현이나 자기소개에 필요한 표현을 제시한다면 한국어를 처음 접하는 학습자들의 동기와 흥미를 증폭시킬 수 있게 될 것이다.

이 논문에서는 이러한 문제점을 인식하여 최근 사용되고 있는 한국어 교재를 중심으로 한국어 기초단계의 양상을 살펴봄으로써 이를 토대로 기초단계에서 다루어야 할 교육 내용을 목록화하고 교재 구성의 원리에 대해 논의해보고자 한다.

2. 한국어 교재 분석

최근 발간되고 있는 한국어 교재에서 기초단계는 두 가지 양상을 띠고 있다. 첫째는 기초단계를 매우 간소화하여 다루거나 생략하는 경우이다. 최근 한국어 학습자가 증가하면서 국외에서도 한국어 교육을 받을 수 있는 기회가 많아져 한국에 한국어를 배우기 위해 입국하는 학습자의 상당수는 이미 초급 1단계의 교육을 마친 경우가 증가하고 있기 때문으로 보인다. 둘째는 기존의 정형화된 틀[2]에서 벗어나 초급 단계 이전의 준비 학습, 선행 학습으로서의 의미가 있는 내용으로 구성한 경우이다.

본 절에서는 최근에 발간된 교재를 중심으로 기초단계의 양상을 살핌으로써 기초단계 교육 내용 및 방법에 대한 방향을 모색하는 데 근거로 삼고자 한다.

---

[2] 기존의 대부분의 한국어 교재에서 기초단계 구성은 자모를 사전식 배열 방식에 따라 제시하고, 단순한 발음 연습을 위한 어휘를 제시하는 등 획일적인 구성을 보여주었다.

2.1. 전체 구성

전체구성 \ 교재	경희대 한국어 초급 I	연세 한국어1	말이 트이는 한국어 I	서강한국어	초급 한국어 쓰기
단원	예비편	한글	세종대왕과 한글	한글의 이해와 사용, 한글, 준비	한글 익히기
분량	분량단원 외로 설정, 한 단원 정도의 분량으로 구성	단원 외로 설정, 비교적 간단한 기술로 제시	단원 외로 설정, 한 단원 정도의 분량으로 구성	한글의 이해와 사용은 단원 외로 구성, 한글 4단원, 준비 4단원으로 구성	단원 외로 설정, 한 단원 정도의 분량으로 구성

'서강 한국어'를 제외한 대부분의 교재에서 기초단계를 본 단원 외로 설정하여 '소개' 정도의 차원에서 다루고 있음을 알 수 있다. 특히 가장 최근에 발간된 '연세 한국어1'에서는 3장 정도 분량으로 간단히 제시만 하고 있어 기초단계 교육이 거의 생략되었다고 봐도 무방할 것이다. 반면 '서강 한국어'에서는 많은 분량을 두고 한글 학습을 비교적 단계적으로 제시하고 있어 학습자들이 한글을 익히는 데 용이할 것으로 보인다.

2.2. 세부 내용

교재	경희대 한국어 초급 I	연세 한국어1	말이 트이는 한국어 I	서강한국어	초급 한국어 쓰기
교육내용	한글 소개 기본모음 그 외 모음 자음 쓰기 연습 받침 음절의 구성 사전 찾기 교실용어 어휘 목록 어휘 연습	한글 소개 음절구조 모음 자음 쓰는 방법 자음 이름 평음/경음/격음 받침 어휘	한글 소개 모음 자음 음절의 구성 받침 사전찾기	한글 소개 (모음, 자음, 쓰는 방법, 자모음가, 음절 구성, 음운규칙, 띄어쓰기, 어순) 모음 4분류 자음 4분류 어휘연습 기초회화	한글 소개 모음 자음 받침 음절의 구성 쓰기 연습

제시 방법	·영어로 제시 ·한글의 제자 원리를 비교적 자세히 설명하여 학습자의 이해를 도움. ·이 단계에서 알아야 할 어휘를 제시. 특히 쉬운 외래어를 활용한 것이 독특 ·어휘 양이 다소 많아 처음부터 부담이 될 수도 있다. ·국제음성기호를 사용해 각 낱글자의 발음을 표기 ·쓰기 연습 공간이 다소 부족함. 특히 받침 제시 후에는 쓰기 연습이 없음	·학습자 모국어로 제시 ·음절구조를 먼저 설명한 것이 독특 ·모음과 자음을 자모를 제시할 때 조음 위치별로 제시한 것이 특징 ·제시 어휘의 교육적 의미가 모호함(ex. 이위에, 이애, 이에, 여야, 웨 등) ·시각적으로 명료하지 않음 (ex 평음/경음/격음 제시 시 예시 단어를 나열할 때 체계성이 없음)	·영어로 제시 ·자음 배열 시 조음 방식에 따라 배열 ·현실발음을 반영하여 외/웨가 같은 소리로 발음된다는 사실을 밝힘 ·모음이나 자음 학습 후 읽을 수 있는 어휘를 제시 ·어휘의 빈도 및 난이도 면에서 본 단계에 적합하지 않은 어휘가 많음. ex) 왜가리, 퇴짜 등 ·제시한 어휘에서 다양한 자모의 결합 모습을 보여주지 못함. ·받침 제시 전에 음절의 구성 모습을 보여 줌	·영어로 제시 ·한글의 모양에도 초점을 맞춰 수직 모양, 수평 모양으로 나누어 설명한 점이 독특하다. ·각 낱글자의 발음을 간단한 영어 단어 속에서의 비슷한 발음으로 표시해 주어 영어권 학습자들이 쉽게 발음을 알 수 있도록 함. ·'한글의 이해와 사용' 부분에서 이미 자세히 한글의 제자 원리나 쓰는 방법, 발음 규칙 등에 대해 소개했지만, 한글 1~4과까지 자모를 순차적으로 다시 제시하고 있다. ·인사표현, 물건 이름 묻고 답하기, 주문하기, 장소 설명하기의 기초 회화 표현을 싣고 있음. 하지만 다소 어려울 수 있음	·영어로 제시 ·자모 제시를 기본 모음과 자음을 먼저하고 기타 모음(이중모음)과 자음(겹자음)을 다룸 ·받침 설명 시 겹받침에 대한 제시도 있음 ·쓰기 연습에서 모음으로만 이루어진 글자, 자음+모음 글자, 모음+자음 글자, 자음+모음+자음 글자로 나누어 제시 ·모음으로만 이루어진 글자의 경우 세로 모음과 가로 모음으로 나누어 연습을 제시하여 글자 쓰기 오류를 방지 ·모음+자음 글자의 경우 의미 없는 받침 연습이 많음 (ex. 앋, 앛, 앚, 앜, 앝, 앟)
연습활동	주제별 어휘 확장 연습, 워크북	없음	워크북	없음	없음

대부분 비슷한 체제로 구성되어 있지만, 교재마다 몇 가지 특징을 발견할 수 있었다. '경희대 한국어 I'의 경우 기초단계에서 제시되는 어휘가 217개 정도로 매우 많은 수의 어휘를 다루고 있었다. 다소 많은 양의 어휘라고 할 수도 있지만 어휘의 빈도수 및 난이도 면에서 본 단계 학습자들에게 매우 유용한 학습이 될 수 있다.

또한 외래어는 쉽게 암기할 수 있고, 사전을 찾지 않고도 의미를 눈치 챌 수 있어 학습자 흥미나 성취도 면에서 좋은 효과를 거둘 수 있다. 하지만 외래어의 사용이 적은 중국 국가 학습자의 경우 외래어를 쉽게 학습할 수 없으므로 기초단계에서부터 쏟아지는 많은 어휘 양에 부담을 느낄 수 있을 것이다.

'연세 한국어 1'에서는 한글의 원리 및 자모에 대해 간단히 기술하고 있어 처음 한글을 접하는 학습자가 혼자서 공부하는 데에는 무리가 있어 보인다. 교사가 수업할 때도 보충 자료를 준비해야 되는 부담이 있을 것이다.

'말이 트이는 한국어 1'은 자음을 제시할 때 발음 위치순으로 제시하는 등 차별화된 방식이 돋보인다. 또한 제시된 어휘양이 매우 많아 학습자들이 읽기 연습을 하는 데 도움이 될 것으로 보이지만 어휘의 난이도면에서 볼 때 본 단계 학습자들에게 단순 읽기 연습만을 의도한 것인지 의문이 들게 한다.

'서강 한국어'의 경우 기초단계가 매우 친절하게 소개되어 있는 교재라고 할 수 있다. 특히 모음의 모양을 가로와 세로 모양으로 분류하여 설명한 점이나 자모의 음가를 영어 단어 속에서 비슷한 발음으로 나는 글자로 제시한 설명 방식은 학습자들이 쓰기 및 자모 발음에 대한 오류를 최소화하는 효과가 있다고 본다.

하지만, 발음 규칙을 한꺼번에 제시한 점은 학습자들에게 다소 어려운 내용일 것 같다. 자모를 4단계로 분류하여 다시 한번 제시하고 있는데 모음은 기본 모음에서 복잡한 모음 순으로 자음은 울림소리, 그 외 기본 자음, 격음, 경음 순으로 제시한 것은 교육적으로 효과적인 자모 배열 방식이라고 생각한다. 다만 제시된 어휘 읽기 외의 직접 쓸 수 있는 공간이나 창의적인 연습을 제공하지 않아 아쉽다.

'초급 한국어 쓰기'에서는 쓰기 교재답게 학습자들이 직접 쓸 수 있는 공간을 많이 제공했다는 특징이 있다. 하지만 낱글자 쓰기 연습 외에 어휘 읽기 연습이나 어휘 쓰기 등으로 확장되지 못해 아쉬운 점이 있다.

3. 교육 내용 선정

기존의 한국어 기초단계 교육은 제2언어로서의 한국어 교육이라는 점과 학습자가 대부분 성인이라는 점을 고려하여 자모교육을 중심으로 실시되어 왔다. 하지만, 자모 중심 기초단계 교육을 받은 학습자들도 자모 쓰기에서 오류를 범하는 일[3]이 잦으며, 모양이 복잡하거나 발음이 비슷한 글자를 읽는 것을 어려워하는 경우가 많다. 또한, 일정 시간 자모에만 국한된 교육 때문에 자모교육을 받는 동안 목표언어를 발화할 기회를 받지 못하는 점은 의사소통 실현을 궁극적인 목표로 두고 있는 언어 교육의 목표에 위배되는 내용인 것이다. 기초단계 교육 기간이 짧다고 하더라도 기본적인 인사말이나 자기소개 등 간단한 표현을 발화할 수 있는 기회를 줄 필요가 있다.

박혜경(2003)에서 실시한 기초단계를 경험한 학습자와 외국인 한국어 교육 전공자 대상 요구 조사와 2장에서 분석한 한국어 교재에서의 기초단계 교육 내용을 바탕으로 기초단계에서 다루어야 할 필수 교육 내용을 구성하면 다음과 같다.

3.1. 자모교육

1) 모양의 유사성을 고려한 교육

한글은 가획의 원리로 만들어진 글자이기 때문에 한 획의 차이로 다른 글자가 된다. 처음 한글을 접하는 학습자인 경우 한글의 모양이 유사해서 구별하기 힘들다고 호소하는 학습자가 많다. 학습자가 글자 모양을 유심히 관찰할 수 있도록 주의를 환기시켜야 한다.

2) 서체를 고려한 교육

교재에서 배운 문자와 교실 밖에서 접하는 다양한 문자가 다소 차이가 있어 혼란을 겪는 경우가 있다. 한글에는 같은 글자인데 다른 모양을 가지고 있는 글자가 몇 개 있다. 'ㅈ', 'ㅊ', 'ㅅ' 등이 그것이다.

[3] 풀펜/bolpen 역어컨 지청 고양이

모음의 경우도 서체에 따라 모음 윗부분의 꺾인 정도가 달라 학습자에게 그 부분이 부각되어 오류가 나타나곤 한다. 특히 중국 학습자 중에는 그런 부분을 과잉 사용하여 한자를 쓰듯이 한글 모음의 끝 부분까지 꺾어서 쓰는 학습자들도 있다. 그러므로 단순한 서체를 이용하여 그러한 오류를 줄일 수 있도록 해야 한다.

3) 획순 제시 및 쓰기 연습

획순이 반드시 정확해야 할 필요는 없지만, 획순이 달라질 때 글자모양이 이상해질 가능성이 높기 때문에 위에서 아래로 왼쪽에서 오른쪽으로 써야 한다는 가장 기본적인 획순 규칙에 대해서는 제시해야 한다. 또한 자음과 모음이 결합할 때 모음의 위치에 대해 상세한 설명이 필요하다. 'ㄱ'과 같이 개별로 쓰일 때와 결합할 때 모양이 달라지는 자음에 대해서도 제시해야 한다.

4) 자음 이름

자음의 경우는 발음하기 어려운 이름을 가지고 있어 학습자들이 어렵게 느낀다. 자음의 음가만 가르치고 자음의 이름을 가르치지 않을 수도 있겠지만, 조현용(2000)에서는 수업 진행상 편의를 위해서 제시할 필요가 있다고 주장하면서 자음의 이름을 통하여 중화규칙, 즉 음절의 끝소리 규칙을 설명하는 데 좋은 활동이 될 수 있을 것이라고 하였다.

자음의 이름은 몇 개를 제외하고는 규칙을 알면 쉽게 이해할 수 있을 것이다. 발음면에서 어렵고 의미가 있는 글자도 아니기 때문에 받침교육이 끝난 후 읽기 연습용으로 제시하여 자연스럽게 익힐 수 있도록 하는 것이 좋겠다.

5) 제시 순서

한국어에는 모음으로만 이루어진 어휘가 있기 때문에, 모음을 먼저 가르치는 것이 효과적이다. 모음을 제시할 때 순서의 기준으로 발음 위치순, 사전 등재 순, 형태 순(세로/가로/복합)이 있을 수 있다. 모음 체계는 전설/후설, 평순/원순, 혀 높이(고/중/저) 등 분류 기준이 여러 가지여서 발음 위치순으로 나열하여 교육적으로 활용하는 데 어려운 점이 있다. 또한 사전 등재순은 사전 찾기를 배울 때 편의성이 있기는 하지만, 분류 기준이 모호하므로 형태 순으로 제시하여 학습자가 자음과 모음을 결합하는 과정에서 쓰기 오류를 덜 범할 수 있는 방법을 채택하기로 한다.

  자음의 경우 제시 기준으로 발음 위치순, 사전 등재 순이 있는데, 마찬가지로 사전 등재순의 경우는 난이도 및 발음 방법 등을 기준으로 한 것이 아니기 때문에 학습에 효율적이지 못하다. 본 논문에서는 자음의 제시 기준을 발음 위치순으로 정하고 입술소리부터 목구멍소리까지 차례로 제시하는 방안을 채택하기로 한다. 발음 위치순으로 자음을 제시했을 경우 교사의 발음만 듣고 소리를 흉내 내는 방법이 아니므로 보다 쉽게 음가가 인식될 수 있을 것이라 생각된다.

  또한 쉬운 글자에서 어려운 글자 순으로 읽고 쓸 수 있도록 모음과 자음을 순차적으로 제시하고자 한다.

3.2. 발음 교육

1) 학습자의 배경 지식을 활용한 어휘 교육

  자모음을 익힌 후 배운 자모음을 활용하여 글자를 읽을 수 있도록 많은 어휘를 제시하기 마련인데, 이 때 단지 읽기 연습에 치중한 나머지 빈도수가 매우 낮은 어휘를 제시하는 경우가 많다. 그것보다는 기초 어휘에 중점을 두되 학급을 구성하고 있는 학습자의 국적을 조사하여 나라 이름을 활용하거나 외래어를 사용하면 훨씬 효과적일 것이다. 이때 자국에서 사용하는 발음과 다소 차이가 있어 발음 교육상 오히려 부정적인 영향을 미칠 수 있으므로, 주의를 기울여야 할 것이다.[4] 한국의 유명한 지명이나 음식 이름을 이용해도 좋을 것이다.

2) 평음/경음/격음 구별 교육

  한국어에 있는 평음/경음/격음 변별자질은 외국어에 없는 경우가 많아 학습자들이 어려움을 겪는 발음 중 하나이다. 이때 가장 많이 사용되고 있는 방법은 티슈를 이용하여 공

---

[4] 경희대 한국어 I 에서는 기초단계 후반부에서 외래어 어휘를 다수 제시하고 있는데, 학습자들이 이미 알고 있는 어휘를 이용해 한글로 제시함으로써 학습자의 어휘력 향상에 도움을 주고 있다.

기의 세기를 눈으로 확인하게 하는 방법이다. 하지만, 자칫 공기의 세기를 과장하여 어색한 발음이 될 수도 있으니 주의해야 할 것이다. 언어권별로 학습자 모국어의 변이음을 이용해 한국어의 경음과 격음을 인식시키는 교육 방법도 제시된 바 있지만[5] 모국어의 변이음은 모국어 화자에게는 인식되지 않는 경우가 많기 때문에 근본적인 방법은 될 수 없다.

이경희·정명숙(1999)에서는 일본인을 대상으로 파열음 발음 방법에 대해 논하면서 경음의 경우 마음속으로 앞에 '읏'을 넣어 발음하게 하여 경음에 가까운 소리를 낼 수 있도록 하는 방법을 소개하고 있다. 이와 같은 방법은 일본인 화자뿐만 아니라 다른 언어권 화자에게도 활용할 수 있는 방법이라 여겨지고, '읏'이 아니더라도 뒤에 오는 경음에 따라 '읍, 윽' 등을 이용하는 것이 더 효과적이라고 생각한다.

또한 격음의 경우는 기식성이나 음의 높이(pitch)를 많이 나타내도록 유도하는 것도 효과적이다.

3) 현실음을 반영한 모음 교육

한국어 모음에는 형태는 다르지만 발음의 식별이 어려운 글자가 있다. '웨, 왜, 외'와 '애, 에', '예, 얘'가 그것이다. 정확한 발음으로는 조음 위치가 다르지만, 현실음에서는 거의 구분을 하지 않으므로 외국인들에게 구분해서 가르칠 필요는 없을 것이다.[6]

3.3. 기초 회화

기초단계에서 제시할 회화표현은 가장 기초적인 내용을 중심으로 해야 하며, 문법적 설명은 배제되어야 한다. 기초단계에서 다루는 회화는 앞으로 배울 단원에서 다시 한번 반복되어야 한다. 이 때 제시되는 한국어 표현은 학습자가 교실 밖에서 바로 사용할 수

---

5) strike, spray 등에서 t와 p는 변이음으로 경음으로 발음된다. 김선정(1999)은 이와 같은 경우를 예로 들어 학습자 모국어에도 있는 발음임을 인식시켜 친숙감을 주기 때문에 비슷한 소리를 내도록 유도하는 데 효과적이라고 주장하고 있다. 변이음을 이용한 발음 교육에 대해서는 이외에도 정명숙·이경희(1999)이 있다.

6) 곽용주(2000)에서는 발음은 개인차도 크고 방언도 다양하기 때문에 현실음을 정의하기는 매우 어려운 일이라고 지적하며 직관대로 서울의 젊은층에서 널리 사용한다고 생각하는 발음을 현실 발음으로 정의한 바 있다. 이 논문에서도 '에'와 '애'를 예로 들면서 표준발음에서는 구별이 되는 발음이지만, 현실음에서는 거의 구별되고 있지 않다고 하였다.

있는 인사표현, 자기소개, 교실용어, 음식주문하기, 물건사기 등이 해당한다.

기초단계에서는 자모를 익히기 전에 로마자 표기를 통해 기초적인 표현을 제시할 수 있다. 이는 거리의 지명 및 역명 등 많은 표지판에서 로마자를 사용하고 있기 때문에, 한국의 로마자 표기를 익히는 데도 유용하다.

3.4. 숫자 교육

숫자 표현은 생활에 매우 유용하고 어려운 항목도 아니므로 기초단계에서 제시할 필요가 있을 것이다. 고유어 표현과 한자어 표현 적은 숫자 중심으로 제시하면 물건을 사거나 음식을 주문할 때 유용하게 사용할 수 있다.

3.5. 기초 어휘

기초단계에서 제시되고 있는 어휘는 대부분 발음연습을 위한 어휘가 많아 본 단계에 적절하지 않은 경우가 많았다. 출현 빈도가 낮은 받침의 경우면 어쩔 수 없는 경우도 많지만, 되도록 유의미한 학습이 될 수 있도록 기초단계에 적절한 어휘를 목록화할 필요가 있을 것이다. 또한, 적절한 양의 조절도 중요하다.

4. 기초단계 교육의 방향

4.1. 교재 구성의 원리

위에서 살펴본 교육 내용을 바탕으로 교재를 구성한다면 다음 몇 가지 원리를 고려해야 할 것이다. 그동안 기초단계는 교재 안에서도 별개의 독립적인 부분으로 다루어지는 경우가 많았고, 교육 내용도 단순 나열식이 많아 학습 내용을 구성하고 수업을 조직하는 일은 교사의 몫으로 전가되었던 것이 사실이다.

좋은 교재는 교사에게 교실 기법에 대한 직접적 제시나 간접적 암시를 제공하며, 학습자에게는 학습 전략을 얻는 데 도움을 얻게 할 것이다.[7] 기초단계에 대한 효과적인 교육 방법이 교재 개발에 반영된다면, 기초단계 교육에 임하는 교사에게 교육 지침으로 역할을 할 것이며, 학습자에게는 학습 전략을 제시할 것이다.

1) 후행 학습과의 연계 고려

기존의 한국어 기초단계 교육 현황을 살펴보면, 교육 내용이 비교적 단순하고 체계적이지 않았던 것이 사실이다. 또한 교재의 전체 교육과정과 유기적으로 연결되지 않고 단원 외 부록 정도로 독립적으로 구분되어 있는 경우도 많았다.

하지만 기초단계는 언어 교육의 가장 초기 단계이므로 전체 교육 과정을 하나의 교안으로 본다면, '도입' 부분에 해당한다고 할 수 있다. '도입' 부분은 학습자가 한국어 학습에 대한 동기를 부여받게 되고, 앞으로의 학습 계획을 스스로 세울 수 있는 중요한 시기이다. 또한, 후행학습과도 유기적인 연계를 가지고 앞으로의 교육 내용에 긍정적인 영향을 줄 수 있어야 할 것이다.

기초단계 교육 내용 중 자모교육 이외에 기초회화 및 발음규칙은 기초단계에서 자세히 다룰 수 없는 부분이므로 후행 학습에서 순환적으로 다룰 필요가 있다.

2) 학습자의 성취도 고려

대부분의 국내 한국어 교재에서는 모음을 한꺼번에 모두 배운 후 자음도 모두 배운 후에 글자를 조합할 수 있도록 구성되어 있다. 모음을 모두 배운 후 모음으로만 구성되어 있는 어휘를 제시하는 경우도 있지만, 학습자에게 적절한 학습량을 제시하고 배운 내용을 토대로 글자를 읽을 수 있는 성취감을 맛보게 하는 것은 학습 동기를 높이고 학습 효과를 높이는 데 매우 중요할 것으로 여겨진다.

그러므로 모음과 자음을 난이도 및 교육의 효과를 고려한 후 적절히 혼합해서 제시하

---

7) 이해영(2002:66)

여 배운 모음과 자음으로 구성된 어휘를 잘 선별하여 배운 내용을 바로 활용하고 확인할 수 있도록 하는 것이 중요할 것이다. 또한, 단순 연습에서 그치는 것이 아니라, 기초단계에서 수행할 수 있는 과제를 제시하여 배운 내용을 적극 활용할 수 있도록 연습 기회를 제공해야 할 것이다.

3) 통합 교육의 원리

최근 개발된 많은 교재들은 대부분 '통합성'에 기초하고 있다. 4가지 언어 기능인 말하기, 듣기, 읽기, 쓰기 기능 중 한 가지 기능에 중점을 둔 교육 방식이 아닌 4가지 언어 기능이 통합되어 제시된다.[8]

하지만, 통합성의 원리를 채택한 교재의 경우도 기초 단계가 자모교육 중심으로 이루어져 있다 보니, 읽기, 쓰기에 지나치게 집중되어 있는 모습을 발견할 수 있다. 기초단계에도 초급 교재 전체에 적용되어 있는 원리가 적용된다면, 좀 더 체계적인 교재 구성이 될 수 있을 것이다.

4) 실생활과 관련된 과제(task) 부과

언어 교육적 관점에서 과제(Communicative task)는 학습자가 의사소통을 목적으로 형태가 아닌 의미에 중점을 두고 언어를 이해, 처리, 생산하는 모든 활동을 말한다.(Nunan) 과제는 교육적 과제(pedagogical task)와 실생활 과제(real-world task)로 나눌 수 있는데, 교육적 과제는 교육의 목표에 따라 조작된 과제이고, 실생활 과제는 실제 상황에 발생할 가능성이 높은 일을 그대로 과제로 삼는 것을 말한다. 교육적 과제는 배운 내용을 단순히 확인할 수는 있지만, 실생활 과제는 일상생활에서의 유창하게 언어 사용을 돕는다고 할 수 있다. 학습자가 학습 내용을 보다 쉽게 이해하기 위해서 교육적 과제도 꼭 필요하지만, 교실 밖 상황에서 의사소통 상황을 성공적으로 수행하게 하기 위해서는 실생활 과제가 무엇보다 유용하다.

---

[8] 이해영(1999)은 언어교육의 목적이 목표 언어를 사용한 자연스러운 의사소통에 있다는 점과 CTL(Communicative Language Teaching)에 있어서 일종의 모델이 되어 주는 우리의 일상생활을 고려해 볼 때 언어기능을 개별적으로 분리해서 교육하는 것은 바람직하지 않다고 지적하였다.

기초단계의 교육 내용이 많지 않으므로 이를 과제에 반영하는 데는 어려운 점이 있다. 하지만, 교실 밖에 나갔을 때 접할 수 있는 많은 상점의 간판이나 광고, 표지판, 지하철 노선표, 버스 노선표 등을 활용하여 배운 내용을 실생활에 바로 적용할 수 있도록 한다면 동기가 부여된다는 점이나 교육 효과 면에서 긍정적인 결과를 얻을 수 있을 것이다.

또한 초기 유학 생활은 의식주를 해결하고, 대인관계를 넓혀 가는 데 중요한 시기이므로 한국어 기본 표현, 가령 자기소개, 인사 표현, 음식 주문하기, 물건 사기 등의 간단한 표현을 학습한 후 이를 활용할 기회를 제공한다면 큰 학습 성취를 느낄 수 있을 것이다.

4.2. 교재 구성의 예

단원	단원명	학습내용			제시자료	연습 및 과제활동
		문자 및 발음	어휘	기초회화		
1	한글 1	① 제자원리 ② ㅏ,ㅑ,ㅓ,ㅕ,ㅣ ③ ㅐ,ㅔ,ㅒ,ㅖ ④ ㅁ,ㅂ,ㅃ,ㅍ ⑤ ㄴ,ㄷ,ㄸ,ㅌ,ㄹ ⑥ ㅅ,ㅆ ⑦ ㅈ,ㅉ,ㅊ ⑧ ㄱ,ㄲ,ㅋ,ㅇ ⑨ ㅎ ⑩ 유성음/무성음	아빠, 오빠, 바빠요, 싸요, 비싸요, 아이, 이, 어머니, 다리, 비, 아버지, 여자, 치마, 바지, 카메라, 해, 시계, 캐나다, 거리, 파리, 차, -씨.	〈인사+자기소개〉 · 안녕하세요? · 저는—입니다. · —에서 왔어요 · 이름이 뭐예요? · 어디에서 왔어요?	· 획순 · 쓰는 방법 · 한글의 구조 (V, C+V) · 쓰기연습	· 친구 이름 물어보기 · 이름 외우기 게임 · 여러 단어 속에서 배운 글자 찾기
2	한글 2	① ㅗ,ㅛ,ㅜ,ㅠ,ㅡ ⑥ 받침(중화규칙) ㄱ/ㄲ/ㅋ ㄴ ㄷ/ㅅ/ㅆ/ㅌ/ㅈ/ㅊ/ㅎ ㄹ ㅁ ㅂ/ㅍ ㅇ	나무, 누나, 버스, 오이, 비디오, 노트, 우유, 이유, 쓰레기, 야구, 학교, 책상, 부엌, 밖, 떡볶이, 인사, 반, 한국어, 닫다, 끝, 옷, 있다, 늦다, 끝, 꽃, 히읗, 교실, 칠판, 이름, 엄마, 김치, 비빔밥, 옆, 앞, 가방, 화장실, 왼쪽, 오른쪽, 호텔, 수업, 텔레비전, 창문, 문, 은행, 우체국, 지하철, 택시, 중국, 일본, 프랑스, 스페인, 이집트, 캐나다, 아프리카, 방글라데시, 말레이시아	〈인사〉 · 안녕히 가세요. · 안녕히 계세요. · 안녕. · 반갑습니다. · 감사합니다 · 고맙습니다 · 미안합니다.	· 획순 · 쓰는 방법 · 한글의 구조 (C+V+C) · 쓰기연습	· 이름표 만들기 · 미완성 단어 완성하기

3	한글 3	① ㅘ,ㅝ,ㅙ,ㅞ,ㅚ, ㅟ,ㅢ ② 겹받침 ㄺ,ㅄ,ㄵ,ㄾ,ㄶ ③ ㅎ탈락 ④ 연음규칙	의자, 왜, 하와이, 왠, 귀, 여의도, 천원, 도서관, 좋아요, 괜찮다(괜찮아요), (싫다)싫어요, (많다)많아요, (읽다)읽어요, 닭, 앉다(앉으세요), 값, 없다(없어요)	〈교실용어〉 · 잘 들어 보세요 · 따라하세요 · 읽어 보세요 · 이야기해 보세요 · 질문 있어요? · 네/아니요 · 질문 있어요. · 질문 없어요. · 잘했습니다. · 알겠습니까? · 알겠습니다. · 모르겠습니다.	· 획순 · 쓰는 방법 · 한글의 구조 (C+V+C+C) · 쓰기연습	· 단어게임 · 읽기 —지하철 노선표 —학교 앞 상호
4	한글 종합 1	① 자·모음 발음 연습 ② 숫자(고유어) ③ 자음동화	한국말, 끝났어요, 종로, 대학로, 서울역, 한라산, 전라도 —개 한국의 음식(비빔밥, 김치찌개, 냉면, 갈비, 불고기, 백반, 덮밥, 삼겹살, 맥주, 소주, 안주, 김밥, 떡볶이)	〈식당표현〉 · 여기요! · 잠깐만요. · —개 —주세요.	· 자·모음 체계	· 읽기 (자음동화포함) —지하철 노선표, —학교 앞 상호 · 식당에서 주문하기
5	한글 종합 2	① 자음이름 ② 숫자(한자어)	비행기, 공항, 여권, 대사관, 티켓, 여행, 관광, 통장, 사인.	물건 이름(모자, 양말, 가방, 냉장고, 음료수, 구두, 필통, 운동화, 껌) 〈물건사기〉 · 이것이/저것이/그것이 한국어로 뭐예요? · —주세요 · 얼마예요? · —넣어드릴까요?		· 사전 찾기 게임 · 가게상황 역할극 — 사물이름 묻고 답하기 — 물건사기

5. 결론

한국어 기초단계는 기존의 한국어 예비편, 준비학습, 입문단계 등으로 다양하게 표현돼오던 단계로 한국어의 가장 초기 학습을 의미한다. 한국어 기초단계는 한국어 학습자라면 누구나 거쳐야 할 단계이고, 이 단계를 성공적으로 수행해야 그 이후의 학습에 긍정적인 영향을 미칠 수 있기 때문에 매우 중요하다. 외국인들에게 한국어는 배우기 쉬운 언어가 아니며, 특히 한글은 처음 접했을 때 그 원리를 깨우치기는 어려운 글자이다. 하지만, 기초단계의 교육 내용이나 교육 방안에 대해서 논의가 부족한 상황이다.

현재 기초단계 교육 현황을 살펴보기 위해 한국어 교재를 살펴보았는데 교재마다 다소 차이가 있기는 하지만 간단한 자모 제시의 수준으로만 이루어진 경우가 많았다. 본 단계는 많은 학습 내용을 제공하기에 어려움이 많이 따르는 단계이지만, 자모교육 이외에도 쉽게 배울 수 있는 어휘나 표현을 통해 목표언어를 사용할 수 있는 의사소통 기회를 제공할 필요가 있다. 이에 본 논문에서는 기초단계에서 다룰 수 있는 교육 내용으로 자모 교육, 발음 교육, 기초 회화 교육, 어휘 교육, 숫자 교육을 선정하고 기초단계 교재를 구성하는 데 필요한 주안점을 정리하여 이를 토대로 교재 구성의 예를 보였다.

기초단계 교육의 효과를 더욱 높이기 위해서 앞으로 학습자 언어권별, 학습자 연령별, 학습 목적에 따라 다양한 교육 방법 논의도 필요할 것이다.

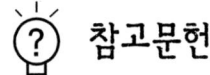
참고문헌

간노(1991),	일본인을 위한 한국어 교재 개발과 교수 방법. 교육한글 4호, 한글학회.
金貞淑(1981),	韓国語の入門期指導に関する研究-'言語感覚'培養おめざす指導事例お中心に-. 朝鮮語教育研究, 筑波大学 韓国学研究会
김석연(1997),	훈민정음의 음성과학적·생성적 보편성에 대하여. 교육한글 10, 한글학회.
김중섭·이관식(1999),	외국인을 위한 한국어 교재 개발에 관한 연구. 한국어 교육 10권 1호, 국제한국어교육학회.
김중섭(2004),	한국어 교육의 이해. 한국문화사.
백봉자(1988),	초기단계에서의 한국어 교육은 무엇부터 다루는 것이 좋은가. 한글201-202합본.
신경철(1996),	외국인을 위한 한글 교육 방법. 한국말교육 7, 국제한국어교육학회.
신경철(1998),	훈민정음의 모음자와 모음체계 신고. 한국어 교육9권 2호, 국제한국어교육학회.
이경희·정명숙(1999),	일본인을 위한 한국어 파열음의 발음 및 인지 교육. 한국어교육 10권 2호, 국제한국어교육학회.
이은희(1998),	외국어로서의 한국어 교육을 위한 교육과정 개발 연구. 한국어 교육 9권 2호, 국제한국어교육학회.
이정희(2003),	한국어 학습자의 오류 연구. 박이정
조현용(2000),	한국어 어휘 교육 연구. 박이정.
조현용(2004),	한국어 교육과 문자 교육 연구. 교육문제연구소 논문집. 경희대학교 교육발전연구원.
추이진단(2001),	한국어와 중국어의 음성학적 대비-교육적인 측면을 고려하여-. 외국인을 위한 한국어 교재. 제2차 한국어세계화 국제학술대회 자료집.
최혜영(2002),	한국어 독학용 교재 개발 연구-기초단계를 중심으로-. 경희대학교 교육대학원 석사학위 논문.
하세가와 유키코(1997),	일본 학습자에 대한 한국어 발음 지도법 -입문 단계를 중심으로-. 한국어 교육 8집, 국제한국어 교육학회.
황인교(1998),	외국인을 위한 한국어 교재 개발. 한국어 교육 9권 2호. 국제한국어교육학회.

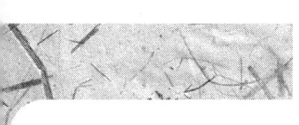

한국어 단기 교육과정 교재

김 경 지 (경희대학교 국제교육원)

1. 머리말

1.1 연구 목적

　　드라마나 노래를 계기로 시작된 한류의 열풍이 한국어 배우기로 이어진 것은 이제 새삼스러운 일이 아니다. 중국과 일본은 말할 것도 없고 베트남, 싱가포르, 태국 등 동남아시아를 거쳐 멀리 이집트에서도 한류의 영향이 얼마나 큰지 알 수 있다.[1] 그 결과, 2006년 9회 때부터 TOPIK(Test Of Proficiency in Korean)이 연 2회로 늘어나 현재 12회까

---

1) 이집트 아인샴스대학교에서 중동지역 최초로 2005년 9월 한국어과를 개설하여 현재 약 80여명의 학생들이 한국어를 공부하고 있으며, 2007년 11월 25일에는 한국의 날 행사를 개최, 한국어 말하기 대회와 사물놀이 등의 공연을 통해 이집트 한류 열풍의 핵심이 되고 있다.

지 마쳤으며, 27개국 73지역에서 시험을 실시하고 있다. 이렇듯 한국어에 대한 관심이 늘어나면서 한국어를 배우는 유학생의 수 또한 해마다 증가하고 있고, 각 기관에서는 외국인들을 위한 다양한 프로그램을 구성하고 있다. 16주나 10주의 정규 과정과 3~4주의 단기 과정 이외에도 짧게는 하루, 이틀에서 일주일 정도의 초(超)단기 과정이 만들어지고 있는 것이다.

특히 한국의 대학이나 대학원 입학을 목적으로 하고 있는 대부분의 중국인 학습자와는 달리 일본인들 중에서는 아직까지 취미나 흥미로 인하여 한국어를 배우는 학습자가 다수를 차지하고 있다.[2] 아직 학생이거나 직장에 다니고 있는 경우에는 방학과 휴가를 이용하여 단기 과정에서 한국어를 익힌다. 이 때 자신에게 한국어가 매력적으로 느껴진다면 그것이 정규 과정이라는 긴 목표로 이어지게 되는 것이다. 3~4주의 시간이 없다면 1주일의 집중과정도 투자할 만큼 배우고자 하는 열의를 보이고 있다.

짧은 과정임에도 불구하고 1주일의 초단기 과정은 한국어뿐만 아니라 한국 문화를 경험해 볼 수 있는 가장 기초적인 시간이므로 긍정적인 효과를 가져 올 수 있다. 그러나 아직까지 과정에 맞는 교재가 따로 준비되어 있지 않은 상태이다. 3~4주의 단기 과정 역시 정규 과정 교재를 사용하고 있는데 물론 교재를 마치지는 못하더라도 50% 정도 수업을 했으므로 나머지는 독학으로도 큰 어려움이 없을 것이다. 반면에 초단기 과정에서까지 정규 과정 교재를 사용한다면 ᄒᆞᆼ조차도 하지 못 하고 끝나게 되는 것이다.[3]

출판을 목적으로 하는 것이 아니라 초단기 과정에 맞는 한국어를 따로 제작하여 짧지만 하나의 과정이 끝났을 때 무언가 배우고 해냈다는 성취감을 느끼게 하는 것이 필요할 것이다. 본고에서는 일본인 학습자를 위한 초단기 과정 교재를 구성하여 학습자들이 흥미를 가지고 수업을 듣고 수업과 연계된 활동을 할 수 있는 바탕을 만들고자 한다. 이 교재는 일주일의 과정을 기본으로 하고 있으나 한두 시간이나 하루 정도의 특강 형식을 띠고 있는 한국어 수업에서도 활용할 수 있을 것이다.

---

2) 김경미(2006:28~34)에서 일본인들을 대상으로 설문조사한 결과를 보면, 한국어를 배우는 학습 동기로 '한국에 대한 관심'이 51.9%로 가장 높았고, 다음으로 '한국인이 좋아서'가 12%로 이러한 한국과 한국인에 대한 관심도가 한국어를 배우는 데에 큰 영향을 미쳤음을 알 수 있다.

3) 경희대학교 국제교육원 교재로 가르쳐 본 결과, 초급 2는 총 25과 중에서 세 과를 학습했고, 중급 1은 10주 정규 과정의 경우, 한 과를 16시간에 배우는 것을 고려했을 때, 한 과도 끝내지 못 할 것을 우려하여, 각 과의 〈듣고 말하기〉 부분만을 집중적으로 가르쳤다.

1.2 선행 연구

한국어 교재에 대한 연구는 한국어 교육에서도 계속해서 논의되고 있는 분야이다.[4] 한국어 교육 기관에서 사용하고 있는 교재를 분석하는 교재 평가론, 영역별 교육과정에 대해서 연구하는 교재 유형론, 기존 교재의 문제점을 지적하고 보완된 교재를 제시하는 교재 개발론 등 교재 연구의 범위는 다양하면서도 더 깊이 있게 다루어지고 있다. 이렇듯 통합 교재는 물론이고 각 영역별, 언어권별, 급별 교재에 대한 연구가 끊임없이 이어져 오고 있는 가운데 최근 들어서는 특수 목적의 한국어 교재 연구 및 개발이 그 주류를 이루고 있다. 학문 목적이나 비즈니스, 관광, 문화[5] 등의 전문적인 분야에 대한 교재 개발과 결혼 이민자, 이주노동자, 재외 동포나 교포 자녀, 귀국 자녀 등의 특정 계층을 위한 교재 개발이 바로 그것이다. 이에 비하여 단기 과정 중심의 교재 연구나 개발은 그 수가 굉장히 적은 편이다.

조현용(2002)에서는 단기간 한국을 방문하는 외국인들을 위한 한국어 교육 연구로 단기 과정에 대한 연구의 첫 시도를 보였다. 여기에서는 단기간 방문자에게 제시할 교수 항목들에 대해서 여덟 가지의 유의할 점을 제시하고 있는데, <u>1) 일정한 틀을 유지한다. 2) 사용 빈도를 우선한다. 3) 어휘를 중요시한다. 4) 한국에 대한 긍정적 사고를 유도한다. 5) 시류를 반영한다. 6) 흥미가 있어야 한다. 7) 학습자의 활동을 최대한 유도한다. 8) 사용 언어는 영어 또는 학습자의 모국어로 해야 한다</u> 등이다. 이에 따른 제시 항목으로는 <u>1) 한국어에 대하여 2) 세종대왕에 대하여 3) 한글에 대하여 4) 그림으로 배우는 한국어 어휘 5) 유용한 표현 10가지 6) 자기소개 7) 질문 8) 숫자 9) 상황과 표현</u> 등의 아홉 가지이다. 이 논문은 짧은 시간에 한국어의 기본적인 부분을 익힐 수 있다는 점에서 의의를 둘 수 있으나 아직은 초급 1 정도의 수준에 한정되어 있다는 점이 아쉽다.

본 기관에서 2005년부터 개설하여 진행하고 있는 연말 집중과정도 1회 때는 초급 2

---

[4] 강승혜(2003)에 의하면, 한국어교육학의 하위 영역을 10대 주제로 분류하였는데, 한국어 교재 연구의 위치를 보면 다음과 같다. ①한국어교육 일반 ②한국어교육 내용 ③한국어 교수·학습 ④<u>한국어 교재</u> ⑤학습자 요인 ⑥오류 분석 ⑦한국어 능력평가 ⑧웹기반·컴퓨터 ⑨학습자 사전 ⑩교사 교육

[5] 문화 교재는 영화, 뮤직비디오, 드라마, 문학, 속담, 관용표현, 신문, 만화, 광고 등을 매개로 한 교재를 말한다.

수준 정도로 한정되어 있었으나 2회 때부터는 중급 1~2급의 학습자들도 늘어나 앞으로는 중급 수준 이상의 초단기 과정 교재의 개발도 필요할 것이다.[6]

장준영(2005)에서는 단기 과정 학습자를 위한 초급 한국어 교재 구성하면서 단기 과정 교육에서의 주안점을 제시하고 있는데, 1) 학습자에게 꼭 필요한 것을 제시한다. 2) 교실에서의 수업과 현장 교육을 병행한다. 3) 문장으로 교육시킨다. 4) 한국의 문화를 소개한다. 5) 집중교육을 시킨다. 등의 다섯 가지이다. 그러나 단기 과정 학습자를 위한 주안점이라고 제시한 것이 정규 과정의 교재와 차별성을 보이지 않고, 교재가 가지고 있는 전형적인 부분을 제시하고 있다. 좀 더 단기 과정 교재만의 창의적인 부분을 제시했다면 좋았을 것으로 보인다.

1.3 초단기 과정 교육기관

1.3.1 대학 교육 기관

2005년 12월 25일부터 31일까지 처음으로 개설한 본 기관의 연말 집중과정은 현재 3회까지 진행되었다. 연말 집중과정은 많은 시간을 투자해서 공부할 수 없는 일본 직장인들을 위하여 12월 말의 일주일간 한국어를 가르치는 것으로 한국에서는 연말이 매우 바쁜 기간이나 일본 직장인에게는 오히려 여행이나 자기 계발을 위해 투자할 수 있는 시간인 것이다. 한류의 영향으로 일본 현지에서도 한국어 강좌가 눈에 띄게 증가하였고, 드라마나 영화 또는 각종 프로그램에서 한국 관련 장면을 보는 것도 이제 자연스러운 일이 되고 있다. 일본 내에서 한국어 수업을 겸하는 유학원에서도 시간 내기가 어려운 직장인들을 대상으로 5월의 골든위크, 8월과 12월 약 일주일 동안 집중 코스를 운영하고 있는데, 꾸준한 인기를 얻고 있다.

본 기관에서 한국어 수업으로 주어지는 시간은 13시간에서 15시간 정도이다. 오후에는 두 시간 동안 태권도나 노래를 배우는 문화 수업과 도우미와 함께 하는 회화 연습 시

---

6) 본 기관에서 2005년부터 실시하고 있는 연말집중과정은 12월 마지막 주에 일주일 동안 일본의 직장인을 대상으로 하고 있다. 1회 때 9명의 학습자들로 시작하였는데 2회 때 31명으로 그 수가 늘어났으며 약 40%가 중급 수준의 학습자였다. 3회 때에는 16명으로 전체 학습자 수는 줄었으나 초급과 중급이 골고루 편성돼 반 구성에 있어서는 안정세를 보였다.

간이 있고, 서울 시내 관광도 포함되어 있다.[7]

한국어 수업은 정규 과정의 교과서로 진행되며 교재의 내용을 모두 학습하기보다 학습자가 원하는 부분이나 각 단계에서 꼭 필요한 부분을 익히도록 한다. 초단기만을 위한 교재가 아직 없으므로 한국어 수업에 있어서는 교사가 어려움을 겪고 있는 실정이다. 문화 수업은 태권도와 노래로 이루어져 있는데, 1회로 끝나는 수업이므로 많은 것을 보여주기보다 기본적인 것과 흥미를 유발하는 쪽으로 진행하고 있다. 태권도는 기본자세를 익힐 수 있게 하고, 노래 수업의 경우 쉽게 따라 부를 수 있거나 가사를 이해하기에 어려움이 없는 노래를 배운다.[8] 도우미 수업은 본 대학의 학생들과 서로 한국어로 이야기해 보는 말하기 수업으로 오전에 배웠던 한국어를 충분히 활용해 보는 시간이다. 또한 서울 시내 관광은 인사동이나 경복궁 등을 돌아다니며 한국어로 쇼핑을 체험해 보는 것으로 쇼핑을 하면서 물건 값을 깎아 보거나 길을 물어 보는 등의 실생활 한국어를 익힐 수 있다.[9]

1.3.2 사설 기관

가나다 한국어학원이나 한국어교육문화원과 같은 사설 기관의 경우 일본인을 대상으로 1주나 2주의 집중과정을 운영하는 경우가 대부분이다. 가나다 한국어학원은 『가나다 KOREAN』을 주교재로 사용하고 있으며, 오전에는 한국어 수업, 오후에는 요리 실습과 공연 관람 등의 문화 수업이 진행되고 있다. 한국어교육문화원 역시 오전에는 한국어 수업, 오후에는 노래나 영화, 공연 등을 관람하며, 한국어 교재로는 『Easy KOREAN』을 사용하고 있다. 두 기관이 사설 기관으로는 대표적인 곳이라고 볼 수 있으나 교육의 질적인

---

7) 경희대학교 국제교육원 연말 집중과정 구성표(2006년)

	월 (25일)	화 (26일)	수 (27일)	목 (28일)	금 (29일)	토 (30일)
9:00~9:50	반배치 시험	한국어 수업	한국어 수업	한국어 수업	한국어 수업	관광
10:00~10:50	오리엔테이션					
11:00~11:50	입교식				수료식	
12:00~12:50	환영오찬					
13:00~13:50			시내관광			
14:00~14:50		문화수업		문화수업		
15:00~15:50						
16:00~16:50		도우미수업		도우미수업		

8) 본 기관에서 가르치고 있는 노래는 '아리랑(전통 민요로 먼저 부른 다음 월드컵 아리랑으로 바꿔서 부른다), 이재훈의 사랑합니다, 장윤정의 어머나(또는 꽃)'로 한국의 전통 민요, 발라드, 트로트 등의 다양한 장르의 한국 노래를 제시한다.

9) 실제로 일본 도쿄의 한 문화센터에서 한국어를 배우고 있는 학습자의 인터뷰를 보면 지하철 타는 방법, 식당에서 쓰는 말, 요리 메뉴, 간판, 드라마에서 나오는 대사 등을 알고 싶어 한다는 기사가 있었다.

측면에서 대학 기관보다 부족한 부분이 많다. 대학 기관의 한국어 교사들은 석사 학위 이상의 한국어 교육 전공자가 대부분인 데 비하여 사설 기관은 그렇지 않은 경우가 많다. 외국어 학습에서 빼 놓을 수 없는 요소가 전문적으로 양성된 교사임을 당연한 것이라고 봤을 때, 이는 중요한 문제가 아닐 수 없다. 이 외에도 외국어 문화 교류원이 있는데 수업은 1~2주의 집중과정과 1개월의 단기 과정을 두고 있고, 주로 결혼 이민자나 교포 자녀에게 한국어를 가르치는 유학원 형식으로 진행되고 있다. 전문적인 기관이라기보다는 흥미나 친목 위주의 단체라고 볼 수 있다.

2. 교재의 필요성 및 구성

2.1 교재의 필요성

본고는 초단기 과정 일본인 학습자를 대상으로 하는 교재 연구를 목적으로 하고 있다. 앞에서도 밝혔듯이 본 기관에서 실시하고 있는 연말 집중과정은 일본 직장인으로 이들은 대부분 한류 열풍에 의하여 한국 드라마나 배우에 대한 관심이 생겨나면서 한국어를 배우기 시작했고, 특히 여성들이 8~90%를 차지한다. 1회 때에도 9명의 학습자 중에서 7명이 여성이었고, 이들의 평균 연령도 남성을 포함하여 40대가 대부분이었다.[10] 초급 1에 해당하는 학습자들도 일본에서 자·모음과 인사 표현 정도는 배우고 온 상태로 한국어의 관심도는 매우 높다. 일본에서의 한류가 많이 수그러졌다고는 하나 여전히 그들은 한국 드라마를 보고 한국 노래를 들으며 한국 배우에 대한 애정을 나타내고 있다.

학습자 중에서 대부분은 한국어 공부를 하러 온 것은 처음이지만 관광으로 한국을 짧게 방문한 경험은 많이 있었다. 따라서 13시간에서 15시간이라는 시간에 가르쳐야 하는 것은 실생활적인 한국어여야 할 것이다. 본 기관의 경우 짧은 시간 내에 한국어 수업과 문화 체험, 도우미 수업 등을 진행해야 하므로 더욱 더 초단기 과정 한국어 교재가 필요

---

10) 2006년 연말 집중과정 신청자들의 연령대는 10대~60대로 더 다양해졌으며, 개인적으로 숙소 문제가 해결된다면 더 늘어날 것으로 보인다.

하다. 물론 해마다 교재를 만드는 것은 무리이므로 일반적으로 알아두어야 할 내용을 전반적으로 배치하고 시류에 맞게 몇 가지가 추가되는 것이 좋을 것이다. 머리말에서 교재를 끝낼 수 있도록 하여 성취감을 주는 것이 필요하다고 하였는데, 그렇게 하는 방법과 조금 더 과를 구성하여 나머지는 독학으로 완성하게 하는 방법도 고려해 볼 수 있다. 그렇게 한다면 학습자가 모국으로 돌아가서도 한국에서 공부한 학습 방법대로 뭔가 계속 공부하고 있다는 학습 의욕을 불러일으키고 다시 한국에서 공부하고 싶다는 생각을 갖게 할 수 있을 것이라고 본다.

2.2 교재의 구성 방향

첫째, 대상은 초급 2로 한다.

초급 2의 학습 목표 기준을 보면 일상생활에 필요한 기능과 공공시설 이용에 필요한 기능을 수행할 수 있다고 제시하고 있다. 즉 부족하나마 사회생활이 가능해지는 시기이므로 초급 1보다 좀 더 다양한 활동을 할 수 있다. 또한 3회에 걸친 연말 집중과정의 학습자 수준에 있어서도 가장 많은 비중을 차지하고 있는 단계가 초급 2라는 것도 하나의 이유가 될 것이다. 일본인 중에는 현지의 유학원이나 어학당에서 한국어를 공부하고 있거나 NHK로 한국어 수업을 청취하고 있는 경우가 많다. 학원에서 배울 경우, 일주일에 1회, 90분 정도의 수업을 들으므로 그다지 많은 양을 공부하지 못 한다. 독학의 경우도 마찬가지이므로 1년 정도 공부를 했다고 하더라도 초급 1을 겨우 넘긴 수준으로 볼 수 있다. 따라서 초급 2의 학습자 수가 다른 급에 비하여 더 비중을 차지하는 것이다. 그러나 점차 중급 학습자의 수가 늘어나는 것을 봤을 때 중급 과정의 교재 개발도 시급한 문제이다.

둘째, 해당 학교의 본 교재와 연관시켜서 구성한다.

본 기관의 연말 집중과정을 공부하고 있는 이상 해당 학교의 교재와 따로 분리시켜 생각할 수는 없을 것이다. 따라서 초단기의 특색에 맞게 교재를 구성하는 데에 정규 과정의 교재에 제시하고 있는 문형들이 바탕이 되어야 한다. 또한 문형 선정에 있어서는 순서를 고려하지 않고 그 상황에 맞는다면 관계없이 제시하도록 한다. 교재를 구성할 때 한국어 수업 시간에 다 끝내지 못 하는 부분이 있다면 나머지는 독학으로 마칠 수 있도록 여유를 갖는 것도 좋을 것이다. 초단기 과정 학습자들은 한국어를 배우는 것도 중요하지만 그것 못지않게 한국 문화를 경험하고 한국 생활을 체험해 보는 것에 더 많은 가치를 두고 있다. 교재를 끝내기 위하여 무리하게 수업을 진행한다면 오히려 역효과를 가져올 수 있으므로 진도보다는 수업 내용에 더 많은 교육적 무게를 두어야 한다.

셋째, 종결어미는 '해요체'로 한다.

실생활적이고 의사소통 기능을 강화하기 위하여 비격식체형을 제시하도록 한다. 짧은 시간에 집중적으로 한국어를 배우는 것이므로 현장에서 많이 들을 수 있고, 또 학습자 본인이 많이 사용할 수 있는 형태를 제시하는 것이 바람직하다고 본다. 또한 학습자 대부분이 한국 드라마를 즐겨 보므로 구어적인 종결어미 교육이 필요하다. 물론 해요체를 익히기 위해서는 동사의 불규칙 활용을 이해해야 한다는 어려움이 있으나 처음에 제대로 익혀 두면 한 형태로 네 가지 종결어미를 표현할 수 있고, 연결어미도 빠르게 이해할 수 있으므로 훨씬 활용도가 높다.[11] 조현용(2002)에서도 단기간 방문자의 경우는 학습의 편리성과 사용 빈도를 고려할 때 '해요체'를 중심으로 교육하는 것이 유리하다고 보았다.

넷째, 한류를 긍정적으로 활용한다.

교재에 그 해에 가장 인기 있었던 드라마의 명장면과 명대사를 실어서 학습자와 같이 배워 보는 것도 시류를 따라가는 하나의 방법이라고 본다. 그리고 실제 드라마를 보면서 그 장면을 학습자들끼리 팀을 이루어 연기를 해 보고, 서로 심사위원이 되어 점수를 매기면 수업에 또 다른 흥미를 유발할 수 있을 것이다. 또한 문화 수업 때 배운 노래를 수업으로만 그친다면 바로 잊어버리기 쉬우므로 노래 가사는 교재에 넣고, 노래가 들어간 CD를 교재 뒤에 부착시켜 놓는다. 이렇게 하면 학습자가 고국에 돌아가서도 계속해서 들어

---

11) 예를 들어, '가다'를 합쇼체로 하면 '평서형-갑니다, 의문형-갑니까? 청유형-갑시다, 명령형-가십시오.'로 네 가지이나, 해요체로 하면 '평서형, 의문형, 청유형, 명령형-가요'로 억양의 차이만 있을 뿐, 모두 똑같으므로 학습 속도가 빨라진다.

볼 수 있으므로 한류와 적절히 연계된 한국어 수업이 될 수 있다. 예를 들어, 교재 구성에서 3과에 있는 「"저는 분위기 있는 사람을 좋아해요."」에서는 수업이 끝나고 변진섭의 '희망사항'을 배운다면 수업과 연계된 활동으로 효과가 있을 것이다.

다섯째, 설문조사를 철저히 반영한다.

일주일의 과정이 끝날 때 반드시 수업에 대한 설문조사를 실시한다. 단순히 '예/아니요'로 끝나거나 답을 고르는 식의 문제가 아니라 학습자들이 솔직하게 자신의 생각을 쓸 수 있는 설문지를 만들어야 한다. 초단기 과정으로 오기 전과 온 후가 어떻게 달라졌는지, 한국어 수업에서 어떤 점이 좋았는지, 교재의 내용이나 수준은 적당했는지, 과제 활동은 적절했는지, 서울이나 근교에서 어디를 가장 가고 싶은지 등을 구체적으로 서술할 수 있도록 한다. 또한 한국어로 배우고 싶은 문장을 일본어로 적게 하여 다음 초단기 수업 때 그것을 위주로 수업을 진행하는 것도 학습자의 학습 의욕을 불러일으킬 수 있는 방법이다.[12]

---

12) 조현용(2002)에 따르면 일본 NHK에서 가르친 실용 한국어에 다음과 같은 40개의 표현이 있다고 한다.
  1. 안녕하세요? 2. 반갑습니다. 3. 성함이 어떻게 되세요? 4. 죄송합니다. 5. 여기예요. 6. 감사합니다. 7. 학생이에요? 8. 어디예요? 9. 가요? 10. 사진을 찍고 싶어요. 11. 시간이 얼마나 걸려요? 12. 그건 뭐예요? 13. 맛이 어때요? 14. 물 좀 주세요. 15. 뭐가 있어요? 16. 왜요? 17. 지금 몇 시예요? 18. 10시 거는 없어요. 19. 언제요? 20. 뭘로 하시겠어요? 21. 가장 크대요. 22. 날씨는 어떨까요? 23. 시장에 가 볼까요? 24. 이쪽이 좋은 것 같은데요? 25. 이건 안 시켰어요. 26. 한자로 어떻게 써요? 27. 그건 싫어요. 28. 이거 얼마예요? 29. 버스로 갈 수 있어요? 30. 여기서 담배를 피우면 안 돼요. 31. 내일까지 돼요? 32. 그건 먹지 마세요. 33. 더워요? 34. 더는 못 먹겠어요. 35. 빌려 주신대요. 36. 머리가 아파요? 37. 찾았어요? 38. 준비 다 됐어요? 39. 더 노력해야 돼요. 40. 수고하셨어요.

3. 교재 구성의 실제

3.1 단원 구성

〈표 1〉 초단기 과정 단원 구성표

단원	단원명	주제	기능	문법 / 어휘	과제활동	한국문화
1	너무 맵지 않게 해 주세요.	주문 음식	주문하기	-아/어 주세요, -아/어서, -(으)니까 음식 관련 어휘	식당에서 주문하기	대장금에서의 음식 철학
2	지하철은 어디서 타면 돼요?[13]	길 찾기	길 물어보기	-(으)면 돼요, -다가, -는데, 교통 관련 어휘	자신이 간 곳 이야기하기	한국에서 택시 타기
3	저는 분위기 있는 사람을 좋아해요.	좋아하는 것	묘사하기	-는, -(으)ㄴ, -(으)ㄹ, -는 게 어때요? 인물묘사 관련 어휘	좋아하는 사람에 대해 쓰기	일본인이 생각하는 한국드라마의 법칙
4	시간이 있을 때 여행을 가요.	취미	취미 설명하기	-(으)ㄹ 때, -기 전에, -(으)ㄴ 후에 취미 관련 어휘	자기소개[14]	드라마 속 장소
5	이게 더 괜찮은 것 같아요.	쇼핑	물건 사기	-는/-(으)ㄴ/-(으)ㄹ 것 같아요, 쇼핑 관련 어휘	은행에서 환전하기	받침 'ㄴ, ㅁ, ㅇ'

초단기 과정의 교재는 주제를 중심으로 총 다섯 과 정도를 구성해 보았으며 위에서 언급한 한국 노래와 드라마 명대사 등이 추가될 수 있다. 또한 교재에 등장하는 인물들은 정규 과정 교재의 인물들을 그대로 제시하도록 하며 여기서는 한 과를 중점적으로 다루고자 한다.

---

13) 어휘 제시를 다양하게 하여 문형을 연습시킨다. 2과 "지하철은 어디서 타면 돼요?"는 '지하철' 대신에 '버스, 택시' 등의 교통수단이 어휘를 넣도록 하고, 4과 "시간이 있을 때 여행을 가요."는 '여행을 가요' 대신 '잠을 자요, 영화를 봐요, 밥을 먹어요.' 등으로 어휘 대치를 시킬 수 있다.

14) 자기소개는 너무나 전형적인 형태에서 탈피해서 자신이 소개해야 할 부분을 집중적으로 소개하는 틀을 마련해야 한다.

3.2 단원 소개

3.2.1 도입

제3과 저는 분위기 있는 사람을 좋아해요.

목표 : 연체형(-ㄴ/은, -는, -ㄹ/을)을 이해한다. / 좋아하는 것을 이야기할 수 있다.

🔊 잘 들어 보세요.

❓ 1) 나오코 씨는 어떤 남자를 좋아해요?
　　2) 빌리 씨가 나오코 씨에게 소개해 준 남자는 누구예요?

〈 듣기 지문 〉

나오코 : 빌리 씨, 여자 친구 있어요?
빌　리 : 아니요, 아직 없어요. 나오코 씨는요?
나오코 : 저도 없어요. 빌리 씨는 어떤 여자를 좋아해요?
빌　리 : 음... 저는 나오코 씨처럼 웃는 얼굴이 예쁜 여자를 좋아해요.
나오코 : 그래요? 저는 분위기 있는 사람을 좋아해요. 특히 노래를 잘 부르는 남자가 좋아요.
빌　리 : 아, 좋은 사람이 한 명 있는데 소개해 줄까요? 분위기 있고 노래도 아주 잘 불러요.
나오코 : 그 사람이 누군데요?
빌　리 : 저예요. 나오코 씨, 저하고 사귀는 게 어때요?

3.2.2 문형 설명

 공부해 봅시다.

| **동작동사** 는 | 명사 | **상태동사** (으)ㄴ | 명사 |

텔레비전을 보는 사람   밥을 먹는 사람   큰 수박   작은 사과

〈보기〉 빌 리 : 어떤 사람을 좋아해요? (운동을 잘하다 / 키가 크다)
나오코 : **운동을 잘하고 키가 큰** 사람을 좋아해요.

1) 빌 리 : 어떤 날씨를 좋아해요? (하늘이 맑다 / 따뜻하다)
   나오코 : _____ 날씨를 좋아해요.

2) 나오코 : 어떤 음식을 좋아해요? (국물이 많다 / 맵다)
   빌 리 : _____ 음식을 좋아해요.

3) 빌 리 : 어떤 남자를 좋아해요? (똑똑하다 / 많이 알다)
   나오코 : _____ 남자를 좋아해요.

4) 나오코 : 어떤 여자를 좋아해요? (눈이 예쁘다 / 머리가 길다)
   빌 리 : _____ 여자를 좋아해요.

5) 빌 리 : 어떤 선생님을 좋아해요? (친절하다 / 재미있다)
   나오코 : _____ 선생님을 좋아해요.

말해 봅시다.

친구와 같이 〈보기〉의 단어로 서로 좋아하는 사람을 이야기해 봅시다.

〈보기〉	키가 크다/작다	성격이 좋다	운동을 잘하다
	날씬하다	착하다	공부를 잘하다
	통통하다	친절하다	노래를 잘하다
	머리가 길다/짧다	똑똑하다	거짓말 안 하다
	귀엽다	분위기 있다	약속을 잘 지키다
	예쁘다	재미있다	대화가 잘 통하다
	잘생기다	멋있다	일을 열심히 하다

〈보기〉

: 나오코 씨는 어떤 사람을 좋아해요?
: 저는 노래를 잘하고 똑똑한 사람을 좋아해요. 왜요?
: 제가 잘 아는 사람이 있는데, 소개해 줄까요?
: 어떤 사람인데요?
: 잘생기고 거짓말 안 하는 사람이에요. 어때요?
: 좋아요, 소개해 주세요. / 아니요, 괜찮아요.

〈대화 만들기〉

: _____
: _____
: _____
: _____
: _____
: _____

읽어 봅시다.

읽고 질문에 대답하세요.

'한류 엑스포 인 아시아(韓流Expo in Asia)'

제주도 서귀포시에 있는 국제컨벤션센터에서 100일 동안 '한류 엑스포'가 열립니다.

한국의 영화, 드라마, 음악, 게임 등 한류 문화를 소개하는 이 행사에는 아시아인들이 좋아하는 한국 배우와 가수들이 많이 참가합니다. 개막식 축하공연에서는 얼마 전 결혼한 윤손하가 사회를 보고, 배용준, 이영애, 이동건, 이준기, 동방신기, 보아, 강타, 슈퍼주니어, SG워너비 외에 많은 한류 스타들이 제주도를 방문합니다.

또한 한류 배우들이 출연한 드라마의 전시와 가수들의 작은 콘서트도 열릴 예정입니다. 여러분의 많은 관심과 사랑을 부탁드립니다.

일   시 : 2006년 11월 29일 ~ 2007년 3월 10일, 오전 10시 ~ 오후 6시
장   소 : 제주도 서귀포시 중문 제주국제컨벤션센터(ICC)
교   통 : 제주국제공항 → 공항버스 → 국제컨벤션센터
전   화 : 1588-8965, 064)735-1000
홈페이지 : http://www.hallyu-expo.com

1) 다음 중 위의 내용과 다른 것을 모두 고르세요.
   ☐ 한류 엑스포는 서귀포시에서 열립니다.
   ☐ 축하 공연에서 이영애가 사회를 봅니다.
   ☐ 한류 엑스포는 하루에 8시간 동안 합니다.
   ☐ 한류 배우들의 콘서트도 열릴 예정입니다.

2) 다음 질문에 대답해 주세요.
   ❓ 한류 엑스포를 보려고 하는데 어떻게 가면 돼요?

4. 맺음말

한류의 열풍으로 인한 한국어에 대한 관심이 늘어나면서 한국어를 배우는 유학생의 수 또한 해마다 증가하고 있고, 각 기관에서는 외국인들을 위한 다양한 프로그램을 구성하고 있다. 특히 일본인들 중에서는 취미나 흥미로 인하여 한국어를 배우는 학습자가 다수를 차지하고 있는데 짧은 과정임에도 불구하고 1주일의 초단기 과정은 한국어뿐만 아니라 한국 문화를 경험해 볼 수 있는 가장 기초적인 시간이므로 긍정적인 효과를 가져 올 수 있다.

초단기 교재를 구성하는 데 있어서 방향은 다음과 같다.

첫째, 대상은 초급 2로 한다.

초급 2의 학습 목표 기준을 보면 일상생활에 필요한 기능과 공공시설 이용에 필요한 기능을 수행할 수 있다고 제시하고 있다. 즉 부족하나마 사회생활이 가능해지는 시기이므로 초급 1보다 좀 더 다양한 활동을 할 수 있다. 또한 3회에 걸친 연말 집중과정의 학습자 수준에 있어서도 가장 많은 비중을 차지하고 있는 단계가 초급 2라는 것도 하나의 이유가 될 것이다.

둘째, 해당 학교의 본 교재와 연관시켜서 구성한다.

본 기관의 연말집중과정을 공부하고 있는 이상 해당 학교의 교재와 따로 분리시켜 생각할 수는 없을 것이다. 따라서 초단기의 특색에 맞게 교재를 구성하는 데에 정규 과정의 교재에 제시하고 있는 문형들이 바탕이 되어야 한다. 또한 문형 선정에 있어서는 순서를 고려하지 않고 그 상황에 맞는다면 관계없이 제시하도록 한다.

셋째, 종결어미는 '해요체'로 한다.

실생활적이고 의사소통 기능을 강화하기 위하여 비격식체형을 제시하도록 한다. 짧은 시간에 집중적으로 한국어를 배우는 것이므로 현장에서 많이 들을 수 있고, 또 학습자 본인이 많이 사용할 수 있는 형태를 제시하는 것이 바람직하다고 본다. 또한 학습자 대부분이 한국 드라마를 즐겨 보므로 구어적인 종결어미 교육이 필요하다.

넷째, 한류를 긍정적으로 활용한다.
교재에 그 해에 가장 인기 있었던 드라마의 명장면과 명대사를 실어서 학습자와 같이 배워 보는 것도 시류를 따라가는 하나의 방법이라고 본다. 또한 문화 수업 때 배운 노래를 수업으로만 그친다면 바로 잊어버리기 쉬우므로 노래 가사는 교재에 넣고, 노래가 들어간 CD를 교재 뒤에 부착시켜 놓는다. 이렇게 하면 학습자가 돌아가서도 계속해서 들어볼 수 있으므로 한류와 적절히 연계된 한국어 수업이 될 수 있다.

다섯째, 설문조사를 철저히 반영한다.
일주일의 과정이 끝날 때 반드시 수업에 대한 설문조사를 실시한다. 단순히 '예/아니요'로 끝나거나 답을 고르는 식의 문제가 아니라 학습자들이 솔직하게 자신의 생각을 쓸 수 있는 설문지를 만들어야 한다. 또한 한국어로 배우고 싶은 문장을 일본어로 적게 하여 다음 초단기 수업 때 그것을 위주로 수업을 진행하는 것도 학습자의 학습 의욕을 불러일으킬 수 있는 방법이다.

이렇게 초단기 과정에 맞는 한국어를 따로 제작하여 짧지만 하나의 과정이 끝났을 때 무언가 배우고 해냈다는 성취감을 느끼게 하는 것이 필요할 것이다. 본고에서는 일본인 학습자를 위한 초단기 과정 교재를 구성하여 학습자들이 흥미를 가지고 수업을 듣고 수업과 연계된 활동을 할 수 있는 바탕을 만들어 보았다. 이를 중심으로 중급과 고급의 초단기 과정 교재도 개발해 나가야 할 것이다.

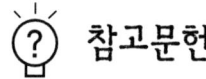
참고문헌

강승혜(2003),	한국어교육의 학문적 정체성 정립을 위한 한국어교육 연구동향 분석, 한국어교육 Vol 14-1, 국제한국어교육학회.
권용해(2006),	초급 한국어 교수법 모델 및 교재 구성에 대한 연구 – 프랑스 대학생을 대상으로 –, 성균관대학교 대학원.
김경미(2007),	한류로 인한 문화적 친근감이 한국어 학습효과에 미친 영향 연구, TV드라마를 이용한 일본인 학습자를 중심으로, 서강대학교 언론대학원.
김동국(2006),	한국어 교육에서의 한류의 영향에 대한 연구, 水と土, 평택대학교 사회과학연구소.
김선미(2005),	문화에 기반한 한국어교재의 구성방안, 부산외국어대학교 교육대학원.
김중섭(2003),	국어교재 개발의 이론과 실제, 인문과학논집 vol 12, 강남대학교 인문과학연구소.
＿＿＿＿(2004),	한국어 교육의 이해, 한국문화사.
남애리(2007),	일본인들의 한국어에 대한 의식 변화 연구, 한류 드라마의 언어적 변화를 중심으로, 중앙대학교 대학원.
박순애·세키요코·유예진(2006),	커뮤니케이션 능력육성과 한국어 교재, 한국외국어교육학회 학술대회 자료집, 한국외국어교육학회.
안은희(2005),	국어사용능력 신장을 위한 국어과교재 구성의 핵심요소와 구조 유형 연구, 경인교육대학교 교육대학원.
양윤정(2005),	어휘장 이론을 바탕으로 한 한국어 어휘교재 구성 방안, 부산외국어대학교 교육대학원.
우형식(2003),	한국어 교재의 단원 구성요소, 우리말 연구 13.
이상숙(2005),	특수 목적을 위한 한국어 교재 개발 방안 연구, 일본인 대상의 '관광 한국어' 교재 개발을 중심으로, 이화여자대학교 교육대학원.
이선아(2000),	일본어 화자를 위한 한국어 교재의 분석과 개발 방향, 이화여자대학교 교육대학원 석사 논문.
장준영(2005),	단기과정 학습자를 위한 초급 한국어 교재 구성 방안 연구, 경희대학교 교육대학원.
정동환(2005),	한국어 교육의 올바른 방향, 교육한글 vol 16, 한글학회.

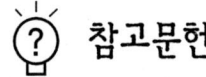 **참고문헌**

조위수(2005), 과제 중심의 한국어 말하기 듣기 교재구성 방안, 부산외국어대학교 대학원.
조현용(2002), 단기간 방문자를 위한 한국어교육연구, 어원연구 제5호, 한국어원학회.
_____(2005), 한국어 교육의 실제, 유씨엘
최주열(2006), '신한류' 정책으로서의 한국어 교육, 비교한국학 vol 14 No2, 국제비교한국학회.
추혜정(2005), 외국인 노동자의 한국어 교재 구성을 위한 학습자 요구 조사: 충청도 지역 중심으로, 선문대학교 교육대학원.

세계 속의 한국어 교재 04

- 중국에서의 한국어 교육과정과 교재 _ 박미선
- 일본에서의 한국어 교육과정과 교재 _ 사카와 야스히로
- 일본 고교의 한국어 교육과정과 교재 _ 김동은
- 태국에서의 한국어 교육과정과 교재 _ 시무왕케와린
- 싱가포르에서의 한국어 교육과정과 교재 _ 지서원
- 스리랑카에서의 한국어 교육과정과 교재 _ 곽봉재
- 루마니아에서의 한국어 교육과정과 교재 _ 박상천

중국에서의 한국어 교육과정과 교재

박 미 선*

1. 들어가며

한국어 교육의 위상이 날로 높아지고 있는 가운데, 중국에서의 한국어 교육 역시 1992년 한중 수교를 기점으로 해서 교육의 양과 질 면에서 모두 빠르게 성장하고 있다. 먼저 양적인 측면에서 본다면 1946년 중국 남경의 남경동방어문전문대학에서 3명의 한국어학과 학생으로 출발한 중국에서의 한국어 교육[1]은 최근 4년제 국립대학 기관의 정식 학과만 해도 58개에 이르고[2], 아직 준비 중에 있는 대학 기관과 단기 대학 기관 그리고 교

---

*중국 요녕대학교 한국어학과 교수
1) 한중 수교 이전 중국에서의 한국어 교육은 엄밀히 따진다면 조선어 교육이라고 할 수 있다. 김경선(2007)에서는 남경동방어문전문대학을 조선어 교육의 출발로 삼고 있고, 강보유(2002)에서는 50년대 초 북경대학교 조선어학과를 시초로 삼고 있다. 그러나 남경동방어문전문대학이 이후 북경대학으로 합병된 사실로 미루어 보아 김경선의 논의가 더욱 정치하리라고 본다.

2) 김병운(2007)

양 한국어 과목까지 감안한다면 그 양적 팽창을 앞으로도 기대해 볼 수 있을 것이다.

질적인 측면에서는 우선 한국어 관련 교재의 수로 한국어 교육의 성장을 평가할 수 있을 것이다. 시중에 나와 있는 한국어 관련 교재는 대학 기관에서 출판한 교재에서부터 일반 학습자를 대상으로 하는 독학용 교재, 그리고 한국에서 시판되고 있는 교재의 중국 출판물과 포켓용 회화 교재와 학습 사전에 이르기까지 그 수와 내용은 한국어 교육의 산실인 한국과 능히 견줄 만하다.

연구 업적 면에서도 중국 '한국(조선)어교육학회'의 연례 학술대회와 연변 과학기술대학에서 주최하는 연토회를 통해서 해마다 깊이 있는 연구 주제들이 발표되고 있고, 중국 내 한국어 교육 현장에 있는 한국인과 중국인 교수들이 주축이 되어 한국어 교육의 방향성을 검토하는 활동[3] 역시 한국어 교육의 질을 높이는 데 한 몫 한다고 하겠다.

이렇듯 중국에서의 한국어 교육은 60년의 역사를 거치면서 다른 언어권 국가에서 보여주었던 발전 못지않게 괄목할 만한 성과를 보여주고 있다. 이러한 배경에는 여러 가지 요소가 있겠지만 기본적으로는 한국과의 지리적 근접성과 문화적 유사성으로 인한 친밀감을 들 수 있을 것이다. 다음은 한중 수교 이후 양국이 상대국에 갖는 기대 효과가 많이 작용했을 것으로 보인다. 여기에 국제무대에서 한국이 갖는 위상과 한류 열풍이 합세를 하여 한국 경제에 대한 관심은 한국 문화에 대한 관심으로, 다시 한국 문화에 대한 관심은 한국어에 대한 관심으로 이어져 지금의 열기를 낳고 있다.

그러나 이 열기를 우려하는 목소리 또한 등한시 할 수 없다. 한류 열풍이란 표현처럼 한국어 교육에 대한 열기가 지나가는 바람에 불과할 것이라는 견해 또한 겸허하게 수렴해야 할 때라고 본다. 즉, 일선 교육 현장에 있는 교사들은 한국어 학습자와 수요자의 요구를 반영하는 교육과정을 점검하고, 연구자들은 다양한 학습자를 고려한 교재를 적극적으로 개발하여 저변 확대를 공고히 굳힐 시기가 도래했다는 것이다. 이에 현재 대학 기관에서 실시하고 있는 한국어 교육과정과 시판되고 있는 교재들을 살펴보고, 차후 방향성에 대해 논하는 것이 순서라고 본다.

---

[3] 재중한국어문화교육교수회가 결성되어 2007년 12월에 제1회 국제학술대회를 가진 바 있다.

2. 대학 기관의 교육 목표와 교과 과정

중국 대학 기관의 한국어 관련 학과는 설립 취지와 교육 목표에 따라 크게 두 가지 형태로 구분할 수 있다. 우선 그 교육 목표를 보도록 하자.

• **북경 대학교 한국어학과의 교육 목표:**

<u>본 학과는 사회의 요구에 대비하여 듣기, 말하기, 읽기, 쓰기와 번역 능력을 키우는 것을 출발점으로 하여 각 방면에 걸친 연습과 학생의 언어 응용 능력을 향상시키고 있다.</u> 본 학과는 한국과 조선의 여러 대학들과 친밀한 교류 관계를 가짐으로써 공동으로 학습 성과를 이루고, 매년 방문과 학술 교류를 하고 있다. 또한 매년 장학생을 선발해서 한국이나 조선으로 보내 연수시키기 때문에 우수한 인재를 많이 배출해 왔다. (밑줄 필자)

• **북경 대외경제무역대학교 한국어학과의 교육 목표:**

본 학과의 학생은 주로 한국어, 경무 기초 지식 및 정치, 경제, 외교, 상무, 문학, 사회 문화 방면의 기초이론과 지식을 배운다. 졸업할 때까지 뛰어난 한국어와 중국어 회화, 문서 표현 능력, 그리고 비교적 높은 업무 수준과 근무 능력을 요구한다.

… 한국(조선)학과와 관련 전공에 견고한 기초 이론을 장악하고 체계적인 전문 지식을 습득해야 한다. <u>본 학과와 관련된 교육이나 연구 방면에 일할 수 있고 또한 관련된 국가 분야와 섭외 회사에서 일할 수 있는 고급 전문적인 인재를 양성하는 것을 목표로 삼는다.</u> (밑줄 필자)

위에서 살펴본 두 대학은 모두 4년제 종합 대학으로서, 이름에서도 학교의 성격이 다름을 알 수 있다. 교육 목표에서 제시하고 있는 것처럼 북경대학교의 한국어학과는 여러 영역에서 두루 쓰일 수 있는 종합형 인재 양성을 목표로 하고 있고[4], 대외경제무역대학교의 한국어학과는 경제 무역 방면 등의 특정 영역에서 전문적으로 일할 수 있는 인재 양

---

[4] 중국에 설치되어 있는 대부분의 한국어 학과가 여기에 해당할 것이다. 외국어대학교나 조선족 자치구의 대학들 역시 교육 목표가 거의 비슷하다.

성을 그 목표로 하고 있는 것이다[5]. 따라서 교과 과정 역시 학과의 교육 목표가 반영되어 조금씩 차이를 보이고 있다. 종합형 인재 양성을 목표로 삼고 있는 북경대학교에서는 기초 한국어, 한국문학사, 한국문화사, 한반도개황, 한국어시청설, 한국보간(報刊)선독, 한국어어법, 한국어범독(泛讀), 한중/중한 번역 등 20개의 교과 과정을 갖추고 있다. 특정 영역의 인재 양성을 목표로 삼고 있는 대외경제무역대학교에서는 기초한국어, 한국어정독, 문학선독, 번역이론과 실천, 경영무역문선, 경영무역응용문, 수사와 작문, 보간선독, 담판(談判)과 통역, 시청각, 한국어어법, 한국개황 등의 교과 과정을 갖추고 있는데, 북경대학교의 교과 과정과 비교해서 특색 있는 사항은 경영무역 실무에 초점을 맞추는 교과 과정 등이 갖추어져 있다는 것이다.

교육 목표나 교과 과정은 비슷하지만 연변조선족자치구의 연변과학기술대학교 한국어학과는 좀 더 차별화된 교과 과정을 갖추고 있다. 학교 특성상 85%가 조선족 학생들이고, 나머지가 비조선족 학생으로 구성되어 있는 연변과학기술대학교는 학교 홈페이지(http://www.yust.edu)의 메인 페이지가 한국어로 되어 있을 뿐만 아니라 대다수 학부의 홈페이지까지 한국어로 되어 있다. 특히 비조선족 학생만의 입학이 허용된 한국어학과는 홈페이지에 각종 동아리 활동 소개, 졸업생 카페, 자료실 운영과 어법 사전을 올려놓아 학습자의 학습을 돕는가 하면, 여름 방학을 이용하여 한국에서 봉사 활동을 온 대학원 학생들과 같은 기숙사 생활을 하고 또 이들이 담당하는 한국어실습 과목까지 갖추고 있어서 교육 목표에 적극 부합하는 다양하고 실용적인 교육 환경을 제공하고 있다.

이 외에도 시대적 흐름에 걸맞게 연변과학기술대학교에서는 '인터넷 한국어'와 'TV/영화 한국어' 교과목을, 요녕성의 대련외국어대학교는 국가로부터 위탁을 받아 '관광한국어' 교과목을 운영하고 있으며[6], 대련 지역의 특성[7]을 고려하여 한일전공제(5년제)를 마련하여 한국어 이외에 일본어까지 구사할 수 있는 인재를 양성하는 차별화 전략을 실시하고 있다.

그러나 다양한 교과목과 시대에 부응하는 교과목을 갖추고 있다 하더라도 교재나 자

---

5) 낙양군사외국어대학교의 경우도 군사 영역의 특수 인재 양성을 목표로 삼고 있다.
6) 하동매(2003)
7) 대련은 일본합자회사가 많기 때문에 일본어를 구사할 수 있는 인재를 많이 필요로 하고 있다.

료의 수급 문제 그리고 교사의 수와 질이 문제가 될 수 있다. 교재나 자료가 교과목의 성격에 부합하지 않다거나, 교과목과 관계없는 비전공자가 교육 일선에 나선다면 학습자들은 양질의 교육을 받을 수 없기 때문이다. 특히 비전공자가 원어민(한국인)이라는 이유만으로 수업에 투입되는 경우가 간혹 있는데 이는 교육의 질을 떨어뜨릴 뿐만 아니라 자칫하면 잘못된 정보를 제공할 수 있다. 이와는 대조적으로 정식 학위를 취득한 전공자가 초빙되어 한국어교육 현장에 투입되는 근간의 몇몇 경우[8]는 아주 바람직하다고 하겠다.

현재 중국 내에서 한국어학과가 설치되어 있는 국립대학이 58개에 이르고, 준비 중에 있는 학과를 감안한다면 향후 한국어교육의 전망은 밝은 편이다. 그러나 이러한 열기가 단순한 바람으로 그치지 않으려면 여러 방면에서 다양한 방안들이 모색되어야 할 것이다. 그 중 하나가 학습자와 수요자의 요구를 반영하는 교과 과정을 설치하되 자격을 갖춘 교사를 확보하는 것이며, 교과목에 부합하는 교재나 자료들이 충분히 확보되어야 한다는 것이다. 이런 점들이 서서히 보완이 된다면 중국에서의 한국어교육은 그 자리를 공고히 굳힐 수 있을 것이다.

3. 교재 현황

중국 도서 시장에서 판매되고 있는 한국어 관련 교재는 한국어 교육의 산실인 한국의 도서 시장을 방불케 한다. 한국에서 출간되는 한국어 관련 교재들이 주로 대학 기관에서 편찬하여 학술적인 측면이 강하다면, 중국에서 출간되는 교재들은 전공자를 위한 학술적인 측면 이외에 독학자들이 즉각적으로 사용할 수 있는 실용적인 측면도 강조하기 때문에 한국의 출판물보다는 그 성격이 더 다양하다. 그 양과 종류에 있어서도 대학 기관에서 출판한 교재에서부터 한국에서 출판한 교재의 중국 출판물과 독학자용 자습서에 이르기까지 가히 놀랄 만하다. 이는 중국에서의 한국어교육의 열기를 입증해주는 결과라고 하겠다. 영역별 교재 목록을 보면서 중국에서의 한국어교육 관련 교재들에 대한 특성을 거론하고 문제점을 덧붙이도록 한다.

---

8) 국제교류재단이나 한국학중앙연구원에서는 중국 대학에 해당 전공 교수들을 파견하는 제도를 마련하고 있다.

〈말하기 교재〉

교재명	편·저자	출판사	연도	비고
简单贸易即用即说	전무, 강용	북경어언대학출판사	2007	
经贸韩国语	최희수	연변대학출판사	2004	
轻松应急韩语脱口语	이민 외 2인	동남대학출판사	2007	중급용
轻松学韩语 (初1,2/中1,2/高1,2)	가나다 한국어 보습반	북경대학출판사	2005	
轻松学韩语练习册 (初1,2/中1,2/高1,2)	가나다 한국어 보습반 편저	북경대학출판사	2007	
高級韩国语	최희수	요녕민족출판사	2003	
高級韩国语会话	방금숙, 김경화	흑룡강조선민족출판사	2005	
公共韩国语	김성란 외 2인	민족출판사	2005	교양 한국어
交际韩语	정건구, 진흠	외어교학여연구사	2007	
基础韩国语1	김영태	흑룡강조선민족출판사	2007	
基础韩国语会话	세계한국어고시인증위원회	요녕민족출판사	2007	
大学韩国语1-4	우림걸, 박성태	북경대학출판사	2007	
对韩贸易实务	이옥화	세계도서출판사	2007	
挑战公司韩国语	진염평	북경대학출판사	2006	업무용한국어 익히기
商务韩语脱口语	이정수	중국우항출판사	2006	
商务韩国语	서영빈, 주옥파	상해교통대학출판사	2006	
新基础韩国语	이홍매, 유성운	북경어언대학출판사	2006	
新速成韩国语(修正本)	김명희, 문려화	민족출판사	2006	
新标准韩国语 (初级1,2/中级1,2/高级1,2)	김중섭 외	외어교학여연구사	2006	
新韩国语基础	박문자 외 2인	민족출판사	2006	
新韩国语基础教程(上,下)	김동한, 장은영	대련이공대학출판사	2006	
实务韩国语	소임산, 임성희	북경대학출판사	2007	
实用营销韩国语	길호동	외어교학여연구사	2006	실용마케팅 한국어
实用中级韩国语	정준석	북경어언대학출판사	2000	
实用初級韩国语	안희진, 주병	북경어언대학출판사	2005	
实用韩国语201句	최순희	북경어언대학출판사	2004	
实用韩国语会话	이춘호, 김남희	상해외국어교육출판사	2006	
实用韩国语会话	후문옥	안휘과학기술출판사	2006	
实用韩国语会话	하동매, 손린숙	요녕민족출판사	2004	
实用韩语口语句典	이정수, 최홍	중국우항출판사	2005	
实战商务韩国语教程 基础会话篇	주옥파	상해교통대학출판사	2007	

娱乐休闲即用即说	전용, 강용북	경어언대학출판사	2007	
流利面试韩国语	김충실, 김남희	북경대학출판사	2006	면접용 한국어익히기
衣食住行即用即说	사려평, 김형욱	북경어언대학출판사	2006	
精编韩语口语入门	도덕재	동남대학출판사	2005	
征服韩国语	문영자	북경대학출판사	2006	
走遍韩国(1-4)	신라대-대외경제무역대	외어교학여연구사	2007	학생용·교사용
中国人韩国语入门(上,下)	최건, 강태식	외어교학여연구사	2007	
中韩交流标准韩国语	윤윤진	인민교육출판사	2006	
地道商务韩语脱口语	마춘옥, 김명일	동남대학출판사	2007	
初级韩国语(上)	최희수	연변대학출판사	2005	
初级韩国语(下)	최희수	연변대학출판사	2006	
初级韩国语(上)	강은국 외 2인	상해교통대학출판사	2005	
初级韩国语(下)	강보유 외 2인	상해교통대학출판사	2005	
初级韩语(上)	전용화	연변대학출판사	2007	
初级韩语会话(上)	유춘희	연변대학출판사	2002	
初级韩国语会话(下)	유춘희	연변대학출판사	2003	
快乐韩国语	한국어교육문화원	외어교학여연구사	2007	쉬워요한국어
标准韩国语(1-3)	표준한국어교재편사조	북경대학출판사	2006	
标准韩国语教程1	장광군, 임형재	요녕민족출판사	2006	
标准韩国语教程2	장광군, 임형재	요녕민족출판사	2007	
标准韩语900句	권용운	세계도서출판사	2006	고급용
韩国语	이선한	민족출판사	2000	
韩国语(1-4)	이선한 외 5인	민족출판사	2001	
韩国语教程(1-6)	연세대학교 한국어학당	세계도서출판사	2007	
韩国语教程练习册(1-3)	연세대학교 한국어학당	세계도서출판사	2007	
韩国语口语入门	오승은	외어교학여연구사	2007	
韩国语基础教程	북경대학조선문화연구소	요녕민족출판사	2000	
韩国语100句	김충실, 이흔	상해외어교육출판사	2007	
韩国语商务会话	강신도	상무인서관	2004	
韩国语速成教程	김충실	인민교육출판사	2006	속성으로배우는 한국어
韩国语情景会话	박운석, 진류	북경대학출판사	2007	한국어생활회화
韩国语中级教程	안병호, 장민	북경대학출판사	1996	
韩国语入门	묘춘매 외 2인	외어교학여연구사	2005	
韩国语全攻略	유장동애	세계도서출판사	2006	
韩国语会话(上,下)	이민 외 2인	대련이공대학출판사	2006	
韩语会话速成	김목송	세계도서음향연상출판사	2006	
韩国语会话练习	문려화	민족출판사	2006	

韩语开口就会说	한아, 류평	중국우항출판사	2007
韩语口语表达教程	장광군, 임형재	세계도서출판사	2006
韩语越说越地道	임걸, 하준구	중국우항출판사	2007
韩语会话及短句	왕원	세계도서출판사	2005
韩语口语掌中宝	유총강, 이민	세계도서출판사	2006
现代韩国语(2)	임효려, 심연매	대련이공대학출판사	2006
现代韩国语	맹규을	북경대학출판사	2007

한국어교육 관련 교재 중 다수를 차지하는 것은 단연 한국어 말하기 즉, 회화 교재이다. 이는 그 수요자가 대학 기관의 전공자뿐만이 아니라 독학자들까지 폭넓게 아우르기 때문이다. 시중에 출간되어 있는 교재는 위의 목록에 기재되어 있는 학술적인 성격이 강하고 체계적인 구성을 보이는 80여 종의 교재 이외에도 실용성을 강조한 포켓용 교재까지 합산한다면 거의 130여 종에 이른다.

위의 교재들을 중심으로 중국에서의 한국어교육 관련 교재의 특성과 문제점을 몇 가지 언급한다면 우선 중국의 한국어 교재 시장에 한국에서 출간한 교재들이 중국 사정에 맞는 이름(轻松学韩语:가나다 한국어/ 新标准韩国语:한국어-경희대학교국제교육원/ 走遍韩国: 톡톡 튀는 한국어-신라대학교 한국어교육센터/ 韩国语教程: 한국어 -연세대학교 한국어학당)으로 바뀌어 출판되고 있다는 사실이다.

두 번째 특정 분야의 한국어 말하기 교재(简单贸易即用即说, 经贸韩国语, 对韩贸易实务, 挑战公司韩国语, 商务韩国语, 商务韩语脱口语, 实务韩国语, 实用营销韩国语, 实战商务韩国语教程, 流利面试韩国语, 地道商务韩语脱口语, 韩国语商务会语 등)가 눈에 뜨인다는 점이다. 특히 무역 업무와 관련되거나 한국 기업 면접을 대비하는 교재 등이 출간되어 있는 것으로 보아 중국에서의 한국어 학습자의 수요 성향을 짐작할 수 있다.

세 번째, 대부분의 교재가 최근 2-3년에 집중적으로 출간되었다는 점이다. 물론 기존의 교재가 몇 쇄를 거듭하는 경우도 있지만, 새로 출간되는 교재들은 시각적인 그림과 사진을 많이 삽입하고 시대의 흐름에 맞는 주제를 보완하여 학습자의 흥미를 돋우고 있다고 평가할 수 있다.

그러나 문제점 또한 없지 않다. 우선 대학 기관에서 편찬한 교재를 제외하고는 대부분의 교재가 초급 학습자를 대상으로 한 교재에 편중이 되어 있다. 초급, 중급, 고급 단계의 연계성이 없다면 초급 교재 이후 대학 기관에서 편찬한 중급, 고급 교재로 변환할 수밖에 없는데, 이는 결국 학습자의 교재 선택 범위를 좁히는 결과를 낳을 것이다.

두 번째, 실용적 성격이 강한 교재일수록 교재의 집필진이 다양하다는 점이다. 대학 기관에서 몸담고 있는 교수 이외에 대학원생이나 공무원 등도 교재 집필에 참여하다보니 교재가 갖추어야 할 형식이나 체계 등이 미흡한 경우가 있다. 예를 들면 초급 교재가 갖추어야 할 한글 자모 체계나 발음에 대한 예시 없이 바로 회화를 제시한다거나, 학습자의 발음을 돕기 위해 한국어 음가에 가까운 중국어 병음을 제시하는 것은 반드시 보완되어야 할 부분이다.

〈읽기 교재〉

교재명	편·저자	출판사	연도	비고
新编初级韩国语(上)	최희수, 유춘희	요녕민족출판사	2006	초급용
新编初级韩国语(下)	최희수, 유춘희	요녕민족출판사	2006	초급용
读故事学韩语	이성도, 고홍기	외어교학여연구사	2007	
阅读韩语五十篇	부청	외문출판사	2007	중급용
中级韩国语(上,下)	최희수 외 2인	요녕민족출판사	2006	
进阶韩国语高级	하동매	세계도서출판사	2006	
进阶韩国语中级	하동매	세계도서출판사	2006	
初级韩语(上)	전용화	연변대학출판사	2007	
韩国经贸文选	이정수	대외경제무역대학출판사	2004	고급용
韩国文学看史与作品选读	한위성	대련이공대학출판사	2006	
韩国语基础教程(下)	이선한 외 2인	요녕민족출판사	2005	
韩国语泛读教程	이내연	외어교학여연구사	2007	
韩国语泛读教程(上,中,下)	문영자	상해교통대학출판사	2007	
韩国语泛读教程(上,下)	대외경제무역대-신라대	외어교학여연구사	2007	학생용·교사용
韩国语报刊阅读	전용화	연변대학출판사	2003	고급 수준
韩国语阅读(初级上,下/中级上,下/高级)	연세대학교 한국어학당	세계도서출판사	2007	
韩国语阅读(上,下)	유은종	연변대학출판사	2006	
韩国语阅读	임총강	대련이공대학출판사	2006	고급용
韩国语阅读与写作	최희수	연변대학출판사	2004	고급용
韩国语中级教程	안병호, 장민	북경대학출판사	1996	
韩国语中级阅读	방금숙, 장영미	북경대학출판사	2007	재미있는한국어읽기
现代文学作品选	윤윤진 외 2인	상해교통대학출판사	2005	

〈쓰기 교재〉

교재명	편·저자	출판사	연도	비고
全能韩语入门	소응민, 유소영	세계도서출판사	2006	초급용
韩国语阅读与写作	최희수, 유춘희	연변대학출판사	2004	
韩国语写作	임총강, 김용	북경대학출판사	2007	
韩国语实用写作教程	장광군	요녕민족출판사	2005	고급용
韩国语应用文写作	전용화	연변대학출판사	2004	
韩语学习册	유소영	세계도서출판사	2006	초급용

〈듣기 교재〉

교재명	편·저자	출판사	연도	비고
新基础韩国语听力(上,下)	마려, 양류	북경어언대학출판사	2006	새로운기초한국어듣기
中级韩国语视说(上,下)	호성화	흑룡강조선민족출판사	2005	중급한국어시청각
韩语口语听力教程	박은숙 외 2인	외어교학여연구사	2005	
韩语听力教程(中级1,2)	박은숙 외 3인	외어교학여연구사	2006	한국어듣기교정
韩语听力教程(初級1,2)	박은숙 외 3인	외어교학여연구사	2006	한국어듣기교정
韩国语言文化听力教程	백봉자	민족출판사	2006	
韩国语听力教程	염광호	북경대학출판사	2005	학생용·교사용
韩国语听力教程(中级上,下)	윤경애	대련이공대학출판사	2006	
韩国语听力教程(初级上,下)	윤경애, 권혁철	대련이공대학출판사	2005	
韩语听力教程(中級)	김수자	상해외국어교육출판사	2004	한국어듣기(중급)
韩语听力教程(初級)	김수자	상해외국어교육출판사	2004	한국어듣기(초급)

〈통·번역 교재〉

교재명	편·저자	출판사	연도	비고
朝文汉译实用技巧	심필림	사회과학문남대학출판사	2006	
韩国语口译教程	박영순, 임총강	대련이공대학출판사	2007	
韩文汉译实用技巧	심의재	사회과학문헌	2006	
汉朝·朝汉翻译基础	김여애, 전화민	연변대학출판사	2003	
韩中翻译教程	유영록	연변대학출판사	2002	
韩中翻译教程(2版)	장민 외 2인	북경대학출판사	2007	
韩中翻译基础	유영록	연변대학출판사	2005	
韩汉翻译教程	진홍, 한영	북경대학출판사	2004	
韩汉互翻教程 1, 2	이옥화, 손금추	대련이공대학출판사	2006	

〈대련이공대학출판사 교재〉

교재명	편·저자	출판사	연도	비고
款款韩情-经典韩影之歌曲学唱	해풍	대련이공대학출판사	2007	노래로 한국어를 배운다
读美文学韩语	이숙걸	대련이공대학출판사	2007	글을 읽으면서 한국어를 배운다
且听风吟-浪漫韩剧之经典歌曲学唱	범이, 동설	대련이공대학출판사	2007	바람을 맞으면서 한국노래를 감상하세요
听故事学韩语	이민	대련이공대학출판사	2007	이야기를 들으면서 한국어를 배우다
听笑话学韩语	호취월, 반연매	대련이공대학출판사	2007	유머이야기를 들으면서 한국어를 배운다
听韩剧学韩语	서옥란, 반연매	대련이공대학출판사	2007	한국드라마를 보면서 한국어를 배우다

말하기 교재와 비교했을 때 읽기, 쓰기, 듣기 교재 그리고 통·번역 교재는 상대적으로 열세에 놓여있음을 알 수 있다. 이는 말하기 교재가 대학 기관의 전공자뿐만이 아니라 독학자들을 위한 자습서의 성격 등 학습자 수요가 다양하지만, 그 밖의 읽기나 쓰기, 듣기 교재 그리고 통·번역 교재들은 대학 기관의 전공자에게만 수요가 있을 뿐 독학자들에게는 별로 소용이 없는 영역이기 때문이다.

우선 읽기 교재는 대학 기관의 전공자가 주요 수요자이기 때문에 말하기 교재보다 더 학술적인 성격을 띠고 있다. 경제 무역 방면의 읽기 교재를 제외하고 대부분의 교재가 주로 문화와 문학에 치중되어 있는데, 전공자를 위한 읽기 교재라면 정치나 경제, 사회와 교육 등 시대상을 반영하는 자료 등이 다양하게 보완되어야 한다.

쓰기와 듣기, 그리고 통·번역 교재 역시 주로 전공자를 고려한 교재이기 때문에 앞에서 지적한 상황과 크게 다를 바가 없다. 특히 통·번역 교재의 경우 중국인의 관점에서 중국인의 사고로 중국어에서 상용되는 어휘를 그대로 직역하는 사례들을 목도하는데, 공식적인 교섭과 문서 작성을 염두에 둔 것인 만큼 보다 정확하고 매끄러운 화법과 글쓰기 기술을 체계적으로 제시해야 할 것이다.

말하기를 제외한 영역별 교재를 검토할 때, 두드러져 보이는 것은 '대련이공대학출판사'의 교재들이다. 읽기, 쓰기, 듣기, 통·번역 교재의 주요 수요자가 전공자이기 때문에 학술적인 성격이 강함을 앞에서 지적한 바 있다. 그러나 '대련이공대학출판사'의 교재들은 전공자 이외에도 일반 독학자를 고려한 영역별 교재의 출간에 색다른 시도를 선보이고 있다.

중국에서의 한국어 교육에 대한 학습자 수요는 한중 수교 이후 양국 간의 교류 효과를 기대하는 대학 전공자들이 강세를 보이지만, 한류라는 이색적인 문화 현상에 기인하는 학습자 수요도 도외시할 수 없다. 문화에 대한 관심에서 학습을 시작하는 학습자라면 그들의 요구와 성향에 맞는 다양한 교재를 마땅히 개발해야 한다. 한국 가요나 드라마, 영화를 시청각 교재로 사용하면서 한국어를 학습할 수 있게 하거나 게임을 통해서 한국어를 접할 수 있게 멀티미디어적 교재를 적극적으로 개발한다면 학습자 수요의 저변 확대는 물론 교재 시장의 활로도 모색할 수 있을 것이다. 이런 취지에서 본다면 '대련이공대학출판사'의 시도는 시기적절한 것이고, 중국에서의 한국어 관련 교재 시장에 새로운 방향을 제시할 수 있을 것으로 보인다.

〈문법 교재〉

교재명	편·저자	출판사	연도	비고
简明韩国语语法	박숙자, 우가경	중국우항출판사	2006	
国语文法	서정수	흑룡강조선민족출판사	2006	
基础韩国语实用语法	세계한국어인증고시위원회	요녕민족출판사	2007	기초한국어실용문법연습서
常用韩国语惯用文型	전용화	연변대학출판사	2004	
常用韩国语句型精解	박선희, 하동매	세계도서출판사	2006	
新编韩国语基础语法	요덕재	동남대학출판사	2007	
新编韩国语实用语法	조욱승, 동진	외어교학여연구사	2006	
举一反三韩国语语形	조리, 장미영	외어교학여연구사	2006	
最编韩语词汇分类手册	임총강	대련이공대학출판사	2007	
快速韩语自学45招	유소영, 소응민	세계도서출판사	2006	초급용
标准韩国语词汇例解手册	송영화, 정미	동남대학출판사	2007	
标准韩国语300词汇背通手册	역학통사휘속기법연구중심	수리수전출판사	2007	
韩国语惯用型100例	이윤진,진연평 역	북경대학출판사	2007	한국어문형표현100

교재명	편·저자	출판사	연도	비고
韩国语句型	장필원, 송영화	연변대학출판사	2006	
韩国语基础语法	최희수	흑룡강조선민족출판사	2005	
韩国语基础语法与训练	박선희	북경대학출판사	2005	한국어기초어법과연습
韩国语基础必备词汇	임종강, 김필신	대련이공대학출판사	2007	
韩国语语法精进与练习	신은경 외 2인	북경대학출판사	2007	
韩国语实用语法	조욱승, 진동진	외어교학여연구사	1995	
韩国语实用语法	최희수, 유춘희	연변대학출판사	2005	
韩国语语法入门	우인혜, 라혜민	외어교학여연구사	2007	
韩国语练题集(基础篇)	최희수, 송홍철	요녕민족출판사	2005	한국어연습문제집
韩国语练题集(提高篇)	최희수, 송홍철	요녕민족출판사	2005	한국어연습문제집
韩国语疑难解析	지수통 외 2인	북경어언대학출판사	2007	
韩国语初級语法 精进与精练	도원숙, 평민추향	외어교학여연구사	2007	
韩语口语速成100招	단육문	세계도서출판사	2007	한국어구어속성일백계
韩语初学词汇2600个	임걸중	국우항출판사	2006	
韩语最该掌握的句型23个	강용번	중국우항출판사	2006	
现代韩国语语法	오사한	북경대학출판사	2004	

〈능력시험 문제집〉

교재명	편·저자	출판사	연도	비고
基础韩国语模拟试题	세계한국어인증고시위원회	요녕민족출판사	2007	기초한국어예상문제집
基础韩国语全真	세계한국어인증고시위원회	요녕민족출판사	2007	
韩国语能力考试高级模拟题	오춘화, 신사명	남개대학출판사	2007	
韩国语能力考试惯用语手册	김충실	세계도서출판사	2007	
韩国语能力考试模拟试卷(初级,中级,高级)	김재영	외어교학여연구사	2007	한국어능력시험 모의고사
韩国语能力考试模拟试卷	김충실	외국어출판사	2007	모의시험집
韩国语能力考试备考指南	오은석, 가청	상해교통대학출판사	2006	
韩国语能力考试写作备考方案	김충실	북경대학출판사	2005	한국어능력시험 쓰기지도방안
韩国语能力考试必备词汇·语法(初级,中级,高级)	임형재, 양언	외어교학여연구사	2007	
韩国语能力考试词汇必备	김충실	상해해문연형출판사	2005	
韩国语能力考试语法·词汇备考方案	김충실, 진염평	북경대학출판사	2007	

韩国语能力考试语法与词汇(中级)	양승희 외 2인	상해교통대학출판사	2007	
韩国语能力考试阅读理解备考方案	김충실	북경대학출판사	2006	한국어능력시험 읽기지도방안
韩国语能力考试应试指南及试题详解(3,4级)	김충실	안휘과학기술출판사	2004	
韩国语能力考试应试指南及试题详解(5,6级)	김충실	안휘과학기술출판사	2004	
韩国语能力考试真题精解及模拟800题(中级)	곽일성	세계도서출판사	2007	
韩国语能力考试听力备考方案	김충실, 이명희	북경대학출판사	2006	한국어능력시험 듣기지도방안
韩国语能力考试模拟试题集(高级)	김충실, 진염평	북경대학출판사	2007	
韩国语能力考试模拟试题集(中级)	김충실, 진염평	북경대학출판사	2007	
韩国语能力考试模拟试题集(初级)	김충실 외 2인	북경대학출판사	2007	
韩国语能力考试高级模拟套题(高级)	오춘화, 신사명	남개대학출판사	2007	
韩国语能力考试初级模拟套题(初级)	신사명, 방개	남개대학출판사	2007	
한권으로 끝내는 실무한국어능력시험	한중미디어센터 한국어연구소	연변교육출판사	2007	
TOPIK대비 韩国语语法精进与训练	이경희 외 2인	북경대학출판사	2007	한국어문법연습
TOPIK대비 韩国语词汇精进与练习	신은경 외 2인	북경대학출판사	2007	한국어어휘연습

문법과 능력시험 관련 교재도 다양하다. 우선 문법 교재는 관련 전공자뿐만 아니라 한국어에 관심을 갖는 학습자라면 누구나 한 권쯤은 마련하여 부교재로 삼기 때문에 활용도가 높은 편이다. 문법은 위의 목록에서 보듯이 크게 두 가지 형태로 나누어 볼 수 있다. 어미와 조사 설명 위주의 형태와 구문 설명 위주의 형태가 그것이다. 어미와 조사 설명 위주의 문법 형태는 체계적으로 구성이 되어 있기 때문에 학습자가 찾고자 하는 부분을 빨리 찾아 문제를 해결할 수 있는 용이한 점이 있는가 하면, 구문 형태는 단편적인 형태

소 제시에서 벗어나 어휘 정보를 활용하는 것이기 때문에 문법 교재나 사전에서 얻기 어려운 관용적 표현을 쉽게 익힐 수 있도록 도와준다. 대다수의 문법 교재가 학습자의 모국어로 설명이 되어 있는 점 또한 중국 현지에서 갖는 한국어 교재의 강점이라 하겠다.

반면 중국 현지에서 확보할 수 있는 강점임에도 불구하고 중국인 학습자들이 저지르기 쉬운 오류 문법만을 모아 제시하는 문법 교재가 부족하고, 설명에 따르는 예문이 시대에 뒤떨어지는 문장을 제시하는 사례가 있음을 한계로 덧붙인다.

한국어능력시험을 대비하는 교재들도 눈에 뜨인다. 한국어능력시험 시행 역사가 그리 길지 않기 때문에 능력시험과 관계되어 있는 교재 역시 다양하게 구비되어 있지 않은 실정이다. 그러므로 급별로 능력시험을 대비하는 방안, 문제 출제의 경향, 시행 문제들을 제시하는 수준에 머무르고 있다.

그러나 한국어능력시험 시행의 역사가 짧은 것에 비해 응시자 수는 해를 거듭할수록 증가하고 있다. 연변과학기술대학교의 한국어학과에서는 '한국어능력시험 연구'라는 교과 과정을 따로 개설할 정도로 능력시험에 대한 관심이 높다. 이는 주로 전공자들의 관심 대상이 되는 부분이지만, 비전공자들의 참여 가능성도 점점 높아질 것으로 예상된다. 더욱이 한국어능력시험이 1년에 두 차례로 그 횟수가 증가하고, 시험의 유형도 세분화된 만큼 그에 상응하는 한국어능력시험 대비 교재가 시급하다.

〈사전류〉

교재명	편·저자	출판사	연도	비고
磨法韩语单词	양영	세계도서출판사	2006	초급용
常用韩语生活外来语	진염평, 김은선	세계도서출판사	2007	
新世纪汉韩词典	한진건	안휘과학기술출판사, 한국진명출판사	2005	
新编韩汉词典分类手册	임총강	대련이공대출판사	2007	
实用中韩·韩中词典	넥서스사전편찬위원회	흑룡강조선민족출판사	2006	
实用韩中词典	화서당	요녕민족출판사	2004	
实用韩中中韩词典	김진아 외 2인	요녕민족출판사	2007	
实用韩汉词典	권호연, 정영옥	안휘과학기술출판사	2004	
实用韩汉英IT对照词典	이영남, 주국휘	북경대학출판사	2006	실용한중영IT
例解韩语中阶词汇1500	손린숙, 빅신희	외어교학여연구사	2006	

교재명	편·저자	출판사	연도	비고
中韩·韩中经济贸易用语词典	이규철, 김충실	상해해문음상출판사	2004	
精选韩中,中韩词典	강신도 외	진명출판사	2007	
初级韩国语学习词典(修订版)	최정순, 주옥파	민족출판사	2006	
最新韩中常用外来语词典	홍윤선 외 2인	흑룡강조선민족출판사	2006	
标准韩国语词汇例解手册	송영화, 영미	동남대학출판사	2007	
韩国语图片词典	강현화	세계도서출판사	2007	한국어그림사전
韩国语词典(2版)	이기문(감수)	흑룡강조선민족출판사	2006	
韩国语词典(世纪版)	유목상(감수)	민족출판사/교학사(한국)	2006	
韩国语实用惯用语宝典	이옥희 외 2인	북경대학출판사	2007	
韩国语外来语词典	사봉	상무인서관	2005	
韩国语外来语词典	김성규	흑룡강조선민족출판사	2005	
韩语单词轻松记	김영애	세계도서출판사	2006	초급용
韩语外来语词典	강신도	대외경제무역대학출판사	1998	
韩语流行口语极短句500个	최옥산	중국우항출판사	2006	한국어유행회화단문500문장
韩语必背单词2000	유소영	세계도서출판사	2002	
韩语初阶词汇3000洋解	화옥덕	외어교학여연구사	2006	
漫画韩语会话极短句	왕원	세계도서출판사	2005	초급용
韩中常用外来语词典(修订版)	박문봉	민족출판사	2006	
韩中言语慣用语词典	강신도	흑룡강조선민족출판사	2005	한중속담관용어사전
韩中外来语词典	김성규, 송옥화	요녕민족출판사	2004	
韩中·中韩经济贸易词典	우철희, 김양주	요녕민족출판사	2004	
韩中中韩袖珍词典(修订版)	고대 외 3인	상해봉문출판사	2007	한중중한포켓사전
韩汉新闻媒体词汇例解词典	조신건	외어교학여연구사	2007	
韩汉言语慣用语成语小词典	김옥란	상무인서관	2007	한중속담관용어성어소사전
现代韩中·中韩词典	왕유국, 손염걸	외어교학여연구사	2007	
50天攻克韩语核心词汇8000(1,2,3)	이정수	중국우항출판사	2007	

〈발음 교재〉

교재명	편·저자	출판사	연도	비고
掌摆标准韩国语发音	손린숙	세계도서출판사	2007	왕초보표준한국어발음
掌摆韩国语发音	송혜염	세계도서출판사	2003	노래이용
七天突破韩国语发音	유창	북경대학출판사	2007	한국어발음7일완성
标准韩国语发音	윤경애, 권혁철	대련이공대학출판사	2006	
标准韩语发音入门	장약명	세도음상전자출판사	2005	시와노래이용

标准韩语发音入门	송건용, 기위	세계도서출판사	2006	
韩语发音快速入门	유소영	세계도서출판사	2006	
韩语标准发音入门	지미옥, 조건	중국우항출판사	2007	

〈기타〉

교재명	편·저자	출판사	연도	비고
简·爱	홍성일 외 2인 역	요녕민족출판사	2006	제인에어
钢铁是怎么样炼成的	홍성일 외 2인 역	요녕민족출판사	2006	강철은어떻게 단련되었는가
无情	이광수/홍성일 외 2인 역	요녕민족출판사	2007	무정
新编韩国语词汇学	임총강	북경대학출판사	2007	한국어어휘론
另类公司	남동희	세계도서출판사	2007	이상한회사
精彩韩文晨读1, 2	지미옥	중국우항출판사	2007	
조선-한국당대문학개론	김춘선	민족출판사	2002	
朝鲜韩国语言文学研究	김병민, 전학선	민족출판사	2006	
중·한30년대소설비교연구	김경선	민족출판사	2005	
职场定位	윤영돈	세계도서출판사	2007	30대,당신의 로드맵을그려라
한국명수필	김상, 리영	흑룡강조선민족출판사	2006	
韩国文学选集	김경선	외어교학여연구사	2004	
韩国文学作品选集	이민덕, 주필	연변대학출판사	2004	
韩国语概论	임총강, 임효려	북경대학출판사	2005	
韩国现代文学	서영빈	대외경제무역대학출판사	2004	
韩国现代名诗选读	윤해연	민족출판사	2006	
韩国概况	임총강	대련이공대학출판사	2005	
한국개황	이승매, 이정자	청도해양대학출판사	2006	
韩国风情小品文244篇	유소영, 온경숙	중국우항출판사	2006	글로보는한국문화244편
韩语趣味阅读	황혜려	세계도서출판사	2006	
红楼梦	홍성일 외 2인 역	요녕민족출판사	2006	홍루몽

사전은 그 어떠한 영역별 교재 못지않게 학습자에게 중요한 지도서이다. 어휘에 대한

이해 없이 외국어를 습득한다는 것은 불가능하기 때문이다. 중국인 학습자를 위한 사전은 표면적으로는 크게 한중사전과 중한사전 두 가지로 나누어 볼 수 있을 것이고, 내용적으로는 표제어를 설명하는 일반 사전과 특정 영역에 중점을 둔 학습 사전으로 나누어 볼 수 있을 것이다.

일반 사전의 경우 가장 문제시 되는 것은 각 어휘에 해당하는 뜻풀이가 적절한지, 목표 언어와 학습자의 모국어가 제대로 상응하고 있는가이다. 다음으로는 목표 언어에 상응하는 학습자의 모국어를 제시하고 그 뜻을 설명하고 있지만, 발음을 표기해 놓은 사전은 찾아보기 어렵다는 것이다. 사전은 학습자들이 교사의 도움을 받을 수 없거나, 독학자들이 스스로 공부하면서 가장 빈번하게 도움을 받는 참고 자료이기 때문에 정확한 정보를 담고 있어야 한다. 또한 다양한 예문 확보가 미흡하다는 점도 지적할 수 있을 것이다.

특정 영역에 중점을 둔 경제무역 사전과 IT 사전, 그리고 속담이나 관용어 사전, 외래어 사전 등은 기존 사전들이 가지고 있는 취약 부분을 보완해주고 있는 것으로, 학습자들의 요구에 부응하는 학습 사전이라고 평가할 수 있다.

이 외에도 발음 체계나 음가를 익히는 발음 교재는 시와 노래를 이용하여 연습을 할 수 있게 구성을 하였고, 기타 교재로서는 한국인의 정서와 문화를 이해할 수 있도록 전통문화나 문학 작품에 대해서 소개를 하거나 한국의 직장생활에 대한 풍속도를 그리는 이색적인 도서(另类公司, 职场定位)를 소개하고 있어서 부교재로서의 역할을 하고 있다.

4. 나오며

중국에서의 한국어교육은 이제 그 역사가 60년을 넘는다. 중국 내 여러 가지 환경 속에서 한국어교육이 자리를 잃고 흔들리기도 했지만, 1992년 한중 수교 이후 한국어교육에 대한 관심이 점차 고조되어 지금의 열기를 낳고 있다. 그 열기는 50여 개가 넘는 정식 대학 기관에서의 한국어학과 설치와 중국 도서 시장에 뿌리를 내리고 있는 한국어교육 교재들의 양과 종류가 입증해준다. 그러나 근간의 이러한 열기가 향후 60년의 역사를 더 보장받으려면 여러 방면의 노력들이 기울여져야 한다.

우선 일선 교육 현장에 있는 교사들은 학습자나 실수요자의 요구에 적극적으로 부합하는 교과 과정을 설치하여야 한다. 물론 단순한 취미로 또는 학술적 연구 차원에서 한국어에 접근하는 학습자들도 있겠지만 많은 수의 학습자가 취업과 직결된 문제로 인식하고 있기 때문에 학습자와 실수요자인 기업이 요구하는 교과 과정을 검토하고 설치하는 것이 바람직할 것이다.

연구자들은 전공자뿐만이 아니라 비전공자까지 아우를 수 있는 교재를 적극적으로 개발하여 한국어교육 수요자의 저변 확대를 공고히 해야 한다. 학술적인 교재 이외에도 실용적인 교재, 재미있고 다양한 콘텐츠를 개발하여 교재화한다면 중국에서의 한국어교육은 향후 60년의 역사까지도 충분히 보장받을 수 있을 것이다.

더욱이 중국에서의 한국어교육은 대부분 북경 지역과 몇몇 지역에 국한된 대학 기관의 현황만이 표면에 드러나 있을 뿐이다. 기타 지역의 한국어교육 현황과 학습자와 수요자의 요구 사항을 종합적으로 조명해 보는 것도 중국에서의 한국어교육 방향을 재고하는 데에 기여할 것으로 판단된다.

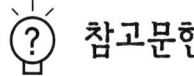

참고문헌

강보유(2002), 중국 대학교에서의 한국어 교육과 교수법, 한국어교육 13권 2호, 국제한국어교육학회.

김경선(2007), 중국에서의 한국어 교육과 한국학 연구, 해외 한국학 백서, 을유문화사.

김병운(2007), 중국 한국어 교육에서 한국인 교수의 역할과 그들에 대한 기대,

손정일(2003), 중국 대학에서의 한국어 교육 과정 -연변과기대를 중심으로-, 한국어교육 14권 3호, 국제한국어교육학회.

왕단(2004), 중국인을 위한 한국어 학습 사전의 의미 기술에 대하여, 제14차 국제학술대회 발표집, 국제한국어교육학회.

하동매(2003), 중국내 한국어 교육에 관한 사례 연구, 제13차 국제학술대회 발표집, 국제한국어교육학회.

일본에서의 한국어 교육과정과 교재

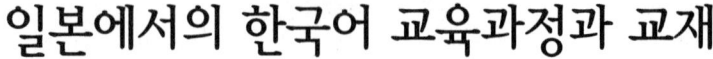

사카와 야스히로*

1. 들어가기

교재는 교육과정에서 목표로 세운 내용을 달성하기 위하여 교육을 실시하는데 요구되는 것 중 하나이며 교재가 교육과정에서 목표로 하는 곳에 맞게 구성되어 있으면 체계적인 교육이 가능하다. 그만큼 교육과정에 적합한 교재가 필요하지만 현재 일본에서 사용되는 한국어교재는 각 교육기관의 교육과정에 적합한 교재가 부족한 상태라고 할 수 있다. 또한 한국 국외에서 한국어를 학습하는 환경에서 사용하기에는 흥미유발이라는 면에서 교재 구성 내용을 조금 더 고려할 필요가 있다.

*일본 긴키대학교 어학교육부 전임 강사

본론에서는 일본 국내 한국어 교육과정 중, 대학에서 제2외국어 또는 교양 과목 등 비전공으로 이루어지는 한국어교육을 중심으로 국외에서 한국어를 학습하는 환경이라는 조건을 고려하여 교재에 필요한 요소를 검토해 보고자 한다.

2. 일본 대학의 한국어 교육과정과 교재

2.1 국내외 교육과정 및 환경의 차이점

일본 국내 대학의 교육과정에서 학습하는 경우, 한국 국내에서 학습하는 경우와 달리 많은 차이점이 있다. 그 중에서도 학습 환경이 제일 다르다. 한국어를 학습하는 시간, 한국어를 접하는 시간 등에 많은 차이가 있으므로 교육과정과 이것에 따른 사용교재도 한국 국내 한국어교육과 많이 달라야 할 것이다.

이런 환경 속에서 한국 국내의 경우 다양한 목적의 교육과정이 있다. 즉, 일반적인 목적이라고 하는 교육과정은 한국인과의 일상적인 의사소통을 목적으로 하거나 한국 문화에 대한 관심이나 호기심 등을 이유로 한국어를 배우는 학습자를 대상으로 하는 것이 있다.

그리고 학문적 목적의 교육과정은 학습자가 대학(원)에 진학하여 한국어로 이루어진 텍스트를 이해하고 학업 수행을 해 나갈 수 있도록 하는 것[1]이다. 이것은 한국에서 생활, 다시 말해 한국어만의 환경에서 한국어를 사용하면서 사는 것을 의미한다.

반면 일본 대학에서 한국어를 공부하는 경우 대부분이 전공이 아닌 선택과목이나 선택필수과목으로 다양한 외국어과목 중의 하나로 개설되어 있으며, 또한 한 과목당 이수자가 100명을 넘는 경우도 있다.[2] 이러한 수강 인원의 환경, 시간적인 제약, 특히 수업 때 정도밖에 한국어를 접하는 시간이 없는 환경 등 국외에서 한국어를 공부하는 환경에 대해서 차이를 염두에 두고 교육과정에 적합한 교재가 있어야 한다.

---

1) 허재영(2007:53) 참조.

2) 일본대학의 한국어교육 현황에 대해서는 재단법인 국제문화포럼(2005) 자료에 자세히 소개되어 있음.

2.2 사용 교재와 교재의 특징

그 동안 일본에서 출판된 교재에 대하여 많은 연구가 이루어졌다. 이 연구 중에는 교재의 역사, 교재 현황, 교재 분석, 교재가 갖추어야 할 구성 요소 등 계속 연구가 진행되며 동시에 많은 교재가 출판되었다. 특히 교재 출판은 2003년 이후 일본 국내에서 일어난 한류 영향으로 다양한 교재가 등장했다.

다양한 종류의 교재가 등장하여 특징을 분류하면 다음과 같이 정리할 수 있다.

① 문법 설명에 비중을 둔 교재
② 회화집(상황별, 여행용 등)
③ 독학용 교재
④ 한류 영향으로 등장한 교재
⑤ 기능별 교재
⑥ 중, 고급 대상 교재

특징별로 정리한 교재를 개관하면 다음과 같다.

①의 경우 교재는 대부분 본문(대화문)이 제시된 다음에 어휘, 표현, 발음에 대하여 일본어로 설명이 되어 있고 그 다음에 해당 과에서 학습 중점 항목이 되는 문법 사항에 대한 설명, 그리고 연습 문제로 구성되어 있다. 한국어와 일본어의 대조연구 성과를 바탕으로 문법 설명에 많은 분량을 사용하는 교재도 있다. 최근에는 본문에 수록된 문장을 듣기용 CD로 제작하는 경우가 많다.

②의 경우는 하루의 일과를 통해서 사용하는 표현, 한국 여행 시 사용하는 대화문이 제시되는 교재로 일본어 표현을 한국어로 옮겨 한글 밑에 가타카나로 토를 다는 구성으로 되어 있다.

③은 ①의 교재와 유사한 부분이 많으나 문법서와 같이 교실 외에서 혼자 학습할 수 있도록 설명 내용이 풍부하고 자세히 설명되어 있는 교제이다.

④는 드라마 또는 영화에서 사용된 대본을 대역으로 하거나 한 장면을 설정하여 드라

마에서 사용된 해당 장면을 소개하면서 장면에 맞는 표현, 단어 등으로 구성되어 있는 교재이다.

⑤는 듣기, 쓰기 등 한 분야에 중점을 두어서 작성된 교재이다. 쓰기 교재 중에는 한글 팬맨십과 같이 한글을 철저히 쓰면서 익히게 하는 교재도 있다.

⑥은 다양하게 출판된 교재 중에서도 제일 많았던 것이 초급이었으나 최근에 들어와 중급 단계를 대상으로 한 교재가 출판되기 시작되었다. 일본어를 한국어로 옮기는 것에 중점을 두는 것도 있고 읽기에 중점을 두는 것도 있다.

위와 같이 다양한 교재가 출판됐음에 불구하고 대학에서 제2외국어 과목 또는 교양 과목 등에서 사용되는 교재로서는 ①에 해당되는 교재가 가장 많이 사용되고 있다. 비전공자인 경우 한국어 자체를 공부하는 것보다 한국에 대하여 알고 싶어하는 경향도 있어[3] 외국에서 외국어를 학습하는 경우는 도구적인 동기보다 통합적인 동기로 학습하는 것이기 때문에[4] 문법 설명에 중점을 두면 학습자가 요구하는 내용을 전달할 수 없게 된다. 이것은 정연희·김세랑(2006)에서 학습자, 교사를 대상으로 한 설문 조사를 실시하여 그 분석 결과를 바탕으로 교재에 대하여 "결국 교사들이 원하는 이상적인 교재의 모습은, 일본의 교육 환경을 고려하되 언어교육학적인 성과를 충분히 반영한 교재라는 것을 알 수 있다." 라고 하는 것도 보면 향후 더욱 많은 연구를 통하여 교재 개발을 해야 한다는 것을 알 수 있다.

3. 제2외국어 또한 교양과목에서 사용되는 한국어 교재에 고려할 점

그 동안 일본의 많은 대학에서 외국어과목 중에 한국어가 개설되고 많은 학생이 공부

---

3) 오고시 나오키(2005) 참조

4) Flaitz, Jeffra(1988), The Ideology of English French perceptions of English as a World Language, Mouton de Gruyter, 高島敦子(2005)에서 재인용.

하고 있다는 것은 이웃 나라를 알고 이해하기 위해서는 고무적인 현상이라 할 수 있을 것이다. 그러나 한국어를 공부하는 학생의 대부분이 한국어가 전공이 아닌 학생이라는 것을 감안하면 언어학적인 내용에 중점을 두어서 공부하는 것보다 자신의 전공 분야에 관련된 정보를 제공하거나 문화 소개 등 다양한 요소를 가진 교재가 관심을 유지시키면서 공부할 수 있을 것이다. 이하 일본에서 제2외국어 또한 교양과목에서 사용되는 한국어 교재에 고려할 점을 정리한다.

① 일본 대학교육 안의 외국어교육 또한 한국어교육의 위치

근대는 외국어로 된 문물을 일본어로 번역해서 도입하는 것이 외국어 공부의 주목적이었다면 현대는 목적이 다양해졌다. 즉, 사람과 사람이 직접 만나서 대화를 할 수 있는 기회가 늘어난 만큼 듣고 말하는 능력이 요구되는 부분도 있고, 상황과 목적에 따라 언어 기능을 다양하게 사용하는 기회가 많아진 것이다. 또한 외국어를 앎으로써 자신의 언어를 재발견할 수 있다는 것도 외국어교육의 큰 의의가 될 것이다.

이런 면을 보았을 때 일본 대학에서 대학생이 외국어를 공부하는 목적 자체가 무엇인지 또한 외국어의 가치가 무엇인지 특히 한국어가 전공이 아닌 학생에게 한국어라는 언어가 갖는 의미가 무엇인지에 대해 대학교육 전체적인 틀 안에서 생각할 필요가 있다.

특히 한국과 일본의 왕래가 빈번해지면서 대학생들간의 교류도 증가하고 있다. 이런 면을 보면 대학생 한일교류를 더욱 추진하기 위해서도 한국어교육이 차지하는 위치는 클 것이다.

② 다문화 교육의 일환으로서의 한국어교육

외국에서 외국어를 공부한다는 것은 해당 국가나 지역에 대한 언어적인 지식을 갖는 것은 물론이지만 그 언어를 사용하는 사람들, 문화에 대해서도 관심을 갖게 된다. 그 반대로 사람들과 문화에 관심을 가지다가 언어에 대해 접해보려고도 한다. 접근 방법은 여러 가지 있겠으나 한국어를 선택한 대학생의 경우 모처럼 선택했다면 교육을 제공하는 입장으로서는 언어적인 지식부터 시작하여 다양한 교육 방법과 내용을 갖추어야 한다.

또한 한국인을 비롯한 다양한 국적을 가진 외국인이 사는 일본에서는 다문화 사회를

구성하는 한 구성원으로서 외국에 대한 지식을 갖는다는 것은 다양성을 인식하는데에 큰 역할을 할 수 있다. 한국과 일본은 지리적으로 밀접한 관계로 긴 역사 속에서 많은 일들이 있었다. 지금과 미래의 한국과 일본의 관계를 생각할 수 있는 인재 육성을 위해서도 한국어교육은 다양한 분야와 함께 연구가 되어야 한다.

③ 다양한 한국어 교재의 존재

그 동안 한국어라는 언어에 대한 연구가 한일대조 면에서 활발히 진행되었다. 지금까지 일본에서 출판된 한국어 교재에는 그 성과가 많이 반영되었지만 앞으로는 상기 ①과 ②에서 언급한 것을 감안하여 교재가 언어학적인 내용뿐만 아닌 다양한 요소를 가진 교재로 개발되어야 한다. 특히 언어만의 내용에 그치지 않고 흥미유발이 가능한 내용으로 구성되기 위해서 한국어가 전공이 아닌 다른 전공을 가지고 있는 학생에게 자신의 전공분야와 한국에서 관련된 부분에 대해 비교해 봄으로써 자신의 전공분야에서 시야를 넓힐 수도 있다. 따라서 교재 안에는 일반적인 문화 내용도 포함시키면서 공부하고 있는 한국어를 사용하는 한국이라는 나라가 자신의 전공분야와 어떤 관련이 있는지 생각할 수 있는 과제도 제공할 수 있도록 내용을 다양하게 구성할 필요가 있다.

또한 요즘에 나오기 시작한 중, 고급 교재도 언어 수준에 맞는 활동으로서 공부한 한국어를 실제로 사용할 수 있고 확인할 수 있는 과제를 부여하는 것도 필요하다.

④ 한국과 일본의 공동 교재 개발

일본 대학에서 개설되는 제2외국어과목 또는 교양과목의 한국어는 학습 시간수, 기간 등 어느 정도 유형이 정해져 있다. 이 제한된 환경 속에서 효율적이고 또한 흥미로운 수업을 전개하기 위해서는 교재에 언어적인 면과 관련 문화, 지식면을 수록해야 하며 한 권 안에 모두 담아서 그 중에서 선택하면서 교육할 것인지, 시간 수에 맞는 내용만 교육이 가능한 내용을 담아서 교육할 것인지 등 여러 방향이 있다. 그러나 어떤 내용을 수록하더라도 교재에 수록할 내용에 대해서는 어휘나 표현을 비롯하여 항상 한국 현지의 최신 정보가 들어가야 하며 교재 개발시에는 한국과 공동작업으로 실시할 필요가 있다. 이 내용에 대해서는 정보 제공뿐만 아닌 최신 교육이론에 입각한 한국어 교수법에 적합한지 등

검증에는 공동작업이 이루어져야 한다.

　또한 한국어가 전공이 아닌 경우라도 한국어를 선택하여 새로운 가치관을 발견할 수 있도록 언어적인 내용과 함께 다양한 과제도 수록한다. 그래서 외국어를 접한다는 것이 새로운 가치관을 만날 수 있다는 인식을 가지게 하는 내용으로 수록하도록 연구가 이루어져야 한다.

4. 마무리

　이상과 같이 일본 대학의 제한된 환경과 조건 아래에서 이루어지는 한국어교육의 교육과정과 교재에서의 고려해야 할 점에 대하여 검토해 보았다.

　제한된 환경인만큼 효율적인 교육이 이루어져야 하지만 한국어가 전공이 아닌 이상 언어적인 측면에서만 접근하는 것보다 한국의 문화 또는 각자 가지는 전공과 관련된 정보를 접하게 함으로서 교육이 이루어져야 외국어를 공부하는 또 하나의 의의가 있을 것이다. 그러기 위해서는 교육을 담당하는 교사 자신이 항상 참신한 문제의식을 가지며 일본 대학의 한국어 교육과정에 맞는 교재 또한 대학생들에게 필요한 것을 받아들이며 그것을 바로 교육내용에 반영시킬 수 있는 폭 넓은 지식과 교육적인 지도 능력을 가지면서 현장에 서야 한다.

참고문헌

김수정(2005), "일본의 한국어 교재의 실태와 개발 방향", 한국어 교육 제16권 2호, 국제한국어교육학회, 1-23쪽.

김중섭·이관식(1999), "외국인을 위한 한국어 교재 개발에 관한 연구", 한국어 교육 제10권 1호, 국제한국어교육학회, 61-81쪽.

노마 히데키(2003), "일본 대학교 대학원에서의 한국어 교육". 한국어 교육 제14권 2호, 국제한국어교육학회, 83-106쪽.

노마 히데키, 나카지마 히토시(2005), "일본의 한국어 교재", 국제한국어교육학회 편, 한국어교육론 1, 서울:한국문화사, 263-298쪽.

박영순(2003), 한국어 교재의 개발 현황과 발전 방향", 한국어 교육 제14권 3호, 국제한국어교육학회, 169-188쪽.

배두본(2000), 외국어 교육 과정론, 서울: 한국문화사

오고시 나오키(2005), "도쿄대학의 한국어교육 및 연구", 한국어 교육 제16권 2호, 국제한국어교육학회, 337-349쪽.

정연희·김세랑(2006), "일본대학의 한국어 교재 개발을 위한 기초조사 -교재의 만족도와 요구조사 분석을 중심으로-", 한국어 교육 제17권 2호, 국제한국어교육학회, 199-236쪽.

허재영(2007), 제2언어로서의 한국어교육의 이해와 탐색, 서울: 보고사

황인교(2007), 외국인을 위한 한국어 교재와 문화, 이중언어학 제35호, 이중언어학회, 409-437쪽.

후지이시 타카요(2000), "일본에서의 한국어 교재 개발의 문제점 및 해결 방안", 한국어 교재의 현황과 개발 방향, 서울대학교 교육종합연구원 국어교육연구소 제2회 한국어교육 국제학술대회 자료집, 45-58쪽.

李泰虎(2006), 韓國語敎育の理論と實踐, 東京:白帝社

川瀨生郎(2001), 日本語敎育學序說, 東京:日本図書刊行會

財団法人國際文化フォーラム(2005), 日本の學校における韓國朝鮮語教育-大學等と高等學校の現狀と課題-

高島敦子(2005), 考える人を育てる言語教育-情緒志向の「國語」教育との決別-. 東京:新評論

野間秀樹편저(2007), 韓國語教育論講座, 東京:くろしお出版

일본 고교의 한국어 교육과정과 교재

김 동 은*

1. 들어가며

2002년 월드컵 공동 개최, 한국 드라마의 폭발적인 인기 등 한국에 대한 관심이 높아짐과 함께 일본에서 한국어가 차지하는 위상은 그전과 비교하여 크게 높아졌다. 그 결과 일본의 고등학교에서 외국어로서의 한국어가 차지하는 비중은 영어, 중국어에 이어 세 번째로 많은 학습자를 갖게 되었다. 수년 전까지만 해도 불어, 스페인어 등 유럽의 언어에 미치지 못하던 한국어 학습자의 수가 상당히 늘어나게 된 것이다. 그러나 외형적으로 한국어 학습자가 예전에 비해 늘어난 것은 사실이지만 그 숫자가 아직도 많다고는 할 수 없다.[1] 또

---

*일본 관동국제고등학교 교사
1) 2003년도 자료를 살펴보면 전체 고등학교의 4% 정도가 한국어 교육을 실시하고 있고, 전체 고등학생의 0.2% 정도가 한국어를 공부하고 있다. 최근의 성장세를 보면 전체 고등학교의 5% 정도가 한국어 수업을 실시하고, 전체 고등학생의 0.5% 정도가 한국어를 배우고 있을 것으로 추정된다. 약 1,000명 중 5명만이 한국어를 배우는 것이다. 최근에 크게 늘어났다고는 하지만 실제 학습자의 수는 많다고 할 수 없다.

한국어 학습 환경이라는 질적인 문제에 있어서도 아직 해결해야 할 문제가 많이 남아 있다고 할 수 있다. 한국어 학습자의 증가가 한국의 국제적 영향력 증대, 일본과의 교류 확대, 대중문화의 인기 등 언어외적인 영향에 의한 것이기 때문에 아직 한국어 교수 방법이나 교사 수급, 한국어 교재와 자료의 개발 등은 개선해야 할 점이 많다고 할 수 있다. 앞으로 한국어 학습자의 양적인 증가를 기반으로 이러한 질적인 교육 내용의 향상을 기대해 볼 수 있을 것이다.

여기서는 그 교육적 차원에서 현재 일본 고등학교에서의 한국어 교육의 문제점을 짚어보고 해결방안을 모색해 보고자 한다. 특히 시급한 문제로서 한국어 교재 개발을 들 수 있는데, 이 문제에 대해 집중적으로 논의하고자 한다.

2. 일본 고등학교에서의 외국어 교과

앞에서 이전에 비해 한국어가 늘었다고 하면서도 그 절대적인 숫자는 많지 않다고 지적하였는데, 그 근본적인 원인은 일본 고등학교 외국어 교육의 기본 방침에 있다. 한국과는 달리 일본의 고등학교에서는 제2외국어가 존재하지 않는다. 한국의 고교에서는 영어를 제1외국어로 하고, 영어 이외의 외국어를 제2외국어로 하여 어느 정도 다양한 외국어를 학습할 토대가 되고 있다. 그러나 일본의 경우는 사정이 다르다. 일본의 문부과학성에서 고등학교 학습지침으로 작성한 [고등학교 학습지도 요령]에 따르면, 〈외국어〉라는 교과만 있고, 제2외국어 교과는 없다. 그러므로 일본의 고등학교에서는 영어만을 외국어로서 교육하는 것이 상식처럼 되어 있다. 제2외국어 과목이 없으므로 영어 이외의 다른 과목을 가르칠 필요가 없는 것이다. 대학 입학 시험이나 사회적 수요 등을 생각해보면 학교에서 영어를 포기하고 다른 외국어를 〈외국어 교과〉로서 선택할 가능성은 없다고 할 수 있다. 일부 고등학교에서 학교장의 재량에 따라 선택과목으로 다른 외국어를 가르치는 경우가 있는데, 현재 한국어는 이 선택과목에 해당한다.

이에 따라 한국의 대학 수학능력 시험에 해당하는 일본의 〈대학입시센터시험(이하 센터시험)〉에서도 외국어로서 한 과목만을 선택하게 되어 있다. 대학입시센터에서는 어떤 외국어를 선택하든지 비슷한 수준의 문제가 나와야 한다는 입장을 가지고 있다. 그러므로 센터시험에서 영어가 아닌 다른 외국어를 선택한 경우, 영어와 같은 난이도의 문제를 풀어야 한다고 할 수 있다. 일주일에 한두 시간하는 선택 수업에서 배운 외국어로 센터시험의 문을 두드리는 것은 쉽지 않음을 알 수 있다.

3. 일반 고등학교에서의 한국어 수업

지금까지의 센터시험 한국어 문제를 보면 대체로 한국어 능력시험 4급에서 5급 정도의 문제가 출제된다고 할 수 있다. 일본의 일반적인 고등학교에서의 한국어 수업 구성은 선택과목으로 일주일에 1, 2시간 수업을 하는 것에 불과하므로, 센터시험 문제를 기준으로 고등학교에서 수업을 구성하기란 불가능한 것이다.[2]

일주일에 2시간 선택과목으로 한국어 수업을 하는 경우 한글 자모를 익히는 데만 한학기가 걸리며, 기본적인 명사문을 익히려면 1년의 시간이 걸린다. 한국에서는 상상할 수 없을 만큼 진도가 더디게 진행된다고 할 수 있는데, 가장 큰 원인으로는 다음의 두 가지 이유를 들 수 있다.

먼저 학습 시간이 부족하다. 한국어를 사용하는 환경이 주변에 없으므로 한국어를 익힐 시간이 수업 시간밖에 없는 것이다. 고교생의 경우 국어, 영어, 수학 등 대학 수험 과목에 집중하여 공부해야 하는 것은 한국과 크게 다름이 없다. 그러므로 한국어와 같은 선택과목은 수업 시간 이외에 공부할 시간이 거의 없고, 수업 시간의 집중도도 다른 과목과는 크게 차이가 난다. 과제도 많이 내주기 어려운 것이 현실인 것이다.

두 번째는 한국어를 배우려는 동기와 의욕이 부족하다. 선택과목으로 한국어를 듣는 학생이라 해도 한국어를 선택한 이유가 분명하지 않은 경우가 많다. 선택과목을 정하는 시기가 대부분 고교에 입학한 직후로서 학생들이 아직 어리기 때문에 자신의 미래에 대

---

2) 그럼에도 불구하고 센터시험의 한국어 평균 성적은 영어과목보다 높다. 영어의 평균 성적이 200점 만점에 120점 내외인데 비해, 한국어는 160점 내외의 평균 성적을 얻고 있는 것이다. 이것은 센터시험에서 한국어를 선택하는 학생들이 고등학교의 한국어 수업에서 한국어를 배운 학생이 아니라, 대부분 재일 한국인 1.5세 또는 2세인 한국어 모국어 화자들이기 때문이다.

하여 확고한 목표를 갖지 못한 경우가 대부분이다. 한국에 대한 막연한 흥미를 가진 경우도 물론 있으나, 친구가 선택해서 같이 왔다거나 다른 과목이 마음에 들지 않아서 등의 이유로 선택했다는 학생이 생각보다 많다. 특별한 동기가 없이 한국어를 선택한 학생들은 학습 내용이 예상보다 힘들다고 느끼면 쉽게 포기해버리기 때문에 교사는 강도 높은 수업을 하기가 어렵다. 이러한 것들이 한국에서 한국어를 배우는 학습자에 비해 한국어 학습을 더디게 하는 주요 원인이라 할 수 있다.

4. 선택과목으로서의 한국어 교재

이러한 한계를 극복하기 위해서 가장 중요한 것은 학생들의 이해와 요구에 맞는 한국어 교재의 개발이라고 할 수 있다. 고등학교 선택과목으로서의 한계를 인정하고 이에 맞는 교재를 만들어야 한다는 것이다. 지금까지 고등학교에서 사용된 교재를 보면 교사들이 스스로 프린트를 제작해서 사용하는 경우가 가장 많았고, 그 밖에는 일본의 일반 학습자들을 위해 만들어진 초급 교재를 이용하거나 한국의 대학에서 사용되는 교재를 이용하는 것이었다.[3] 교사가 프린트를 만들어 사용하는 경우는 교사마다 개인차가 심해서 체계적인 교육이 어렵다는 것이 가장 큰 문제일 것이다. 일본의 일반 학습자를 위한 교재나 한국 대학의 한국어 교재를 이용하는 경우는 고등학생들의 흥미와 능력을 반영하지 못하는 것이 문제가 될 것이다. 역시 고등학교 수업에서는 그를 위한 교재가 따로 제작될 필요가 있는 것이다. 고등학교 선택과목으로서의 한국어 교재를 개발할 때에는 다음과 같은 점에 주의해야 한다.

첫째, 쉬워야 한다. 한국어를 가르치겠다는 의욕이 너무 넘치다보면 학습내용이 어려워지고 학습해야 할 양이 많아져서 중간에 포기하는 학생들이 많아질 것이다. 선택과목 한국어는 1년 동안 한글 자모를 습득하고 기초적인 명사문을 배우는 정도에 그친다. 어

---

[3] 다도코로 히로유키(2005:62)에 따른 것으로 2001년도의 사용현황이다. 한국어를 가르치는 206개 고교 중 37개교가 자체 제작 프린트를 사용하고 있다. 〈쓰면서 외우는 초급조선어〉(19개교) 등 일본에서 개발된 한국어 교본을 사용하는 경우가 다음으로 많았으며, 한국의 대학에서 제작한 한국어 교재는 교재별로 한두 개 학교가 사용하고 있었다.

차피 수업 시간을 통해 배운 한국어로는 한국인과 대화를 나누기 어려운 수준인 것이다. 그러므로 쉬운 내용을 통해 학생들에게 한국어에 대한 자신감을 심어주고 기초를 단단히 하는 편이 좋다.

둘째, 재미있어야 한다. 한국어를 배우는 동기가 분명하지 않은 학생들이 많으므로 한국과 한국인에 대해 흥미를 가질 수 있도록 해야 한다. 한국과 일본의 문화 차이를 소개하거나, 재미있는 삽화를 넣거나 주인공을 고등학생으로 하거나 하는 등의 다양한 방법들이 있을 것이다. 한국과 한국인에 애정을 가지게 되면 고등학교를 졸업한 후에도 스스로 한국어를 공부하려는 의욕이 생길 것이다.

셋째, 회화 위주로 되어야 한다. 일본사람들에게 한국의 가장 큰 매력은 일본과 지리적으로 가까워서 쉽게 오갈 수 있으며, 친구도 사귈 수 있다는 것이다. 한국에 여행을 가거나 한국인 친구를 사귈 때 한국어 학습의 보람을 가장 크게 느낄 수 있다. 영어나 일본어로 된 자료들이 많이 쏟아져 나오기 때문에 영어나 일본어는 독해 능력만 있어도 대단히 쓸모가 많다. 이에 비하면 아직 한국어는 자료의 양이나 질이 크게 부족하므로 한국어를 배운 학습자들은 독해 능력보다는 회화 능력을 키우는 것이 더 유용할 것이다.

이와 같은 목적에서 개발된 것이 '고등학교 한국조선어교육 네트워크 서일본블록 학습 지침 연구팀'이 개발한 〈스키야넹 한글〉이다. 〈스키야넹 한글〉은 일주일에 2시간 선택과목으로 한국어를 학습하는 고교생을 위한 교재로서 다음과 같은 특징이 있다.

첫째, 한글 자모의 습득에 많은 시간을 할애한다. 자모의 학습에 약 20시간(10주)을 할애하고 있다. 다른 교재와 마찬가지로 한글부터 배우기 시작하는데, 이것이 한국어를 배울 때 고등학생이 느끼는 첫 번째 어려움이라 할 수 있다.[4] 한글을 쉽게 익히기 위해 배우는 자모의 순서를 다시 배열하거나[5] 자모에 나타나는 발음 규칙은 단원을 따로 두는 등

---

[4] 간노(1991)에서 지적한 것처럼 한글은 외국인이 배울 때 결코 쉽지 않다. 가장 큰 원인은 역시 낯설다는 것인데, 로마자나 한자가 아니기 때문에 암기가 어렵다는 것이다. 두 번째는 발음이 비슷한 것이 자형도 비슷해서 헷갈리기 쉽다는 것이다. 그리고 한글 정서법이 복잡하여 소리 나는 대로 쓰면 안 된다는 것 등이다.

[5] 〈스키야넹 한글〉에서는 한글 자모를 다음과 같은 순서로 배운다.
  (1) 단모음과 단자음 : 아, 어, 오, 우, 으, 이, 에, 애, ㄱ, ㄴ, ㄷ, ㄹ, ㅁ, ㅂ, ㅅ, ㅈ, ㅎ.
  (2) 중모음과 중자음 : 야, 여, 요, 유, 얘, 예, 와, 왜, 외, 워, 웨, 위, 의, ㅋ, ㅌ, ㅍ, ㅊ, ㄲ, ㄸ, ㅃ, ㅆ, ㅉ.
  특히 단모음과 단자음은 1시간에 3, 4자모만을 배우는 것으로 되어 있다. 이러한 한글 자모의 학습 순서는 우리기 흔히 알고 있는 한글의 순서와 크게 다른데, 앞으로 한국어 교육에 좋은 참고가 될 것이다.

의 노력을 보였다.[6]

둘째, 고등학생이 주인공이 되고, 학교에서 사용되는 단어를 중심으로 학습한다.[7] 이를 통해 학생들은 교재에 흥미를 갖게 되고 학습한 단어를 응용하여 말하기 활동을 하게 된다.

셋째, 고등학생들이 좋아하는 명랑만화 스타일의 삽화를 많이 넣어 학생들의 흥미를 끌고 있다. 이것은 만화에 익숙한 일본 고등학생들을 위한 배려라고 할 수 있다.

넷째, 한국의 가족 명칭, 한국인의 이름, 한국의 공휴일 등 한국 자체에 흥미를 느낄 수 있는 내용을 일본어로 싣고 있다. 특히 재일교포의 생활이나 일제시대의 이야기 등을 통해 한국과 일본의 관계를 이해할 수 있다.

이렇게 〈스키야넹 한글〉은 일본의 고교에서 선택과목으로 한국어를 학습할 때를 바탕으로 하여 만들어져 있다. 물론 아쉬운 점도 없지 않다. 가장 큰 아쉬움은 1년 과정으로 끝나며 후속편인 〈스키야넹 한글2〉가 없다는 점이다. 〈스키야넹 한글2〉가 없으므로 1년 과정을 다 가르친 교사는 다시 자체 프린트를 준비하거나, 다른 성인용 교재로 수업을 진행해야 하는 것이다. 3년 동안 고등학교에서 한국어를 배운다는 것을 전제로 하여 2권과 3권이 발간되어야 할 것이다.[8]

5. 고등학교의 한국어 전문과정

지난 2000년에 일본의 도쿄 시부야쿠에 소재한 관동국제고등학교에서는 일주일에 6시간 한국어를 학습하는 전문 코스가 개설되었으며, 필자는 2002년부터 한국어 원어민

---

[6] 유성음화라 하여 모음 뒤에서 ㄱ, ㄷ, ㅂ, ㅈ가 유성음화 된다는 것, ㄱ, ㄷ, ㅂ, ㅈ 뒤에서 ㄱ, ㄷ, ㅂ, ㅈ는 된소리가 된다는 것, 받침 뒤에 모음이 이어질 때 연음법칙이 적용된다는 것이 각각 독립된 단원으로 한국어 자모 편에 들어 있다.

[7] 그러므로 한국어 기초어휘에 벗어나는 단어도 다수 포함되어 있다. 예를 들면 〈취미〉 편에 '스티커 사진'이나 '잠자기', 〈서클 활동〉 편에 '서예부', '다도부', 〈학교 행사〉 편에 '중간고사', '체육대회'와 같은 단어들이 들어 있다.

[8] 역시 여기에는 교재 개발에 들어가는 비용문제가 가장 큰 걸림돌이 된다. 〈스키야넹 한글〉은 오사카 지역의 한국어 교사가 3년간 공동 연구하여 개발한 것이다. 그러므로 〈스키야넹 한글2〉를 개발하는 데에도 거의 이와 같은 정도의 시간과 비용, 노력이 필요할 것이다. 이러한 문제로 〈스키야넹 한글2〉가 언제 출판될지 기약이 없는 상태이다.

교원으로서 근무하고 있다. 관동국제고등학교 한국어 코스 학생들은 3년 동안 최대 약 700시간의 한국어 수업을 받는데, 이는 다른 학교에서는 찾아볼 수 없는 것이다. 극히 예외적인 경우라고 할 수 있으나, 고등학교에서 전문과정으로서 한국어를 교육할 때 앞으로 기준이 될 것임은 부인할 수 없다. 관동국제고등학교 한국어 코스의 전체적인 개요를 설명하면 다음과 같다.

현재 한국어 코스는 각 학년당 15명 정도의 학생들이 있다. 일본에서 유일한 코스이기는 하지만 도쿄와 인근 지역에 거주하는 학생들이 입학한다는 것을 고려하면 다른 지역에서 전문과정이 생긴다고 하여도 이 이상의 많은 학생들이 오기는 힘들 것으로 보인다. 도쿄 지역이 일본에서 가장 큰 한국어 시장이기 때문이다.[9]

지금 현재 한국어 교사는 일본인 교사가 1명, 한국인 교사가 1명이며, 각 학년은 1주당 일본인 교원에게 3시간, 한국인 교원에게 3시간의 수업을 받고 있다. 3학년 과정에는 선택 수업으로 3시간을 더 들을 수 있다. 또한 대부분의 학생은 2학년 때 5주간의 한국 단기 유학을 이수하는 과정을 밟고 있다. 이렇게 한국어 코스에서 3년간 공부하면 졸업할 때에는 한국어능력시험 3급 정도의 수준에 도달하고, 3학년에서 한국어 선택 과목까지 듣는 경우는 4급 정도의 수준에 도달하는 것을 목표로 하고 있다.

한국어 코스에 입학하는 학생은 대략적으로 3부류로 분류할 수 있다. 첫째, 한국어와 한국에 흥미를 갖고 한국어를 선택하는 경우이다. 특히 최근에는 한국의 젊은 가수들을 좋아해서 한국어 코스를 선택하는 학생들이 크게 늘고 있다.[10] 이런 학생들은 한국어 학습에 의욕이 높고, 그만큼 성취도도 높다.

둘째, 부모가 한국인인 경우이다. 학부모는 자녀가 한국어를 공부하여 한국의 친척들과 대화하고, 한국인으로서 긍지를 갖기 희망한다. 이 경우는 크게 둘로 나뉘는데, 일본어가 모국어이기는 하지만 한국어를 가정에서 사용하는 학생과[11] 전혀 한국어를 하지 못

---

9) 물론 특수한 학교가 생겨서 아주 적은 비용으로 다닐 수 있는 한국어 전문과정이 생긴다면 불가능하지는 않을 것이다. 오사카 등 전통적으로 재일한국인이 많은 곳도 한국어 전문과정이 생길 수는 있으나 교포가 입학하는 것을 전제로 한다면 순수한 일본인 학생들의 한국어 전문과정과는 구분되어야 할 것이다.

10) 이 점에서 일본에서 불었던 초기 한류와는 차이가 난다. 이른바 2002년 월드컵 전후로 불어닥친 '욘사마'(배용준) 열풍은 30대 이상의 성인들을 중심으로 일어났으며, 관동국제고등학교의 한국어 코스 진학에는 거의 영향을 주지 않았다. 그러나 최근 신화, 동방신기 등 젊은 그룹 가수의 영향으로 한국어 코스를 선택하는 학생늘이 크게 늘었다.

하는 학생[12]이다. 한국어를 가정에서 사용하는 학생의 경우는 성취도가 높으나, 전혀 한국어를 하지 못하는 학생(재일교포3, 4세)의 경우는 평균보다 성취도가 낮은 경우가 많다. 재일교포 3, 4세의 경우 학생 본인보다는 학부모의 희망이 입학에 큰 영향을 미쳤다고 할 수 있는데, 학생의 흥미가 학습 성취도에 얼마나 많은 영향을 끼치는지에 대한 좋은 예라고 할 수 있다.

셋째, 다른 교과목 특히 영어에 흥미와 자신을 잃고 성적 부족으로 어쩔 수 없이 희망자가 적은 한국어 코스를 선택하는 경우이다. 한국어에 흥미가 없고, 학습 능력 자체도 부족하므로 성취도가 크게 낮은 경우가 많다.

다행인 것은 학생수 자체가 점진적으로 늘고 있을 뿐만 아니라, 스스로 한국에 흥미를 갖고 한국어 코스 입학을 원하는 학생이 점점 늘고 있다는 점이다. 이에 따라 앞으로 더욱 좋은 조건에서 한국어를 가르치게 될 것으로 기대하고 있다.

한국어 코스를 졸업하면 다음과 같은 진로를 선택한다. 먼저 대학에 진학하여 전문적으로 한국어를 공부하는 경우이다. 한국어 학과가 설치되어 있는 대학에 진학하는 것인데, 일본 대학입시의 추천입학 제도를 이용하는 것이 보통이다.[13] 두 번째는 한국으로 유학을 가는 경우이다. 한국의 대학에 진학하여 자신이 선택한 전공공부를 하는 경우이다. 세 번째는 한국어와는 관계없는 전공을 택하는 경우이다. 이 경우도 학교내 성적에 의하여 추천입학을 하는 경우가 많다.

6. 전문과정에서 사용하는 한국어 교재

다른 곳에서는 유례를 찾을 수 없는 고등학교 한국어 전문이므로 다른 일반 고등학교

---

11) 주로 어머니가 교포 1세로서 일본인 또는 교포와 결혼하여 일본에 정착한 경우이다. 어머니의 모국어가 한국어이기 때문에 국적이 일본이라 하더라도 한국어를 집에서 어느 정도 배우게 된다.

12) 주로 부모가 재일교포 2세, 또는 3세인 경우이다. 이 경우 학생의 국적은 한국이지만 부모가 한국어를 못하기 때문에 학생은 가정에서 한국어를 배울 기회가 없다.

13) 한국어 코스는 주6시간의 한국어 학습을 실시하므로 그만큼 다른 수업시간이 줄어들게 된다. 그 때문에 센터시험 등 일반 입시에서는 다른 학교 학생들에 비해 불리한 면이 있다.

에서 사용하는 교재를 사용할 수가 없다. 관동국제고등학교 한국어 코스에서는 크게 두 종류의 교재를 사용하고 있다.

먼저 경희대학교 국제교육원에서 발간된 교재로서 한국어 초급 1을 1학년 교재로, 한국어 초급2를 2학년 교재로 사용하고 있다. 대학생이 주인공으로 되어 있고, 배경이 서울로 되어 있는 등 일본의 고등학교에서 사용하기에는 맞지 않는 부분도 있지만 문법 설명이 쉽고, 다양한 수업 활동이 많이 포함되어 있으며, 그림 등을 통해 내용을 이해하기 쉬워 교재로 선택되었다. 부족한 부분은 자체적으로 제작한 연습장을 통해 보완하고 있다.[14]

두 번째는 교원이 작성한 자체 교재로서, 현재 3학년이 사용하고 있다. 얼마 전까지만 해도 3학년 교재 또한 경희대학교 국제교육원의 중급 1 교재를 사용하였으나 일본의 고등학생들에게 사용하기에는 적절하지 못하다는 판단 아래 한국어 코스 학생에게 맞는 교재를 직접 작성하기로 하여 현재 시범적으로 사용하고 있다. 자체 제작한 3학년 교재의 내용에 대하여는 7장에서 자세히 설명하기로 한다.

사실 한국어 교재라는 것이 책의 형태로만 이루어지는 것은 아니다. 특히 한국 문화 체험, 한국 관련 영상/음성 자료, 한국 학생 교류회, 스피치 콘테스트 등 무형의 교육 환경이 많이 있다. 중요한 것은 이들 자료를 어떤 목적으로 어떤 시기에 어떤 활동을 통해 학생들에게 제시하고 평가할 것인가에 있다. 이를 위해서는 이런 활동을 포함하여 설정된 교육과정을 구축함으로써 학생들을 체계적으로 교육하는 것이 필요하다.

---

14) 연습장은 학생들이 직접 쓰면서 수업 활동 및 과제를 하기 위해 작성한 워크북인데, 간단한 반복 연습 및 작문 활동 등이 많다. 특히 주교재를 통해서는 이해하기 힘든 한글 자모 부분은 연습장을 통해 학습하고 있다. 연습장은 1학년과 2학년이 사용하고 있으며 교사 외 수업 활동과 학생들의 내용 이해를 돕고 있다.

7. 전문과정을 위한 한국어 교재 제작

앞에서 말한 바와 같이 현재 한국어 코스 3학년 학생들은 자체 제작한 교재를 사용하고 있다. 이전에 3학년 교재로서 경희대학교 국제교육원 한국어 중급 교과서를 사용했을 때 다음과 같은 문제가 지적되었기 때문이다. 먼저 한 과의 주제가 성인 학습자 중심이어서 고등학생들의 관심을 끌지 못한다는 것이다. 예를 들어 〈직장 생활〉, 〈환불〉, 〈정보〉, 〈면접〉 등의 주제는 고등학생들에게는 별로 흥미가 없다. 또한 초급 교재와는 달리 국제교육원의 중급 교재는 하나의 주제로 한 과의 내용이 이루어져 있다. 한국에서 1주일 동안 하나의 주제로 교육되는 과정이 한국어 코스에서는 3, 4주 동안 계속 되기 때문에 학생들이 지루해한다는 점이다. 특히 관심 없는 주제로 1개월 가까이 수업을 하는 것은 대단히 피로한 일이다. 주인공들도 직장에 입사하거나 대학원에 진학하게 되어 고등학생들의 생활과 점점 동떨어지게 되었다는 문제도 나타났다.

이와 같은 반성을 바탕으로 3학년 교재는 다음과 같은 원칙하에 작성하기로 하였다.

(1) 고등학생들이 관심을 갖는 주제를 배치한다.[15]
(2) 주인공을 일본의 고등학생으로 하여 친근감을 느끼게 한다.[16]
(3) 말하기, 듣기, 읽기, 쓰기의 4영역을 골고루 배분한다.[17]
(4) 초급 2를 마친 수준의 어휘와 문법을 이용하여 내용을 구성한다.
(5) 활동위주 과제를 제시한다.

---

15) 이렇게 선택된 주제는 다음의 8개이다. 1. 학교 생활, 2. 대중문화, 3. 건강, 4. 장래 희망, 5. 가족, 6. 여행, 7. 사회 문제, 8. 전통문화

16) 주인공을 한국어 코스에 다니는 3학년 학생 4명으로 설정하였다.

17) 각 과마다 말하기 영역으로서 〈대화문〉, 읽기 영역으로서 〈독해문〉, 쓰기 영역으로서 〈수필〉, 그리고 토론활동을 위한 자료를 넣었다. 각 영역에는 제시문에 맞는 활동 및 문법 연습문제를 넣었다. 예를 들어 〈제1과 학교 생활〉에서는 교실에서 학생들이 하는 〈대화문〉, 독해문으로서 〈부등교〉, 수필로서 〈도시락〉, 그리고 토론활동 자료로서 〈학교 소개문〉을 넣었다. 결국 듣기 영역이 빠져 있는 셈인데, 정식출판이 아닌 상태에서 CD의 제작이 힘들었기 때문이다. 한국인 교원의 수업으로 듣기 영역을 담당했다고 할 수 있다.

3학년 교재의 전체적인 개요를 보이면 다음과 같다.

과	주제	영역	내용	활동
1과	학교 생활	대화문 독해문 수필 토론자료	친구와 숙제에 대해 부등교 도시락 학교 소개문	요즘의 수업 내용 부등교 해결책 학교의 추억 수필 쓰기 우리 학교 팜플렛 만들기
2과	대중문화	대화문 독해문 수필 토론자료	교사와 영화에 대해 연예인 중독 나의 패션 감각 한국 가수들의 인기비결	한국영화 내용 소개 좋아하는 연예인 소개하기 나의 패션 감각 소개하기 한국 노래 익히기
3과	건강	대화문 독해문 수필 토론자료	친구와 다이어트에 대해 건강을 지키는 잠 나의 건강비결 패스트푸드의 문제	건강에 대해 설문에 답하기 잠에 대해 설문에 답하기 나만의 건강비결 소개하기 패스트푸드 이용실태 조사하기
4과	가족	대화문 독해문 수필 토론자료	친구와 가족에 대해 사춘기 자녀와의 대화 우리집 가훈 출산율 저하에 대해	가족 소개하기 부모와의 대화 소개하기 가훈 만들어 소개하기 출산율 저하 방지를 위한 토론
5과	진로	대화문 독해문 수필 토론자료	교사와 진학에 대해 진로 상담 나의 꿈 대학 입학 면접 요령	진학을 원하는 대학 소개하기 진학 희망 소개하기 장래 희망을 주제로 작문하기 입시 면접 연습하기
6과	여행	대화문 독해문 수필 토론자료	친구와 한국여행에 대해 일본을 여행할 때 주의할 점 여행을 싫어하는 이유 배낭여행 기초지식	자주 가는 친척 집 소개하기 일본 여행지 소개하기 기행문 발표하기 해외여행 계획 세우기
7과	사회	대화문 독해문 수필 토론자료	친구와 한국/일본의 정치에 대해 뉴스란 무엇인가 인터넷 댓글에 대하여 재판원 제도에 대하여	외국의 정치제도 조사하기 관심 있는 뉴스 소개하기 인터넷 사용 실태 조사하기 재판의 과정 조사하기
8과	전통 문화	대화문 독해문 수필 토론자료	친구와 한국동화에 대해 전통문화란 무엇인가? 콩쥐 팥쥐 아메노모리 호슈에 대해	한국의 동화 조사하기 일본의 전통문화 소개하기 일본의 동화 소개하기 일본의 문화유산 소개하기

내용을 보면 현재 일본 사회에서 사람들이 관심을 가지고 사회적으로 이슈가 되는 것이 많다. 한국어 수업이기는 하지만 한국에 대한 내용을 다루기보다는 일본에 대한 내용

을 한국어로 제시한 것이 특징이라고 할 수 있다. 이러한 내용의 구성은 일본의 고등학교 전문과정에서 학생 활동 중심의 수업을 위한 교재를 만들 때 꼭 필요한 것이라 할 수 있다.

위의 교재를 가지고 1년간의 수업을 함으로써 교재의 문제는 무엇인지,[18] 학생들이 어떤 과제에 대해 관심을 가지고 있는지 확인할 수 있었다.[19] 이를 바탕으로 앞으로 교재의 내용을 보완하여 학생들이 관심을 가지고 있는 주제와 활동을 담도록 교재를 개편해 나갈 예정이다.

8. 나오며

앞에서 일본 고등학교에서 실시되고 있는 한국어 교육의 현황을 소개하고, 이 중에서도 교재 문제를 개략적으로 살펴보았다. 해외에서 한국어를 가르치는 경우 현지 사정에 맞는 교재는 어차피 현지에서 준비할 수밖에 없을 것이다. 그러나 주교재가 아닌 부교재는 한국에서 만들어진 교재의 도움이 필요하다. 예를 들어 〈한국어 초급자를 위한 한국의 전래 동화〉, 〈중급자를 위한 춘향전〉과 같이 한국의 전통 사상을 소개하는 읽기자료가 제작된다면 외국에서 한국어를 가르치는 교사들에게 큰 도움이 될 것이다.

최근 들어 일본에 거주하는 중국인들이 급속하게 늘어나게 되어 2007년부터는 한국을 제치고 1위를 차지했을 것으로 예상되며, 앞으로 그 차는 더 벌어지게 될 것으로 보인다. 중국의 급성장과 함께 중국어를 선택하는 학생들도 매년 크게 늘고 있다. 한류라 부르는 대중문화의 인기도 예전에 비해 주춤한 추세여서 이전과 같은 폭발적인 한국어 학습자의 증가를 기대하기는 어려운 상황이다. 한국과 일본이 지리적으로 가깝고, 언어적으로 유사해서 배우기 쉽다는 점 등 일본인이 한국어를 배울 때의 매력은 여전하기 때문

---

[18] 임시적으로 개발된 교재이기 때문에 그림이 거의 없어서 학생들이 수업 내용을 간단히 이해할 수 없는 것이 가장 큰 문제였다. 사진 자료 등을 통해서 보완하기는 하였으나 역시 정식적으로 출판된 교재에 비하면 많은 부분에서 부족하다고 할 수 있다. 그림의 부족은 교사가 직접 프린트를 작성하여 사용할 때 나타나는 문제 중 하나라고 할 수 있다.

[19] 예를 들면 학생들은 한국과 일본의 정치에 관심을 가진 학생이 별로 없어서 토론이 힘들었다. 한국의 정치를 가르치기 위해서는 토론보다는 독해 수업이 좋을 것임을 예측할 수 있다.

에 일정하게 한국어 학습자의 수를 유지할 것으로 보인다. 한국어 학습자가 더욱 늘어날 것을 기대한다면, 국제사회에 있어서 한국의 영향력이 더욱 커져야 한다. 한국어를 배우는 학생의 수는 어떻게 한국어를 가르치는가 하는 것보다는 한국의 국력이 얼마나 성장하느냐에 더 큰 영향을 받기 때문이다. 한국의 성장은 한국어를 학습하는 학생에게 큰 학습의 동기를 부여하기도 한다. 정치, 경제, 문화 등 다양한 방면에서 한국이 크게 성장하여 한국과 일본의 관계가 더욱 개선되기를 기대한다.

참고문헌

간노(1991), 일본인을 위한 한국어 교재 개발과 교수 방법, 교육한글 제4호, 한글학회.

구로사와 신지(2003),
일본지역 한국어 교육 자료의 실태 및 개발 방향, 국외 한국어 교육 자료의 실태 및 개발 방향, 제4차 한국어세계화 국제학술대회.

다도코로 히로유키(2005),
일본의 학교에서의 한국어교육: 대학 등과 고등학교의 현 상황과 과제, 재단법인 국제문화 포럼.

문부과학성(1993), 고등학교 학습 지도 요령

조현용(2006), 한국어 교육의 실제, 유씨엘아이엔씨.

태국에서의 한국어 교육과정과 교재

시무왕케와린*

1. 태국에서의 한국어 교육 현황

현재 태국에서의 한국어 교육 현황을 살펴보면 십 여 개 대학교와 어학원에서 다양한 과정으로 한국어 수업이 이루어지고 있다. 한류 열풍으로 인하여 한국에 대한 관심을 가지고 한국어를 배우게 된 경우도 많지만 대부분의 학습자는 주로 취직을 목적으로 한국어를 배우게 된다. 한국어가 필요한 직업은 직장에서 한국인과 태국인이 함께 일하는 직업이나 한국과 태국이 서로 연락하면서 사업을 진행하는 직업이거나, 번역과 통역 등이다. 현재 한국의 태국에 대한 투자 비율이 증가하여 한국 국내와 태국에서 고용에 대한 요구가 현실적으로 많아지고 있다. 이러한 사업상의 요구로 여러 대학에서는 한국어학과를 개설할 계획을 가지고 교수진 양성을 위해서 학부를 마친 학생 중 장학생을 선발하여 한국으로 유학을

---
*태국 나레수완대학교 교수

보내고 있다.

현재 각 교육 기관에서 사용되고 있는 교재들은 학생 수준에 맞추어 적당한 내용을 가진 교재이며, 일반 강사들이 사용하기 편한 교재이다. 태국에서 출판된 교재일 경우 태국어 설명이 있어서 초급 학습자들에게 기본 한국어를 이해시키기에 적당하다. 그러나 태국어의 비교를 통해서 한국어 특징을 알려주는 것이기 때문에 학습자가 빨리 이해를 할 수 있다는 장점이 있지만, 양 언어를 비교해 모국어로 표기할 수 없는 부분도 있으므로 표기할 때 유의해야 한다. 한국어 발음을 태국어 발음 방식으로 표기하는 교재가 가끔 보이는데 그런 교재를 통해 학습자가 잘못 배우게 되면 고급 단계로 올라가도 그 오류를 고치기가 쉽지 않을 것으로 보인다.

우선 태국 학습자에게 초급 단계에서 학습하기 어려운 부분은 태국어로 표기할 수 없는 한국어 발음이라고 본다. 또한 품사나 어순이 태국어와 많이 다르므로 학습하는데 어려움을 겪는다.

한국에서 학습하는 경우는 괜찮지만 직접적인 경험이 없는 태국에서 학습하는 태국 학습자에게 한국어에 대한 내용을 단순히 나열시키는 교재만 있다면 이해하기 어렵고 지루할 수도 있다. 따라서 학습자에게 맞는 교재를 개발하는 것이 필요하다.

2. 교재를 바탕으로 한 일반적인 수업 방법

한국어의 정확성과 유창성을 갖기 위해서는 초급 단계에서 바람직한 교육을 받아야 한다. 한국어를 배우기 시작할 때 바로 문자 학습으로 들어가지 않고 학습자가 한국어에 익숙해질 수 있도록 우선 간단한 인사 표현과 자기소개를 연습시키는 것이 보통이며, 한국어 문자를 모르는 상태에서 연습하는 것이므로 모국어나 영어로 표기하여 연습시킨다. 이때 간단하게 한국어를 같이 써 주는 것이 학습자가 한국어 문자를 부담 없이 받아들이는데 도움을 줄 것이다.

안녕하세요? 저는 (이름)입니다. 만나서 반갑습니다.
อัน นิยอง ฮา เซ โย   ฌอ นึน (ชื่อ) อิม นี ดา   มน นา ซอ พน กับ ซึม นี ดา

다음은 문자 교육을 실시한다. 문자 교육은 모음부터 학습시키는 것이 바람직할 듯하다. 모음의 쓰기와 발음 현상이 자음보다 더 단순하여 학습자가 빨리 암기할 수 있기 때문이다.

태국 학습자에게 모음을 가르칠 때 강조해야 하는 부분이 몇 가지 있다. 하나는 모음의 형태 특히 'ㅜ'와 결합하는 이중모음인 'ㅝ'와 'ㅞ'이고, 자음만 결합할 경우와 받침이 있는 경우의 모음 크기와 위치 등이다. 또 다른 하나는 경우에 따라 발음이 달라지는 모음 즉, 'ㅒ', 'ㅢ' 등이다. 또한 이중모음들 중에서 태국어 모음과 비슷한 발음을 가지고 있는 모음도 있지만, 완전히 같은 것은 아니기 때문에 정확하게 학습시키는 것이 필요하다. 그렇지만 구별하기 어려운 'ㅐ/ㅔ'나 'ㅙ/ㅚ/ㅞ' 같은 경우는 너무 지나치게 발음을 구별할 경우 학습자에게 부담이 될 수 있기 때문에 비슷하게 발음된다는 것만 제시해 주어도 충분할 것이다.

자음을 가르칠 때, 처음에는 사전에 나오는 순서대로 쓰기와 발음을 간단하게 소개하고, 다음에 구체적인 발음 현상 중심으로 발음 연습을 시키는 것이 효과적이다. 평음인 'ㄱ·ㄷ·ㅂ·ㅈ' 등은 'ㄲ·ㄸ·ㅃ·ㅉ'과 'ㅋ·ㅌ·ㅍ·ㅊ'으로 발음이 변할 수 있다는 규칙을 같이 학습시키는 것이 좋다. 또한 고명음인 'ㄴ, ㅁ, ㅇ' 같은 경우는 장애음들에게 영향을 주고 그 장애음들을 조음 위치가 같은 고명음으로 변화시킨다는 규칙을 총체적으로 학습시킬 수 있다. 교재에 자음의 조음 방법과 조음 위치를 설명해 주는 자음 체계 도표가 있으면 학습자가 이해하는데 도움이 된다.

평음	경음	평음 → 경음	격음	평음 → 격음
ㄱ	ㄲ	학교, 젓갈	ㅋ	이렇게, 백화점
ㄷ	ㄸ	식당, 속담	ㅌ	좋다, 놓다
ㅂ	ㅃ	꽃병, 떡볶이	ㅍ	잡화
ㅈ	ㅉ	옷장, 책장	ㅊ	그렇지만

| ㅏ | 나 | 나라 | 가방 |
| ㅓ | 너 | 버섯 | 전철 |

| อรพิน | = | 어라핀 |
| วิลาวลัย | = | 위라완 |

자음을 배울 때는 모음 단독 또는 모음과 받침까지 결합할 때의 쓰기 현상과 발음을 학습할 수 있다. 단순한 단어로 학습시키는 것도 학습자의 흥미를 유발하는데 효과적이다. 한국 문자로 태국어 이름을 표기하는 것도 많이 사용되고 있는데, 이것은 학습자가 스스로 쓰기 연습을 하는 방법 중의 하나다.

문자가 익숙해지면 문법을 가르치기 시작한다. 현재 태국에서 사용되는 교재들을 보면 기능별 통합 교재이며, 일상생활에서 쓰는 표현들을 담고 있는 교재들이 보통이다. 각 과에서 문법과 단어를 배우기 위해 일상생활에 대한 다양한 상황을 설정하고 난이도와 빈도에 따른 순서로 내용이 이루어지는 특징도 볼 수 있다.

3. 태국 학습자에게 자주 나타나는 오류

3.1. 발음

태국 학습자의 한국어 발음 문제에 대해서 크게 두 가지로 나눌 수 있다. 첫째, 태국어에 존재하지 않은 한국어 발음이고 둘째, 자음과 모음의 위치에 따라 쓰기와 다르게 발음이 되는 한국어 음운규칙들이다. 태국어에 존재하지 않는 한국어 문자의 발음은 가끔 태국에서 출판된 한국어 교재에 태국어 문자와 틀리게 표기된 것이 보인다. 초급 단계에서 학습자가 빨리 문자에 익숙해지도록 하기 위해 모국어와 같이 표기해 주는 것이 시간을 절약하는데 도움이 될 수 있지만 태국어로 표기할 수 없는 발음도 있다는 점을 유의해야 한다. 따라서 참고할 수 있는 발음 CD를 제공하는 것은 아주 중요하다. 태국 학습자들에게 어려운 문자 발음들은 다음과 같이 요약할 수 있다.

첫째, 'ㄱ·ㄷ·ㅂ·ㅈ'과 같은 평음인 자음 등이 태국어에 존재하지 않은 발음으로 매우 어렵다고 평가를 받고 있다. 반대로 이 평음인 자음들의 음운현상 즉, 경음 'ㄲ·ㄸ·ㅃ·ㅉ'과 격음 'ㅋ·ㅌ·ㅍ·ㅊ'은 태국어에도 나오는 발음이기 때문에 학습하는데 문제가 없다.

둘째, 'ㅅ' 발음은 태국 학습자가 'ㅆ' 발음과 구분 못 하는 경우가 많다. 태국어에 'ㅆ'

발음만 존재하기 때문에 'ㅅ' 발음을 'ㅆ' 발음으로 듣기 쉽다.

셋째, 받침으로 쓰이는 'ㄹ'을 태국어와 비교하여 사용하면 'ㄴ' 소리가 되기 때문에 한국어를 읽을 때와 태국어에서 한국어로 표기할 때 오류가 많이 나타난다.

    (읽을 때) 달 = [단](×) → 달
    (표기할 때) พาล = 팔(×) → 판

위의 예를 따르면 한국어의 'ㄹ'을 태국어 'ล'로 사용해서 오류가 나타난 경우인데 태국어 영향으로 첫번째 예는 'ㄹ' 발음으로 읽어야 하는데 'ㄴ'으로 읽은 것이고, 두번째 예는 'ㄴ' 자로 표기해야 하는데 'ㄹ' 자로 표기하였다.

넷째, 'ㅇ' 아닌 자음과 결합하는 이중모음 중 태국어에서 사용하지 않은 발음이면 발음하기 어렵다.

다섯째, 쓰기와 다르게 발음되는 음운규칙들은 학습자에게 한국어를 배울수록 어려워진다고 느끼게 한다. 태국 학습자가 문자로부터 한국어를 배우기 시작할 때 비교적 쉽다고 생각하는데, 그 이유는 문자의 개수가 적고 태국어처럼 여러 문자가 같은 소리를 가지고 있지 않아서 단순한 언어의 구조라고 보기 때문이다. 그렇지만 학습자가 태국어에 존재하지 않은 발음만 집중하면 정확하게 한국어를 구사할 수 있다는 것은 아니다. 주변에 있는 문자의 영향으로 발음이 달라진다는 음운규칙이 한국어 발음 교육에서는 기본이지만 태국 학습자에게는 매우 어려운 부분이다.

3.2. 어순

한국어와 태국어의 어순에 대한 차이를 살펴보면 크게 동사술어문의 어순, 수식어의 어순, 그리고 어미의 어순 세 가지로 나눌 수 있다. 한국어 동사술어문의 어순은 태국어의 SVO와 달리 SOV로 되어 있지만 분명히 보이는 현상이기 때문에 학습자가 파악하기 어렵지 않다. 마찬가지로 수식어가 있는 경우 한국어에서는 수식어가 비수식어 앞에 오는데 반해서 태국어에서는 수식어가 주로 비수식어 뒤에 위치해서 차이가 나타나지만 수식어가 비수식어 앞에 위치한 한국어는 태국 학습자에게 익숙한 영어 구조와 비슷하기 때문에 파악하기가 쉬운 편이다. 명사의 수식어로 변화한 동사는 어순 부분 말고 어형 변화 부분이 어려운 것인데, 한국어의 문법인 어미 변화와 관련된 문제이다.

한국어 어순 속에 태국 학습자들이 가장 어려운 부분은 어미의 어순이다. 특히 보조용언과 선어말어미가 많아서 복잡한 구성으로 이루어진 문장은 이해할 때(읽기, 듣기) 가 아니라 표현할 때(쓰기, 말하기) 어떤 것을 먼저 쓰고 어떻게 써야 하는지 많이 헷갈린다는 것이다. 한국어 보조용언은 예를 들면 '고 싶다, 고 있다, 아/어 두다, 아/어 놓다, 아/어지다, 아/어 내다, 아/어 버리다, 아/어 주다, 아/어야 하다, (으)려고 한다, 기는 하다' 등인데 존경 선어말어미 '(으)시' 와 만날 때 '(으)시' 의 위치가 다양해서 오류가 자주 나타난다.

보조용언 뒤에 존경 선어말어미가 위치한 경우

예뻐지시다.
공부하고 싶으시다.

보조용언 앞에 존경 선어말어미가 위치한 경우

가셔야 한다.
오시려고 한다.

또한 한국어의 선어말어미 차례는 일정하여 그 자리를 함부로 바꿀 수 없는데, 그 차례에 대한 규칙은 학습자를 위해서 정리해 주는 것이 필요하다. 선어말어미의 순서는 〈어간〉 → 〈존경 선어말어미〉 → 〈시제 선어말어미〉 → 〈추측 선어말어미〉 → 〈어말어미〉 순으로 나타나는데 한 문장에 단순한 선어말어미만 나타난 경우도 있고 여러 선어말어미가 같이 나타난 경우도 있기 때문에 학습자가 정확하게 쓸 수 있도록 다양한 학습을 시켜 주는 것이 필요하다.

3.3. 문법

1) 조사

장소를 나타내는 데 사용되는 부사격조사 '에'와 '에서'는 태국어에 한 가지만 있기 때문에 학습자에게 어려운 것이다. 대상의 존재 위치를 제시할 때 '에'를 쓰고 동작이나 행위가 일어나는 곳을 제시할 때 '에서'를 쓰는 규칙이 있어서 학습자가 그 문장에서 사용하는 동사가 어떤 동사인지 알아야 부사격조사를 정확히 쓸 수 있다. '에'는 대상의 존재 위치를 제시할 때만 사용하는 것이 아니라 동작이나 행위가 미치는 곳을 제시 할 때도 사용하는데, 학습자에게 이 경우 어떤 동사가 가능한지 정리해 주면 좋다. (눕다, 놓다, 붙이다, 앉다, 쓰다, 찍다 등)

공동과 상대 그리고 접속조사로 쓰인 '와/과'에 대한 오류도 자주 보인다. 주격조사 '이/가, 을/를, 은/는'을 배우고 '와/과'를 배우게 되면, 학습자가 배웠던 규칙 즉, 받침이 있는 음절 뒤에 'ㅇ'으로 시작하는 주격조사를 쓴다는 원칙이 있어서 '와/과'를 똑같이 쓰게 되기 때문이다.

또한 다양한 의미로 쓰인 '(으)로'는 이해 부분에서 어려운 편이다. '향하다'의 의미인 방향을 나타낼 때, 도구나 재료를 나타낼 때, 변화를 나타낼 때 등 모두 '(으)로'를 사용하는데 교재에서 중요한 문법으로 자세히 설명되어 있지 않지만 '읽기와 듣기'와 같은 이해에 관한 학습 활동이나 강사의 강의에 많이 나타날 수 있어서 학습자에게 각각의 의미를 제시해 주는 것이 효과적이다.

2) 어미

'해요체' 어말어미는 동사 변화 상태가 다양해서 규칙을 암기하기 쉽지 않다. 그렇지만 어려움에 비해 빈도가 높은 어말어미라고 할 수 있는데, 다른 보조용언과 선어말어미와 같이 쓰이는 경우가 많기 때문이다. 예를 들면 보조용언 '아/어지다, 아/어 놓다, 아/어 두다, 아/어 버리다'와 과거 선어말어미 '았/었다'가 동사를 '아/어'로 바꾸어야 결합할 수 있다. 따라서 학습자가 이 형태에 익숙해지도록 표현 연습이 많이 들어있는 교재가 필요하다.

존경 선어말어미 '(으)시'는 상대방이나 3인칭을 높일 때 쓰는 것인데 학습자가 상대방을 높이려고 자신이 문장의 주어로 나타날 때 쓸 경우도 많다. 따라서 높이려고 하는 다른 사람의 존재나 행위에 관한 동사와 사용한다는 특징을 제시해 주는 것이 필요하다. 또한 '주다'의 의미로 존대형 '주시다'와 '드리다'는 둘 다 다른 사람을 높이는 동사인데, 그 사람은 주는 사람이냐 받는 사람이냐에 따라 동사가 달라진다. 이 부분도 학습자에게 강조해 주지 않으면 오류가 많이 나타날 수 있다.

'이다'는 서술격조사로 분류하며, 주격조사 없이 명사 뒤에 붙여 쓰고 '이다'의 반대말인 '아니다'는 주격조사 '이/가'와 사용하는 것이 현실적으로 학습자에게 복잡한 것이다. 태국 학습자에게 '이다'의 의미와 기능을 살펴보면 동사라고 생각되기 때문에 명사와 같이 나타날 때 다른 동사와 같이 주격조사 '이/가'를 붙여 쓰는 경우가 있다.

또한 '이다'의 형태를 파악하고 나서 '아니다'를 배우게 되면 '이다'와 같은 방식으로 쓰는 경우가 많다.

3) 어휘

태국 학습자가 한 단어의 의미를 알고 태국어로 해석하여 태국어처럼 사용할 때 오류가 많이 나타난다. 예를 들면 태국어에서 한 단어만 쓰고, 한국어에서 경우에 따라 다양한 단어를 쓰는 것이 있다.

(문) 열다, (책) 펴다, (불) 켜다, (눈) 뜨다 = เปิด
(문) 닫다, (책) 덮다, (불) 끄다, (눈) 감다 = ปิด
(옷) 입다, (신발) 신다, (모자) 쓰다, (안경) 끼다 = ใส่
아주, 많이, 매우, 무척 = มาก

반대로 한국어에서 한 단어만 쓰고, 태국어에서 다양한 단어로 표현하는 것이 있다.

(골프, 테니스) 치다 = ตี
(피아노, 기타) 치다 = ดีด

또한 같은 의미이지만 다른 단어로 표현하는 것이 있다.

집에 가다.   = 집에 돌아가다 (กลับบ้าน = to go back home)
운동을 하다   = 운동을 놀다 (เล่นกีฬา = to play sport)
돈을 저금하다 = 돈을 맡기다 (ฝากเงิน = to place money into (bank's)custody)
건강하다   = 건강이 좋다 (สุขภาพดี = health is good)

4) 문화

교재를 바탕으로 한국어를 가르칠 때 현실적으로 학습자가 가끔 교재 내용에 대해 이해할 수 없는 경우가 있다. 현재 태국에서 사용되는 교재들이 한국에서 학습하는 학습자들을 위한 교재이며, 한국에서 출판된 교재이기 때문이다. 교재 내용은 학습자가 한국에서 생활하는 데 필요한 내용이어서 일상생활에 대한 단어들이 많이 나오는데 태국 사회에 존재하지 않는 것이면 태국 학습자가 그것에 대한 개념이 없기 때문에 파악하기가 어려운 것이 사실이다.

계절과 관련된 단어 : 봄, 가을, 단풍, 낙엽,

음식과 관련된 단어: 순대, 꼬리곰탕, 설렁탕, 떡볶이

의식과 관련된 단어: 백일, 돌잔치, 혼수, 회갑

또한 표현이나 속담 속에 한국 문화에 관한 단어가 나오는 경우도 같은 의미를 가진 속담이나 표현이지만 문화가 달라서 다른 단어로 쓰는 경우가 있다. 따라서 왜 그렇게 표현하는지 파악하기 위해 한국 문화를 같이 설명하여 그 표현들을 이해시켜 주는 것이 필요하다. 같은 의미를 가진 표현이나 속담이 있으면 같이 비교해 주는 것도 이해시키는데 효과적이다.

속담 속에 문화 차이 비교

한국		태국
개천에서 용 난다	=	밀림 속에 백코끼리
검은 머리 파뿌리 되도록	=	금 지팡이, 다이아 바통을 들도록
고양이 앞에 고기 반찬	=	생선을 보는 고양이

4. 교재 개발 필요성

현재 태국 학습자를 위한 한국어 교육 교재를 개발하는데 필요한 것들을 다음과 같이 정리할 수 있다.

4.1. 음운규칙을 첨가한 듣기 자료

음운규칙은 태국 학습자에게 매우 어려운 항목으로 보이며, 교재에는 음운규칙에 대한 설명이 나와야 하고 학습자로 하여금 음운규칙에 따른 발음현상이 익숙해지도록 하기 위해서 교재에 나와 있는 단어의 CD를 통한 발음 따라하기 연습 부분이 필요하다. 다양한 단어로 각각의 음운규칙을 익히는데 효과적일 것이다.

보기 : ㅇ+ㄹ→ ㅇ+ㄴ   정리   청량리   목련
　　　 ㄴ+ㄹ→ ㄹ+ㄹ   물냉면   설날   만리장성
　　　 ㄱ+ㅎ→ ㅋ   백화점   녹화   놓고

4.2. 문화를 통한 문법 학습

문법 학습 항목에 일반 단어만 나오지 않고 한국 문화에 대한 단어를 사용하면서 문법에 대한 학습 활동이 들어있는 교재가 필요하다. 학습자가 학습하는데 지루하지 않도록 읽기 연습 과정은 다양한 주제로 이루어질 수 있고, 각 과에 나오는 문법에 대해 설명과 예를 들어주는 부분이 있는데 한국 문화에 관한 단어를 사용하는 것이 좋다. 한국 문화를 지나치게 강조하면 그 문화에 대한 개념이 없는 학습자에게 부담을 줄 수 있기 때문에 문법을 가르칠 때 간단한 예문을 제시하여 이해하기 쉽도록 한다.

보기:	동사(으)ㄹ 때	돌잔치에 갈 때 주로 금반지를 선물합니다.
	동사(으)면	생일에 미역국을 먹으면 오래 산다고 생각합니다.
	동사(아/어)야 하다	결혼할 때 신부가 혼수를 준비해야 합니다.

4.3. 다양한 쓰기 모범 자료

문법 연습을 통한 쓰기 연습이나 각각의 주제에 따라 자유 쓰기 연습은 학습자의 문법과 단어에 대해 이해를 확인하고 한국어 구사의 정확성을 향상시킬 수 있지만 수업과 학습 시간에 대한 제한이 있기 때문에 현실적으로 학습자가 모든 문법과 필요한 단어를 아는 것이 불가능하다. 따라서 학습자에게 여러 가지 주제의 작성 방식들을 요약해 주는 것이 필요하다. 취직을 희망하는 가진 학습자가 자기소개서를 쓸 때 필요한 표현, 입사 지원서를 작성할 때 필요한 부분 등이 그 예이다. 또한 말로 직접 표현할 경우에도 쓰기 모범 자료인 대본이 필요하다. 예를 들면 사회를 볼 때의 인사말, 다양한 상황의 축하 인사 등이 있을 것이다.

보기 :

저는 <u>전화번호</u>번이나 이메일 <u>이메일주소</u>을/를 통하여 연락 받을 수 있습니다. 연락을 기다리겠습니다.

저는 현재 몇 학년이며, 몇 년 몇 월 몇 일 학과명학 학사로 <u>대학교 이름</u>대학교를 졸업할 예정입니다. 따라서 저는 <u>지원하는 일에 관련된 자신의 지식</u>에 대한 기본적인 지식을 가지고 있습니다.

4.4. 시청각 자료

학습자가 교재만 보고 공부하면 부담이 되고 지루할 수 있다. 특히 흑백으로 된 교재를 활용할 경우는 학습자의 흥미를 향상시키기 어렵다. 게다가 문화에 대한 차이가 있어서 글로만 설명해 주는 것이 부족하다. 따라서 수업할 때 교재 내용에 따라 실물이나 실제 모습을 학습자에게 보여 주거나, 설명을 위해서 모형, 표본, 사진, 괘도, 슬라이드, 영화, 라디오 등이 필요하다. 계절과 날씨에 대한 동영상, 한복의 사진, 생일 축하 노래 등이 그 예이다.

4.5. 일상생활에서 많이 쓰는 단어와 표현 사용

간단하고 외우기 쉬운 것이지만 잘 활용하지 않는 표현들은 학습자에게 도움이 안 되기 때문에 교재에 사용하지 않는 것이 좋다. 그것은 발음 학습하는 부분에서 많이 보인다. 또한 복잡한 단어와 표현이 많이 나오는 교재가 아니라 한국 사람이 일상생활에서 많이 사용하는 표현을 담고 있는 교재가 필요하다.

4.6. 재미있는 정리 활동

각 과마다 학습내용 정리를 위한 연습이나 게임이 들어가는 것이 좋다.
보기 : 서로 반대되는 말끼리 줄을 그으십시오.
　　　서로 뜻이 통하는 것끼리 줄로 이으십시오.
　　　단어 알아맞히기(puzzle)

4.7. 문법 설명은 태국어로

모국어를 사용하는 것을 피하기 위해서 또는 문법에 대한 이해를 시키기 위해서 대화 내용으로 예를 들어 주는 것이 올바른 교육 방법이지만 그 문법이 모국어와 차이가 있어서 이해하기 어려운 부분도 있으므로 모국어로의 설명도 필요하다. 의미와 형태를 태국어로 간단하게 설명해 주고 다양한 문장으로 예를 들어 주는 것이 좋다. 또한 비슷한 문법이 있으면 같이 비교해 주는 것도 좋은 방법이다. 단순한 문법인 경우는 예문으로만 이해를 시킬 수 있으므로, 학습자가 한국어와 태국어를 같이 사용하는 것을 피하도록 교재의 주석 부분에 태국어로 된 설명을 넣어 주는 것도 좋다.

> 보기 : "-밖에 없다"는 문법은 내용만 보면 태국 학습자는 매우 복잡한 문법으로 본다. 따라서 학습자가 쉽게 이해하도록 체계적으로 설명해 주는 것이 필요하다.
> 만 원밖에 없다.　　　　　=　　　　　만 원만 있다.
> 포기할 수 밖에 없다.　　　=　　　　　포기만 할 수 있다.

4.8. 학습자 중심의 재미있는 교재

교재 내용이 학습자의 흥미를 유발시켜 주는 것이면 더 재미있게 학습할 수 있다. 빈도가 높은 단어와 문법으로 학습자가 관심을 가지고 있는 주제로 학습 활동을 제공해 주는 교재이면 좋다. 태국 학습자에게 유명한 한국 가수들의 콘서트, 드라마에 나오는 한국 음식, 한국 관광지 등으로 학습 주제를 만들 수 있다. 또한 학습자들이 좋아하는 배우나 가수의 이름으로 교재의 등장인물 이름을 지을 수 있다.

4.9. 한국어 집중 교재

문법 설명 부분 외에 한국어만 나오는 교재이면 학습자 집중이 잘 된다고 보기 때문에 가능하면 모국어나 영어 사용을 피하는 것이 좋다. 특히 단어 설명 부분을 바로 모국어로 번역해 주면 학습자가 빨리 이해하지만 계속 모국어를 사용하기 때문에 모국어의 영향을 받아서 모국어 영향을 벗어나기가 어려울 수도 있다. 초급 단계에서 그림으로 단어를 학습시키고 나중에 알고 있는 단어로 새 단어를 학습시킬 수 있다.

보기 :

사과   포도   수박

사과와 포도와 수박은 과일이다.

5. 맺음말

　태국어를 모국어로 사용하는 태국 학습자들을 위한 한국어 교재를 개발하기 위해서는 학습자의 특징을 파악하는 것이 중요하다. 현재 태국에서 한국어 수업에 활용하는 교재들은 다양한 외국인 학습자를 위해서 한국에서 출판된 교재도 있고 직접 태국 학습자를 위해 만든 교재도 있는데, 대부분의 교재들이 태국 학습자에게 적절하지 않은 부분이 어느 정도 들어있다는 것이 사실이다. 한국에서 출판된 교재 같은 경우 한국에서 학습하는 다양한 외국인 학습자들이 한국에서 생활하는데 쓰이는 보조 자료이고 대부분의 내용이 한국에서의 일상생활에 필요한 내용이어서 태국에서 학습하는 태국 학습자에게 불필요한 것들이 많이 나오는 것으로 밖에 볼 수밖에 없다. 그런 반면에 태국에서 출판된 교재는 태국 학습자가 쉽게 이해하도록 태국어로 표기해 주는 특징을 가지고 있는데 그런 교육 방법은 학습에게 이해에 대한 오류를 가지게 하여 모국어 영향을 벗어날 수 없게 한다. 따라서 태국 학습자와 태국어에 대한 특징을 파악하여 학습자에게 모국어의 영향을 벗어나게 하고 정확하고 유창한 한국어를 구사할 수 있도록 도와주는 효과적인 한국어 교재를 개발하는 것이 필요하다. 본 글이 태국 학습자를 위한 한국어 교재 개발에 도움이 되기를 바라며 더 나아가 태국 학습자가 그런 교재들을 통해서 한국어 능력이 더욱 더 향상되기를 바란다.

싱가포르에서의 한국어 교육과정과 교재

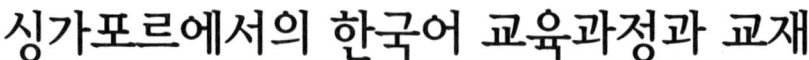

지 서 원

1. 서론

1.연구 목적

한국어 교육계에서는 주요 언어권을 중심으로 교재에 대한 연구가 꾸준히 진행되어 왔다. 또한 몇 년 전부터는 한국어 교육이 활발히 진행되고 있는 국가들의 학습자들을 대상으로 한 연구들과 함께 교재들에 관해서도 다각적인 시각으로 교재를 분석하는 경우가 급격히 증가하는 추세이다. 분석된 상황들은 좀 더 학습자들 수준과 상황에 맞는 좋은 교재를 만드는 데 중요한 밑거름이 되고 있다. 최근에는 문화 교육이 강조되면서 문화 교육을 위한 교재를 만들기 위해 학습자들을 분석하고 문화 교육의 다양한 주제와 구성을 위한 기초 연구가 활발히 논의되고 있다. 이 분야에서도 영어, 중국어, 일본어권 학습자들을 대상으로 한 선행연구가 많이 있고, 그 외에도 동남아시아와 북유럽국가에서의 한국어 교재들을 위한 연구들이 꾸준히 진행되고 있다. 하지만 베트남, 태국 학습자들을 대상으로 많은 연구가 진행되어 온 것에 비해 싱가포르는 같은 동남아시아 국가임에도 불구하고 아직 학습자들에 대한 기초연구도 제대로 진행되지 못한 것이 현실이다. 또한 이곳 현지 기관들이 사용하고 있는 교재 현황조차 없는 상황이다. 이에 본고에서는 싱가포르에서 전개되고 있는 전반적인 한국어 교육 현황과 함께 일반적인 싱가포르 학습자들의 성향, 배경 등을 정리하고자 한다.

또한 한국어 수업이 개설되어 진행되고 있는 싱가포르 대학기관들과 어학원을 중심으로 사용되고 있는 교재 현황에 대해서도 살펴보겠다. 한국에서 많은 연구와 투자로 만들어진 한국어 교재를 주 교재로 사용하고 보조교재를 만드는 것이 좀 더 싱가포르에서 진행되는 한국어 교육 여건에 더 유리할 수 있다. 다시 말해 한국 교재를 주 교재로 직접 사용한다는 점은 현지에서도 한국에서 이루워지고 있는 한국어 교육과 동일한 교과과정으로 수업이 진행될 수 있어 이곳 현지 학습자들에게 체계적으로 한국어를 교수할 수 있는 큰 장점이 있다. 또한 현실적으로 이곳에 딱 맞는 교재를 만들기 위해서는 전문적인 인력 부족 등 여러가지의 난관이 있다. 하지만 현지에서의 한국어 수업은 분명 한국에서의 한국어 수업과는 많은 부분에서 차이가 있어 한국 대학 부설기관에서 사용하고 있는 교재 내용을 이곳 현지 학습자들 맞게 조정하고 보완할 수 있는 보조 교재를 만들면 현지 학습자들에게는 더 효과적인 한국어를 가르칠 수 있을 것이다. 이에 본고에서는 보조 교재 구성 중 실제를 제시해 보겠다.

2. 본론

2-1 싱가포르에서의 한국어 교육 실정

싱가포르 학습자를 대상으로 다양한 분야의 연구를 위해서는 기초 자료들이 필요할 것이다. 즉, 싱가포르에서 진행되고 있는 한국어 교육의 전반적인 현지 상황과 학습자 분석이 선행되어야 한다는 의미일 것이다. 그럼 먼저 본고에서는 싱가포르 지역에서 하고 있는 한국어 교육에 대한 사정과 동시에 지금까지 싱가포르 학습자들을 대상으로 한 한국어 교육 연구가 활발하게 이루어지지 못한 전반적인 원인들을 함께 고려해 보겠다.

첫번째로 싱가포르에서 나타는 한류의 분위기를 정리해 보겠다. 요즘 한류의 영향력이 아시아에서 조금씩 줄어들고 있다고 걱정하는 분위기이다. 이 상황을 극복할 수 있는 새로운 대안과 방안을 모색해야 한다고 각계의 학회와 학자들이 한 목소리를 내고 있는 상황이지만 이곳 싱가포르 만큼은 예외가 될 수 있을 것 같다.

몇 년 전까지만 해도 많은 싱가포르 젊은이들이 일본 드라마와 가요를 즐겨 보고 들어 일본어를 배우고자 하는 열풍이 대단했었다. 하지만 이런 열풍이 한류라는 거대한 돌풍으로 한 순간에 침체되는 결과를 낳았다. 일례로 사설학원과 대학교 부설 언어 기관에서는 3-4년 전만하다라도 일본어 강좌가 상당히 많이 개설되었지만 1-2년 사이에 일본어 강좌는 겨우 한 강좌만이 신설되는 데 비해 한국어는 일본어 강좌에 비해 4배가 넘는 강좌가 개설되고 진행되고 있다. 이러한 여세는 이곳 현지에서 일본어에서 한국어로 역전되는 양상이 뚜렷히 보여주고 있다. 또한 현지 방송 매체에서도 한류의 영향력을 엿 볼 수 있다.

싱가포르 정규 방송 채널 중 한 곳은 소위 '황금 시간대'라고 불리는 시간에 한국에서 인기 있었던 한국 드라마가 주로 방영하고 있고 주말에는 '한류'라는 이름으로 연속적으로 한국 드라마만을 방영하고 있다. 이 황금시간을 이렇게 한국어 드라마로 할애될 수 있게 만들었던 드라마는 의심할 바 없이 '대장금'이다. 이 드라마야말로 이 곳 싱가포르에서 한류의 붐을 일으킨 장본인이라는 것을 그 누구도 부인할 수 없을 것이다.

한국에 관심이 하나도 없었던 중 장년층도 이 드라마로 인해 한국에 관심을 갖기 시작했고, 그 여파로 한국 음식을 맛보러 한국 식당을 찾거나 한국에 대한 호기심을 충족하기 위해 한국 관광을 하게 되었다. 여기에서 주로 방영되는 한국 드라마의 특징이라면 가족을 주제로 한 드라마가 폭넓은 시청자들을 확보하면서 남녀노소할 것 없이 한국 드라마를 시청한다는 점이다. 또한 몇 개월 전에 한국에서 방영되었고 인기가 많은 드라마와 1년 전이나 최근 몇 년 사이에 한국에서 가장 인기가 좋았던 드라마가 주로 반영되는 공영

매체와 동시에 한국에서 방영되고 있는 드라마를 실시간으로 볼 수 있는 인터넷 사이트들이 상당히 많은 인기를 얻고 있다. 무엇보다 많은 가정에서 케이블을 통해 'KBS 월드'를 시청하면서 드라마 뿐만 아니라 다양한 오락 프로그램과 음악 프로그램을 쉽게 접하게 되었다. 드라마에서 시작한 한국의 대중문화에 대한 관심은 이제 한국 가요, 영화, 패션까지 그 범위를 넓혀가고 있는 실정이다.

이로 인해 한국에 대한 관심의 주류층이 중·장년 층에서 젊은 층으로 옮겨 가고 있는 상황이다. 즉, 이곳 젊은이들 사이에서 점차 한국문화가 그들 삶의 일부분으로 점차 깊이 파고 들고 있다. 하지만 왜 한류 영향이 크게 불고 있는 싱가포르 학습자들에 대한 연구가 진행되지 못했을까? 그 이유를 보면 동남아시아 국가에서 한류 붐이 일어난 시기보다 싱가포르에서 드라마로 인한 한류 붐이 상당히 늦게 시작되었다는 점이다. 이 부분은 한국어에 대한 관심을 갖기 시작한 싱가포르 사람들이 최근에 와서야 급증하는 양상을 보여 기존에 연구될 필요를 느끼지 못했는지도 모른다.

다시 말해 학습자들의 그 수가 그리 많지 않았던 점도 기존의 논의 대상에서 제외가 되었던 부분이 될 수 있을 것이다. 무엇보다 한국어를 배우는 목적이 학문적인 목적이나 취업 목적보다는 지극히 개인적인 취미로 배우는 경향이 대다수를 차지하고 있다. 즉, 새로운 언어의 대한 호기심으로 아니면 한국 여행을 위해서 배우는 경우가 많다. 하지만 가장 한국어를 배우는 주 요인은 한국 드라마를 좀 더 쉽게 이해하고 싶은 욕구 때문이라고 말 할 수 있을 것이다.

한국 드라마가 어떻게 이곳 학습자들에게 한국어를 배우는 데 영향을 주었을까? 한국 방송에 자주 접한 시청자들은 자연스럽게 영어나 중국어 자막이 아닌 한국어로 드라마의 내용과 주인공들의 대화를 이해하고 싶은 마음이 생기게 되면서 싱가포르에서는 점차 한국어를 배우고자하는 욕구가 크게 증가되었고, 특히 중장년 층이 한국어를 많이 배우기 시작했다. 이로 인해 기존의 언어학원들을 중심으로 한국어 강좌를 기하급수적으로 신설하거나 증설하게 되었다. 무엇보다 싱가포르 학습자들은 한국 드라마를 통해 한국문화를 이해하고 있다. 이 부분은 많은 사람들이 우려하는 바와 같이 드라마에서 보여주는 사회의 현상이나 모습들의 특정한 부분일수도 있고 일부분의 문화일 수 있지만 이곳 학습자들은 그 모든 것을 한국문화의 전부라고 느끼고 일반화 시켜 버린 다는 점이다. 이 부분에 대해 학습자들의 편견을 없애기가 상당히 어렵다는 점을 이곳에서 한국어를 가르치는 교사들은 한결같이 호소하고 있다. 하지만 드라마를 통해 학습자들이 한국어에 대한 호기심이 많이 자극되어 있다는 점이다. 또한 드라마에서 자주 나오는 짧은 표현에 대해 많이 노출되어 있어 곧잘 한국어를 말하는 데 주저함이 없다는 점은 드라마가 학습자들에게 어느 정도 영향을 주었다는 점을 간과할 수 없다. 그리고 문어체보다는 구어체에 익숙해 있는 상황이다. 하지만 한국 드라마나 음악을 통해 한국어에 관심을 가졌던 학습자 대부분이 쉽게 한국어를 배우는 초기 단계를 넘어 난이도가 높아지는 중·고급 단계에서 한국어를 많이 포기하는 경향을 볼 수 있다.

두번째로 싱가포르에서 한국어를 배우고 있는 학습자의 배경과 특징에 대해 알아보겠다. 다른 국가와 달리 이 곳 문화는 다양한 인종과 언어가 잘 조화를 이루는 분위기여서 많은 학습자들이 외국어를 공부하는 부분에 있어 어려워하기보다 흥미를 가지고 배우고자 하는 욕구가 강하다. 사회 분위기가 여러 언어를 사용하는 것이 자연스럽게 받아들이는 분위기와 좀 더 새 외국어를 배우고자 하는 관심이 많다. 이에 많은 싱가포르 학생들이 특별한 언어라고 생각하는 한국어를 선택하는 경향도 있다. 또한 어떤 언어에 대해서도 부정적인 시각보다는 자연스럽게 잘 받아들인다는 점이다. 이 점에 대해서는 다음에 좀 더 상세히 논의될 필요가 있는데 싱가포르 학습자들의 공용어와 모국어를 고려해 볼 수 있을 것이다.

인구의 중국계가 70%를 차지하고 있지만 주변 국가와의 정치적인 부분과 여러 요인들을 고려하여 공용어는 말레이시아어로 되어있다. 하지만 실제적으로는 영어, 중국어, 말레이시아어, 인도어가 모두 다 사용되고 있다. 그렇지만 공식적인 문서, 행정적인 부분과 학교 교육은 100% 영어를 중심으로 이루워지고 있다. 동시에 정부에서는 여러 인종의 문화 다양성을 인정하고 존중하는 정책으로 모든 학생들에게 적극적으로 모국어를 배우도록 장려하고 있다. 정부에서도 각 민족의 언어와 영어를 자유자재로 사용할 수 있도록 적극 장려하는 이른바 '이중언어 교육' 정책을 강하게 해 오고 있다.

그래서 학습자들은 제 2언어를 꼭 해야 하는 교육정책을 강력하게 추진하고 있는데. 즉, 각 인종들의 대표적인 모국어인 중국어, 말레이시아어, 인도어(타밀어)를 잘 구사할 수 있도록 여러 가지 지원과 제도를 갖추고 있다. 이곳 학습자들은 중국어와 영어를 자유자재로 하는 중국계 싱가포르인들이 대부분이다. 이 학습자들은 집에서 부모와 대화를 할 때와 시장이나 상점에서는 보통 중국어를 사용한다. 중국어도 가족이 쓰는 방언에 따라 상당히 많이 차이가 난다. 또한 중국계 싱가포르 학습자들의 대다수 부모들은 영어보다는 다양한 중국 방언을 구사하는 경우가 많다. 즉, 보통 중국계 싱가포르인은 가족이 쓰는 방언과 중국어 보통화 그리고 영어를 구사한다. 그리고 중국계 싱가포르인 사람들은 대부분 중국어와 영어를 번갈아 사용하며 대화를 할 때가 많다. 즉, 대화를 하다 보면 영어로 화자가 딱 맞는 표현을 찾을 수 없을 때 바로 중국어에 적절한 표현을 찾아 말하는 것이다. 이 부분이 다른 나라의 학습자들과 다른 특징일 것이다. 즉, 싱가포르 학습자들은 각 언어가 가지고 있는 특징들을 잘 알고 기능적으로 잘 적용하고 있다고 볼 수 있다. 이 부분에 대해 대화를 이끄는 화자나 청자 모두 이 상황을 정말 자연스럽게 받아들인다는 점이다. 이런 학습자들의 언어 배경이 한국어를 교수하는데에도 참 많은 영향을 주고 있다. 어떻게 보면 이런 이중언어가 적극적으로 권장되고 있는 부분이 싱가포르 학습자들을 분석하는 데 조금은 난제로 작용했을 것이다.

즉, 하나의 모국어만을 가지고 있는 학습자들이 보이는 특징들과는 달리 각기 다른 모국어를 가진 학습자들을 따로 연구해야 하고 이중언어 학습자들만이 가지고 있는 특징적인 요소를 분석하고 복합적인 요인들과 공통적인 점들을 찾기가 쉽지만은 않았을 것이다. 어떻게 보면 인구의 대다수를 차지하고 중국계 학습자들을 싱가포르의 대표적인 연구 대상으로 본다고 가정해 보자.

이 학습자들은 모국어가 중국어이지만 영어를 자유롭게 구사하는 이중언어자이기 때문에 기존에 연구 되었던 두 언어권을 그대로 싱가포르 학습자들에게 적용해도 별 문제가 없을 것이라 생각할 수도 있었을 것이다.

세번째로 이곳에서 한국어를 가르치고 있는 교사에 대해서도 고려해보겠다. 싱가포르 학습자들에 대해서 다양한 주제하에 논의될 수 있는 부분들을 분석하고 연구하며 논의할 수 있는 전문적인 교사가 없었다는 점도 아직까지 싱가포르 학습자들의 연구가 활발하지 못 했던 점으로 꼽을 수 있겠다. 싱가포르 현지에서 가르치고 있는 교사들 대부분은 한국어 교육을 전공하지 않는 비전문가라는 부분이 하나의 요인으로 작용했을 것이다. 이 곳 교사들은 한국어 교육에 대한 열정은 대단히 크나 한국어 교육을 체계적으로 배운 적이 없는 교사들이 대부분이다. 그렇다고 지금 한국어 교육 현장에서 가르치고 있는 교사들이 한국어를 잘 못 가르친다거나 전혀 한국어의 대한 지식이나 경험이 없다는 말이 아니다. 물론 이곳에서 많은 어려운 환경 속에서도 한국어를 잘 가르치고 있는 교사들이 있다. 한국어를 여기에서 오래 가르치면서 스스로 한국어 교육을 읽히고 싱가포르 학습자들의 성향을 파악하며 점차 학습자가 원하는 방향으로 가르치고 있는 것이 현실이다.

이곳 한국어 교사들은 싱가포르에서 생활하면서 싱가포르 학습자들이 가지고 있는 여러 문제들을 직접 접하고 많은 시행착오를 겪으면서 싱가포르 학습자들이 가지고 있는 어려운 점들을 그 누구보다도 잘 알고 있는 것도 사실이다. 또한 한국어가 지금처럼 싱가포르 사람들에게 활발하게 교육되지 않았던 초기단계부터 지금에 이르기까지 오직 한국어 교육에 대한 열정을 가지고 한국어를 가르쳐 왔기 때문에 지금의 한국어 교육이 이렇게 활성될 수 있었던 밑거름이 되었다는 것을 그 누구도 부인할 수 없을 것이다. 하지만 본고에서 강조 싶은 부분은 이곳 싱가포르에서 이루워지고 있는 한국어 교육에 대한 전반적인 부분들을 전문적인 시각으로 체계적으로 정리하지 않았다는 점을 지적하고 싶을 뿐이다.

즉, 학습자들을 분석하고 연구할 수 있는 부분에 그 분들의 역할이 조금 미흡했다는 점이다. 이에 싱가포르에서 한국어 교육이 좀 더 발전할 수 있기 위해서는 교사의 재교육이나 워크숍 등을 통해 교사 질을 높이는 방안도 강구되어야 할 필요성이 대두되고 있다.

2.2 한국어를 교육하는 기관 소개 및 사용되는 교재

처음 한국어 교육이 조금씩 활발히 시작한 시기인 10년 전만해도 한국어를 배우는 사람들은 단지 좀 더 색다른 언어를 배우기 위해 한국어를 선택했다면 이제는 한국어가 좋아서 아니면 한국 대중문화가 좋아서 한국어를 배우고자 하는 학습자들이 많이 늘고 있는 실정이다. 한류의 열풍과 한국어를 배우고자 하는 수요가 급속히 증가하면서 한국어를 배우는 학습자가 늘게 되었다. 처음에는 혼자 공부하는 즉, 독학 학습자들이 증가하게 되었다. 하지만 한국어와 관련된 책이나 한국어 교재는 일부 대형 서점에서 찾을 수 있지만 그 규모와 종류가 극히 제한적인 것이 사실이다. 이로 인해 많은 독학 학습자들이 혼자 공부하기 쉽지 않은 실정을 깨닫고 한국어 강좌가 개설된 사설기관으로 많이 유입되었다.

교재의 다양성이 확보되지 않는 사정이 싱가포르에서는 사설학원과 한국학교, 대학 부설 언어 기관에서 한국어 강좌를 개설하거나 증설하게 되는 일부의 요인이 될 수 있을 것이다. 하지만 각 기관과 사설학원에 개설되어 있는 한국어 강좌들은 대부분 전문적이고 체계적인 교육과정을 제대로 갖추고 있지 않는 부분이 많다. 그렇다면 한국어 강좌가 개설되어 있는 기관과 학원들은 어떤 교재를 사용하고 있을까? 그럼 이곳 싱가포르에서 한국어 강좌가 개설되고 있는 주요 대학, 대학 부설기관, 사설학원, 주민자치센터를 살펴보고 그 곳에서 사용되고 있는 교재들을 알아보겠다.

먼저 학교에서 이루어지고 있는 한국어 과정에 대해 살펴보겠다.

1) 싱가포르 국립대학교 부설기관 평생 교육원 (NUS EXTENSION)은 싱가포르 국립대학교 부설 기관으로 평생 교육을 실천할 수 있는 다양한 프로그램과 여러 외국어를 가르치고 있다. 특히 이 기관의 중국어, 영어 과정은 집중 프로그램과 단기 프로그램으로 나누어져 진행되고 있다. 다른 외국어(한국어, 일본어, 태국어, 베트남어, 스페인어, 인도네시아 등) 과정은 야간 수업으로 진행된다. 한국어 강좌는 4년 전 부터 꾸준한 강좌의 신설과 증설로 일주일에 12-15개 강좌 이상을 하고 있는 중이다. 이 기관에서의 한국어 수업은 일주일에 한 번, 2시간 30분으로 진행되고 있다.

이 기관에서는 각 단원의 종합시험과 보충 수업 자료가 있어 각 수업마다 교육과정을 통일하려고 많이 노력하고 있다. 단계는 초급이 1-6급으로 나누어져 있고 올 해 2월 중순부터는 중급 강좌가 개설되었다. 교재는 초급1, 2급에서는 현지에서 가르치고 있는 교사가 직접 집필한 교재를 사용하고 초급 3-6급은 서강대 교재 1, 2급, 중급 교재는 경희대 중급 1이 사용되고 있다. 이곳 초급 1, 2급에서 사용하고 있는 현지 교재의 좋은 점을 들면 대화 내용 중에서 학습자들이 쉽게 알 수 있는 현지 지명을 사용하여 학습자에게 친근감을 줄 수 있다는 점이다. 또한 대화 내용이나 문법 내용은 영어로 번역되어 학습자가 쉽게 이해될 수 있도록 배려했다는 점이다. 하지만 초급 1, 2 에서 다루어지는 문법양이 많고 단어가 어렵다. 특히 교재에서 사용한 단어의 확장이 많으며 초·중·고급 어휘의 난이도가 고려되지 않는 점이 아쉽다. 그래서 한꺼번에 많은 양을 소화해내는 학습자들에게나 교사들에게 상당히 어려운 부분이기도 하다.

나머지 과정에서 사용되고 있는 교재들은 한국 대학 부설기관에서 사용되는 교재로 가끔 이곳 현지 학습자들의 상황에 맞지 않는 부분이 있다. 이에 교사가 따로 교재를 분석하고 편집하여 가르쳐야 하는 부분이 있지만 체계적으로 문법과 단어를 제시하는 면에서 좋은 점으로 볼 수 있다.

2) 난양과학대학교(NTU)는 그 규모가 싱가포르 국립대학교 다음으로 큰 대학이다. 싱가포르국립 대학교에서는 2008년 8월에 한국어 과정이 개설된 것에 비해 이 학교에서 작년 가을학기부터 한국어 강좌가 개설되어 싱가포르 대학교 중에서는 최초였다. 초급1 과정부터 시작되었고 일주일에 두 번 1시간 30분씩으로 수업이 진행되고 있다. 2학기 부터는 초급1, 2 과정이 개설되었다.

이 곳에서 사용하는 교재는 서울대 교재를 사용하고 있으며 그곳 교수진과 강사진이 간단한 유인물과 보조 자료를 이용해 교수하고 있다. 보통 보조 자료로 다른 교재들을 편집해 복사하는 수준이어서 그 학습자만을 위한 보조 교재가 따로 없어 이 부분이 아쉬운 점으로 나타났다.

3) 싱가포르 한국학교는 싱가포르에 거주하고 있는 한국인 학생들을 위한 국제학교로 인가된 학교이다. 이곳에서는 저녁 시간을 이용해 싱가포르인을 대상으로 한국어 교육을 가르치고 있다. 일주일에 두 번, 2시간으로 수업이 구성되어 있고 초·중·고급의 3과정이 다 있으며 다른 기관에 비해 상당히 안정적으로 다양한 단계의 수업이 진행되고 있는 상황이다. 다른 사설학원에서 초급과정을 이수한 학습자들이 중급과정을 배우기 위해 싱가포르 한국학교에 많이 등록하고 있다.

교재는 경희대 교재를 사용하고 있는데 초급1, 2 중급1, 2권을 사용하고 있다. 그러나 이 기관에서도 통일된 교안이나 보충 교재는 따로 없었다.

4) 싱가포르 전문 대학 (Singapore Poly technique) 과정에서는 몇 년 전부터 초급을 중심으로 과목이 개설되었다. 하지만 학습자들이 적어 중급과정이 개설되지 못하는 경우가 많다. 수업은 일주일에 한 번, 3시간이고 교재는 서강대 초급 교재를 사용하고 있다. 올 해 부터 이곳에서 다른 전문 대학들도 한국어 강좌를 개설하려는 계획이 많이 있으며 내년에는 좀 더 많은 전문 대학들에서 한국어 강좌가 신설될 것으로 보인다. 다음으로 사설학원을 중심으로 살펴보겠다.

5) 캠브리지는 현지 사설학원 중에서 한국어 교육이 가장 활발히 진행되고 있는 곳이다. 하지만 수익을 목적으로 하는 곳이어서 학습자가 적은 중급의 과정을 개설하기 보다는 수요가 많은 초급과정만을 집중적으로 개설하고 있다. 이 사설기관에서 한국어 관련 교재와 한영 사전을 출판하였고 이곳 현지에서 가르치는 한국어 강사가 한국어 교재를 출간해 사용하고 있으나 근래에 와서는 싱가포르 학습자들이 중급과정을 많이 등록함에 따라 중급과정을 개설하고 있다. 중급과정에서는 한국 대학교에서 출간한 서강대 교재를 사용하고 있다. 하지만 따로 이 기관만이 가지고 있는 보충 교재는 없었다.

6) 싱가포르에서는 각 지역 주민들을 위한 평생 교육 차원과 함께 복지라는 측면을 도모하기 위해 자치센터라는 곳이 있다. 이 자치센터에서는 다양한 프로그램이 있는데 그 중 외국어 강좌들이 많이 개설되어 있다. 이 센터에서 운영되고 있는 프로그램들은 정부의 재정 지원으로 무료이거나 수업료가 아주 저렴하다. 그래서 많은 싱가포르 학습자들이 주민 자치 센터에서 개설되고 있는 한국어 강좌에 많이 등록하고 있는 실정이다. 하지만 대부분 주민센터에서 진행되고 있는 한국어 수업은 교사의 전적인 재량에 따라 교재가 따로 있기도 하고 아예 교재없이 교사가 만든 유인물로 공부하는 경우도 있다. 하지만 우려되는 부분이 일부 주민자치센터에서는 여러 한국 대학 교재들을 정식으로 수입하는 것이 아니라 일부 발췌 무단 복사해서 교재로 만들어 학습자들에게 판매하고 있는 부분이다.

이 부분이 시급히 개선되어야 하는 점으로 지적할 수 있겠다. 위의 내용들을 간단하게 기관별로 정리해 보면 다음과 같다.

〈표1〉 한국어 강좌가 개설된 기관 및 한국어 교재

기관명	강좌 단계	사용되는 교재	보충 교재
NUS EXTENTION (대학 부설 기관)	초급 - 중급	현지 자체 교재 서강대학교 초급 교재 경희대학교 중급 교재	없음
NTU (대학 부설 기관)	초급 단계 교양과목으로 개설	서울 대학교 초급 1교재	없음
한국 학교 (사립학교)	초급 - 중급 - 고급	경희대학교 초·중·고급 교재	없음
Singapore Poly technique (전문 대학 과정)	초급 중심	서강대학교 초급 교재	없음
캠브리지 (사설학원)	초급 중심 중급	자체 제작 교재 서강대 중급 교재	없음
주민 자치 센터 (community club)	초급 중심 중급	한국어 교재 제본 및 유인물	없음

※ 싱가포르 국립대학교에서는 8월부터 교양과목으로 한국어 강좌가 공식적으로 개설될 예정이다.

2.3 보조 교재의 필요성

지금까지 기관에서 사용하고 있는 교재들을 간단히 살펴보았다. 많은 기관이 한국에서 출판되는 교재를 사용하고 있었다. 한국 교재를 사용한다는 점은 현지에서도 한국에서 이루워지고 있는 한국어 교육과 동일한 교과과정으로 수업이 진행될 수 있어 이곳 현지 학습자들에게 체계적으로 한국어를 교수할 수 있는 큰 장점이 있다. 또한 현실적으로 이곳에서 적은 수요의 한국어 학습자들을 위한 교재를 만든다는 것은 전문적인 인력 부족과 여러 상황을 고려할 때 어려운 점이 많을 것이다.

하지만 현지에서의 한국어 수업은 분명 한국에서의 한국어 수업과는 많은 부분에서 차이가 있다. 우선 대상자가 일반 학생들이 아닌 직업이 있는 직장인이고 교수 시간도 한국에서 한국어를 교수하는 것처럼 보통 주 5일, 20시간이지만 이에서는 일주일에 한 두 번 2시간이 보통이다. 이 상황들만 고려해 봐도 한국 대학 부설기관에서 사용하고 있는 교재 내용 중에는 이곳 현지 학습자들에게 맞지 않는 부분도 있고 좀 더 심화하거나 보충이 필요한 부분도 있다. 기존 한국에서 출판된 교재를 주 교재로 사용하되 정말 현지에 맞는 보조 교재를 만들면 현지 학습자들에게 맞는 맞춤식 교육으로 더 효과적인 한국어 교육이 될 것으로 보인다.

2.3.1 초급 보조 교재 단원 구성 및 실제

보조 교재를 만드는 것 역시 주 교재를 만드는 것만큼 많은 점을 고려해야 하는데 우선 학습자 분석이 가장 중요하다고 할 수 있다. 다시 말해 각 기관의 싱가포르 학습자들을 철저히 분석하고 학습자 요구 분석이 무엇보다 우선적으로 고려되어야 할 것이다. 그 다음 기관의 학습 시간을 고려해 봐야 할 것이다. 보통 한국에서 출판된 교재는 주 20시간을 기준으로 구성되었기 때문에 현지의 상황에 맞지 않을 수 있다. 이 부분에 대해서도 고려해 봐야할 것이다. 마지막 단계이자 중심의 단계인 주 교재에 대한 철저한 분석이 필요할 것이다. 본 교재의 내용 중에 현지에 맞게 각색해야 할 부분이 있거나 보충 및 편집해야 할 부분이 있는지 다시 한번 분석해야 할 것이다. 먼저 주제에 맞는 단어 확장이 필요할 것이고 초급 학습자뿐만 아니라 중급 학습자들도 새로운 단어에 대한 영어 번역을 많이 요구하고 있다. 이 부분에 대해 다양한 시각과 의견이 있을 수 있겠지만 한국어 단어가 영어로 모두 일대일 대응이 되지 않는 부분도 감안한다면 보조 교재에서는 학습자들을 위해 번역을 따로 해 줘도 무방하다고 생각된다.

주 교재에 나오는 다른 영역에 대해 살펴보자. 말하기에서 대화 상황을 잘 분석해보고 교사는 보조 교재를 통해 대화에서 나오는 상황이나 지명을 현지에 맞게 각색해 학습자들에게 제시할 수 있을 것이다. 아니면 대화 상황에서 나오는 부분이 한국 문화 배경이 필요하다면 보조 교재를 통해 문화 내용을 보완할 수 있을 것이다. 그 다음으로 주 교재 읽기, 쓰기에 대해 고려해 보자.

주 교재 읽기와 쓰기 내용이 현지 학습자들 수준에 어렵다거나 그리 흥미있는 주제가 아니라고 그냥 제외시키기 보다는 읽기 단락들 중 한 두 단락이라도 취사 선택해 가르칠 수도 있고 현지 상황에 맞는 상황이나 부분을 첨가시킬 수 있을 것이다. 하지만 주 교재 내용 전체를 바꾸고 각 영역 하나 하나를 현실 상황에 맞게 고치라는 것이 아니다. 보조 교재의 장점을 살려 주 교재에서 다루어 있지 않는 부분을 보완 보충하는 점을 간과해서는 안 될 것이다. 그렇다면 실제 현지에서 이루워졌던 초급 내용 중 보조 교재의 일 부분을 살펴보겠다.

학습자 분석

- 단계 : 초급 6
- 주 교재 : 서강대 초급2 6과
- 영역 : 읽고 말하기
- 수업 시간 : 주 한번, 2시간 30분
- 대상 학습자 수 : 18명
- 학습자 직업 : (직장인 15명 / 학생 3명)
- 한국어를 배운 기간 : 8개월-1년

⟨표2⟩ 보조 교재 구성안

단원명	식사 문화 및 예절	
수업 내용	주제 및 상황	기능 영역
	식사 예절	싱가포르 식사 예절과 한국 식사 예절 비교하기
문법 및 어휘 / 표현	(으)면 안 돼요 단위 명사 복습 식당에서 사용되는 단어 및 식사 예절과 관련 어휘 제시	

수업 활동	※ 읽기 전 활동
	1) 한국 식단표, 한국 음식 사진을 통해 어휘 복습 및 확장
	2) 식당에서 음식 주문할 때 사용되는 어휘 및 표현을 그룹 활동으로 정리
	3) 그림을 통한 식사 예절과 관련된 어휘 연습
	   (나이가 많다/적다/코를 풀다/수저를 들다/시키다/)
	
	※ 읽기
	4) 주 교재 읽기 내용
	
	※ 읽기 후 활동
	  한국과 싱가포르에 나타나는 식사 예절 및 문화에 공통점 및 상이점 말하기
	  교사가 미리 싱가포르 각 문화별 식사 예절에 대한 읽기 자료 제시
	
	5) 짝활동 및 발표
	  대화 제시
	  현지에 있는 한국 식당에서 한국 친구와 식사하면서 한국 식사 문화와 예절에 대한 대화 만들고 발표하기	

기타	한국 친구에게 싱가포르 식사 예절을 소개하기 쓰기	

그럼 위의 수업 중에서 쓰인 보조 교재에 들어 있는 부분을 제시해 보겠다. 교재 읽기에서 다루지 못 한 부분을 보조 교재에서 싱가포르의 다양한 문화 즉, 중국계 인도계 말레이시아계로 나누어 식사 예절을 서로 이야기 하면서 한국 식사 예절을 통해 각자의 식사 예절에 대해 살펴보고 비교와 다른 점을 이야기 할 수 있다. 다음과 같이 주 교재에서 다룬 식사 문화 부분을 현지에 맞게 대화 형식으로 제시할 수 있다.

대화 제시

(사무실 안에서)
가 : 아이린 씨, 한국 음식 먹으러 갈까요?
나 : 네 좋아요. 그런데 어디로 갈까요? 요즘 싱가포르에 정말 많은 한식당이 있는데 어디가 맛있는지 잘 모르겠어요.
가 : 제 친구가 오차로드에 있는 식당이 삼계탕하고 김치찌개가 맛있다고 했어요.
나 : 그래요? 그럼, 김치찌개를 먹으러 우리 그 식당으로 갑시다.

(식당에서)
가 : 보통 2인분을 시키면 한국에서는 큰 그릇에 나오는데 여기에서는 각자 따로 나오네요.
나 : 여기는 싱가포르잖아요. 한국에서는 친한 사람들끼리 찌개를 한 그릇에 같이 먹는다고 들었어요.
가 : 네. 하지만 요즘은 개인 접시를 사용하기도 해요.
나 : 아. 아참 한국에서는 밥을 들고 먹으면 안 된다고 들었는데 맞아요
가 : 네 맞아요. 그리고 밥을 먹을 때 젓가락 보다는 숟가락으로 먹는 것이 좋지만 요즘은 많은 사람들이 젓가락으로도 많이 먹어요.
나 : 여기에서는 숟가락, 젓가락을 다 사용해서 밥을 먹어요. 그리고 제 인도 친구는 밥을 손으로 먹어요.
가 : 네 정말 문화마다 식사 예절이 달라요.

3. 결론 및 제언

서론에서는 싱가포르에서 한국에서 출판된 한국어 교재를 주 교재로 사용하며 보조 교재의 필요성을 제시하였다. 본론에서는 싱가포르 학습자들의 배경에 대해 살펴보았다. 싱가포르에서의 한국어 교육 상황에 대해 알아봤고 또한 아직까지 싱가포르 학습자들을 위한 연구가 미흡한 점도 크게 세가지 요인으로 분석해 보았다. 첫번째는 하나의 모국어만을 가지고 있는 학습자들이 보이는 특징들과는 달리 각기 다른 모국어를 가진 학습자들을 따로 연구해야 하고 이중언어 학습자들만이 가지고 있는 특징적인 요소를 분석하고 복합적인 요인들과 공통적인 점들을 찾기가 쉽지만은 않았을 것이다.

두번째는 싱가포르 학습자들에 대해서 다양한 주제하에 논의될 수 있는 부분들을 분석하고 연구하며 논의할 수 있는 전문적인 교사가 없었다는 점도 아직까지 싱가포르 학습자들의 연구가 활발하지 못 했던 점으로 꼽을 수 있겠다.

마지막으로 학습자들의 그 수가 그리 많지 않았던 점도 기존의 논의 대상에서 제외가 되었던 부분이 될 수 있을 것이다. 다음으로 이곳 싱가포르에서 한국어 강좌가 개설된 기관의 특징들과 그 기관들이 사용하고 있는 교재에 대해 살펴보았다. 최근 각 국가의 현지 사정에 맞게 즉, 학습자 배경을 고려한 초급 교재는 출간되고 있는 현실이나 좀 더 현지 사정에 맞는 보조 교재의 필요성이 대두되면서 이곳 싱가포르 학습자만을 위한 보조 교재 개발에 대한 필요성을 설명했고 보조 교재 구성안 중 한 과를 제시해 봤다.

앞으로 더 많은 연구가 있어야 한다고 보며 또한 중·고급 학습자들을 위한 부교재는 전무한 시점을 감안해 본다면 이 부분에 대해서도 많은 연구가 되었으면 좋겠다. 또한 말하기, 듣기, 읽기, 쓰기 등과 관련된 논의와 교수법과 세부적인 어휘 교육, 문법 교육, 발음 교육, 문화 교육, 오류 분석 등의 부분에 대해서도 좀 더 논의와 연구가 필요할 것이다.

스리랑카에서의 한국어 교육과정과 교재

곽 봉 재 (전 켈라니야 대학교 한국어과 객원교수)

1. 스리랑카 개황

스리랑카는 인도의 남쪽에 위치한 인구 이천만의 섬나라인데 독립 이전까지는 주로 실론(CEYLON)으로 알려져 있다. 스리랑카의 다른 이름인 '인도의 눈물'이 상징하듯이 스리랑카의 역사에서 인도의 영향을 배제할 수 없으며, 또 '인도양의 진주'로 불리듯이 약 오백 년의 식민지 역사 속에서 서구열강에게 차(茶) 생산지로 각광받았던 곳이다.

2001년 스리랑카 인구 조사에 따르면 총인구의 73.8%가 아리아계의 싱할라족(族)이다. 싱할라족들은 대부분 서부 및 고지에 거주하며 싱할라어를 사용하는 불교도들이다. 타밀어를 사용하고 힌두교를 믿는 타밀족은 주로 북부와 동부에 거주하며, 인도로부터 플랜테이션 노동자로 이주해온 인도계 타밀인과 스리랑카 타밀인을 합하여 전체인구 중

18%를 차지한다. 싱할라인과 타밀인 사이에 벌어진 20여년에 걸친 내전과 최근의 교전으로 인해 콜롬보 지역 내 타밀인이 강제 퇴거되어 현재는 허가를 받은 타밀인만이 콜롬보 등 대도시에 거주할 수 있다. 공용어는 영어, 싱할라어, 타밀어이다. 종교는 불교 69.1%, 힌두교 7.1%, 이슬람교 7.6%, 천주교 6.2% 등의 분포를 보인다.

한국은 1972년 10월 통상대표부를 설치하였고, 1977년 11월에 이를 대사관으로 승격시켰다. 1978년 1월에 한국·스리랑카 항공협정, 1978년 3월에 관민 경제기술협력단이 스리랑카를 방문하여 투자보장협정을 체결하고 경제협력 확대에 합의하였다. 1980년 3월 28일에는 외무부장관의 스리랑카 방문으로 투자보호협정을 체결하여 상호경제협력 강화에 합의하였으며 1984년 이중과세방지협정과 무역협정을 체결하였다. 1994년 과학기술 협력협정을 체결하였다.

2006년 기준 양자의 교역량은 2억2,900만 US달러로 한국이 1억9천만 달러를 수출, 3천900만 달러를 수입했다. 또한 2004년까지 한국은 스리랑카에 99개의 프로젝트에 진출하였고, 우리나라가 고용 면에 있어서 대 스리랑카 중요투자국(약 4만 1천 5백여 명 현지인 고용)이기도 했다. 2000년도까지 한국 투자기업 진출이 크게 증가하고 약 6만여 명의 현지 근로자를 고용하면서 제1위 투자국으로서의 위상을 차지하기도 하였으나, 2001년 이후 국제 경제 환경 변화에 따른 스리랑카 제품의 가격경쟁력 저하로 한국 투자기업 대부분이 철수했다. 현재 LG 전자제품이 한국을 알리는 유일한 성공사례로 인지도가 매우 높다.

2. 스리랑카 한국어 교육 현황

현재 스리랑카 내에서 이루어지는 한국어 교육은 켈라니야 대학교 한국어과와 개방대학교의 한국어 과정, 노동부의 해외송출 인력부의 언어교육 및 사립 언어교육원인 BMICH의 한국어과정, 그리고 한국–스리랑카 노동자협력센터의 한국어과정이 전부이다.

현지인 교사가 중심이 되는 한국어 교육의 가장 큰 과제는 교사의 능력제고와 현지실정에 맞는 교재의 개발이다. 현재 대부분의 현지인 교사들이 송출노동자로 한국에서 배운 언어능력을 바탕으로 교육을 담당하고 있는 실정이며 이들의 경우 말하기 능력을 빼고는 읽기, 쓰기, 문법적 지식 등의 분야 전반이 초급단계에도 미치지 못한다. 켈라니야 대학교에서 한국어를 전공한 BMICH의 한국어 강사와 한국-스리랑카 직업훈련원의 현지인 교사가 한국에서 3개월의 교사연수를 받은 것 이외에 전문적인 교사연수를 받은 현지인 교사는 전무한 실정이다. 교재의 개발이나 교육 자료 연구에 투자할 인원과 자본 전체를 KOICA의 지원에 의존하고 있으나 이를 담당할 인력이 없어 앞으로 전문가의 파견이 요구된다.

가. 대학 내 한국어 교육

ㄱ. 개방대학교 : 가장 오래된 교육기관은 개방대학교 한국어과정이다. 한국어 초급과 중급, 고급 과정으로 나뉘어 있고 1명의 KOICA 봉사단원 한국어 교사와 행정을 담당하는 현지인 Coworker가 학과를 운영하는데 연간 수강생은 십 수 명 단위이다. 켈라니야 대학교의 검정과정이나 교양을 이수하거나 한국 기업이나 관련 업무에 종사하는 대졸자들이 수강을 할 수 있는 곳이다. 교재는 서울대학교 언어교육원에서 출판된 한국어 교재의 초급과 중급과정이 사용되고 있으나 3개월 단위의 학교 이수과정에 적절하지 않을뿐더러 피교육자의 학습의도와도 일치하지 않아 개선이 요구된다.

ㄴ. 켈라니야 대학교 : 한국어 전공과정이 개설된 켈라니야 대학은 2004년 2명의 첫 신입생으로 출발하여 2005년 10명, 2006년과 2007년 각각 20명의 전공이수중이며 교양과정을 이수하는 학생이 약 80여 명, 검정과정이 약 30여 명이다.
3명의 KOICA 자원봉사자인 한국어 교사와 한국국제교류재단에서 파견된 객원교수, 그리고 1명의 현지인 강사가 전공과 교양, 검정과정 전체 강의를 담당하며 학과운영 역시 이들이 전담하고 있다.

나. 대학 외 한국어 교육

ㄱ. 한-스직업훈련원 : 한국-스리랑카 노동자 직업훈련원는 2000년도 이전 한국기업

의 활동이 왕성하던 시기에 설립되어 현지 노동자의 기술교육과 한국어 교육을 위해 설립되었으나 한국 기업이 쇠퇴일로인 현재 주로 기술교육에 주력하고 있다. 1명의 현지인 한국어 교사가 있으며 연간 수강인원은 십 수 명 단위에 그친다.

ㄴ. BMICH 한국어 교육 : BMICH 언어교육원 한국어 과정은 2006년 처음 개설되어 켈라니야 대학교 한국어 전공 졸업생인 현지인 한국어 교사에 의해 운영되고 있으나 수강인원은 십 명이하이다. 한국-스리랑카 노동자 협력센터와 더불어 일반시민들이 한국어를 배울 수 있는 곳이다. 현재 강사는 켈라니야 대학교 한국어 전공 졸업반인 학생이 담당하고 있는데 지난 2006년 가을학기 한국어 교사연수과정을 이수했다. 교재는 켈라니야 대학교 한국어과에서 2006년에 편찬한 〈I can speak Korean Ⅰ〉이다.

ㄷ. 노동부 해외송출국 한국어교육센터 : 노동부의 한국어 교육은 스리랑카 정부와 한국 정부 간 노동자 송출을 위한 협약에 따라 이루어진다. 한국은 연간 8,000명가량의 스리랑카 노동자에게 외국인 노동자 고용허가제에 의거한 인력송출 양해각서에 따라 한국 취업을 허용하고 있다. 이 중 실제 한국에 올 수 있는 인원은 30%에 미치지 못한다. 현재 약 30여 명의 현지인 한국어 강사가 노동부에 의해 임시 고용직으로 채용되어 콜롬보, 캔디, 골 등 주요도시를 중심으로 설치된 한국어 교육 센터에서 교육 중인데 KOICA 자원봉사 한국어 교육관 5명이 파견되어 현지인 교사의 재교육과 교육자료 개발을 돕고 있는데 이렇다 할 교재 없이 운영되는 실정이다.

3. 켈라니야 대학교 한국어과 현황

켈라니야 대학교 현대 언어 교육 분야에서 스리랑카 최고의 교육기관이다. 현재 11개 언어학과를 개설하고 있어 콜롬보 대학의 3개 언어학과, 페라데니야 대학의 2개 언어학과와 차별되는 스리랑카 언어교육 중심대학으로 자리 잡고 있다.

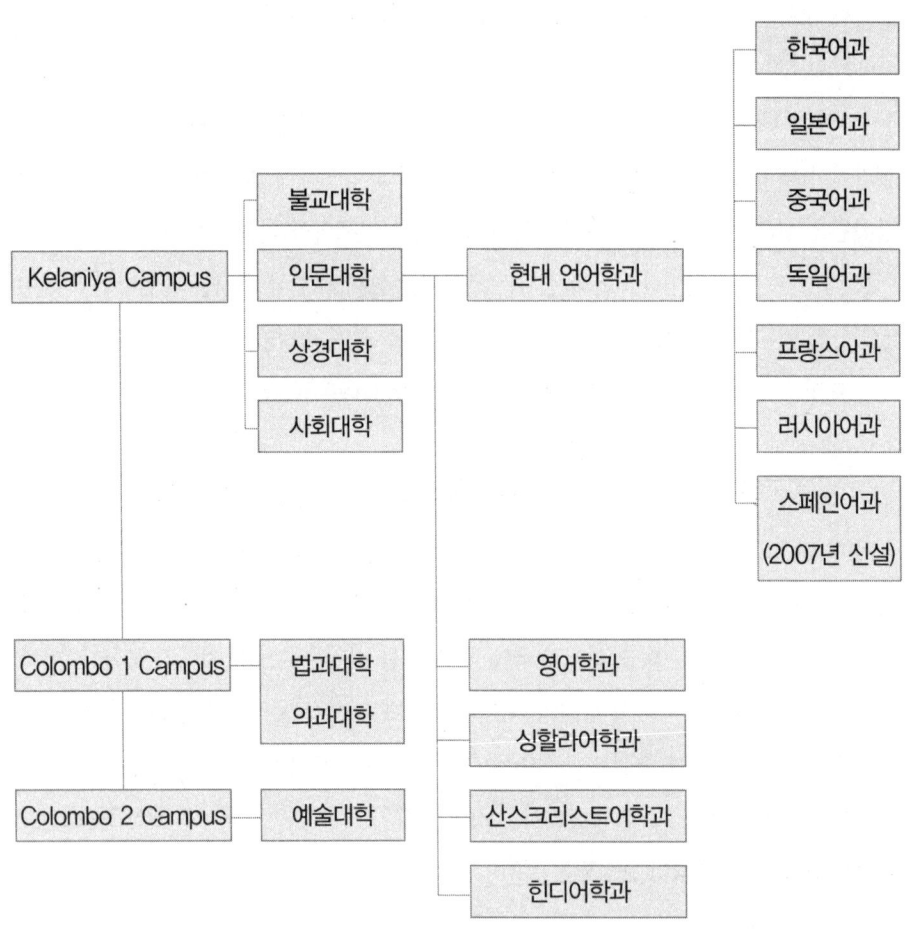

　현대 언어학과 내 7개 언어학과는 3년 동안 학생 일인 당 세 개까지 전공으로 이수 할 수 있으며, 영어학과처럼 독립된 언어학과는 2학년 과정부터 3년간 단일전공제로 운영된다. 학과 독립을 추진 중인 일본어과와 중국어과, 독일어과는 2009년 내지 2010년부터 단일학과로 분리 독립될 예정이며 한국어과의 경우 그 요건이 충족되지 않아 교수요원의 충원과 교육을 조건으로 2011년까지 학과독립을 추진하기로 한 상황이다.

1학기 강좌 명	수업시간	대상학년	전공선택	수강생	학점
Introduction to Korean Language and Culture	2	1	C	20	2
Korean Grammar, vocabulary and orthography	3	1	C	20	3
Korean Language(Pre-intermediate Level)22C202					
Guided Writing, comprehension, orthography& oral communication skill	3	2	C	20	3
Introduction to Korean Literature	2	2	C	20	2
Korean Language and Culture 2	2	2	C	20	2
Korean Language(Intermediate Level)	2	3	C	10	2
Korean culture & society	3	3	C	10	3
Korean Language & Literature : History & Text	2	3	C	10	2
Advanced writing skills in Korean	2	3	E	10	2
Korean Language and Culture 1	2	등록생	A	30	2
Korean Language and Culture 2	2(4)	1수강생	A	15	2
Korean Language and Culture 3	2(4)	2수강생	A	3	2
Korean certificate course 1	2(4)	등록생	수료	15	-
Korean certificate course 2	2(4)	1수강생	수료	5	-

2학기 강좌 명	수업시간	대상학년	선택/필수	수강생	학점
Korean Grammar, vocabulary and orthography	3	1	C	20	3
Comprehension of Korean Language & Culture	2	1	C	20	2
Guided Writing, comprehension, orthography & oral communication skill	2	2	C	20	3
Introduction to Korean Literature	2	2	C	20	2
Korean Language and Culture 2	2	2	C	20	2
Contemporary Korean Life style	2	2	C	20	2
Contemporary Korean Language through media	2	2	E	20	2
Teaching Korean as a foreign language	2	2	C	20	3
Korean culture & society Introduction to Korean language Proficiency Test	3	3	C	10	3
Korean Language & Literature	2	3	C	10	3
Teaching Korean as a Foreign Language	2	3	C	10	2
Korean Language & Culture 1	2(4)	등록생	A	30	2
Korean Language and Culture	2(4)	1수강생	A	15	2
Korean Language and Culture	2(4)	2수강생	A	3	2
Korean certificate course 1	2(4)	등록생	수료과정	15	-
Korean certificate course 2	2(4)	1수강생	수료과정	5	-

한국어과 전공학생 일인의 경우 졸업까지 43학점을 이수한다. 이에 한국어과 교원의

합의에 따라 2006년까지 정규학점의 이 배수로 강의를 진행하였으나 전공생의 증가로 인해 불가능해짐에 따라 2007년부터 정규이수학점에 따른 강의 시수를 지키고 있다. 현행과 같은 제도의 3년 교육으로는 중급입문단계의 언어능력밖에 쌓을 수 없는 상황이다. 실제로 현재 3학년의 경우 한국어 능력시험 4급에 해당하는 학생이 1명, 3급이 2명, 2급이 3명 나머지는 1급에 해당될 정도로 그 수준이 매우 낮다. 이와 같은 문제를 해결하기 위해서는 독립 학과가 대안이 될 수밖에 없는데, 현재 학과독립요건에 해당되는 두 명의 현지인 Senior Lecturer(전임강사 이상, 석사학위이상 소유자)를 보유하기 위해 최소 3년을 기다려야 한다.

전공과목의 경우 교재는 서울대학교 언어교육원의 〈한국어〉 교재를 중심으로 2008년부터 2학년과정에 신설되는 한자교육이 켈라니야대학교 한국어과에서 출간한 〈한국어를 위한 한자〉와 문화과목은 〈한국어를 위한 문화〉(2008년 출간예정)가 있다. 교양과정과 검정과정의 수강생들은 2006년에 켈라니야 대학교 한국어과에서 출간된 교재를 사용하고 있다.

문화나 문학 분야의 강좌가 필요이상으로 많은 점이 문제시되어 교과과정을 수정할 필요가 있으나 현행 학점제도상 현대 언어학과가 요구하는 공통개설과목을 준수해야 할 뿐 아니라 (사회·문화와 문학, 한국어교육과목들이 이에 해당한다.) 학과가 자율적으로 학점 수를 늘릴 수 없지만 학과가 독립할 경우 이와 같은 문제는 해결될 전망이다.

한국어과가 실시하는 주요활동에는 언어캠프와 한국 전통문화행사가 있다. 2007년 4월 KOICA의 지원으로 한국어과 학생을 위한 언어캠프인 〈한국어 마을〉을 실시한 바 있다. 2박3일 동안 실시된 이 캠프는 한국어과 학생의 언어능력신장을 목표로 함과 동시에 스리랑카내 한국어 교육관련 종사자에 대한 재교육 프로그램 개발을 위한 실험학교의 성격을 지녔는데, 2008년부터 대사관과 KOICA의 지원으로 개방대학교, 한-스 직업훈련원, 노동부 해외인력 송출국을 망라하는 한국어 언어캠프로 매년 실시될 예정이다.

4. 켈라니야 대학교 한국어 학과 장기 발전 계획

켈라니야 대학교는 법대와 의대가 특성화된 콜롬보 대학교, 전통적으로 정치 지도층 인사들을 배출해 온 인문대학으로 유명한 페라데니야 대학교와 더불어 스리랑카의 3대 명문 종합대학교에 속한다. 켈라니야 대학교가 이들 두 명문대학교와 어깨를 나란히 할 수 있는 이유는 외국어학과를 가장 많이 보유하고 있고 불교철학의 산실역할을 하는 불교대학 때문이다. 한국어학과가 속해 있는 현대 언어학과는 켈라니야 대학교 인문대학에 속해 있다.

한국어학과는 그동안 교양과정과 검정과정을 개설하여 오다가 2004년 처음으로 전공과정을 개설하여 2006년 첫 졸업생을 배출했다. 한국어학과 전공 강좌는 교양을 포함하여 총 43학점에 불과하다. 그 이유는 3학년 3 전공제도를 채택하고 있기 때문이다. 학생들은 3년 동안 최소 3전공을 이수할 수 있으며 교양과목의 이수는 제한이 없고 여기에 검정과정까지 수강할 수 있다. 따라서 대개의 학생들은 3전공 1교양 1검정과정 정도를 3년 동안 이수한다.

전공취득학점이 43학점에 불과하고 전공수가 과다한 관계로 졸업생의 외국어 실력은 기껏해야 기초회화 초급 정도를 익히는 정도에 불과하다. 이런 문제점을 보완하는 것이 Special Degree제도이다. 현재 Special Degree로 운영되는 학과는 영어학과, 싱할라학과, 산스크리스트학과, 힌디어학과 등이다. 이들 학과는 인문대학내 독립학부로 운영되며 1학년은 3전공을 이수하고 Special Degree에 응시하여 합격한 학생의 경우 3 년 동안 1전공만 이수하도록 운영된다. 이 경우 학과는 학부로 승격된다. 현재 중국어학과와 일본어학과 그리고 독일어학과가 Special Degree로 전환하는 중이며 2010년 이내에 독립된 언어학부로 운영될 예정이다.

한국어학과의 경우 Special Degree를 채택한 학부로 승격신청을 하기 위해 적어도 5년은 기다려야 하는 실정이다. Special Degree 승격에는 적어도 2명이상의 석사이상의 전공자 또는 2명이상의 Senior Lecturer가 필요한데 현재 한국어학과는 누적 졸업생 총원이 3명뿐이기 때문이다. 이 중 1명은 2007년 3월부터 한국에서 석사과정을 이수중이고, 다른 1명은 2008년 3월부터 이수하게 된다. 현대 언어학부의 학부와 한국어학과 사이의 5개년 학과발전계획에 의해 이들 석사과정 유학생 중 한 명이 스리랑카로 귀국할 것으로 기대되는 2009년 Special Degree 승격지원을 하고 3년여의 준비와 승인기간을 거쳐 승격구비요건을 충족시켜나갈 것을 협의한 상태이다.

학과 독립을 위해 필요한 강의요원 충원이외에 교재 개발과 교과과정 개발이 이루어져야 한다. 음운론이나 문법론 등 언어학 관련 강좌와 더불어 한국학 관련분야의 강좌개설을 위한 교재개발이 필요하지만 이를 수행할 전문 인력이 없는 실정이다. 현지 한국 대사관과 켈라니야 대학교 현대 언어학부의 계속되는 요청으로 전문가급 교수요원의 파견을 요청하고 있지만 국내 신청자가 없어 언제 교수요원 파견이 가능할 지 알 수 없다.

5. 한국어 교육의 매개 언어로서 싱할라어의 특성

싱할라어는 고대 드라비다어 계통에 속하며 산스크리스트어의 영향을 많이 받았다. 조자방식의 경우는 말레이어나 타밀어, 힌디어, Telugu어, kannada어 등과 동일하다. 이 계통의 언어는 한국어와 문법적 성질이 유사한 점이 많다. 싱할라어는 어순이나 대명사의 격조사, 문장종결어미 등 한국어와 유사한 문법규칙을 지니고 있어 일견하면 계통상 친족 언어로 보일 수 있는데 주의 깊게 살펴보면 유사성은 일부에 지나지 않는다.

가. 격조사

격조사의 경우는 대명사에 한하여 쓰이고 통일된 규칙을 보이는데, 여격 '~에게'에 해당하는 '~tta(따)', 소유격 '~의'에 해당하는 '~ge(게)', 목적격 '~을/를'에 해당하는 '~wa(워)'가 등이 있다. (*싱할라 문자의 워드프로세서 표기는 글자체에 따라 자판이 바뀐다. 따라서 전문 타이피스트가 아니면 사용하기 힘들어 여기서는 약식 영문 또는 국문 발음표기로 대체하겠다.)

마머	나	오야	너	에야	그
마떠	나에게	오야떠	너에게	에야떠	그에게
마게	나의	오야게	너의	에야게	그의
마워	나를	오야워	너를	에야워	그를
아뻬	우리	에얄라	그들		
아뻬떠	우리에게	에얄라떠	그들에게		
아뻬*	우리의	에얄라게	그들의		
아뻬워	우리를	에얄라워	그들을		

'나는 너를 사랑한다.'는 'ma-me o-ya-tte a-d-ray(마머 오야떠 아더레이)'이다. ('아더레이'는 '사랑한다'의 뜻이다.) 이처럼 대명사의 경우 규칙적으로 격조사가 쓰이지만 문장성분상 소유격이나 목적격은 구어에서 사용되지 않고 문어의 일부단어에서만 쓰인다. '나는 밥을 먹는다.'의 싱할라어 구어 표현은 'ma-me bat ka-ne-wa(마머 밧 까너와).'인데 '밧'은 '밥', '까너와'는 '먹다'에 해당된다. 이 경우 목적격 조사가 쓰이지 않으므로 문장성분의 격조사를 설명할 때 이에 유의해야 할 것이다. 특히 간접 목적어와 직접 목적어를 문장성분상으로 구분하지 않기 때문에 이 차이를 설명하는 데는 충분한 시간을 들여야 한다.

또 구어에서 '그'는 'e-ya(에야)'로 그녀/그 모두를 지칭하지만 문어에서는 '그'의 경우 'o-hu(오후)', '그녀'의 경우 'e-ye(에예)'로 다르다. 문어에서는 남성/중성/여성의 종류에 따라 각기 다른 술어의 어미변화를 일으킨다.

그녀는 밥을 먹는다. E-ye bat kan-ni-ye (에여 밧 깐니여)
그는 밥을 먹는다.   O-hu bat kan-ne-ye (오후 밧 깐네여)

나. 후치사

싱할라어에는 장소나 위치를 알리는 체언 뒤에 와서 '~로'의 뜻에서 방향성을 나타내는 '~tte(떠)' 나 '~에' 의 뜻을 지닌 '~ye(예)', '가다' 라는 동사와 결합하여 '~에서' 의 뜻으로 쓰이는 '~ye-di(예디)' 와 같은 단어가 있다. 이것은 유럽어의 전치사와 같은 역할을 하지만 위치가 수식하는 단어의 뒤에 와서 수식하는 단어와 결합하는 후치사로 설명되는데 처소격 조사와 기능이 거의 같다. 실제로 싱할라어 모어 화자들도 한국어의 처소격 조사를 설명하면 이 후치사를 같은 기능을 한다고 설명하곤 했다. 그러나 앞에서 살펴보았듯이 싱할라어의 격조사는 대명사와 처소를 나타내는 명사이외에 사용되지 않고 있어서 그이외의 격조사를 설명할 때 유의할 필요가 있다.

다. 어미변화

싱할라어의 동사는 총 17개의 변형이 있다. 이중 구어체에서 쓰이지 않는 것이 세 가지 정도이며 구어체에서 가장 많이 쓰이는 것이 아래의 6개 정도이다. 동사의 경우 어간과 어미로 나뉘고 어미변화를 일으킨다는 점에서 국어와 유사하지만 복잡한 어미변화의 규칙을 가지고 있다.

현재형	먹다	ka-ne-wa(까너와)	보다	bal-le-ne-wa(발러너와)
과거형	먹었다	ke-wa(께와)	봤다	bael-lu-wa(밸루와)
분사	먹고	kal-la(깔라)	보고	bal-lel-la(발럴라)
청유형	먹자	ka-mu(까무)	보자	bal-le-mu(발러무)
의문형	먹습니까	ke-wa-te(께와더)		
의지미래	먹겠다	kan-nam(깐남)*	보겠다	bal-lan-nang(발란낭)

싱할라어의 경우 어미변화의 규칙을 설명하기 매우 어렵다. 왜냐하면 동사의 종류에 따라 변화규칙이 다르기 때문이다. 문어의 경우는 한층 더 복잡하여 성과 주어의 인칭에 따라 어미변화의 형태가 달라지므로 단어 각각의 어미변화 형태를 알아야만 한다. 싱할라어 모어 학생들의 경우 한국어의 어미변화를 쉽다고 여기는데 이것은 한국어 어미변화가 복잡한 싱할라어의 어미변화에 비해 상대적으로 단순하기 때문이다.

위에서 언급한 변형어미 외에도 현재분사, 과거분사, 과거 의문형, 미래 조건문(~하면), 과거 독립형(~했을지라도), 미래 종속형(~하게 되면), 현재 수식형(~하는), 의지 미래형(~하겠습니다), 무의지 미래형(~하게 될 것입니다) 등이 있다. 그런데 구어에서 이와 같은 변형들이 사용되지 않는 것들이 많은데 특히 미래형이 그렇다.

문법적으로는 싱할라어 문어에는 한국어 보다 복잡한 시제관련 술어의 어미변형이 있어 한국어 시제표현을 쉽게 이해할 수 있을 것으로 기대하지만 구어와 문어의 차이가 현격하여 대부분이 구어체 싱할라어만을 구사하는 관계로 미래형을 이해하지 못하는 것도 교수과정에서 꼭 알아두어야 할 사항이다.

라. 몇 가지 음성적 특징

싱할라어 모어 학생들이 가장 익히기 힘들어 하는 한국어 발음은 '어/으/의'의 발음이다. 한국어의 '으'와 '의'에 해당하는 싱할라 언어가 없고 '워'의 경우는 한 글자가 있을 뿐이므로 없는 것과 마찬가지다. 또 '어'는 '오/우'와 혼동하는데 이 음가에 해당하는 싱할라어의 발음이 한국어와 매우 다르기 때문에 일어나는 현상이다. '여', '워' 등의 모음도 마찬가지 구분하지 못한다.

거센소리도 발음하기 어렵다. 싱할라어에 된소리는 있지만 거센소리는 거의 없기 때문이다. 한국어 전공 5년차 학생 중에도 된소리와 거센소리를 올바로 구분하는 싱할라어 모어 학생이 없다.

6. 맺는 글

스리랑카에서는 아직까지 한국어 교육이 체계적으로 이루어지는 곳이 없다. 한국어 교육의 역사에 비해 일본어나 중국어 보다 수요가 현저히 적다는 사실과 함께 전문적인 교수요원이 없었던 것이 주요 원인이다. 그런 이유로 한국학에 대한 관심은 불교에 편중되어 있고 다른 부문에 대한 인지도는 매우 낮은 실정이다. 현지 교육기관이나 관련단체들의 경우 자생적인 발전을 우선해야 한다는 입장과 현지교육체제가 안정될 때까지 지속적인 지원과 투자를 계속해야 한다는 입장으로 나뉘어 혼선을 빚고 있다.

가장 속히 해결되어야 할 문제는 현지인 교육주체를 양성하고 교육체계를 정비하는 일이다. 대사관의 협조로 켈라니야 대학 한국어 전공 졸업생들이 한국의 대학원에 진학하게 되어 향후 5년 이내에 필요한 교수인원을 확보할 수 있지만 자생적으로 교육을 담당하기까지는 더 많은 시간이 필요하다. 여전히 한국의 유관기관들이 관심을 쏟아야 할 이유이기도 하다.

현지 언어인 싱할라어를 매개 언어로 켈라니야 대학교에서 2006년에 만들어진 한국어 교재는 현재 2쇄를 발간한 상태인데, 지방의 교육단체나 기관은 물론 한국어에 대한 접근 기회가 적은 단체들이 주로 학교까지 찾아와 구입해 가고 있다. 서점에 유포되지 않은 학교교재이며 국가기관의 지원금으로 발매된 비매품인 때문이다. 일반 대중을 위한 한국어 교재의 출판이 요구되고 있어 이에 부응할 필요가 있다.

다양한 한국어 교육의 목표가 있겠지만 그 궁극에 있는 국제간 문화교류를 통한 상호 이해라는 목적에 상당하는 문화교육과 한국학 연구의 중심 역할을 수행할 수 있는 곳이 스리랑카의 경우 켈라니야 대학이다. 이 점을 유의한다면 서로 교류할 수 있는 국내의 대학이 필요하지만 현지의 경제수준으로는 관행에 맞는 대학간 교류가 불가능하고 일방적인 원조에 의존할 수밖에 없어 이루어지지 못하고 있다. 국내 대학과 현지 공관의 관심이 필요하다.

또 한국 취업을 원하거나 한국어를 배우고 싶어 하는 상당수의 타밀인에 대한 교육수단이 전혀 없다는 점도 잊지 말아야 할 사실이다. 타밀인들은 동부와 북부에 위치하여 경제 정치적으로 소외된 상태여서 영어는 물론 싱할라어도 모르는 경우가 대부분이다. 쓰나미 재앙 이후에는 그 정도가 더욱 심화되었지만 현 스리랑카정부의 타밀족 억압 정책으로 인해 내전만 격화되어 죽음으로 내몰리고 있는 실정이다. 노동부의 기술교육을 받는 타밀인의 경우 싱할라어를 모르고 한국어교사는 모두 싱할라인이기 때문에 타밀어를 모른다. 타밀어 교재도 없기 때문에 통역을 할 수 있는 사람이 있어야만 공부할 수 있다. 이런 상황에서 낮은 단계의 시험이라 할지라도 이들의 한국어 능력시험 통과를 기대하기란 어렵다.

현지의 한국어교육의 매개 언어로서 싱할라어에 대한 연구 필요성은 앞으로 더욱 증대될 것이다. 지금까지는 영어가 공용어여서 대부분의 학생들이 영어 사용가능자였기 때문에 한국어 교육에도 영어를 매개 언어로 사용하여 왔으나 스리랑카 정부의 민족주의 정책으로 인하여 싱할라어 외의 언어교육이 줄어들고 있는 추세여서 최근 대학 신입생의 30% 가량은 간단한 영어 회화도 불가능하며 이 수치는 점점 늘어나고 있기 때문이다. 이 글에서 소개된 싱할라어의 특징은 교육현장에서 고학년 학생에게 구두질문을 통하여 알게 된 것이거나 싱할라어 학자의 자문을 통해 알게된 것에 불과하다. 언어학자의 비교연구가 필요한 부분이다.

스리랑카는 쓰나미 참사를 겪은 이후 국제사회의 원조를 통해 경제발전의 초석을 다지고 있는 상황이다. 앞으로 스리랑카는 인도와 더불어 서남아시아 지역의 중요한 정치·경제적 관문 역할을 수행할 것으로 국제사회는 예측하고 있다. 실제로 미국, 중국, 일본, 인도 영국 등이 스리랑카 주요 항구도시를 중심으로 현재 대규모 도시재건 프로젝트를 실행하는 가운데 각축을 벌이고 있다. 스리랑카의 한국어 교육에 관심을 가져야 하는 또 하나의 이유이다.

루마니아에서의 한국어 교육과정과 교재

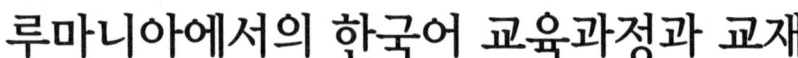

박 상 천 (루마니아, 부카레스트대)

1. 루마니아 개요

루마니아는 발칸 반도 북부 흑해 연안에 위치한 국가로 면적이 한반도의 약 1.1배에 달하며, 인구는 2007년 현재 약 2,200만 명에 이르고 있다.

유럽의 화약고라고도 불리는 발칸반도에 위치한 루마니아는 13세기 이후 왈라키아, 몰다비아, 트란실바니아 등 3개 공국으로 분할 통치되어 왔다. 그 후 터키와 헝가리(트란실바니아)의 지배를 받아온 루마니아는 1918년 12월 1일 현재의 영토로 통합 국가를 이루게 되었다.

이후 왕정(1881~1947), 공산정권 및 차우세스쿠 독재 정권을 거친 후, 1989년 12월 혁명을 통해 민주화를 달성했으며, 여러 차례의 정권 교체를 거쳐 현재 바세스쿠 대통령 중심의 4개 정당 연정 하에 통치가 이루어지고 있다.

동구권 구사회주의 국가 중 자유민주체제로의 전환이 비교적 늦은 국가이지만 2007년 1월 1일자로 EU에 가입한 후 급속도의 경제 사회 발전이 이루어지는 상황을 맞고 있다. 또한 루마니아의 EU 가입으로 인해 현재 진행 중인 '한, EU FTA'가 체결되면 양국 간의 인적 교류와 교역은 증가할 수밖에 없을 것이다.

한국과의 외교 관계는 1990년 3월에 수립되었으며, 수교 이전부터 한국의 루마니아 진출은 이루어져 왔다. 현재 많은 국내의 기업 진출이 계속되고 있고 특히, 흑해 연안 망갈리아 지역의 대우 조선소로 말미암아 한국인에 대한 현지 루마니아인들의 인식은 매우 호의적인 편이다.

2. 한국어 교육 현황

현재 루마니아 내에서의 공식적인 한국어 교육 기관은 세 곳이다. 외교관계 수립의 역사는 17년이 넘었으나, 체계적인 한국어 교육은 비교적 최근에 와서야 실시되었다.

수도 부카레스트의 부카레스트 대학교(University of Bucharest), 클루지 나포카(트란실바니아 지역)의 바베스-볼리아이 대학교(University of Babes-Bolyai), 부카레스트의 벤자민프랭클린 고등학교(Benjamin Franklin High School) 등이 공식적인 한국어 교육 기관이다.

이들 세 교육 기관의 한국어 교육 현황을 살펴보면 아래와 같다.

2.1. 부카레스트 대학교(University of Bucharest)

2.1.1. 개요 및 교과 과정

부카레스트 대학교는 1864년 알렉산드루 이오안 쿠자 대공의 칙령에 따라 성사바학술원이 그 전신으로, 루마니아 최고의 교육 기관으로 꼽히는 학교이다. 3천여 명의 교수와 강사, 조교가 있으며 19개 학부에 3만여 명의 학생이 공부하고 있다.

2005년 볼로냐 의정서에 의거하여 이 대학교는 현재 박사 과정 3년, 석사 과정 2년, 학부 과정 3년으로 운영되고 있다. 즉, 한국과는 달리 학부가 3년 과정으로 운영되는 점이 특징이라 할 수 있다.

한국어와 한국 문학은 가장 최근에 외국어문학부 동양학과에 추가된 과목으로 1996년부터 선택 과목으로 한국어 강좌가 제공되었다. 2005년부터 한국어가 부전공 과목으로 추가되어 현재는 부전공 과목과 선택 과목인 제 3외국어로 나뉘어 강의가 진행되고 있다.

이 학교의 학기별 한국어 강의 과정과 학점은 아래와 같다.

〈부전공 한국어〉
○ (기초, 중급) 한국어 : 주 3시간 / 5학점
○ 한국어 문법 : 주 3시간 / 5학점
○ 한국어 실습 : 주 4시간 / 4학점
※ 현재 1학년과 3학년이 수강 중이다.

부전공 한국어 수강생 중에 중급 이상의 학생들에게는 한국 문학(고전, 현대문학)이 소개되고 있으며, 요리, 영화, 음악 등 다양한 분야의 한국 문화를 통해 언어를 학습할 수 있는 활동들이 마련되어 있다.

또한 문명과 문학에 대한 강좌와 세미나를 별도의 강좌로 구성하여 학생들이 한국의 역사와 문화를 공부하고, 이 지식은 동양학을 전공하는 석사과정에서 좀 더 심도 있게 공부할 수 있다.

〈교양 선택 한국어〉
○ 기초 한국어 : 주 2시간 / 2학점
※ 현재 1학년이 수강 중이다.

2.1.2. 교재 및 교사

한국어 강좌에 사용되는 주 교재는 현재 국내에서 출판된 모든 종류의 한국어 교재가 구비되어 있으나, 다른 지역의 교육에서도 늘 지적되는 바와 같이 현지어로 기술된 교재가 없는 실정이다. 또 학생들은 거의 모든 교재를 복사하여 사용하기 때문에 학습의 흥미가 반감되는 문제를 일으키기도 한다.

부카레스트 대학교에서 한국어 강의를 담당하는 교사는 두 명으로, 한 명은 국내 한국학중앙연구원에서 1년 단위로 지원하는 파견교수이고 나머지 한 명은 루마니아인으로 이 학교에서 처음 한국어를 배운 후, 한국외국어대학교에서 석사과정을 이수하고 현재 강의를 담당하고 있다. 향후 한국어가 전공으로 격상되어 안정적인 위치를 차지하기 위해서는 교사 지원이 추가로 이루어져야 할 것이다.

참고로 일본어의 경우 전공과목이며 교사는 총 7명(일본인 2명)으로 구성되어 있고, 중국어의 경우에도 전공과목이며 교사는 총 7명(중국인 1명)으로 구성되어 있다. 물론 교사의 수가 그 강좌의 질을 높인다는 데는 논리적인 비약이 있으나, 한 사람이라도 더 교육에 참여하고 연구한다면 해당 강좌를 한층 더 수준 높게 만들 개연성이 높아진다는 사실은 자명할 것이다.

2.2. 바베스-볼리아이 대학교(University of Babes-Bolyai)

2.2.1. 개요 및 교과 과정

바베스-볼리아이 대학교(UBB)는 루마니아에서 가장 오래된 학술 기관으로 1581년 스테판 바토리 대공이 세운 예수회 대학에서 출발하였다. 이 대학은 트란실바니아 지방의 학문적 전통을 구현하고 있다.

UBB는 다양한 민족과 종교 집단이 모여 사는 지역에 위치해 있는 특성 때문에 다문화 정책을 표방하고 있다. 현재 UBB는 루마니아어로 강의하는 전공 분야가 105개, 헝가리어 52개, 독일어 13개 그리고 영어 4개가 있다. 21개 학부와 1,700여 명의 교수진 그리고 4만 5천여 명의 학생이 공부하고 있다. UBB에서의 한국어 교육은 한국국제협력단의 지원 하에 1997년부터 시작되어 5년간 총 50여 명이 수강했다고 한다. 이 기간 동안 한국어는 선택 과목으로 학부생 대상 매주 6시간씩 강의가 이루어졌다.

하지만 2002년부터 한국어 강좌가 중단되었다가, 2004년 이 대학에서 신학박사 과정을 밟는 한국 학생에 의해 강좌가 다시 시작되었으며, 2005년 한국국제교류재단의 지원으로 현재 다른 파견 교수가 강의를 계속하고 있다. 현재 한국어 강좌 2개와 한국의 문화와 문명에 관한 공개 강의가 학생들에게 제공되고 있다.

이 학교의 한국어 강좌 과정은 아래와 같다.

〈한국어 선택〉
○ 한국어 1-1(1학년) : 주 4시간
○ 한국어 2-1(2학년) : 주 4시간
○ 한국 문화와 문명 : 주 2시간

2.2.2. 교재 및 교사

부카레스트 대학교와 마찬가지로 국내 모든 교재가 구비되어 있다. 그리고 이 학교에서는 한국어 강좌를 수강하는 학생들에게 강의 시간 이외에 특별 활동으로 다양한 한국 문화를 접할 수 있는 기회를 제공하고 있다는 점이 특이하다. 즉, 학생들에게 한국식 다도, 요리, 사물놀이와 같은 문화 연결고리를 제공함으로써 한국어 학습의 극대화를 꾀하고 있다. 그러나 이 모든 강좌와 특별활동을 수행하는 교사는 한국인 파견교수 한 명으로 열악한 실정이다.

2.3. 벤자민프랭클린 고등학교(Benjamin Franklin High School)

부카레스트에 위치한 고등학교로 이 학교의 교장이 2002년에 한국어 강좌를 개설하겠다고 루마니아 주재 한국 대사관에 신청하였다. 이에 따라 한국 대사관은 강사를 한 명 파견하였으며, 이후 한국어 수업이 진행되고 있다.

과목은 한국어 문법과 회화가 주를 이루며, 그룹별로 매주 2시간씩 수업이 진행되고 있다. 또한 한국 문화 관련 수업으로는 루마니아인 태권도 교사가 지도하는 태권도 수업이 있다. 하지만 정식 과목이 아니기 때문에 학생들의 수업 출석률이 낮은 편이며, 외국어 필수 과목 세 가지 중에 한국어를 포함시킬 계획을 세웠지만 여러 가지 이유로 인해 이루어지지 못하였다.

3. 향후 한국어 교육의 과제

3.1. 교사

앞서 언급한대로 현재 루마니아에서는 한국에서 파견한 단기 교사 위주의 교육이 이루어지고 있다. 물론 부카레스트 대학의 경우 자격을 갖춘 루마니아인 교수가 현장에서 직접 학생들을 지도하고 있으나, 한 명이 수요를 감당하기에는 무리가 있는 실정이다. 또한 현지 체류 한국인이 한국어 담당 파견교수로 선정되는 경우를 제외한 모든 교사는 한국에서 1년 단위 계약으로 파견하고 있다. 즉, 루마니아 현지의 언어와 문화에 대한 사전 지식이 없는 상태에서 루마니아 학생들을 가르치게 되는 것이다.

현지의 언어에 대한 배경지식을 가지고 교육을 진행하는 것이 학습효과를 더 높일 수 있다는 것을 감안하면 아쉬운 부분이다. 따라서 루마니아 한국어 교육을 담당할 교사를 파견 시 아래와 같은 방법을 사용하는 것도 교육의 내실을 높일 수 있는 한 방법일 것이다.

첫째, 파견 교수를 미리 선발하여 현지 언어문화를 습득할 수 있는 충분한 시간을 주어야 한다. 루마니아는 '유럽의 라틴 섬'이라 불릴 만큼 독특한 언어와 문화를 가지고 있다. 특히 루마니아어는 언어계보학적인 관점에서 보면 라틴어에서 유래된 로망스어족에 속해 있는 언어로서 문법적인 체계가 프랑스어, 스페인어, 이탈리아어, 포르투갈어 등과 유사하며, 그 중에서도 이탈리아어와 가장 유사한 모습을 보인다. 하지만 루마니아어는 루마니아의 지리적인 여건과 역사적으로 얽혀 있는 여러 민족들과의 관계 속에 독특한 성격을 지니게 되었다.

이러한 언어 배경과 문화를 습득하고 교육에 대비하기 위해서는 현재와 같은 파견 절차가 바뀌어야 할 것이다. 즉, 강의 개시 한 달 전에 현지에 부임해서 바로 수업에 들어가는 방식이 고쳐져야 한다. 최소한 강의 개시 6개월 전에 현지에 보내 언어와 문화를 동시에 습득할 수 있게 한 다음 학생들을 대하도록 해야 한다. 물론 이 기간에 앞서 와 있는 교사와의 충분한 정보 교환과 교수법에 대한 논의도 진행될 수 있을 것이다.

둘째, 현지의 교민 중에서 교사를 선발하는 방식도 고려되어야 한다. 세계의 한국어 교육 현장에서 많이 적용되는 방식이지만 루마니아에서는 이 방법을 좀 더 발전적으로 적용해야 한다. 즉, 현지의 대상자를 한국에서 교육시켜 다시 현지로 보내는 방법으로, 수시로 바뀌는 원어민 한국어 교사로 인해 발생하는 교육의 일관성 문제를 해결할 수 있다.

현지 교민의 경우 한국에서 파견된 교사처럼 1년 뒤 한국으로 다시 돌아갈 확률이 낮을 것이며, 현지의 한국어 교육을 위해서라면 교사를 선발하여 국내의 한국어 교사 전문 교육을 이수케 하는 것이 더 나은 방법이라고 판단된다. 현지인 선발은 현지 대사관과 피파견기관의 추천을 받아 이루어질 수도 있을 것이다.

3.2. 교재

교재에 관한 문제는 해외 여러 교육기관에서 공통적으로 갖고 있는 문제로 루마니아도 예외가 아니다. 특히 앞서 언급한대로 독특한 언어를 사용하고 있는 루마니아에서는 교재와 관련된 어려움이 많이 있다.

현재 한국어 교재는 주로 영어, 일본어, 중국어권 학습자를 위하여 발간되고 있어 이곳의 학생들은 이 중 하나를 선택하여 공부할 수 밖에 없는 실정이다. 따라서 학습자 모국어와의 비교를 통한 학습은 이루어지지 못하고 있다. 특히 문화적인 관점에서 교재를 바라볼 경우 학습자들과의 괴리는 그만큼 깊을 수 밖에 없다.

다행히 근래에 들어 다양한 언어를 사용하는 학습자들을 위해 여러 언어로 된 교재의 출간이 시작되고 있는 점은 고무적이다. 루마니아어 사용자를 위한 교재도 현재 집필 중이고 곧 출간을 앞두고 있어 현지의 학생들이 좀 더 쉽게 한국어를 배울 수 있을 것으로 기대된다.

3.3. 외부 지원

현재 루마니아의 한국어 교육기관은 세 곳으로 두 곳(부카레스트, 바베스-볼리아이 대학교)은 정부 산하기관이고, 한 곳(벤자민프랭클린 고등학교)은 주 루마니아 대사관이 교사를 지원하고 있다. 그리고 국내 연구기관에 의해 교재가 지원되었으며, 현지에서 활동하고 있는 기업들로부터 TV, DVD 등을 지원받았다. 하지만 이들 지원은 루마니아인들의 한국에 대한 관심을 현지의 한국학 활성화로 이끌어 내기에는 역부족이다. 지원교사의 수는 부족하며, 그들에 대한 낮은 처우, 불안정한 신분 등으로 인해 한국어 교육의 학문적 토대를 구축하는 데 장애가 되고 있다.

우리와 함께 경쟁 상대자로 여겨지는 중국과 일본의 지원을 보면 현재 한국 지원의 현 주소를 알 수 있다.

1956년에 개설된 전공 중국어과의 경우 원어민 강사와 보조 강사를 포함하여 총 7명이 강의를 진행하고 있다. 학생들은 매년 중국 유학 장학금의 혜택을 받고 있으며, 2006년의 경우 6명의 학생이 장학금 수혜자로 선발되었다. 또 중국 정부는 매년 CD, DVD 등을 보내고 있고, 학습실에 컴퓨터, 프린터, 복사기 그리고 중국 TV 프로그램을 볼 수 있도록 위성 안테나 설치를 지원하였다.

1974년에 제 2언어로 채택되었고 몇 년 전에 전공으로 된 일본어과의 경우 원어민 강사 2명을 포함해서 총 7명의 교사가 있다. 일본어과는 어학 실습용 오디오 시스템을 갖추고 있으며, 매년 10명의 학생이 자격 시험을 거쳐 일본 대사관으로부터 1년간 장학금 지원을 받고 있다. 또 현재 학생 6명과 교사 1명이 장학금으로 일본에서 공부하고 있으며, 일본의 사사카와 재단은 장학금과 학술 활동을 지원하고 있다. 물론 이러한 양적인 지원이 해당 언어문화의 파급에 절대적인 영향을 끼친다는 객관적인 결과는 없으나, 해당 언어에 대한 관심과 학문적 발전에 도움이 됨은 자명할 것이다. 따라서 루마니아 내의 한국학 수요를 늘리고 향후 한국학을 지원하기 위해서는 교사와 교재에 관련된 부분 못지않은 국가 기관의 정책적인 관심과 체계적인 지원이 반드시 뒤따라야 할 것이다.

4. 맺음말

지난 2007년 5월 UN의 발표를 보면 한국어는 세계 10대 언어에 포함되어 있다. 그만큼 한국어를 사용하는 사람과 배우는 사람이 많아졌음을 의미한다. 이에 따라 현재 많은 나라에서 한국어를 가르치고 있으며, 학습자들은 계속 늘어가고 있다.

이런 환경에 따라 루마니아에도 한국어가 보급되고 있으나 이곳의 한국어 교육은 그 역사가 오래되지 않아 현존하는 문제점들을 많이 가지고 있는 것으로 생각된다. 이곳의 공식적 한국어 교육이 올해로 10년을 넘었으니 이제 지금까지의 성과를 점검하고 앞으로 나아가야 할 방향을 새롭게 정립해야 할 때이다.

이를 위해서는 우선 위에서 언급한 루마니아의 한국어 교육 현황에 대한 체계적인 조사가 선행되어야 한다. 그 후 조사 결과 나온 문제점들을 교사, 교재 그리고 외부 지원 등으로 나누어 논의해야 하며, 향후 이들 문제들에 대한 해결책 또한 세 갈래로 마련되어야 교육에 실질적인 도움을 줄 수 있을 것이다.

참고문헌

이문수(2006), 현대 루마니아어, 한국외국어대학교출판부.

민현식 등(2003), 동유럽 지역의 한국어 교육과정 표준화 연구, 한국어세계화재단.

괵셀 튀르쾨쥬(2005), 터키에서의 한국어 교육 현황, 한국학술진흥재단.

집필진

안영수	경희대학교 명예교수
김중섭	경희대학교 교수
조현용	경희대학교 교수
방성원	경희사이버대학교 교수
이정희	경희대학교 교수
홍윤기	경희대학교 교수
최문석	경희대학교 객원교수
마쯔자키 마히루	일본 국립 니가타대학교 강사
장미라	경희대학교 객원교수
조가	경희대학교 강사
손금추	중국 대련외대 교수
이성희	미국 인디애나대 객원교수
전미순	울산대학교 강사
김낭예	경희대학교 강사
구민숙	경희대학교 강사
문진형	경희대학교 강사
박혜경	경희대학교 강사
김경지	경희대학교 강사
박미선	중국 요녕대 객원교수
사카와 야스히로	일본 긴키대 교수
김동은	일본 관동국제고등학교 교사
시무왕케와린	태국 나레수완대 교수
지서원	싱가포르 국립대 객원교수
곽봉재	전 스리랑카 켈라니야대 객원교수
박상천	루마니아 부카레스트대 객원교수